Schweizerisches Jahrbuch
für Kirchenrecht

Annuaire suisse
de droit ecclésial

PETER LANG
BERN · BERLIN · BRUXELLES · FRANKFURT AM MAIN · NEW YORK · OXFORD · WIEN

Schweizerisches Jahrbuch für Kirchenrecht

Annuaire suisse de droit ecclésial

Band 10 / 2005

Geschäftsführender Herausgeber
sous la direction de

Dieter Kraus

PETER LANG
BERN · BERLIN · BRUXELLES · FRANKFURT AM MAIN · NEW YORK · OXFORD · WIEN

Bibliografische Information Der Deutschen Bibliothek
Die Deutsche Bibliothek verzeichnet diese Publikation in der Deutschen Nationalbibliografie; detaillierte bibliografische Daten sind im Internet über ‹http://dnb.ddb.de› abrufbar.

ISBN 3-03910-960-X
ISSN 1420-9497

Hochfeldstrasse 32, Postfach 746, CH-3000 Bern 9
info@peterlang.com, www.peterlang.com, www.peterlang.net

Inhaltsverzeichnis

Band 10 (2005)

Mitteilungen

Berichte

Rezensionen und Buchanzeigen

Bibliografie

Textdokumentation

Editorial

Zehn Jahre SJKR

Mit dem hiermit vorgelegten zehnten Band besteht das Schweizerische Jahrbuch für Kirchenrecht nunmehr eine Dezennie[1]. Gewiss ist das ein kurzer Zeitraum im kirchlichen Kontext, auch im Rahmen der wissenschaftlichen und praxisorientierten Bearbeitung des Kirchenrechts, und so wollen wir es bei dieser Bemerkung belassen.

Im Anschluss an Band 5 hat die Schriftleitung im Jahr 2001 ein Fünfjahresregister erstellt und den Abonnenten sowie anderen interessierten Kreisen in gedruckter Form zur Verfügung gestellt. Nach Erscheinen des zehnten Bandes soll im Laufe des Frühsommers 2006 ein Zehnjahresregister über das Internet zugänglich gemacht werden[2].

Dieter Kraus

1 Bisher erschienen sind 10 Jahresbände (1996-2005) sowie 5 Beihefte („Kirche in der Stadt", 1997; Schweizerische Kirchenrechtsquellen I: Kantonales Recht, 1999; II: Religionsrecht des Bundes, 2000; III: Konkordate und weitere Verträge, 2004; sowie „Bundesstaat und Religionsgemeinschaften", 2003).

2 Via http://www.kirchenrecht.net/ch/sjkr/.

SJKR/ASDE 10 (2005), S. 11-23

Aufsätze

Wahrnehmbar und verbindlich Reformierte Kirche sein. Konsensbildung über das Wesen und die Gestalt der Kirche in den evangelisch-reformierten Kirchenverfassungen der Schweiz*

von Thomas Wipf (Bern)

I. Einleitung

Können und wollen wir uns im reformierten Protestantismus der Schweiz, der durch die theologische Betonung der Kirchgemeinde und den Föderalismus geprägt ist, verbindlich darüber verständigen, was Reformierte Kirche im Kern ausmacht? Können und wollen wir darüber zu einem theologisch-ekklesiologischen Konsens kommen?

Um diese Fragen geht es in meinem Beitrag. Was ich zur Diskussion stelle, ist nicht mehr als ein Zwischenstand. Es sind – auf dem Hintergrund meiner Aufgabe als Präsident des Rates SEK – persönliche Erfahrungen sowie Überlegungen aus der Sicht des Kirchenbundes mit seinen in der Verfassung verankerten Hauptaufgaben.

Mich interessiert die Frage: Wie können wir angesichts der Herausforderungen der Zukunft wahrnehmbar und verbindlich „Reformierte Kirche" sein in der Schweiz?

Ich bin nicht der erste, der in diese Richtung denkt. Ich erinnere an den in der Evangelischen Zeitbuchreihe Polis 1962 erschienenen Diskussi-

* Vortrag anlässlich der 18. Tagung der Schweizerischen Vereinigung für evangelisches Kirchenrecht am 28. Januar 2005 in Bern. Die Vortragsform wurde beibehalten.

onsbeitrag von Lukas Vischer: „Der Schweizerische Evangelische Kirchenbund – Bund oder Kirche?“, welcher aus der damaligen Perspektive Fragen von bleibender Aktualität gestellt hat. Vier Jahre später, 1966, legte eine Arbeitsgruppe des Schweizerischen Evangelischen Pfarrvereins den ausgeführten Entwurf einer „Verfassung der Evangelisch-Reformierten Kirche der Schweiz“ vor. Vielleicht war dies damals – auch geprägt vom 2. Vatikanischen Konzil – eine Zeit des Aufbruchs in allen Kirchen, welche Undenkbares denkbar machte.

Eine letzte Vorbemerkung: Manche Mitgliedkirchen des Kirchenbundes haben in den vergangenen Jahren ihre Kirchenverfassung bzw. ihre Kirchenordnung ganz oder teilweise revidiert. Andere stehen mitten in diesem Prozess, oder er kommt auf sie zu. Dies spiegelt die Zeit des Umbruchs, in der sich auch die Kirchen befinden. Sie suchen von ihrem Grundauftrag her für die Zukunft ihre innere und äussere Gestalt. Welches sind sinnvolle und angemessene Formen der Verhältnisbestimmung zwischen Kirche und Staat? Wie sollen die Kirchen als Körperschaften „sui generis“ ihre Beziehungen zur Bürger- bzw. Zivilgesellschaft ausgestalten?

Die heute gültige Verfassung des SEK stammt aus dem Jahre 1950. In der Zwischenzeit hat sich auch für den Kirchenbund das Umfeld verändert und das Aufgabenfeld stark erweitert.

Gemäss der strategischen Planung des Rates SEK ist für die Legislaturperiode 2007 bis 2010 die Teil- oder Totalrevision der Verfassung des Kirchenbundes vorgesehen. Es ist also nötig, nützlich und richtig, dass schon jetzt unter den Mitgliedkirchen zusammen mit Interessierten eine Diskussion über die Weiterentwicklung des Kirchenbundes und die Stossrichtung der Verfassungsrevision beginnt. Meine heutigen Überlegungen stehen auch in diesem grösseren Zusammenhang.

II. Thesen

Ich beginne mit fünf Thesen als Einstieg:

1. Die kantonalen Kirchenstrukturen sind historisch gewachsen und bewähren sich auch heute noch: sie garantieren – um mit dem ersten Teil des Leitwortes der St. Galler Kirche zu sprechen – die Nähe zu den Menschen.

2. Die allein kantonale Sicht von Reformierter Kirche reicht nicht mehr aus.
3. Nicht nur aus Ressourcengründen, sondern vor allem aus Gründen der gesellschaftlichen und ökumenischen Wahrnehmbarkeit, muss uns in Zukunft die Vision einer grösseren Verbindlichkeit leiten. Ich brauche dafür das Denkmodell der „Reformierten Kirche Schweiz", das in der Geschichte des Kirchenbundes seit 1920 immer wieder diskutiert worden ist.
4. Die grössere Verbindlichkeit – die „Reformierte Kirche Schweiz" – soll nicht in erster Priorität organisatorisch realisiert werden, sondern über einen inhaltlichen theologisch-ekklesiologischen Verständigungsprozess.
5. Er soll in eine gemeinsam im Kirchenbund erarbeitete Reihe von Grundartikeln reformierter Kirchenverfassung münden, die von den evangelisch-reformierten Kantonalkirchen freiwillig ratifiziert werden können.

Lassen Sie mich diese Thesen kurz entfalten. Beginnen möchte ich mit Herausforderungen und Entwicklungen, welche um uns herum im Gange sind.

III. Herausforderungen

A. Europäischer Integrationsprozess

Das Phänomen der Globalisierung geht auch an den Kirchen nicht spurlos vorbei. Für uns Reformierte bin ich geneigt zu sagen: glücklicherweise. Wir stehen durch unsere starke Betonung der Gemeinde, die nach unserem Verständnis bereits im Vollsinn Kirche ist, in der besonderen Gefährdung, die Universalität der Kirche Jesu Christi aus dem Blick zu verlieren. Oder zumindest: diese Universalität als unsichtbar zu glauben und uns dann in die eigenen Grenzen zurückzuziehen.

Das Jubiläumsjahr zum 500. Geburtstag des Reformators Heinrich Bullinger im Jahr 2004 hat uns zwar eindrücklich in Erinnerung gebracht, wie gross die europäische und universale Ausstrahlung des reformierten Protestantismus der Schweiz seit jeher war. Das Jubiläum zum 500. Geburtstag des Genfer Reformators Johannes Calvin im Jahr 2009 wäre eine grosse Chance, daran wieder anzuknüpfen.

Im Zuge des europäischen Integrationsprozesses und inhaltlich geleitet durch die Leuenberger Konkordie suchen die evangelischen Kirchen in Europa Formen eines näheren Zusammenschlusses, nach einer gemeinsamen Stimme im zusammenwachsenden Europa.

Die politische Schweiz hat sich für den bilateralen Weg entschieden. Als Kirchen können wir uns nur auf den Weg der vertieften Gemeinschaft begeben, denn nur die Suche nach Gemeinschaft gehorcht dem Auftrag von Jesus Christus, dem Herrn der Kirche.

Konkret bedeutet dies, dass die evangelischen Kirchen Europas auf der Suche nach Gemeinschaft je ihr eigenes Erbe einbringen werden und einbringen sollten. Die Schweiz ist die Wiege des reformierten Protestantismus. Wir Schweizer Kirchen haben im Prozess der Gestaltwerdung evangelischer Kirchen in Europa die besondere Verantwortung, die Anliegen des reformierten Protestantismus einzubringen.

Wie wollen wir unser Erbe einbringen – und es geht hier um Kernanliegen reformierten Kircheseins – wenn wir uns vorstellen, dass in der Schweiz 24 verschiedene Kirchenverfassungen je für sich und je anders das reformierte Erbe thematisieren?

B. Dynamik der Religionslandschaft Schweiz: schwindende Bedeutung der Kantonsgrenzen

Im Dezember 2004 hat das Bundesamt für Statistik in der Präsentationsreihe der Volkszählung 2000 seine Studie „Religionslandschaft in der Schweiz" veröffentlicht. Diese Studie hält uns einen Trend vor Augen, der uns aus eigener Erfahrung bestens bekannt ist: Im Bereich der konfessionellen Zugehörigkeiten spielen die kantonalen Grenzen je länger desto weniger eine Rolle. Die religiöse Landkarte der Schweiz wird durch ganz andere Faktoren beeinflusst: Stadt – Land, Schweizer – Ausländer, jung – alt, single – verheiratet, hoher oder niedriger Bildungsstand.

Diese Faktoren sind es, die die Nähe oder Ferne zur Kirche beeinflussen. Von der Entwicklung dieser Faktoren sind alle Kantonalkirchen in sehr ähnlicher Weise betroffen. Macht es Sinn, wenn in unseren Kirchen 24mal darüber nachgedacht wird, wie man städtische und ländliche Menschen spezifisch kirchlich ansprechen könnte, wie ein Angebot für die Senioren und für die Jungen spezifisch aussehen müsste, ob Musik vielleicht noch stärker zum Kommunikationsinstrument des christlichen Glaubens werden sollte?

C. Kirche im säkularen und multireligiösen Kontext

Kirche ist untrennbar mit dem Auftrag der Mission verbunden. Die missionarische Herausforderung unserer Kirchen wird in einer Gesellschaft, die gleichzeitig von der Säkularisierung wie der Multireligiosität geprägt ist, immer deutlicher. Als historisch gewachsene Volkskirchen, in der die Weitergabe des Glaubens quasi durch Geburt erfolgt, sind wir mit dieser Thematik – insbesondere da sie nun das eigene Kirchengebiet betrifft – noch wenig vertraut.

Unser Missionsverständnis wird sich sicher von demjenigen der Freikirchen unterscheiden. Mission bedeutet für uns nicht in erster Linie ein persönliches Bekenntnis zu Jesus Christus, viel eher – im Vertrauen auf Gottes rechtfertigende Gnade – Einladung zum freien Leben in Verantwortung vor der unverlierbaren Würde von Mensch und Schöpfung.

Die Frage, die uns gemeinsam beschäftigen muss, ist dann die: Was verstehen wir als Landeskirchen unter dem Auftrag der Mission? Welche Gestalt und welche Inhalte hat unser missionarisches Handeln in der Schweiz?

Die Gemeinschaft Evangelischer Kirchen in Europa (GEKE) arbeitet im Hinblick auf die Vollversammlung 2006 in Budapest intensiv am Thema „Das evangelische Profil im missionarischen Auftrag der Kirchen in Europa". Auch der SEK wird eingeladen sein, zum Lehrgesprächsergebnis Stellung zu nehmen.

D. Ökumenische Anschlussfähigkeit

Weil sich unsere grossen Schwesterkirchen als Weltkirchen verstehen, spielt sich verbindliche ökumenische Annährung und Weiterentwicklung – im Unterschied zur gelebten Ökumene an der Basis der Kirchgemeinden – auf nationaler und internationaler Ebene ab. Wir Reformierten sind für diese Herausforderung schlecht gerüstet. Die Unterzeichnung der „Charta Oecumenica" im Namen und Auftrag der Mitgliedkirchen des Kirchenbundes am 23. Januar 2005 ist ein wichtiger Schritt, der jetzt umgesetzt werden kann.

Trotzdem kann man gegenwärtig den Eindruck gewinnen, dass die ökumenischen Bestrebungen und Neuausrichtungen an uns vorbeigehen. Wer kann für die Reformierten verbindlich sprechen: auf nationaler, auf internationaler Ebene?

Es stellt sich die Frage nach den angemessenen Kirchenstrukturen. Noch wichtiger ist aber die inhaltliche Frage: Wer kann im ökumenischen Gespräch sagen, was für die Reformierten inhaltlich verbindlich ist? Wer kann für die evangelisch-reformierten Kirchen in der Schweiz verbindlich sagen, wie sich Taufe und Kirchenmitgliedschaft zueinander verhalten? Wer kann sich verbindlich zur Frage des kirchlichen Amts und der Ordination äussern?

Lässt sich dazu nur sagen: Das ist von Kanton zu Kanton unterschiedlich?

E. Reformierte Kirche: mehr als nur Vielfalt?

Die Auswertung der Eidgenössischen Volkszählung hat eine weitere Erkenntnis gebracht, die bedacht werden muss und die uns nicht gleichgültig sein darf:

56 % der Menschen, die sich selber als reformiert bezeichnen, geben gleichzeitig an, dass sie sich nicht als Mitglied einer Ortsgemeinde fühlen. Gemeinde ist Kirche. Kirche ist aber mehr als Gemeinde. Und Reformierte Kirche ist auch mehr als nur Vielfalt.

F. Erstes Fazit

Ausgelöst durch Entwicklungen im Bereich der europäischen Integration, der Religionslandschaft Schweiz, der Säkularisierung und Pluralisierung der Religionslandschaft sowie durch Entwicklungen in der Ökumene stehen wir meines Erachtens vor der Herausforderung, ein gemeinsames und verbindliches reformiertes Kirchenprofil zu entwickeln. Was macht die Einheit unserer reformierten Kirche aus? Welches sind – auf der Grundlage des Evangeliums – die unaufgebbaren inhaltlichen Erkennungsmerkmale reformierter Kirche als Teil der Einen Kirche Jesu Christi? Welche Merkmale der Gestalt und Gestaltung sind ihr gemeinsam?

Alle Kirchenverfassungen bzw. Kirchenordnungen der Mitgliedkirchen des SEK beschreiben diese Glaubensgrundlagen – je für sich und je anders. Fehlt uns nicht eine gemeinsame Formulierung unseres Glaubens gerade auch für das weiter führende ökumenische Gespräch?

Ich könnte mir vorstellen, dass wir im Sinne des Ökumene-Modells der Leuenberger Konkordie „Einheit in versöhnter Verschiedenheit“ und in Aufnahme unserer je spezifischen Traditionen gemeinsam einen „consensus ecclesiae“ entwickeln und beschreiben.

IV. Elemente der Konvergenz und Elemente der Divergenz unter den Mitgliedkirchen des SEK

Wir beobachten im Raum des Kirchenbundes in den letzten Jahren, wie sich die reformierten Kirchen der Schweiz einerseits aufeinander zu entwickeln. Andererseits gibt es auch eine gegenläufige Entwicklung.

Ich nenne im Sinne von Beispielen drei Elemente der Konvergenz:

A. Elemente einer Bewegung der Konvergenz

1. Staatskirchenrecht

Die Verhältnisse der reformierten Kirchen zum Staat sind im schweizerischen Protestantismus aus historischen Gründen kantonal unterschiedlich gewachsen. Die Palette reicht bekanntlich von Modellen der eindeutigen Trennung (Genf, Neuenburg) bis zu staatskirchenähnlichen Modellen (Waadt, Bern).

In den letzten zehn Jahren lassen sich jedoch im staatskirchenrechtlichen Bereich gewisse Konvergenzentwicklungen beobachten. Diese lassen sich an zwei Beispielen gut veranschaulichen: Der Kanton Neuenburg hat mit der *Eglise réformée évangélique du canton de Neuchâtel* ein Kooperationsmodell erarbeitet und im Jahr 2000 vertraglich geregelt. Die Evangelisch-reformierte Landeskirche des Kantons Zürich ihrerseits hat in langjährigen Verhandlungen ein Modell der Entflechtung hin zu einer geklärten Partnerschaft zwischen Kirche und Staat entwickelt.

2. Sozialethische Stellungnahmen

Die auf der Ebene des SEK erarbeiteten und vom Rat beschlossenen Stellungnahmen zu wichtigen eidgenössischen Volksabstimmungen wurden in vielen Mitgliedkirchen übernommen. In den vergangenen drei Jahren betraf dies folgende Abstimmungen:

- Bundesbeschlüsse über die erleichterte Einbürgerung von Ausländerinnen und Ausländern der zweiten und dritten Generation (26. September 2004)
- Volksinitiative „gegen den Asylrechtsmissbrauch“ (24. November 2002)
- Volksinitiative „Überschüssige Goldreserven in den AHV-Fonds“ und Gegenentwurf der Bundesversammlung „Gold für AHV, Kantone und (Solidaritäts-)Stiftung“ (22. September 2002)
- Änderung des Schweizerischen Strafgesetzbuches betr. Schwangerschaftsabbruch (2. Juni 2002)
- Eidgenössische Volksinitiative für den Beitritt der Schweiz zur UNO (3. März 2002)
- Bundesbeschluss über die Aufhebung der Genehmigungspflicht für die Errichtung von Bistümern (10. Juni 2001).

Damit waren der SEK und seine Mitgliedkirchen in der Lage, in aktuellen Themenbereichen der öffentlichen Debatte auf nationaler Ebene mit gemeinsamer Stimme zu sprechen.

3. Gemeinsame Aufgaben – solidarische Finanzierung

Ein weiterer Bereich, in dem eine konvergente Entwicklung unter den Mitgliedkirchen des SEK deutlich spürbar ist, sind die gemeinsamen Aufgaben und deren solidarische Finanzierung.

Der erste neuere Impuls auf nationaler Ebene war nach der Einrichtung von Bundesempfangsstellen für Asylsuchende die gemeinsame Finanzierung der Seelsorge für Asylsuchende in den Empfangsstellen und Flughäfen. Auf regionaler Ebene war die Neustrukturierung der Conférence des Eglises Romandes und ihre Ausstattung mit mehr Verantwortung und Kompetenz ein wichtiger Schritt.

Auch die Konkordatsreform der evangelisch-reformierten Kirchen der deutschsprachigen Schweiz ist an dieser Stelle zu nennen. Die gemeinsame Aufgabe der Ausbildung der Pfarrerinnen und Pfarrer wurde organisatorisch und finanziell auf eine neue Basis gestellt. Ein weiteres Beispiel ist zudem die durch einen Zweckverband organisierte Zusammenarbeit zwischen den evangelisch-reformierten Landeskirchen der Nordwestschweiz mit einem Schwerpunkt bei der gemeinsamen Durchführung und Finanzierung wichtiger Projekte.

B. Elemente der Divergenz

Neben diesen Elementen der Konvergenz sind aber auch einige Tendenzen der Divergenz festzustellen. Und das vor allem dort, wo es um den Kern des Kircheseins geht, d.h. im theologisch-ekklesiologischen Bereich.

1. Kurzer Vergleich von Artikeln über die Grundordnung der Kirche

Wenn man die bestehenden Verfassungen und Kirchenordnungen untersucht, fällt die grosse Bandbreite der Formulierungen und Aussagen im Bereich der kirchlichen Grundordnung auf. Teilweise gehen die Formulierungen weit auseinander.

Ich konnte die Vergleichsarbeit nicht systematisch machen und beschränke mich daher auf ein paar wenige Hinweise (Hervorhebungen durch mich):

a) Zum Selbstverständnis als reformierte Kirchen

Appenzell:
Die Evangelisch-reformierte Kirche Appenzell *glaubt an Gott in Jesus Christus und im Heiligen Geist*, lebt aus der Liebe Gottes und hofft auf sein Reich. Verkündet das Evangelium in Wort und Tat. *Sie ist eine Weggemeinschaft von Menschen* (Art. 1 Verfassung).
Zürich:
Die Evangelisch-reformierte Landeskirche des Kantons Zürich *besteht auf Grund des Evangeliums von Jesus Christus.* Sie führt die von Huldrych Zwingli begonnene und gemäss den Beschlüssen des zürcherischen Rates verwirklichte Reformation weiter (Art. 3 Kirchenordnung). Gemäss ihrem Auftrage *versteht sich die Landeskirche als Volkskirche.* In der Offenheit gegenüber dem ganzen Volke leistet sie ihren Dienst als Gesamtkirche, durch ihre Kirchgemeinden und ihre einzelnen Glieder. Er geschieht durch die Verkündigung des Wortes Gottes in Predigt, Taufe, Abendmahl, Unterweisung, Seelsorge und Werken der Liebe (Art. 5 Kirchenordnung).
Genf:
L'Eglise protestante de Genève a pour but de *satisfaire aux besoins religieux des protestants*, de défendre et *de répandre les principes de la Réforme* (Art. 2 Verfassung).

b) Taufe

Basel-Stadt:
Die Kirche spricht im Namen Jesu Christi mit der Taufe den Täuflingen die *Vergebung der Sünden und neues Leben* zu (Art. 14 f. Gottesdienstordnung).
Genf:
Le baptême et la sainte Cène *sont les signes d'appartenance à l'Eglise de Jésus-Christ* (Const. Art. 5). Le baptême est célébré dans les temples (Art. 225 Règlements).

c) Kirchenmitgliedschaft

Aargau:
Mitglied ist jeder evangelisch-reformierte Einwohner, der im Kanton seinen Wohnsitz hat, sofern er nicht ausdrücklich seinen Austritt erklärt hat (Art. 2 Organisationsstatut).
Basel-Landschaft:
Alle getauften und im evangelisch-reformierten Glauben unterrichteten Kantonseinwohner sind Glieder der ERK BL. Neueintretende und aus anderen Konfessionen oder Religionen Übertretende erhalten eine angemessene Unterweisung (Art. 5 Verfassung).
Genf:
Sont membres de l'EPG les habitants: qui se reconnaissent comme protestants, qui ont été enregistrés, qui n'ont pas manifesté leur appartenance à une autre Eglise ou communauté religieuse à Genève. Les membres de l'EPG peuvent demander de conserver leur qualité de membre lorsqu'ils s'établissent hors du canton (Art. 6 Verfassung).

2. Manchmal existiert der Kirchenbund nicht

Im Juni 2004 beriet und verabschiedete die Synode der Evangelisch-Reformierten Kirche des Kantons Waadt zwölf konstitutive Grundaussagen über die Kirche. Es wäre interessant und nützlich gewesen, wenn der Rat SEK und die Präsidien der Kirchen- und Synodalräte, die sich auf Einladung des Rates SEK vier Mal im Jahr in der Konferenz der Kirchenleitungen treffen, an dieser wichtigen Selbstdefinition einer Mitgliedkirche hätten Anteil nehmen können.

Eines der „Principes constitutifs de l'Eglise Evangélique Réformée du canton de Vaud" lautet zum Beispiel: „Die Evangelisch-Reformierte Kirche des Kantons Waadt teilt die Verantwortung für die Mission der Verkündigung in Wort und Tat im Kanton Waadt mit allen christlichen Kirchen der Welt." Sowohl vom Bewusstsein wie auch von der juristischen Tatsache, dass die Waadtländer Kirche Mitglied des Kirchenbundes ist, kann man in den neuen Grundaussagen nichts mehr finden.

Demgegenüber – ebenfalls im Sinne eines Beispiels – die Formulierung der Evangelisch-Reformierten Landeskirche Uri: „Die Evangelisch-reformierte Kirche Uri ist Mitglied des Schweizerischen Evangelischen Kirchenbundes (SEK) und durch diesen mit den Kirchen der Leuenberger Kirchengemeinschaft[1], dem Reformierten Weltbund und dem Ökumenischen Rat verbunden" (Art. 5 Abs. 1 Organisationsstatut).

C. Feststellung: Konvergenz in Staatskirchenrecht und Sozialethik – Divergenz in Theologie und Ekklesiologie

Zugespitzt lässt sich nach diesem Vergleich folgendes feststellen: In den ‚äusseren' Bereichen, wie z.B. des Staatskirchenrechts, der Stellungnahmen zu grundlegenden politischen, ethischen und sozialen Fragen auf nationaler Ebene und der Finanzierungsfragen, bewegen sich die evangelisch-reformierten Kirchen im Raum des Kirchenbundes aufeinander zu. Im ‚inneren', theologisch-ekklesiologischen Bereich ist diese Konvergenzentwicklung erst ansatzweise zu erkennen.

In letzter Zeit haben sich jedoch Entwicklungen ergeben, die auch in inhaltlicher Hinsicht auf eine Konvergenzbewegung hoffen lassen: Die Überlegungen und Empfehlungen des Rates SEK zum Abendmahl[2] und zur Wiedertaufe[3] wurden von der Abgeordnetenversammlung des SEK im vergangenen November nicht nur – wie dies der Rat beantragt hatte – zur Kenntnis genommen. Die Versammlung machte sich diese Überlegungen und Empfehlungen „zu Eigen" und beauftragte den Rat, sie mit der Aufforderung zur Umsetzung an die Mitgliedkirchen weiterzuleiten.

1 Die Leuenberger Kirchengemeinschaft heisst seit dem 1. November 2003 „Gemeinschaft Evangelischer Kirchen in Europa" und umfasst zurzeit 104 Mitgliedkirchen. Die Gemeinschaft fusst auf der so genannten „Leuenberger Konkordie" aus dem Jahr 1973.

2 *Schweizerischer Evangelischer Kirchenbund* (Hg.), Das Abendmahl in evangelischer Perspektive. Überlegungen und Empfehlungen des Rates des Schweizerischen Evangelischen Kirchenbundes, Bern 2004.

3 *Schweizerischer Evangelischer Kirchenbund* (Hg.), Zur Frage der Wiedertaufe. Überlegungen und Empfehlungen des Rates des Schweizerischen Evangelischen Kirchenbundes, Bern 2004.

Der Rat SEK versteht sich in einem solchen Prozess nicht als eine Instanz über- oder ausserhalb der Mitgliedkirchen, sondern als deren Instrument für die Erfüllung gemeinsamer Aufgaben. Das führt zu folgenden

V. Überlegungen für das weitere Vorgehen

Wenn wir eine mögliche „Konsensbildung über das Wesen und die Gestalt der Kirchen in den reformierten Kirchenverfassungen der Schweiz" anstreben, stehen für mich nicht in erster Linie strukturelle Fragen im Vordergrund.

A. Den theologischen Diskurs lebendig erhalten

Es geht vielmehr um eine eminent theologische Frage: Wenn die Kirche in Jesus Christus *eine* ist, wie gewinnt die Einheit in Christus im schweizerischen reformierten Protestantismus konkrete Gestalt?

Wegweisend kann für uns – ich habe es schon erwähnt – die Leuenberger Konkordie sein, die vom Modell der „Einheit in versöhnter Verschiedenheit" ausgeht. Versöhnte Verschiedenheit, auch das zeigt die Geschichte der Leuenberger Konkordie, kann als Botschaft (miss-)verstanden werden, einander in Ruhe zu lassen. Die Väter und Mütter der Konkordie wollten das Gegenteil. Mit der Einrichtung der Lehrgesprächsgruppen ging es darum, den beständigen theologischen Diskurs über das gemeinsame Verständnis des Kircheseins von Kirche lebendig zu erhalten und durch diesen inhaltlichen Prozess zusammen zu wachsen. Die Leuenberger Kirchengemeinschaft hat zuerst inhaltlich gearbeitet und sich dann auf Grund wachsender Übereinstimmung zur Gemeinschaft Evangelischer Kirchen in Europa (GEKE) weiter entwickelt.

Versöhnte Verschiedenheit wird dann Wirklichkeit, wenn man sich auch über die Einheit, über das, was Kirche im Kern ausmacht, verständigt. Wo die Verständigung über die zentralen Inhalte des Kircheseins, über das reformierte Verständnis der Mitte der Kirche fehlt, droht die versöhnte Verschiedenheit zu einem blossen Schlagwort zu werden. Sie verkommt zur versöhnten Gleichgültigkeit und gegenseitigen Anspruchslosigkeit.

B. Die gewachsenen föderalen Kirchenstrukturen respektieren

Die verschiedenen kantonalen reformierten Kirchenstrukturen sind historisch gewachsen. Sie bewähren sich auch heute noch, denn sie bringen im Bereich der Organisation etwas zum Ausdruck, was eben auch zum reformierten Selbstverständnis gehört: Das Evangelium wird im zeitlichen und geographischen Kontext konkret.

Deshalb wird es auf der Suche nach einem möglichen Weg hin zu einer wahrnehmbaren und verbindlichen Reformierten Kirche Schweiz auch um die Respektierung der historisch gewachsenen Gestalten und föderalen Kirchenorganisation in der Schweiz gehen.

C. Elemente einer gemeinsamen Grundordnung der reformierten Kirchen in der Schweiz

Den „Leuenberger" Impuls des beständigen und gemeinsam geführten theologischen Dialoges, der zu einem Konsens über das Wesen und die Gestalt der Kirche in den reformierten Kirchenverfassungen der Schweiz führt, sollten wir aufnehmen und auch bei uns umsetzen. Das Ergebnis könnte eine kirchliche Grundordnung oder eine reformierte Kirchenverfassung sein, die durch die Synoden der Mitgliedkirchen des SEK ganz oder teilweise übernommen werden oder als Vorlage für je eigene Verfassungen dienen könnte.

Ich will hier meine Überlegungen schliessen mit der Nennung von Elementen einer gemeinsamen schweizerischen reformierten Grundordnung oder Kirchenverfassung. Sie könnte zu folgenden grundlegenden Themenbereichen ein gemeinsames Kirchenverständnis zum Ausdruck bringen:

- Über die Kirche gemäss reformiertem Verständnis
- Über die Heilige Schrift
- Über die Taufe
- Über das Abendmahl
- Über die Ämter und Dienste
- Über die Ökumene und die Mission
- Über den Staat und die Gesellschaft.

SJKR/ASDE 10 (2005), S. 25-31

Reformierte Kirchenverfassungen aus ekklesiologischer Sicht*

von Samuel Lutz (Faulensee/Bern)

I. Grundlegung

Das Thema hat mich rasch fasziniert und schon bald sprühten erste Assoziationen auf. *Contra iustitiam non est ius*[1] – es wird das Kirchenrecht als wie die Kirche selber *trachten nach dem Reiche Gottes und seiner Gerechtigkeit*[2]. Von Zwingli haben wir's gelernt, dass auch das Kirchenrecht als menschliche Gerechtigkeit sich leiten lässt von der göttlichen Gerechtigkeit[3] und demnach die verfasste Form der Kirche Teil ist ihres Zeugnisses, indem die Rechtsgestalt des Glaubens diesen trägt und nicht verrät. Zwar ohne dass das Kirchenrecht selber zum Credo würde – *Die sichtbare Kirche sollen wir hochachten, an die unsichtbare sollen wir glauben,* lehrt uns Calvin[4] mehr als nur nebenher – so folgt doch immer-

* Coreferat zum Vortrag von SEK-Ratspräsident Pfr. Thomas Wipf an der 18. Jahrestagung der Schweizerischen Vereinigung für Evangelisches Kirchenrecht (SVEK) am 28. Januar 2005 in Bern. Die Vortragsform wurde beibehalten.

1 *Huldrych Zwingli*, Gegen die Gerechtigkeit gibt es kein Recht. Sämtliche Werke, Band VI, V. Teil, Corpus Reformatorum Volumen XCIII, Pars V, Zürich 1991, S. 234, 14.

2 Mt. 6, 33.

3 *H. Zwingli*, Von göttlicher und menschlicher Gerechtigkeit 1523. Z II 458-525. Neu: *Huldrych Zwingli*, Schriften. Im Auftrag des Zwinglivereins hg v. Thomas Brunnschweiler und Samuel Lutz, Zürich 1995. Von göttlicher und menschlicher Gerechtigkeit, Bd. II, S. 155-213, Übersetzung: Ernst Saxer.

4 *Johannes Calvin*, Institutio christianae religionis 1559, Buch IV, I.7.25-27, in: Johannis Calvini Opera selecta, ed. Petrus Barth et Guilelmus Niesel, Vol. V, München 1936, S. 12. Visibilem ecclesiam observare, invisibilem credere necesse est. – *Wilhelm Bucanus*, Creditur ecclesia et non videtur. Zitiert bei *Karl Barth*, Unterricht in der christlichen Religion. Dritter Band: Die Lehre von der Versöhnung/Die Lehre von der Erlösung, Zürich 2003, S. 354 Anm. 8.

hin die Rechtsgestalt der *ecclesia visibilis* dem Glauben an die *ecclesia invisibilis* nach, oder mit den Worten von Georg Vischer gesagt: *Wegleitend für die juristischen Überlegungen zur Ordnung der Kirche muss die theologische Besinnung auf das Wesen und den Auftrag der Kirche sein*[5].

Das erinnert an die *nach Gottes Wort reformierte Kirche*, so der Titel der Sammlung von Bekenntnisschriften und Kirchenordnungen, die Wilhelm Niesel während der Nazizeit im Evangelischen Verlag, damals in Zollikon, herausgegeben hat[6]. Im Vorwort schreibt er: *Nach reformierter Lehre trägt auch die Ordnung der Kirche bekenntnismässigen Charakter [...]. Die Kirche bezeugt mit ihrem Bekenntnis wie mit ihrer Ordnung, dass Jesus Christus der Herr ist*[7]. Es war zu jener damaligen Stunde unmissverständlich, wer und was gemeint war, wenn die erste der Berner Thesen zitiert wurde, wonach *die heilige christliche Kirche, deren alleiniges Haupt Christus ist, aus dem Wort Gottes geboren ist* und ausdrücklich weiterfährt: *In demselben bleibt sie und hört nicht auf die Stimme eines Fremden*[8].

Dies zu Herzen nehmend begab ich mich denn freudig und unter ekklesiologischer Betrachtungsweise ans erneute Lesen unserer Verfassung mitsamt der Kirchenordnung, nicht ohne auch, wie sich's in Bern gebührt, der Kantonsverfassung und dem Kirchengesetz die Ehre vertiefter Einsichtnahme zu erweisen. Darüber hinaus suchte ich das Gespräch mit solchen, die zur Sache schon gesprochen haben, und blätterte einmal mehr in den Exzerpten früheren Lesens, für dieses Mal mit der Fragestellung, was es für das Kirchenrecht bedeuten möge,

- dass Freiheit ebenso wichtig sei wie die Einheit[9],
- dass nur die Volkskirche gegen die Sektenmentalität gefeit sei[10],

5 *Esther Menge-Meier/Georg H. Vischer*, Glaubensgemeinschaft im urbanen Umfeld. Anforderungen an die rechtliche Ordnung einer Kirche aus theologischer Sicht, in: Kirche in der Stadt, Bern 1997 (SJKR-Beiheft 1), S. 44.

6 *Wilhelm Niesel* (Hg.), Bekenntnisschriften und Kirchenordnungen der nach Gottes Wort reformierten Kirche, 3. Aufl. Zollikon-Zürich 1938.

7 *W. Niesel*, Bekenntnisschriften (Anm. 6), S. V.

8 *W. Niesel*, Bekenntnisschriften (Anm. 6), S. VI. Vgl. auch: Berner Synodus, mit den Schlussreden der Berner Disputation und dem Reformationsmandat, hg. vom Synodalrat der Evangelisch-reformierten Kirche des Kantons Bern, Bern 1978/1994. Erste Schlussrede, S. 9.

9 *Urs Altermatt*, Das Fanal von Sarajewo. Ethnonationalismus in Europa, Zürich 1996, S. 241.

- dass die Religiosität auf die Verwirklichung durch kirchliche „Institutionen“ angewiesen sei[11] – darauf sich zu besinnen scheint mir nach den neuesten Forschungsergebnissen von Roland Campiche dringend nötig –[12],
- dass das öffentliche Recht die Stellung der Kirche besser erfasse als das Privatrecht[13],
- dass die Legitimität der Volkskirche darin bestehe, dass sie über die Zahl derer hinausgeht, die sich zu ihr bekennen[14],
- dass man die Liebesordnung der Kirche nicht gegen deren Rechtsordnung ausspielen dürfe[15],

die Kirche selbst indessen *auf der Liebe beruht – in caritate stat ecclesia*[16]. Es würde sonst das Kirchenrecht am höchsten Gebot der Gottes- und der Nächstenliebe vorbei legiferieren.

So las und las ich weiter, und fahre auch jetzt noch ein wenig fort,

- dass jede Gestalt der Kirche provisorisch sei[17],
- dass zwar auch eine Staatskirche bekennende Kirche sein kann[18],
- dass die Seele aber nicht unter des Kaisers Gewalt ist[19],
- dass die Kirche individueller Frömmigkeit die Freiheit einräumen muss, die sie verkündigt[20].

---

10 *Manfred Josuttis*, Der Pfarrer ist anders. Aspekte einer zeitgenössischen Pastoraltheologie, 3. Aufl. München 1987, S. 212.

11 *Ueli Friederich*, Kirchen und Glaubensgemeinschaften im pluralistischen Staat. Zur Bedeutung der Religionsfreiheit im schweizerischen Staatskirchenrecht, Bern 1993, S. 306.

12 *Roland J. Campiche*, Die zwei Gesichter der Religion. Faszination und Entzauberung, Zürich 2004.

13 *Johannes Georg Fuchs*, Staat und Kirche in ihren Rechtsbeziehungen, in: Kirche – Gewissen des Staates? Gesamtbericht einer von der Direktion des Kirchenwesens des Kantons Bern beauftragten Expertengruppe über das Verhältnis von Kirche und Politik, Bern 1991, S. 236.

14 *Robert Leuenberger*, zitiert in meinen Exzerpten, ohne Stellenangabe.

15 *Johannes Paul II*, zitiert in meinen Exzerpten, ohne Stellenangabe.

16 *Aurelius Augustinus*, zitiert in meinen Exzerpten, ohne Stellenangabe.

17 *Konrad Raiser*, Ökumene im Übergang. Paradigmenwechsel in der ökumenischen Bewegung, München 1989, S. 161.

18 *Karl Barth*, Gespräche 1959-1962, Zürich 1995, S. 202.

19 *Martin Luther*, zitiert in meinen Exzerpten, ohne Stellenangabe.

20 *Wolfgang Deresch*, zitiert bei: *Michael Nüchtern*, Kirche bei Gelegenheit, Stuttgart u.a. 1991, S. 78.

Dieser kurze Rundgang durch allerlei notierte Theologie war nicht nur in der Vorbereitung vergnüglich. Der Dialog mit anderen, die in der Kirche und in deren Umfeld, reformiert und ökumenisch, viel Bedenkenswertes uns zu sagen haben, war für mich nötig, wenn ich Ihnen nun im Folgenden die bernische Kirchenverfassung nicht nur vorstellen, sondern aus ekklesiologischer Sicht interpretieren, würdigen und befragen will.

II. Zur Berner Kirchenverfassung

Unsere Kirchenverfassung, in der ich selber lebe, ist „Die Verfassung der evangelisch-reformierten Kirche des Kantons Bern". Sie datiert vom 19. März 1946. Am 13. Oktober 1946 wurde sie von den Stimmberechtigten in einer Volksabstimmung angenommen. Änderungen hat sie bisher in den Jahren 1962, 1985, 1995 und 2000 erfahren.

Die sichtbare Kirche achten wir, an die unsichtbare glauben wir[21].

Die geglaubte Kirche ist die *una sancta catholica et apostolica* scilicet *christiana* scilicet *perpetua ecclesia* – die eine, heilige, katholische, apostolische, christliche, immerwährende Kirche[22].

- Wie müsste eine Verfassung gestaltet sein, dass in ihr
  - die Einheit der Kirche,
  - ihre Gottzugehörigkeit und
  - ihre Katholizität sichtbar werden oder mindestens aufleuchten?
- Wie versteht sie ihre Apostolizität?
- Worin besteht das spezifisch christliche in ihrem Profil?
- Wie bekennt sich die Kirche heute zu der Kirche, die vorausging und der Kirche, die nachfolgt?

21 Vgl. Anm. 4.

22 Nicaeno-Constantinopolitanum (381), *Denzinger-Schönmetzer*, Enchiridion symbolorum definitionum et declarationum, de rebus fidei et morum, Editio XXXIV, Freiburg i.Br. 1967, Nr. 150: Unam sanctam catholicam et apostolicam Ecclesiam. – Über die nicänische vierfache Formel hinaus haben die Reformatoren hinzugefügt: ecclesia est perpetua. Sie schlossen im Sinne der Bundestheologie bewusst die Väter und Propheten des Alten Testamentes mit ein und sagten: Zu dieser Kirche gehören die pii et electi, qui olim fuerunt ab initio mundi, nunc sunt et usque ad saeculi finem futuri sunt. HpB, 536: Die Dogmatik der evangelisch-reformierten Kirche, dargestellt und aus den Quellen belegt von H. Heppe, neu durchgesehen und hg. von E. Bizer, Neukirchen 1958.

Unsere Verfassung hat dort bekennenden Charakter, wo vom Wesen der Kirche die Rede ist. Sie sagt in Artikel 1:

> (1) Die evangelisch-reformierte Kirche des Kantons Bern bekennt sich zu Jesus Christus als dem alleinigen Haupt der einen allgemeinen christlichen Kirche.

Aus ekklesiologischer Sicht hält dieser Artikel auf seine Weise die *Einheit* der Kirche fest im Bekenntnis zu Christus als dem alleinigen Haupt der Kirche[23]. Den altkirchlichen Symbolen entnimmt er das *unam*, das *catholicam* und das *christianam*. Absatz 2 fährt fort:

> (2) Sie findet ihn, Christus, bezeugt in der Heiligen Schrift Alten und Neuen Testaments, die sie nach bestem Wissen und Gewissen unter der Leitung des Heiligen Geistes erforscht.

Hier ist in reformierter Gestalt von der *Apostolizität* der Kirche die Rede. Statt der apostolischen Sukzession steht die Heilige Schrift, und statt des Lehramtes der Heilige Geist.

> (4) Ihre geschichtliche Grundlage sind der Reformationserlass vom 7. Februar 1528, die zehn Schlussreden der Berner Disputation und der Berner Synodus von 1532[24].

Mit dem Hinweis auf die geschichtliche Herkunft macht die Verfassung deutlich, dass wir uns als Kirche heute nicht selber erfunden haben. Wir partizipieren an der *ecclesia perpetua*, die es vor uns gegeben hat und die es auch nach uns noch geben wird.

III. Schlussfolgerungen

Aus ekklesiologischer Sicht lässt Artikel 1 der Kirchenverfassung erkennen, woran die Kirche glaubt. Er beschreibt das *Wesen der Kirche*[25] ausgehend vom *Credo der Kirche.* Nach meiner Einschätzung jedoch, und dies zu sagen, darf ich mir erlauben, weil die ersten Gedanken im Blick auf eine Totalrevision unserer Kirchenverfassung bereits gedacht und ausgesprochen worden sind, ist das Ganze auch etwas kurz geraten.

23 Entspricht der ersten Berner Schlussrede von 1528. Vgl. Anm. 4.

24 Vgl. Anm. 4.

25 So der Titel von Art. 1 der Kirchenverfassung.

Es gehörte sich im ökumenischen Umfeld heute, noch ein paar Dinge mehr zu sagen. Die *Einheit* der Kirche, die in Christus gegeben ist, sollte in der Verfassung nicht nur postuliert werden. Es müsste hinzukommen, wo und in welcher Gestalt die Einheit der Kirche zum Ausdruck kommt.

Es gehörten hierhin Aussagen

- zum Gottesdienst, in dem wir Christus loben, ihm danken, ihn anrufen und auf ihn hören[26];
- zur Taufe, die er uns angeboten und die zu vollziehen er uns geboten hat[27];
- zum Abendmahl, in dem wir seiner dankend gedenken[28];
- zum Gebet, da die Kirche Gott in Jesu Namen[29] anruft: Unser Vater.

Denkbar wäre sogar, angesichts schwindender Tradition und säkularisierter Gesellschaft, dass die Kirche in ihrer Verfassung etwas zu den kirchlichen Feiertagen sagt und dadurch ihrem in Christus begründeten Bekenntnis erkennbare Gestalt gibt: Weihnacht, Karfreitag, Ostern, Pfingsten.

Dies alles zum Zeugnis, dass wir an die *eine* Kirche glauben.

Die *Heiligkeit* der Kirche lässt sich verfassungsmässig nicht zum Ausdruck bringen, wenn darunter nach Epheser 5, 27 die Kirche ohne Flecken und Runzeln gemeint wäre[30].

Heilig kann aber ganz einfach auch die Gottzugehörigkeit der Kirche bedeuten. Es wäre dies der Ort, etwas zu sagen von der Gotteskindschaft aller Menschen und von den Menschenrechten, vom Frieden auf Erden unter den Menschen *bonae voluntatis*[31] und etwas von der Ehrfurcht vor dem Leben.

Zur *Katholizität* gehört bei allem Respekt vor der Partikularität der Konfessionen das Bekenntnis zur ökumenischen Verbundenheit mit den anderen christlichen Kirchen, vielleicht auch im Sinne der kleinen Ökumene mit Freikirchen und Gemeinschaften. Sicher aber hat die Katholizität etwas zu tun mit der grundsätzlichen Offenheit der Kirche über sich hinaus zu denen, die Christus als diejenigen Schafe bezeichnet, *die nicht*

26 *H. Zwingli*, Welchs ist Christi kilch? Die sin Wort hört. Z III 223, 6-7.

27 Mt. 28, 19.

28 *H. Zwingli*, Diese widergedächtnuß eyn dancksagung … ist. Z IV 15, 10-11.

29 Das Gebet im Namen Jesu: Joh 14, 13-14; 15, 16.

30 Nova Vulgata. Bibliorum Sacrorum Editio. Libreria Editice Vaticana 1986: Non habentem maculam aut rugam.

31 Lk. 2, 14.

aus diesem Stalle sind und die er auch zu führen und zu weiden habe, bis aus allen *die eine Herde werde unter dem einen Hirt*[32].

So wahr eine Kirchenverfassung zu sagen hat, was eine Kirche glaubt, so dürfte nicht minder im Sinne der Katholizität der Kirche in ihr zum Ausdruck kommen, dass wir auch an den Glauben anderer glauben.

Die Verbundenheit mit den Aposteln in der Orientierung an der Heiligen Schrift zum Ausdruck zu bringen, entspricht reformiertem Kirchenverständnis[33]. Jedenfalls richtet sich unser Augenmerk bei der *Apostolizität* der Kirche nicht auf die Ämterlehre, sondern auf den Schriftbezug der Verkündigung.

Das Spezifikum der Kirche als christlicher Kirche, *ecclesiam christianam*, bezieht sich auf ihren Herrn. Hierher gehörte freilich, weil *Jesus* der Christus ist, eine Aussage zur Herkunft der Kirche aus dem Judentum, und weil Jesus der *Christus* ist, ein Wort zur Mission, zur Positionierung der Kirche im Kontext der Weltreligionen wie auch ein kritisches, distanzierendes Wort zu aller Gattung Ideologie, Aberglaube und Fundamentalismus.

Dass schliesslich die Kirche schon immer war und bleiben wird als *ecclesia perpetua*, könnte dadurch zum Ausdruck gebracht werden, dass daran erinnert wird, dass wir den Glauben empfangen haben und ihn weitergeben. Hier wäre, durchaus auf reformierte Weise, etwas zu sagen zum Glaubensgut, zu dem also, was *überall, immer und von allen geglaubt worden ist – quod ubique, quod semper, quod ab omnibus creditum est*[34].

Ich will damit sagen, dass die Kirchenverfassung dasjenige Dokument ist oder sein könnte, in dem eine Kirche, die ansonsten die altkirchlichen Bekenntnisse nicht mehr zu ihren verbindlichen Grundlagen zählt, diese in zeitgemässer Rechtsgestalt nun doch wieder aufnimmt.

Bleibt die Frage, ob eine Verfassung, die bekenntnishaften Charakter trägt, der Volksabstimmung unterliegen darf? Aus meiner Sicht sehr wohl. Es wäre fatal, eine Verfassung zu besitzen, der die Zustimmung fehlt. Es würde sonst ein Credo statuiert, von dem niemand wüsste, wer daran glaubt. Es gibt keinen Glauben ohne die Gläubigen.

32 Joh. 10, 16.

33 Leitbild des Synodalrates der Reformierten Kirchen Bern-Jura-Solothurn für die Gesamtkirchlichen Dienste, www.refbejuso.ch: Die Orientierung an der Bibel ist verbindlich.

34 *Vincentius von Lerina*, zitiert in meinen Exzerpten, ohne Stellenangabe.

SJKR/ASDE 10 (2005), S. 33-50

Kasualhandlungen an Nichtmitgliedern aus juristischer und theologischer Sicht

von Cla Reto Famos (Zürich)

I. Einleitung

Als ich mich vor einigen Jahren mit der Frage nach Kasualien ohne Mitgliedschaft oder ohne kirchlichen Auftrag auseinandersetzte und meine Überlegungen am 15. November 2000 vor dem Pfarrkapitel Uster im Kanton Zürich vortrug, war dies ein relativ junges Thema, das in weiten Kreisen der Kirche noch fast nicht zur Kenntnis genommen wurde. Oder war es vielleicht eher ein Thema, das man am Anfang des Jahrtausends gerne noch ein bisschen vor sich herschob? Die Anzeichen dafür, dass es sich bei diesen Fragen um solche mit steigender Bedeutung handelte, waren durchaus schon damals deutlich. Denn die Faktoren, welche zu den heute spürbaren Spannungsverhältnissen führten, haben sich zwar seit den letzten Jahren noch einmal verstärkt, sie sind aber durchaus in eine Linie mit grösseren Entwicklungen zu bringen, die sich schon längst abgezeichnet haben. Das Mitgliedschaftsverhalten in den beiden grossen christlichen Konfessionen, aber auch in anderen Religionsgemeinschaften, hat sich stark verändert und ist geprägt von Individualisierung und Pluralisierung[1]. Die seit Jahrzehnten beobachtbaren Austrittswellen haben zu einem grossen Reservoir von Konfessionslosen geführt, die trotz fehlender Mitgliedschaft in vielen Fällen noch eine gewisse Bindung an die christliche Tradition erhalten haben und entsprechende Erwartungen an die Kirchen herantragen. Die Entstehung eines religiösen Marktes[2] hat

1 Siehe dazu *Jan Hermelink*, Praktische Theologie der Kirchenmitgliedschaft. Interdisziplinäre Untersuchungen zur Gestaltung kirchlicher Beteiligung, Göttingen 2000; *Rüdiger Schloz*, Zur Zukunft der Kirchenmitgliedschaft, in: EvTh 63/2003.

2 Siehe dazu: *Manfred Bruhn/Albrecht Grözinger*, Kirche und Marktorientierung. Impulse aus der ökumenischen Basler Kirchenstudie, Freiburg i.Ue. 2000; *Joa-*

die Einzelnen in vieler Hinsicht in die Position eines religiösen Kunden versetzt und entsprechend die Verhandlungsmacht der religiösen Organisationen deutlich verringert. Mit einer immer grösseren Selbstverständlichkeit werden auch im religiösen Bereich spezifische Erwartungen von Einzelnen und sozialen Gruppen geäussert und eingefordert[3]. Entsprechend stellt sich für die Kirchen zunehmend die Frage, wie weit solchen Bedürfnissen entsprochen werden kann und wo sich allenfalls Grenzen aufzeigen. In ökonomischer Perspektive entspricht der Marktsituation ein bedürfnisorientiertes Verhalten auf Seiten der Anbieter[4]. Allerdings muss sich eine solche Anpassungsbewegung immer im Einklang mit den über-

---

chim Fetzer u.a., Kirche in der Marktgesellschaft, Gütersloh 1999; *Okko Herlyn/ Hans-Peter Lauer*, Kirche in Zeiten des Marktes. Ein Störversuch, Neukirchen-Vluyn 2004; *Jan Hermelink*, Kameraden, Klienten oder Kunden? Die Adressaten des kirchlichen Handelns, in: Joachim Fetzer (Hg.), Kirche in der Marktgesellschaft, Gütersloh 1999; *Hubert Knoblauch*, Populäre Religion. Markt, Medien und die Popularisierung der Religion, in: ZfR 8 (2000); *Michael Nüchtern*, Kirche in Konkurrenz. Herausforderungen und Chancen in der religiösen Landschaft, Stuttgart 1997; *Gerhard Rau*, Mission oder Markt. Vom Recht der Kirche auf Evangelisation, in: Irene Dingel/Volker Leppin/Christoph Strohm (Hg.), Reformation und Recht. Festgabe für Gottfried Seebass zum 65. Geburtstag, Gütersloh 2002; *Hartmut Zinser*, Der Markt der Religionen, München 1997.

3 In religionssoziologischen Untersuchungen werden deshalb ganze Mitgliedergruppen als „Kunden" apostrophiert. Vgl. *Alfred Dubach/Roland J. Campiche* (Hg.), Jede(r) ein Sonderfall? Religion in der Schweiz: Ergebnisse einer Repräsentativbefragung, Zürich 1993; *Alfred Dubach/Wolfgang Lienemann* (Hg.), Aussicht auf Zukunft. Auf der Suche nach der sozialen Gestalt der Kirchen von morgen, Kommentare zur Studie „Jede(r) ein Sonderfall? Religion in der Schweiz", Zürich/Basel 1997; *Michael Krüggeler/Fritz Stolz* (Hg.), Ein jedes Herz in seiner Sprache ... : Religiöse Individualisierung als Herausforderung für die Kirchen, Kommentare zur Studie „Jede(r) ein Sonderfall? Religion in der Schweiz", Bd. 1, Zürich/Basel 1996; *Jörg Stolz*, Individuelle Religiosität, Kirchenbindung und Einstellungen zu den Kirchen im Kanton Zürich und in der Schweiz. Ein Bericht zuhanden des Evangelisch-reformierten Kirchenrates des Kantons Zürich, Zürich 2002; *Dietrich Wiederkehr*, Individualisierung und Pluralisierung des Glaubens. Not und Chance der Kirchen, in: Michael Krüggeler/ Fritz Stolz (Hg.), Ein jedes Herz in seiner Sprache ... : Religiöse Individualisierung als Herausforderung für die Kirchen. Kommentare zur Studie „Jede(r) ein Sonderfall? Religion in der Schweiz", Bd. 1, Zürich/Basel 1996.

4 *Robert Purtschert*, Marketing für Verbände und weitere Nonprofit-Organisationen, Bern/Stuttgart/Wien 2001, S. 49 ff.

geordneten Zielen einer Organisation befinden[5]. Deshalb ist es unabdingbar, dass der kirchliche Auftrag spezifisch bestimmt wird. Dies ist eine theologische Aufgabe, die als Grundlage für die kirchenrechtlichen Entscheidungen im Umgang mit Nichtmitgliedern zu gelten hat.

Die damalige Behandlung des Themas, die in diesem Jahrbuch veröffentlicht wurde[6], hat sich auch in der Diskussion der letzten Jahre als grundsätzlich tragfähig erwiesen. Ich kann deshalb auf meine Ausführungen verweisen und mich darauf beschränken, die seither zu beobachtenden Entwicklungen zu beleuchten und zu kommentieren.

Die Welt der Kasualhandlungen ist im Vergleich zu früher vielfältiger, unübersichtlicher und komplexer geworden. Eltern treten aus der Kirche aus, wollen aber, dass ihre Kinder getauft werden, weiterhin den kirchlichen Unterricht besuchen und konfirmiert werden. Angehörige gelangen an die Kirchgemeinde mit der Bitte um eine kirchliche Bestattung ihres verstorbenen Familienmitglieds, das aber vielleicht schon vor Jahren aus der Kirche ausgetreten ist. Oft ist nicht nur der Verstorbene, sondern ein ganzer Teil der Familie nicht mehr Kirchenmitglied. Und schliesslich ist nicht zu vergessen, dass die Tätigkeit von so genannten freien Ritualberatern in den letzten Jahren stark zugenommen hat. Diese vollziehen beispielsweise eine Taufe ausserhalb des kirchlichen Rahmens auf eigene Rechnung und melden diese Taufe danach beim Wohnortspfarramt der Tauffamilie an.

Eine neue religionssoziologische Studie[7] hat die Ambiguität der heutigen Situation plastisch herausgearbeitet. Das doppelte Gesicht der Religion zeigt sich gerade auf unserem Feld deutlich: Einerseits hat sich eine tiefgehende Skepsis gegenüber religiösen Institutionen breit durchgesetzt. Jede und jeder will sein individuelles Ritual. Andererseits ist eine gewisse Abhängigkeit des Einzelnen und des Familiensystems von Institutionen geblieben, denn ganz ohne den durch diese zur Verfügung gestellten Rahmen geht es auch nicht.

5 Die Schwierigkeiten und Chancen, welche sich aus der Wahrnehmung dieser Spannung ergeben, habe ich dargestellt in meiner Habilitationsschrift: *Cla Reto Famos*, Kirche zwischen Auftrag und Bedürfnis. Ein Beitrag zur ökonomischen Reflexionsperspektive in der Praktischen Theologie, Münster 2005.

6 *Cla Reto Famos*, Rituale und Kirche – Überlegungen zu Kasualien ohne Mitgliedschaft oder ohne kirchlichen Auftrag, in: SJKR 6 (2001), S. 75-95.

7 *Roland J. Campiche*, Die zwei Gesichter der Religion. Faszination und Entzauberung, Zürich 2004.

Aus all dem ergibt sich für die Kirche ein Bedarf nach Orientierung. Es muss entschieden werden, inwieweit die Kirche ihre Handlungen ganz allgemein auch Menschen anbietet, die nicht Mitglieder sind. Auch wenn man – wie ich es immer noch vertrete – den Seelsorgerinnen und Seelsorgern in der Beurteilung des Einzelfalls einen grossen Ermessensspielraum zubilligen sollte, müssen dennoch Leitlinien dargeboten werden, damit die einzelnen Pfarrerinnen und Pfarrer ihre teilweise schwierigen Entscheide nicht völlig auf sich allein gestellt fällen müssen.

Ich möchte nach einigen ekklesiologischen Überlegungen auf Fragen der Kirchenleitung eingehen, die sich in vorliegendem Zusammenhang stellen. Danach folgt die kirchenrechtliche Perspektive. Im Gegensatz zu meinem ersten Aufsatz, in dem ich mich auf die Verhältnisse im Kanton Zürich konzentrierte, werde ich jetzt versuchen, Tendenzen der Regelungsvielfalt in den evangelisch-reformierten Kirchen der Deutschschweiz zu spiegeln.

II. Wahrnehmung der Veränderungen

In den Kirchen der Schweiz findet seit einigen Jahren ein Wahrnehmungsprozess statt, der sich auch in den kirchenrechtlichen Regelungen zeigt. Seit den neunziger Jahren sind Bestrebungen im Gange, die Frage der kirchlichen Handlungen für Nichtmitglieder anzugehen und zu vereinheitlichen.

Den Auftakt gab eine pointierte Stellungnahme Professor Neidharts 1991[8], der für eine sehr elastische Behandlung eintrat. Dieser Linie folgt man in der evangelisch-reformierten Kirche des Kantons Basel-Stadt bis

8 *Walter Neidhart*, Keine Feiern ohne Steuern?, in: Reformiertes Forum 14 vom 5. April 1991: „Der Austritt als solcher ist kaum ein genügender Grund zur Verweigerung der Amtshandlung […] Soll der Ausgetretene in den Tagen, in denen er einen kirchlichen Dienst verlangt (und möglicherweise benötigt) bestraft werden für eine Handlung, deren Folgen er sich damals nicht genügend überlegt hat? Darf die Kirche ihre Dienste an die Bedingung knüpfen, dass jemand seine finanziellen Verpflichtungen ihr gegenüber erfüllt hat? Dies tut sie im Bereich der Diakonie sonst nicht. Und Kasualien haben etwas mit Diakonie zu tun.“ Hier werden etwas schnell verschiedene Bereiche verquickt. Kasualien lassen sich nicht auf diakonische Akte reduzieren, sondern stehen in einem ekklesiologischen Zusammenhang, den es zu berücksichtigen gilt. Vgl. auch *Albert Stein*, Evangelisches Kirchenrecht, 3. Aufl. Berlin 1992, S. 63 f.

heute[9]. Ferner hat man sich im Thurgau[10], im Kanton Glarus[11] und im Kanton Graubünden[12] mit dieser Frage auseinandergesetzt. Der Zürcher Kirchenratspräsident hat sich 1998 vor der Synode geäussert[13]. Und es liegt eine diese Äusserungen kommentierende, vom damaligen Juristischen Sekretär des Kirchenrates, Dr. iur. Werner Bräm im Juli 2000 verfasste interne Weisung vor[14]. Im Jahre 2001 hat der Thurgauer Kirchenrat Thesen und Hinweise zu kirchlichen Angeboten für Nichtmitglieder publiziert. Dieses Papier ist in vielen Kantonalkirchen stark beachtet worden. In der evangelisch-reformierten Kirche des Kantons St. Gallen wurden darauf die Artikel der Kirchenordnung, welche sich mit den Kasualien befassen, revidiert. Zusätzlich gab der St. Galler Kirchenrat noch im gleichen Jahr 2001 Empfehlungen betreffend kirchliche Angebote für Nichtmitglieder heraus, die sich ausdrücklich auf die Thurgauer Thesen und Hinweise beziehen. Im evangelisch-reformierten Synodalverband Bern-Jura wurde 2003 die Kirchenordnung teilrevidiert[15]. Am 19. Januar 2005 präsentierte der Synodalrat Richtlinien für die Gebühren bei Trauungen

9 Pfarrerinnen und Pfarrer dürfen Kasualien (es handelt sich vor allem um Abdankungen) vornehmen. Es wird ein Faltprospekt abgegeben, in dem um einen freiwilligen Beitrag gebeten wird. Die Kirchgemeinden erheben für die Benutzung von kirchlichen Einrichtungen Gebühren.

10 Kreisschreiben Nr. 462 des *Evangelischen Kirchenrates des Kantons Thurgau* vom 31. Oktober 1988 betreffend die Haltung gegenüber Nichtmitgliedern oder aus der Kirche ausgetretenen Mitchristen; *ders.*, Kirchliche Angebote für Nichtmitglieder der Evangelischen Landeskirche, Mitglieder anderer Konfessionen und Religionsgemeinschaften oder für Konfessionslose. Thesen und Hinweise des Kirchenrates für Pfarrämter und Kirchenvorsteherschaften, Frauenfeld 2001.

11 Gesprächssynode vom 15. Mai 1997 zum Thema „Kirchliche Handlungen für Mitglieder anderer Konfessionen und Religionsgemeinschaften und für Konfessionslose".

12 *Kirchenrat der Evangelisch-reformierten Landeskirche des Kantons Graubünden*, Empfehlungen zur Kasualpraxis bei Ausgetretenen vom 7. Dezember 1988, RSmlg. Nr. 214.

13 Protokoll der ausserordentlichen Versammlung der Evangelisch-reformierten Kirchensynode des Kantons Zürich vom 9. Juni 1998, 29. Amtsdauer, 15. Sitzung, S. 41.

14 *Werner Bräm*, Hinweise zum Umgang mit Kasualien etc. bei Nichtreformierten vom 29. September 2000 als Richtlinien kommentiert abzugeben.

15 Gemäss Synodebeschluss vom 2. Dezember 2003. Änderung des Kapitels „Die feiernde Gemeinde", insbesondere Gottesdienst, Durchführung von Trauungen, Gebührenempfehlungen bei Konfessionslosigkeit, Abdankungen. In Kraft seit dem 1. Juni 2004.

und Abdankungen von Personen, die den Reformierten Kirchen Bern-Jura-Solothurn nicht angehören oder nicht angehört haben. Darin finden sich allgemeine Erwägungen und in zwei Anhängen Musterreglemente (für den Kanton Bern und den oberen Teil des Kantons Solothurn) mit konkreten Angaben bezüglich der Gebührenkostenstellen, die von den Kirchgemeinden implementiert werden können. Im Kanton Zürich ist eine Handreichung des Kirchenrats bezüglich kirchlicher Angebote für Nichtmitglieder in Vorbereitung. Diese Handreichung wendet sich an Kirchenpfleger und Pfarrer. Schliesslich hat am 19. Januar 2005 in der evangelisch-reformierten Kirche des Kantons Schaffhausen eine Aussprachesynode zur Frage der kirchlichen Dienste für Ausgetretene und Nichtmitglieder stattgefunden. Die Synode hatte noch 1987 einen entsprechenden Vorstoss abgelehnt[16].

Während die einzelnen Kantonalkirchen also durchaus Handlungsbedarf sehen, hat sich der Versuch, die Frage gesamtschweizerisch anzugehen, vor einigen Jahren im Sand verlaufen. 1996 reichten die Delegierten des Synodalverbandes Bern-Jura an der Abgeordnetenversammlung des Schweizerischen Evangelischen Kirchenbundes (SEK) eine Motion ein, die verlangte, dass der Kirchenbund dieses Problem bearbeitet und vorerst eine Bestandesaufnahme veranlasst. Der Vorstoss wurde als Postulat überwiesen[17]. Die Evangelisch-reformierte Landeskirche des Kantons Aargau übernahm in Zusammenarbeit mit den zuständigen Stellen des SEK die Vorarbeiten für die geforderten gesamtschweizerischen Richtlinien und präsentierte in der Abgeordnetenversammlung des SEK vom 1./2. November 1999 eine Bestandesaufnahme[18]. Die Umfrage ist nur bedingt aussagekräftig, weil sie nur für den Kanton Aargau repräsentativ ist, sehr unterschiedliche staatskirchenrechtliche Systeme vereinigt und auf Fragen beruht, die teilweise schwer zu handhaben und auszuwerten waren[19]. Das Postulat wurde anschliessend abgeschrieben[20]. Der Um-

16 Protokoll der ordentlichen Tagung der Schaffhauser Kirchensynode vom 18. Juni 1987, Traktandum 21, S. 10 ff.

17 Protokoll der Abgeordnetenversammlung des SEK vom 28./29. Oktober 1996, Traktandum 3.2, S. 15 f.

18 Protokoll der Abgeordnetenversammlung des SEK vom 1./2. November 1999, Traktandum 4.1, S. 15 ff.; Antrag und Bericht des Rates des SEK zum Postulat der Reformierten Kirchen Bern-Jura betreffend kirchliche Dienste nach Kirchenaustritten.

19 Antrag und Bericht des Rates des SEK (Anm. 18), S. 4.

20 Protokoll AV vom 1./2. November 1999 (Anm. 18), S. 18.

stand, dass dabei die geringen finanziellen Möglichkeiten des SEK im Vordergrund standen, wirft ein Schlaglicht auf problematische Strukturen des schweizerischen Protestantismus. Wie weit eine einheitliche Vorgehensweise angesichts der doch sehr unterschiedlichen staatskirchenrechtlichen Vorgaben überhaupt realisierbar und kirchenpolitisch opportun gewesen wäre, ist fraglich. Ein neuer Vorstoss zu Empfehlungen des SEK scheint sich im Zuge der Diskussion zu einer Rahmen-Kirchenordnung zu entwickeln. Vorläufig bleibt zumindest die Vereinheitlichung auf regionaler und kantonaler Ebene ein wichtiges Ziel[21].

III. Verkündigung und seelsorgliche Begleitung

Die Veränderungen des Mitgliedverhaltens und der soziologischen Einbettung der Kirchen sind nicht einfach nur als ein primär finanzielles Problem in den Blick zu nehmen, sondern sie stellen tief greifende Anfragen an das Selbstverständnis der Kirche. In allen Kirchenordnungen der evangelisch-reformierten Landeskirchen der Deutschschweiz wird das Leitbild einer Volkskirche gezeichnet, die ihren Dienst in der Offenheit gegenüber dem ganzen Volk leistet. Daraus ergibt sich das Postulat, die Anliegen und Bedürfnisse auch derjenigen Menschen, die nicht Mitglieder sind, zu berücksichtigen. Es ergibt sich daraus allerdings nicht die grundsätzliche Notwendigkeit, auf alle Anfragen einzugehen, sondern nur innerhalb des prinzipiellen Auftrags der Kirche, nämlich der „Verkündigung des Wortes Gottes in Predigt, Taufe, Abendmahl, Unterweisung, Seelsorge und Werken der Liebe“[22]. Eine Kirche, die sich unbesehen allen Ansprüchen öffnet und sämtliche von ihr verlangten Kasualhandlungen vornimmt, wird zur Kirche für alles statt einer Kirche für alle[23].

Nach evangelischem Verständnis ist Kirche die Gemeinschaft der Heiligen (1. Kor. 14, 33), in der das Evangelium rein gepredigt und die Sakramente recht verwaltet werden[24]. Gerade diesen Aspekt der communio

21 Für die Abdankung vgl. auch: Liturgie, hg. im Auftrag der Liturgiekonferenz der Evangelisch-reformierten Kirchen in der deutschsprachigen Schweiz, Bd. V Bestattung, Bern 2000, S. 51.

22 Kirchenordnung der evangelisch-reformierten Landeskirche des Kantons Zürich vom 2. Juli 1967 (LS 181.12; KO ZH) Art. 5.

23 *Robert Leuenberger*, Problemlose Kirche? Ein Standpunkt, Zürich 1977, S. 63.

24 CA VII; *Wilfried Härle*, Dogmatik 2. Aufl. Berlin/New York 2000, S. 570 ff.

gilt es heute wieder einzubringen, indem daran festgehalten wird, dass Gott durch sein Wort nicht nur jeden einzelnen Menschen als Individuum anspricht, sondern ihn auch einfügt in den Leib Christi und somit in eine erfahrbare Gemeinschaft. Diese Einsicht hat für unsere Frage insofern Bedeutung, als gerade auch im Bereich der Kasualien – und in besonderem Masse, wo eines der beiden Sakramente berührt wird[25] – der Aspekt der solidarischen Gemeinschaft zentral ist und somit Auswirkungen auf die konkreten Entscheidungssituationen haben muss.

Kasualien als situationsbezogene Gottesdienste sind aus diesen Überlegungen heraus grundsätzlich an die Mitgliedschaft als Ausdruck dieser Gemeinschaft gebunden[26]. Deutlich wird dieser Umstand, wenn man die Frage nicht von Taufe oder Abdankung, sondern von einer nicht aus dem eingebürgerten Kreis stammenden Kasualie wie z.B. die Feier der Pensionierung her betrachtet. Der Kirchenrat der evangelisch-reformierten Kirche des Kantons St. Gallen meint dazu: „Bei Feiern für mehrere Personen in besonderen Lebenssituationen muss daher mindestens eine Person Mitglied der evangelisch-reformierten Kirche sein. Feiern für Einzelpersonen, wie beispielsweise anlässlich der Pensionierung, machen nur für Kirchenmitglieder Sinn.“[27] Damit scheint der Befund sich zu erhärten, dass die heute immer noch bestehende starke, wenn nicht marktbeherrschende Position der grossen Volkskirchen im Bereich der traditionellen Kasualien einen gewissen Druck zur Kulanz ausübt, welcher die Mitgliedschaftsfrage in den Hintergrund drängt. Mit zunehmender Schrumpfung der Volkskirchen wird der Aspekt der Mitgliedschaft eher wieder an Gewicht gewinnen. Gerade diese ist aber in den letzten Jahrzehnten sehr stark unter Druck geraten. Viele Mitglieder haben der Kirche den Rücken

25 *Dietrich Bonhoeffer*, Nachfolge, 16. Aufl. München 1987, S. 206: „Für die Kindertaufe heisst das, dass die Taufe nur dort erteilt werden kann, wo die erinnernde Wiederholung des Glaubens an die ein für allemal vollbrachte Heilstat gewährleistet werden kann, d.h. aber in einer lebendigen Gemeinde. Kindertaufe ohne Gemeinde ist nicht nur Missbrauch des Sakraments, sondern zugleich verwerflicher Leichtsinn im Umgang mit dem Seelenheil der Kinder; denn die Taufe bleibt unwiederholbar.“

26 *Evangelischer Kirchenrat des Kantons Thurgau*, Kirchliche Angebote für Nichtmitglieder (Anm. 10), S. 1; siehe auch SJKR/ASDE 5 (2000), S. 177 ff.

27 Empfehlungen des Kirchenrates betreffend kirchliche Angebote für Nichtmitglieder der Evangelisch-reformierten Kirche des Kantons St. Gallen, Mitglieder anderer Konfessionen und Religionsgemeinschaften, und für Konfessionslose vom 10. Dezember 2001 (GE 22-20), S. 10.

gekehrt. Ein grosser Teil davon versteht sich aber trotzdem als religiös, gläubig und sogar christlich. Entstanden ist dadurch eine nicht mehr zu unterschätzende Gruppe von Menschen, die sich ausserhalb des organisierten christlichen Rahmens befinden und doch gerade auf christliche Inhalte und Traditionen ansprechbar sind[28]. Roland Campiche nennt dies die universale Religion im Gegensatz zur institutionellen Religion[29].

Die Mitgliedschaft steht nicht in allen kirchlichen Handlungsfeldern gleich stark im Zentrum. Seelsorge und Diakonie beispielsweise sollen jedem Rat- und Hilfesuchenden ohne Rücksicht auf seine Kirchenzugehörigkeit erteilt werden, soweit das finanziell möglich ist, denn hier soll Kirche gemäss ihrem Auftrag für andere da sein. Auch der Gottesdienst ist als eine öffentliche Veranstaltung für alle offen[30].

Im Bereich der Kasualien gibt es unterschiedliche Bindungswirkungen des Mitgliedschaftserfordernisses. In der Taufe und in der Konfirmation steht vom Wesen des Eingefügtwerdens in die Gemeinschaft des Leibes Christi her die Mitgliedschaft an zentraler Stelle. Aber auch in der nach evangelischem Verständnis als Segenshandlung und Versprechen zu christlicher Eheführung verstandenen Trauung ist die fehlende Mitgliedschaft ein Element, das – vielleicht abgesehen von ganz speziellen Konstellationen – grundsätzlich die ganze Feier ihres Sinnes beraubt. Auch die Bestattung ist der Abschied der kirchlichen Gemeinschaft von einem ihrer Glieder. Hier kann der Mitgliedschaftsgedanke insofern situativ in den Hintergrund treten, als die Adressaten des Abdankungsgottesdienstes nicht der Verstorbene, sondern die Hinterbliebenen sind.

Die Kasualien sind im Schnittbereich zwischen Verkündigung und Seelsorge angesiedelt. Die Spannung, welche sich zwischen dem kirchlichen Auftrag zur Verkündigung des Evangeliums und der Aufgabe der seelsorglichen Begleitung der Menschen ergeben kann, ist in diesem Handlungsbereich besonders virulent und hat Auswirkungen auf das Mitgliedschaftserfordernis.

Kasualien sind als Gottesdienste – auch wenn sie an die besondere Situation Einzelner anknüpfen – immer an die Verkündigung gekoppelt[31].

28 Vgl. die Ergebnisse der Befragungen in Basel zum Christentum als der bestimmenden Religion: *Manfred Bruhn* (Hg.), Ökumenische Basler Kirchenstudie. Ergebnisse der Bevölkerungs- und Mitarbeiterbefragung, Basel 1999, S. 285.

29 *R. J. Campiche*, Die zwei Gesichter der Religion (Anm. 7), S. 40.

30 Art. 49 KO ZH; Art. 19 Abs. 3 KO BE.

31 Art. 45 Abs. 2 KO ZH.

Ohne diese verfehlen sie ihr Ziel. Wo Verkündigung des Evangeliums durch äussere Umstände oder durch innere Einstellungen der Beteiligten nicht mehr möglich ist, muss deshalb eine Kasualhandlung verweigert werden, weil sie sonst ihres Sinnes entleert wird und ihre Würde verliert. Wenn aus den Umständen klar ersichtlich ist, dass eine Kasualie lediglich als ästhetischer Akt nachgefragt wird, sind die Voraussetzungen der Verkündigung nicht mehr gegeben. Allerdings ist bei der Beurteilung des Einzelfalls Vorsicht walten zu lassen. In der theologischen Diskussion ist die Klage darüber, dass die Menschen nicht mehr zuhören und den Pfarrer nur als Zeremonienmeister missbrauchen, ein oft gehörter Topos[32]. Massgeblich ist nicht das subjektive Gefühl des Pfarrers, sondern die objektive Situation. Soziologische Untersuchungen zeigen für die Hochzeit, dass die Motivationslage der Menschen durchaus vielfältig ist, die völlige Abwesenheit religiöser Erwartungen aber äusserst selten vorkommt[33].

In den Kasualien verwirklicht sich das seelsorgliche Handeln der Kirche, die berufen ist, Menschen in den unterschiedlichsten Lebenssituationen zu begleiten und ihnen gerade dadurch die Botschaft von der menschengerechten Liebe Gottes in Jesus Christus zu vermitteln. Dieses seelsorgerliche Handeln bedeutet immer auch ein Eingehen auf die spezifischen biographischen Nöte und Probleme der Menschen. Deshalb darf unter begründeter Berufung auf den Einzelfall in Ausnahmen vom Mitgliedschaftserfordernis abgewichen werden.

Die Evangeliumsverkündigung ist somit ein unabdingbares Element des Kasualgottesdienstes, während die aus dem Gedanken der communio sich ergebende Mitgliedschaft als Voraussetzung im Einzelfall unter Berufung auf die seelsorgliche Begleitung zurücktreten kann.

IV. Kasualien ohne Mitgliedschaft

A. Anspruch

Als Grundsatz gilt: Einen Anspruch auf eine kirchliche Amtshandlung haben nur Kirchenglieder. An der Mitgliedschaftsvoraussetzung gilt es

32 Klassisch formuliert und mit deutlicher Überspitzung in: *Rudolf Bohren*, Unsere Kasualpraxis – eine missionarische Gelegenheit?, München 1968.

33 *Rosemarie Nave-Herz*, Die Hochzeit. Ihre heutige Sinnzuschreibung seitens der Eheschliessenden: eine empirisch-soziologische Studie, Würzburg 1997.

gerade dann festzuhalten, wenn eine Gebührenordnung aufgestellt wird. Sie darf nicht den Umstand verschleiern, dass in einem ersten Schritt entschieden werden muss, ob im jeweiligen Fall überhaupt eine kirchliche Amtshandlung vollzogen werden kann. Der Evangelische Kirchenrat des Kantons Thurgau schreibt dazu richtig: „Wer der Kirche nicht mehr angehört oder nicht mehr angehören will, verliert grundsätzlich alle Ansprüche auf ihre Dienste. Die Kirchenleitungen müssen sich fragen, ob und wie sie aus freien Stücken auf Wünsche oder Begehren für kirchliche Angebote oder Dienstleistungen eingehen können und sollen."[34]

Die Taufe ist als Zeichen der Zugehörigkeit zur Gemeinde Jesu Christi[35], durch welche die Aufnahme in die Gemeinde Jesu Christi bezeugt wird[36], direkt auf die Mitgliedschaft ausgerichtet. Die Kindertaufe ist theologisch nur aufrechtzuerhalten, wenn das Kind zumindest von einem Elternteil in den Glauben eingeführt wird, weshalb hier die Konfessionszugehörigkeit eines Elternteils grundsätzlich unabdingbar erscheint. Dass der Wunsch von Eltern, welche nicht Mitglieder der Kirche sind, ihr Kind taufen zu lassen, ein neues Phänomen ist, zeigt der Umstand, dass das Mitgliedschaftserfordernis der Eltern in vielen Kirchenordnungen gar nicht erwähnt[37] ist. Es handelt sich dabei aus heutiger Sicht um eine Gesetzeslücke, also eine planwidrige Unvollständigkeit der Rechtsnorm. Dies ergibt sich aus der Forderung an die Taufpaten, einer christlichen Kirche anzugehören[38], die ja umso mehr für die Eltern gelten muss. Eine Kirche, welche Kinder konfessionsloser Eltern unbesehen tauft, setzt ihre

34 *Evangelischer Kirchenrat des Kantons Thurgau*, Kirchliche Angebote für Nichtmitglieder (Anm. 10), S. 1.

35 Art. 8, 59 KO ZH.

36 Art. 42 KO SG; zur theologisch fragwürdigen Tendenz der schweizerischen reformierten Kirchen, die Taufe nicht als Voraussetzung der Mitgliedschaft zu betrachten, siehe *Wolfgang Lienemann*, Gesellschaftliche, rechtliche und theologische Probleme der Kirchenzugehörigkeit, in: SJKR/ASDE 1 (1996), S. 83 ff.

37 Siehe dazu S. 45 ff.
Nach Art. 23 Abs. 2 KO LU muss mindestens ein Elternteil evangelisch-reformiert sein. Auch Art. 61a Abs. 3 KO ZH enthält diese Voraussetzung, erlaubt aber dem Pfarrer, auch bei deren Fehlen das Kind zu taufen, „wenn die Seelsorge am Kind und an der Familie dies nahelegt". Gemäss Art. 17 Abs. 1 KO BL muss die seelsorgerliche Situation eindeutig sein und die Ausnahme durch Pfarrer/Pfarrerinnen und mindestens 2 Mitglieder der Kirchenpflege verantwortet werden.

38 Art. 61b KO ZH; Art. 45 Abs. 1 KO SG.

Glaubwürdigkeit aufs Spiel[39]. Auf keinen Fall darf hier die kurzfristige Überlegung greifen, auf diesem Weg ein Kind als neues Mitglied zu gewinnen. Denn ohne das Mitwirken mindestens eines Elternteils kann eine Hinführung zum christlichen Glauben nur schwer gewährleistet und deshalb die Kindertaufe nicht mehr gerechtfertigt werden.

Anders zu beurteilen ist der Fall, in dem ein älteres Kind nichtreformierter oder ausgetretener Eltern von sich aus die kirchliche Unterweisung wünscht, denn hier wird ja mit der Konfirmation gerade die Mitgliedschaft angestrebt[40]. Die Konfirmation ist dann der Eintritt in die Kirche[41], der als solcher auch rechtlich vollzogen und der Einwohnerkontrolle mitgeteilt werden soll[42]. Die Kirchgemeinde hat bei der Taufe zusammen mit den Eltern und Paten die Verpflichtung übernommen, diese Kinder im christlichen Glauben zu erziehen[43]. Deshalb soll sich die Kirchgemeinde hier grosszügig zeigen und abgesehen von Materialkosten nichts verrechnen[44].

Eine reformierte Trauung für ein nichtreformiertes Paar ist meines Erachtens deshalb problematisch, weil so die Trauung ihres Gehalts entleert und zu einer reinen Dienstleistung wird[45]. Ganz spezielle Konstellationen, die aus seelsorgerlichen Gründen eine andere Entscheidung fordern, sind denkbar, aber sicher sehr selten.

Wiederum anders stellt sich die Situation für die Bestattung Ausgetretener dar. Der Blick auf Familienangehörige und die Berücksichtigung der Umstände und Beweggründe des Austritts können es im Einzelfall

39 Art. 61a Abs. 3 KO ZH muss aus diesen Überlegungen eng ausgelegt werden. Bedenklich erscheint in diesem Licht der hohe Ja-Anteil auf die Frage, ob die Taufe eines Neugeborenen konfessionsloser Eltern vorgenommen werde, vgl. Antrag und Bericht des Rates des SEK (Anm. 18), S. 7 ff.

40 Hier ergab auch die erwähnte Umfrage ein klares Bild. Vgl. Antrag und Bericht des Rates des SEK (Anm. 18), S. 10 f.

41 Art. 9 KO ZH.

42 *Evangelischer Kirchenrat des Kantons Thurgau*, Kirchliche Angebote für Nichtmitglieder (Anm. 10), S. 4.

43 Art. 61d und Art. 79 KO ZH.

44 Anderer Meinung: *Evangelischer Kirchenrat des Kantons Thurgau*, Kirchliche Angebote für Nichtmitglieder (Anm. 10), S. 7.

45 Art. 35 KO LU schreibt deshalb explizit die Verweigerung der Trauung vor, wenn beide Eheleute nicht der evangelisch-reformierten Kirche angehören. Art. 43 KO GL verlangt, dass mindestens ein Teil einer evangelischen Kirche angehören muss, wobei diese Formulierung offen lässt, ob es sich um die evangelische Landeskirche oder um eine evangelische Freikirche handelt.

gebieten, eine solche Abdankung durchzuführen. Die meisten Kirchenordnungen in der Schweiz kennen aus diesem Grund einen Passus, der aus seelsorgerlichen Gründen ein Abweichen vom grundsätzlichen Mitgliedschaftserfordernis ermöglicht[46].

B. Historische Veränderungen am Beispiel der Taufe

Ich möchte anhand der Tauffrage diese Problematik noch etwas vertiefen und in einen historischen Zusammenhang stellen. Es zeigt sich eine Entwicklung, die in den letzten Jahren in dieser Frage zu einer grösseren Sensibilität geführt hat. Ältere Kirchenordnungen setzen sich in der Regel überhaupt nicht mit der Frage auseinander, ob die Konfessionszugehörigkeit von Eltern und Paten geregelt werden müsse. Sie setzen sie vielmehr selbstverständlich voraus. Bei der damaligen fast hundertprozentigen Erfassung der Bevölkerung in der kirchlichen Mitgliedschaft einerseits und der konfessionellen Abschottung andererseits ist diese gesetzgeberische Lücke durchaus verständlich. Rechtliche Normen befassen sich in aller Regel nur mit Sachverhalten, die aus einem Grund geordnet werden müssen. Der Regelungsbedarf war bis zur Mitte des 20. Jahrhunderts nicht im heutigen Masse gegeben. Eine erste Behandlung des Themas in den sechziger und siebziger Jahren war angesichts der konfessionellen Durchmischung und des Anstiegs der Konfessionslosen nötig geworden. Diese Phase war geprägt durch ein liberales Verständnis und dem Bestreben nach einer grösstmöglichen Offenheit. In den letzten Jahren ist die konfessionelle Pluralität weiter geschritten und hat sich zu einer religiösen Diffusität entwickelt. Seit einigen Jahren zeichnet sich nun eine gewisse Tendenz ab, die kirchenrechtlichen Normen enger zu definieren. Die Gründe für diese Entwicklung sind vielfältig, zu nennen sind die Diskussion zur reformierten Identität und der Druck zur stärkeren Profilgebung, welcher aus der Situation des religiösen Marktes entsteht. Der Umstand, dass die Taufe in den evangelisch-reformierten Kirchen der Schweiz keine Mitgliedschaftsvoraussetzung ist, wird seit einigen

46 Art. 39 KO LU; § 41 KO TG; ohne Hinweis auf seelsorgerliche Gründe, aber mit gleicher Zielrichtung Art. 59 Abs. 2 KO SG; Art. 72 KO ZH. Ganz anders noch Art. 52 Abs. 3 aKO BE, wo vom Grundsatz der Mitgliedschaft ganz abgewichen wird: „Der Pfarrer sollte den Dienst der kirchlichen Bestattung von Personen, die auf dem Gebiet der Kirchgemeinde gewohnt haben, nicht verweigern, auch nicht im Fall, wo diese nicht Mitglied der Kirche waren."

Jahren in Frage gestellt. Gesetzgeberische Leerstellen – wie etwa der Umstand, dass in vielen Kirchenordnungen die Kirchenmitgliedschaft der Eltern nicht explizit gefordert wird – werden in den letzten Jahren zunehmend dahingehend interpretiert, dass Ausnahmen von der Regel der Mitgliedschaft ausdrücklich vorgesehen sein müssen. Bis vor einigen Jahren ging man in der Auslegung dagegen davon aus, dass das Mitgliedschaftserfordernis für Kasualien nur dann gelte, wenn eine explizite Rechtsnorm dies fordere. Den Grund für diese Verschiebung des hermeneutischen Auslegungshorizonts sehe ich in der veränderten konfessionellen Struktur unseres Landes. Die Kommentierung des Thurgauer Kirchenrates läutete 2001 eine Trendwende ein, die zu einer restriktiveren Auslegung führt, ohne allerdings die alte, weite Auslegung gänzlich abzulösen. Betrachten wir diese Verschiebung der Auslegung genauer: In der Thurgauer Kirchenordnung findet sich kein Passus, der sich ausdrücklich mit der Frage der Konfessionszugehörigkeit von Taufeltern befasst. Wohl aber wird in § 18 festgehalten, dass in der Regel die Taufzeugen sowie die Eltern anwesend sein müssen – ein Hinweis, dass die Anwesenheit dieser Personen anlässlich der Taufe vor einigen Jahrzehnten nicht ganz selbstverständlich war. Der Kirchenrat schreibt: „Wenn kein Elternteil der Landeskirche angehört, für das neugeborene Kind aber doch eine Taufe gewünscht wird, soll diesem Wunsch eher *nicht* entsprochen werden.“[47] Wir haben es also – das impliziert dieser auslegende Satz – mit einer gesetzgeberischen Lücke, einer regelwidrigen Unvollständigkeit zu tun. Während bis vor kurzem die Meinung vorzuherrschen schien, es handle sich dabei um ein qualifiziertes Schweigen, d.h. der Gesetzgeber habe bewusst von einer Mitgliedschaftsforderung an die Taufeltern abgesehen, scheint sich in der Kommentierung des Thurgauer Kirchenrates die Perspektive anzudeuten, dass es sich hier um eine gesetzgeberische Lücke handelt, die aus der Gesamtsystematik der Kirchenordnung geschlossen werden sollte. Der evangelische Kirchenrat des Kantons St. Gallen[48], der sich bei seinen Kommentierungen auf die Thurgauer Äusserungen stützt, schreibt sogar kritisch, es frage sich, „ob Eltern die-

47 *Evangelischer Kirchenrat des Kantons Thurgau*, Kirchliche Angebote für Nichtmitglieder (Anm. 10), S. 2.

48 Art. 45 Abs. 1 KO SG besagt (im Unterschied zur KO TG), dass mindestens ein Elternteil und ein Taufpate einer christlichen Kirche angehören muss. Damit wird implizit nicht daran festgehalten, dass ein Elternteil evangelisch-reformiert sein muss.

ses Zeichen für ihr Kind ehrlicherweise wünschen können, wenn sie selber sich nicht als Glied dieser Gemeinde verstehen wollen".[49] Beide Kommentierungen äussern sich damit faktisch de lege ferenda.

Interessant ist auch die gesetzgeberische Entwicklung im Kanton Bern. Die Kirchenordnung vom 11. September 1990 verlangte nur von einem Taufzeugen die reformierte Konfession und schwieg sich über die Konfession der Eltern aus. In der Fassung vom 2. Dezember 2003 sagt nun Art. 37 Abs. 3: „Mindestens ein Elternteil soll der reformierten Kirche angehören; aus seelsorglichen Gründen kann der Pfarrer eine Taufe vollziehen, wenn kein Elternteil der reformierten Kirche angehört." Damit wurde die frühere Lücke im Sinne einer restriktiven Regelung geschlossen. Zugleich zeigt diese junge Norm eine Tendenz, immer häufiger auf seelsorgliche Gründe zu verweisen.

C. Seelsorgliche Behandlung des Einzelfalls

Der seelsorgliche Einzelfall wird zu Recht ins Zentrum der Überlegungen gestellt. Wer ohne Zugehörigkeit und unmittelbaren Beitrittswillen den Dienst der Kirche sucht, wird seine Gründe im vertraulichen Gespräch offen legen. Auf diese ist unter Berücksichtigung der grundsätzlichen Bindung an die Mitgliedschaft einzugehen. „Ob eine Amtshandlung gewährt oder versagt wird, stellt sich regelmässig als eine in den Grenzen und unter der Anleitung einer gesamtkirchlichen Ordnung getroffene Entscheidung geistlichen Ermessens dar."[50] Damit wird die Entscheidung in den meisten Fällen bei den Pfarrerinnen und Pfarrern liegen, denen so eine grosse Verantwortung übertragen wird. Die Kriterien, welche hier wegleitend sein können, sind in einer Gesamtschau gegeneinander abzuwägen. Einerseits ist von der evangelischen Offenheit auszugehen, anderseits soll auch der Grundsatz gewichtet werden, dass sich die Kirche nicht missbrauchen lassen muss[51]. Auch soll der Umstand beachtet werden, dass ein Kirchenaustritt in den meisten Fällen eine Trennung und ei-

49 *Evangelischer Kirchenrat des Kantons St. Gallen*, Kirchliche Angebote für Nichtmitglieder (Anm. 27), S. 3. Es handelt sich dabei nicht mehr um eine Lückenschiessung, sondern um eine Äusserung de lege ferenda, welche die gewandelte Wahrnehmung widerspiegelt.

50 *A. Stein*, Evangelisches Kirchenrecht (Anm. 8), S. 64.

51 Protokoll der Evangelisch-reformierten Kirchensynode des Kantons Zürich vom 9. Juni 1998, S. 41.

ne Aufkündigung der finanziellen Solidarität ist, die es ernst zu nehmen gilt. Sicher kann man sagen, dass das Ausrichten einer Amtshandlung nicht einfach als der Normalfall angesehen werden sollte. Es muss gerade um der Glaubwürdigkeit der Kirche willen als Ausnahme angesehen und auch so behandelt werden.

Der Hinweis auf mögliche Ausnahmen von kirchenrechtlichen Anforderungen aus seelsorglichen Gründen findet sich häufig. Dabei handelt es sich um einen unbestimmten Rechtsbegriff, der den Pfarrerinnen und Pfarrern bzw. den Mitgliedern von Kirchenvorständen einen erheblichen Ermessensspielraum einräumt. Es ist aber davon auszugehen, dass nicht schon die einfache Äusserung des Wunsches nach einer Kasualie als seelsorgerlicher Grund gelten kann. Im Gespräch müssen sich Gründe ergeben, die es trotz der entgegenstehenden fehlenden Mitgliedschaftsvoraussetzungen dringend ratsam erscheinen, dass eine Kasualie ausgerichtet wird. Der Verweis auf seelsorgliche Gründe darf nicht zu einer reinen Leerformel verkommen.

V. Gemeindeautonomie und Gebührenordnung

Einige Aspekte der Behandlung von Nichtmitgliedern fallen in die Autonomie der einzelnen Kirchgemeinden, soweit sie ihnen durch übergeordnete Normen zugestanden wird. Dies gilt in der Regel besonders für den Erlass einer Gebührenordnung, wozu die Gemeinden grundsätzlich berechtigt sind. Entscheidend ist deshalb die rechtliche Qualifikation des finanziellen Entgeltes, welches von Empfängern kirchlicher Amtshandlungen verlangt wird. Der privatrechtliche Vertrag, der auch im Bereich der öffentlichen Verwaltung immer mehr an Bedeutung gewinnt, kommt dabei deshalb nicht in Frage, weil es sich um die Ausrichtung einer Amtshandlung einer öffentlich-rechtlichen Körperschaft handelt. Der verwaltungsrechtliche Vertrag ist ebenfalls auszuschliessen, da die involvierten Privaten nicht in die Erfüllung einer öffentlichen Aufgabe einbezogen werden. Somit bleibt die hoheitliche Erhebung einer Verwaltungsgebühr, die sich als Gegenleistung für Amtshandlungen und sonstige Tätigkeiten der öffentlichen Verwaltung definiert, eventuell einer Benutzungsgebühr, wenn beispielsweise nur die Benutzung von kirchlichen Räumen in Frage steht. Während bei Benutzungsgebühren wegen der meist vorhandenen Konkurrenz (beispielsweise private Parkplätze oder Lokale) die Einführung von Preisen vorgeschlagen wird, besteht diese Möglichkeit für Verwaltungsgebühren nur selten, da der Einzelne meist keine Ausweichmöglichkeit hat. In unserem Fall kann dies aber bejaht werden.

Die Kirchgemeinden müssen sich – wenn sie sich für eine Gebührenordnung entschliessen – bei ihrem Vorgehen an die allgemein geltenden Rechtsgrundsätze halten. Zu diesen gehören insbesondere die Prinzipien der Rechtsgleichheit und der Verhältnismässigkeit. Speziell bei Gebühren sind noch das Kostendeckungs- und das Äquivalenzprinzip zu beachten. Hinzu kommt – gerade im Raum der Kirche – das Sozialstaatsprinzip, das gebietet, bei Bedarf Gebühren nach sozialen Gesichtspunkten zu staffeln. Gebührenordnungen, die sich beispielsweise an einem Prozentsatz der persönlichen Steuerpflicht orientieren oder sehr hohe Beträge ansetzen, können unter diesem Gesichtspunkt problematisch sein, da sie die effektive wirtschaftliche Leistungsfähigkeit nicht berücksichtigen. Ebenfalls zu beachten ist das Erfordernis der gesetzlichen Grundlage.

Schliesslich ist eine Interessenabwägung vorzunehmen. In die Abwägung einzubeziehen sind neben den Interessen der Gesuchstellenden und der Kirchgemeinde auch diejenigen von betroffenen Angehörigen, wobei diese letzteren Interessen wohl stärker zu gewichten sind, wenn die Angehörigen der Kirche angehören.

Ich habe vor vier Jahren den Standpunkt vertreten, dass von einer festen Gebührenordnung eher abzuraten sei[52]. In der Zwischenzeit hat sich aber der Trend zu Gebühren durchgesetzt. Es wird in den kommenden Jahren zu untersuchen sein, welche Auswirkungen die Erhebung von Gebühren auf das Mitgliedschaftsverhalten haben.

Am 19. Januar 2005 hat der Berner Synodalrat „Richtlinien für die Gebühren bei kirchlichen Trauungen und Bestattungen von Personen, die den Reformierten Kirchen Bern-Jura-Solothurn nicht angehören oder nicht angehört haben“ publiziert und damit den Auftrag der im Jahre 2003 revidierten Kirchenordnung[53] ausgeführt. Allerdings beschränkt sich die Regelung, die insbesondere staatskirchenrechtliche Unterschiede zwischen den Kantonen Bern, Solothurn und Jura in der Berechnung der Gebührenhöhe berücksichtigen muss, auf Trauungen und Bestattungen. Der Zürcher Kirchenrat, der an einer Handreichung arbeitet, zeigt sich eher skeptisch gegenüber eigentlichen Kasualgebühren und favorisiert

52 *C. Famos*, Rituale und Kirche (Anm. 6), S. 89.
53 Art. 52 Abs. 3 und Art. 45 Abs. 2 KO BE.

den Aufruf zu Solidarspenden. Allerdings haben auch im Kanton Zürich schon einzelne Kirchgemeinden Gebührenbeschlüsse gefasst.

VI. Solidarität und Mitgliedschaft

Kirche ist als geschwisterliche Gemeinde der Geheiligten auf Gemeinschaft und Solidarität angelegt. Deshalb muss das Ziel des kirchlichen Handelns sein, einen späteren Eintritt oder Wiedereintritt zu ermöglichen und auch zu fördern, gleichzeitig aber auch, die bestehenden Mitgliedschaften zu festigen und zu intensivieren. Um diesem Ziel zu dienen, muss die Kirche einen Mittelweg zwischen selbstverleugnender Anbiederung und abstossender Härte finden, um so ihre Glaubwürdigkeit bewahren. Nur so wird es ihr gelingen, ihrer Aufgabe und ihrem Dienst in der Welt gerecht zu werden.

Ein Blick auf die kirchenrechtliche Entwicklung der letzten Jahre zeigt, dass kirchliche Legislativen und Exekutiven auf das Phänomen der Kasualien für Nichtmitglieder zu reagieren begonnen haben. Eine Bearbeitung der Frage auf gesamtschweizerischer Ebene ist noch nicht gelungen. Damit geht das evangelische Kirchenrecht in der Schweiz auch hier den Weg der föderalistischen Lösungen. Bestrebungen, dabei wenigstens einen gemeinsamen Spielraum zu vereinbaren, sind im Gange. Angesichts des beachtlichen öffentlichen Interesses für die Thematik[54] handelt es sich bei der Suche nach einem konsistenten Vorgehen, das sowohl rechtlichen Kriterien als auch dem Gebot der Berücksichtigung gewandelter Vorstellungen und Bedürfnisse standhält, um eine Aufgabe, die für den schweizerischen Protestantismus zentrale Bedeutung hat.

54 Der Beschluss der Kirchenpflege der evangelisch-reformierten Kirchgemeinde Oberhallau, künftig keine Bestattungsfeiern für Nichtmitglieder mehr durchzuführen, erzeugte ein beachtliches Medienecho (siehe NZZ am Sonntag vom 10. Juli 2005, S. 11).

SJKR/ASDE 10 (2005), S. 51-80

Reformierte Kirche Schweiz? Kirchenrechtliche Überlegungen zur Stellung des SEK und zu einem schweizerischen reformierten „Bischofsamt“*

von Christian R. Tappenbeck (Münchenwiler/Villars-les-Moines)/René Pahud de Mortanges (Fribourg/Greng)

I. Einleitung

Der jüngst formulierte Vorschlag, einen reformierten Bischof einzuführen[1], hat grosses Aufsehen erregt. Das „Bischöfliche“ nehmen die Reformierten recht unterschiedlich, manchmal gar negativ wahr. Die *Person* des Bischofs wird mit einem anderen, nichtreformierten Kirchenverständnis assoziiert; die Existenz eines bischöflichen *Amtes* wird der reformierten Kirche häufig nicht zugebilligt.

Dabei war und ist der Bischofsgedanke in der reformierten Kirche nicht völlig fremd. Namentlich in Zeiten, als die Reformierten noch keine eigenen Kirchenleitungsstrukturen kannten, wurde die staatliche Obrigkeit als „Notbischof“ angesehen[2]. Der reformierte Ortspfarrer kann ebenso als Bischof aufgefasst werden, der in seiner Gemeinde das Evangelium un-

* *Jakob Frey* sei für seine weiterführenden Hinweise zum behandelten Thema gedankt. *Janine Senn* hat diesen Aufsatz durchgesehen und sprachliche Anregungen gegeben, wofür ihr der beste Dank ausgesprochen wird.

1 *Gottfried W. Locher*, 8 Thesen, in: reformierte presse Nr. 6/2004 vom 6. Februar 2004, S. 8; vgl. auch die Meinungsäusserung von *Patrice de Mestral* am RP-Podium 2005 (vgl. reformierte presse Nr. 36/2005 vom 9. September 2005, S. 4).

2 *Markus Sahli*, Zum Verhältnis Kirchen-Staat nach evangelisch-reformiertem Verständnis, in: René Pahud de Mortanges/Erwin Tanner (Hg.), Kooperation zwischen Staat und Religionsgemeinschaften nach schweizerischem Recht, Zürich u.a. 2005, S. 827 ff., S. 836 f., 839 f.

abhängig zu verkünden vermag[3]. In der kirchenrechtlichen Lehre sind ebenfalls den Kirchen- oder Synodalratspräsidenten bischöfliche Funktionen zugesprochen worden[4]. Schliesslich wurden auch die Synoden bereits als Trägerinnen bischöflicher Dienste betrachtet[5].

Die Intensität der aktuellen Diskussion zeigt, dass ein Kernaspekt des Kirchenverständnisses betroffen ist. Nun steht zwar gemäss reformierter Ansicht unzweifelhaft das Evangelium von Jesus Christus im kirchlichen Mittelpunkt, aber daraus ergeben sich „nicht immer eindeutige Konsequenzen für die Ordnung der Kirche“[6]. Über Strukturen und Ämter lässt es sich in der reformierten Kirche daher mit Fug streiten, was die divergierenden Meinungen erklärt. Diese führen dazu, dass ein grosser Klärungsbedarf insbesondere dann besteht, wenn das Bischofsamt – wie in verschiedenen anderen christlichen Kirchen[7] – (auch) als Amt mit geistli-

3 Vgl. *Ingolf U. Dalferth*, Ekklesiologische Aspekte einer evangelischen Kirchenordnung, in: Cla Reto Famos/Ingolf U. Dalferth (Hg.), Das Recht der Kirche, Zürich 2004, S. 263 ff., S. 278.

4 *Christoph Winzeler*, Probleme einer evangelischen Kirchenverfassung, in: recht Nr. 5/1994, S. 225 ff., S. 232.

5 Diese Meinung äusserte etwa die Abgeordnetenversammlung des Schweizerischen Evangelischen Kirchenbundes gegenüber dem Oekumenischen Rat der Kirchen: „Die Abgeordnetenversammlung lädt die Verantwortlichen [...] ein, [...] vermehrt dem Umstand Rechnung zu tragen, dass in manchen Kirchen andere Formen, in der reformierten z.B. die synodale Form, legitimer Ausdruck der ‚episcope‘, besonders im Blick auf ihren Dienst an der Einheit sind.“ (publiziert in: Gültige Erlasse der Evangelisch-reformierten Kirche des Kantons St. Gallen, Nr. 14-51, S. 3 f.).

6 *Thomas Krüger*, Alttestamentliche Schlaglichter zur Revision der Zürcher Kirchenordnung, in: Cla Reto Famos/Ingolf U. Dalferth (Hg.), Das Recht der Kirche, Zürich 2004, S. 47 ff., S. 47.

7 Zur Römisch-katholischen Kirche vgl. can. 375 ff. CIC; zur Christkatholischen Kirche der Schweiz vgl. Art. 26 Verfassung der Christkatholischen Kirche der Schweiz vom 10. Juni 1989 (zit. KV/Christkath.) sowie die Richtlinien über die bischöfliche Amtsführung vom 4. Juni 1994; zur Evangelisch-methodistischen Kirche vgl. Art. 48 ff. Kirchenordnung der Generalkonferenz, Verfassung (The Book of Discipline) sowie Art. 372 ff. Kirchenordnung der Zentralkonferenz für Mittel- und Südeuropa der Evangelisch-methodistischen Kirche; zur evangelisch-lutherischen Kirche vgl. *Axel Frhr. von Campenhausen*, Kirchenleitende Organe und kirchliches Selbstbestimmungsrecht, in: *ders.*, Gesammelte Schriften, Tübingen 1995, S. 8 ff.

cher Autorität verstanden wird[8]. Es sollte namentlich in eine passende kirchenverfassungsrechtliche Struktur eingebettet sein[9]. In den Diskussionen über einen reformierten Episkopat empfahl denn auch eine christkatholische Redaktorin das Modell ihrer Kirche[10] als der „einzigen Schweizer Landeskirche mit einer bischöflich-synodalen Struktur“[11]. Mit dieser Empfehlung wies sie auf einen zentralen Punkt hin: Die Einführung eines neuen, mit geistlicher Autorität ausgestatteten schweizerischen Amtes allein greift zu kurz; zur Debatte steht die reformierte Kirchenstruktur an sich[12]. Die Idee einer reformierten Frau Bischöfin oder eines reformierten Herrn Bischof soll daher im Folgenden zum Anlass genommen werden, aus wissenschaftlicher Sicht die organisationsrechtliche Lage der Reformierten in der Schweiz zu analysieren. Dabei geht es insbesondere um die Frage, welchen kirchenrechtlichen Charakter der Schweizerische Evangelische Kirchenbund (SEK) hat (II.). Ist er nur ein loser Kirchenbund oder doch mehr? Erst wenn dies geklärt ist, kann die Frage eines reformierten schweizerischen „Bischofsamtes“ näher geprüft werden (III.).

8 Zur Veranschaulichung soll angenommen werden, die Schweiz wollte mittels Gentechnik die Geburt besonders schöner und intelligenter Menschen fördern: Wäre es in erster Linie an der Bischöfin oder am Bischof, die mahnende reformierte Stimme zu erheben? Oder läge es eher am Ortspfarrer, die damit verbundenen theologischen Fragestellungen zu thematisieren, weil ihm die Verkündigung obliegt? Sollten kantonalkirchliche Synoden, auf deren Gebiet sich Gentechnik-Unternehmen befinden, in einer Resolution ihre Meinung kundtun? Was gilt, wenn die Stellungnahme einer Synode oder eines Synodalrates von der bischöflichen Haltung abweicht? Hat die Pfarrerin oder der Pfarrer in der Predigt diese bischöfliche Position darzulegen oder darf eine andere Meinung verkündet werden? Solche Spannungsfelder lassen sich nur auflösen, wenn für alle Kantonalkirchen verbindliche Regelungen bestehen.

9 Auch in den episkopalen evangelischen Kirchen in Deutschland musste das Verhältnis des bischöflichen Amts zu anderen Leitungsgremien systematisch bestimmt werden (*A. von Campenhausen*, Kirchenleitende Organe [Anm. 7], S. 25).

10 Die Christkatholische Kirche der Schweiz kennt eine Nationalsynode, die zusammen mit dem Bischof berät und entscheidet (Art. 14 KV/Christkath.).

11 *Jean Drummond-Young*, Weshalb vergisst G. W. Locher den christkatholischen Bischof?, in: reformierte presse Nr. 8/2004 vom 20. Februar 2004, S. 5 (Zuschriften).

12 Vgl. auch *Hans Jürgen Luibl*, Was Europas Kirchen leitet, in: reformierte presse Nr. 11/12 vom 18. März 2005, S. 7 ff., S. 9: „Dabei geht es nicht um Bischof und Kirchenleiter auf der einen, Synode auf der anderen Seite. Vielmehr geht es darum, klare synodale Rahmenbedingungen zu schaffen für neue Funktionen eines Bischofsamtes oder der Kirchenleiterfunktion.“

Auf diese Weise soll ein Beitrag zu den aktuellen Überlegungen geleistet werden, wie auf gesamtschweizerischer Ebene die Reformierte Kirche gestärkt werden könnte, damit sie gegenüber den staatlichen Behörden und im interkonfessionellen Kontext ihre Stimme besser zu Gehör bringen kann.

II. Die organisationsrechtliche Situation der Reformierten auf gesamtschweizerischer Ebene

A. Stellt der SEK die eidgenössische Ebene einer Reformierten Kirche der Schweiz dar?

Das Fundament einer reformierten Kirche bilden ihre Kirchgemeinden[13], die durch „Orden"[14] in der Form von landeskirchlichen Gemeinschaften und Kommunitäten ergänzt werden[15]. In diesen Gemeinden geschieht kirchliches Leben, denn hier werden das Wort Gottes verkündigt und gehört sowie die Sakramente gefeiert. Die Kantonalkirche steht ihnen unterstützend zur Seite und stellt Verbindungen zwischen den verschiedenen Angehörigen der Gemeinden her. Menschen mit unterschiedlichen Glaubensansichten werden auf diese Weise miteinander verbunden, was zu einem Dialog verhilft, der theologische Engführungen vermeidet und die eigene Kritikfähigkeit der Kirche aufrecht erhält. Die reformierte Kirche

13 Vgl. *C. Winzeler*, Probleme evang. Kirchenverfassung (Anm. 4), S. 230.

14 Vgl. hierzu *C. Winzeler*, Probleme evang. Kirchenverfassung (Anm. 4), S. 230 sowie *Eduard Gerber*, Sekten, Kirche und die Bibel im neuen Jahrtausend, Murten u.a. 1999, S. 145.

15 Vgl. Art. 14 f. Verfassung der Evangelisch-reformierten Kirche des Kantons Schaffhausen vom 22. September 2002 (zit. KV/SH; „Kirchkorporation", „Minderheiten"); Art. 53 und Art. 55 Constitution de l'Eglise réformée évangélique du canton de Neuchâtel vom 25. März 1979 (zit. KV/NE; „communautés"); Art. 9 Kirchenordnung der evangelisch-reformierten Kirche des Kantons St. Gallen vom 30. Juni 1980 (zit. KO/SG; „Minoritätsverband"); § 17 Verfassung der Evangelischen Landeskirche des Kantons Thurgau vom 27. November 2000 (zit. KV/TG; „Minoritäten"); § 6 f. Verfassung der evangelisch-reformierten Kirche des Kantons Basel-Stadt vom 21. November 1910 („Minderheiten"); Art. 40-41 Kirchenordnung der evangelisch-reformierten Landeskirche des Kantons Zürich vom 2. Juli 1967 (zit. KO/ZH; „Kirchliche Minderheiten", „Evangelische Werke und freie evangelische Gemeinschaften"), vgl. auch § 22 Gesetz über die evangelisch-reformierte Landeskirche vom 7. Juli 1963 (LS 181.11).

bleibt dadurch in der Lage, sich laufend zu wandeln („ecclesia semper reformanda“)[16]. Der bedeutsamste Ort, an dem das ständige Ringen um die wahre Lehre stattfindet,[17] ist dabei die Synode, der „Inbegriff der Institutionalisierung der reformierten Reformation“[18]. Als Plattform unterschiedlicher kirchlicher Strömungen ist sie für diesen Diskurs besonders geeignet[19]. Nach heutigem reformiertem Verständnis stellt die Synode somit ein Kirchenparlament dar[20], zumal sie in der staatsähnlich organisierten reformierten Kirche als Pendant zum staatlichen Parlament erscheint[21]. Nicht zuletzt auch aus demokratischen Gründen wird sie als oberstes Organ einer reformierten Kirche verstanden[22].

Die Frage, ob auf Schweizer Ebene eine reformierte Kirche besteht, hängt somit nicht allein von der Tatsache der Vereinigung reformierter Kantonalkirchen ab. Von entscheidender Bedeutung ist, wie ein solcher

16 Vgl. *M. Sahli*, Verhältnis Kirchen-Staat (Anm. 2), S. 847.

17 Vgl. *R. Diethelm*, Zürcher Synodus (Anm. 18), S. 137 ff.

18 *Roland Diethelm*, Heinrich Bullinger und der Zürcher Synodus, in: Cla Reto Famos/Ingolf U. Dalferth (Hg.), Das Recht der Kirche, Zürich 2004, S. 109 ff., S. 111.

19 Vgl. *A. von Campenhausen*, Kirchenleitende Organe (Anm. 7), S. 55: „Hier werden die grundsätzlichen Entscheidungen beraten und getroffen und hier bildet sich die evangelische Meinung wie nirgends sonst“; zur lehramtlichem Bedeutung des Prozesses der wechselseitigen Kommunikation vgl. *I. U. Dalferth*, Ekklesiologische Aspekte (Anm. 3), S. 266 ff. In jüngerer Zeit sind allerdings Bestrebungen sichtbar, der reformierten Kirche mehr „Profil“ zu verleihen. Es wird in diesem Zusammenhang etwa festgestellt, dass „viele Profilchen noch kein Profil machen“ (vgl. *Gottfried W. Locher*, Reformiertes Profil im grösseren Kontext, Subsidiarität als Grundform der Kirche, Vortrag vor der Synode der Reformierten Kirchen Bern-Jura-Solothurn vom 9. Juni 2004, S. 11). Freilich könnte genau dies das Profil der reformierten Kirche sein: dass unter ihrem weiten Dach verschiedene „Profilchen“ Platz finden dürfen, die zur gegenseitigen Verständigung bestrebt sind.

20 *R. Diethelm*, Zürcher Synodus (Anm. 18), S. 111.

21 *M. Sahli*, Verhältnis Kirchen-Staat (Anm. 2), S. 831.

22 *A. von Campenhausen*, Kirchenleitende Organe (Anm. 7), S. 52 f. lehnt es ab, die Synode als eine „Form der Demokratie“ zu betrachten, sie sei kein Parlament und keine Vertretung des Kirchenvolkes; es sei „auch nicht möglich, die Synode in Anlehnung an den weltlichen Parlamentarismus als die Inhaberin der obersten Kirchengewalt zu bezeichnen“. *Von Campenhausen* geht dabei freilich von einer lutherisch geprägten Konzeption der Kirchenleitung aus, die nicht ohne weiteres auf die schweizerischen reformierten Verhältnisse übertragen werden kann.

Zusammenschluss strukturiert ist, insbesondere ob er von einer Synode als oberstem Organ geführt wird[23].

Damit richtet sich das Augenmerk auf die *Abgeordnetenversammlung* des SEK. Sie ist nicht nur – ähnlich der kantonalkirchlichen Synoden – oberstes Organ[24], sondern übt diese Funktion auch in einer Vereinigung aus, der sämtliche reformierten Kantonalkirchen angehören[25]. Nebst einigen Auslandschweizergemeinden zählt der SEK freilich auch die evangelisch-methodistische Freikirche zu seinen Mitgliedern. Bereits aufgrund der eigenständigen Tradition des Methodismus kann der SEK nicht auf einen Dachverband der reformierten Kirchen reduziert werden. Wie die SEK-Verfassung[26] in ihrem ersten Artikel beschreibt, ist der SEK vielmehr ein Bund, der „die schweizerischen evangelisch-reformierten Kantonalkirchen, protestantische Diasporaverbände, die kantonalen Freikirchen sowie andere auf dem Boden der Reformation stehende kirchlich

23 Es erscheint unter diesem Gesichtspunkt als heikel, dass sich der Verband der evangelisch-reformierten Kirchgemeinden des Kantons Obwalden als „Kirche Obwalden" gibt (vgl. seinen Internetauftritt auf „www.ow.ref.ch"), obwohl er die legislative Funktion weiterhin durch die Versammlungen der beiden Kirchgemeinden Obwalden (Alter Kantonsteil) und Engelberg ausüben lässt (vgl. Art. 4 Ziff. 3, Art. 6 lit. a und Art. 15 Organisationsstatut des Verbandes der evangelisch-reformierten Kirchgemeinden des Kantons Obwalden vom 10./17. Februar 2002 [zit. OS/OW]). Anders zu beurteilen ist diesbezüglich der Aufbau der Evangelisch-Reformierten Kirche Nidwalden, die aus einer in mehrere Kreise gegliederten Kirchgemeinde besteht, welche das gesamte Kantonsgebiet umfasst (Art. 5 Verfassung der Evangelisch-Reformierten Kirche Nidwalden vom 22. Mai 2002 [zit. KV/NW]). Kantonale und kommunale Strukturen fallen hier zusammen, so dass die Kirchgemeindeversammlung auch synodale Aufgaben wahrnehmen kann (z.B. Art. 11 Abs. 1 Ziff. 2 KV/NW).

24 Art. 9 Abs. 1 Verfassung des Schweizerischen Evangelischen Kirchenbundes vom 13. Juni 1950 (zit. SEK-Verfassung); publiziert in: Kirchliche Erlasssammlung der Reformierten Kirchen Bern-Jura-Solothurn (KES), Nr. 91.210.

25 Der SEK zählt in seinen Reihen nicht nur öffentlich-rechtlich anerkannte Landeskirchen, sondern auch reformierte Kirchen im vereinsrechtlichen Gewand: Eglise nationale protestante de Genève (vgl. Art. 1 und Art. 14 Constitution de l'Eglise nationale protestante de Genève vom 27. September 1908 [zit. KV/GE]), Eglise réformée évangélique du canton de Neuchâtel und Eglise Evangélique Libre de Genève.

26 Die SEK-Verfassung befindet sich zurzeit in Teilrevision. Die Abänderungsvorschläge, welche der SEK-Abgeordnetenversammlung unterbreitet worden sind, werden indes keine unmittelbare Auswirkungen auf die hier behandelte Thematik haben.

organisierte Glaubensgemeinschaften"[27] umfasst. Der SEK dient somit nicht nur den reformierten Kirchen, sondern soll sich überhaupt für den „schweizerischen Protestantismus"[28] einsetzen. Was darunter zu verstehen ist, wird gleich zu Beginn der SEK-Verfassung mit dem Bekenntnis zu Jesus Christus, zur Heiligen Schrift als Zeugnis der göttlichen Offenbarung und zur Rechtfertigungslehre erläutert. Der SEK lebt auf diese Weise Universalkirche gemäss protestantischem Verständnis: nicht als hierarchische und allumfassende Kirchenorganisation, sondern durch das gemeinsame Bekenntnis der verschiedenen Ortskirchen zu Jesus Christus als alleinigem Haupt und in der Treue zu den reformatorischen Grundanliegen[29]. Die Zugehörigkeit zum SEK beeinträchtigt somit „die Selbständigkeit und Eigenart der einzelnen Mitglieder"[30] nicht, auch wenn die Mitgliedkirchen „zur Stärkung der Einheit des schweizerischen Protestantismus"[31] aufgerufen sind. Dieser protestantisch-universalkirchliche Ansatz in der SEK-Verfassung verunmöglicht es, im SEK die eidgenössische Ebene einer Reformierten Kirche der Schweiz zu sehen, die von der Abgeordnetenversammlung als oberstem Organ geführt wird. Die SEK-Abgeordnetenversammlung kann bereits aus diesem Grunde nicht als schweizerische Synode einer reformierten Kirche betrachtet werden[32]. Hierzu müsste sie ausserdem Ausdruck „des staatskirchenrechtlich begründeten und demokratisch geordneten schweizerischen Landeskirchentums"[33] sein. Die Abgeordneten bedürften also einer direkten demokratischen Legitimation durch das Kirchenvolk[34], was in der kirchlichen Realität nicht anzutreffen ist. In nicht wenigen Mitgliedkirchen werden sie lediglich durch den Synodalrat bestimmt[35], oder es wird der kantonalen

27 Art. 1 SEK-Verfassung; vgl. auch Art. 4 SEK-Verfassung.

28 Art. 2 SEK-Verfassung.

29 Vgl. *M. Sahli*, Verhältnis Kirchen-Staat (Anm. 2), S. 831.

30 Art. 5 SEK-Verfassung.

31 Art. 5 SEK-Verfassung.

32 Auch in der bisherigen kirchlichen Praxis wurde die SEK-Abgeordnetenversammlung wohl nicht als schweizerische Synode wahrgenommen, wie das Beispiel der „Schweizerischen Evangelischen Synode", die von 1983 bis 1987 tagte, zeigt (vgl. reformierte presse, Nr. 18/2005 vom 6. Mai 2005, S. 11).

33 *Felix Hafner*, Kirche und Demokratie. Betrachtungen aus juristischer Sicht, in: SJKR/ASDE 2 (1997), S. 37 ff., S. 55.

34 Vgl. *C. Winzeler*, Probleme evang. Kirchenverfassung (Anm. 4), S. 232.

35 § 103 Abs. 1 Ziff. 9 Kirchenordnung der Evangelisch-Reformierten Landeskirche des Kantons Aargau vom 22. November 1976 (zit. KO/AG); Art. 19 Ziff. 9 Verfassung der Evangelisch-reformierten Kirche des Kantons Basel-Landschaft vom

Kirchenexekutive ein Vorschlagsrecht zugestanden[36]. In der Evangelisch-reformierten Kirche des Kantons Freiburg gehört die Synodalratspräsidentin oder der Synodalratspräsident sogar von Amtes wegen der SEK-Abordnung an[37], was ein eigenständiges Wahlverfahren ausschliesst. Allein schon die Bestimmung der SEK-Abgeordneten durch kantonalkirchliche Synoden ist recht selten anzutreffen[38], und auch dann kann die

---

8. Juli 1952 (zit. KV/BL); § 19 Ziff. 4 Ordnung betreffend die Organisation der Evangelisch-reformierten Kirche des Kantons Basel-Stadt vom 6. November 1957 (zit. KO/BS); Art. 32 Verfassung der Evangelisch-reformierten Landeskirche des Kantons Graubünden vom 26. Februar 1978 (zit. KV/GR; „insbesondere") i.V.m. Art. 26 *e contrario* Geschäftsordnung des Evangelischen Grossen Rates von Graubünden vom 4. November 1981 und Art. 31 *e contrario* Geschäftsordnung der Synode der Evangelisch-reformierten Landeskirche des Kantons Graubünden vom 1. Juli 2002; Art. 50 lit. a i.V.m. Art. 44 Abs. 2 *e contrario* Verfassung für die Evangelisch-Reformierte Landeskirche des Kantons Glarus vom 26. November 1989 (zit. KV/GL); Art. 33 Abs. 3 i.V.m. Art. 29 *e contrario* KV/NE; Art. 15 („insbesondere") i.V.m. Art. 11 Abs. 1 *e contrario* KV/NW; Art. 6 lit. c i.V.m. Art. 3 lit. a OS/OW; § 42 Abs. 2 lit. b i.V.m. § 37 lit. j *e contrario* (die Abgeordnetenversammlung ist kein „Verbandsorgan") Verfassung der Evangelisch-reformierten Kantonalkirche Schwyz vom 13. Juni 1996 (zit. KV/SZ); § 27 Ziff. 10 Gemeindeordnung der Evangelisch-reformierten Kirchgemeinde des Kantons Zug vom 24. August 1997/28. Oktober 2001 (zit. GO/ZG).

36 Art. 168 Abs. 7 Satz 2 Kirchenordnung des Evangelisch-reformierten Synodalverbandes Bern-Jura vom 11. September 1990 (zit. KO/BE-JU; Vorschlagsrecht des Synodalrates für drei Abgeordnete); vgl. Art. 37 KV/GE und Art. 148 Règlements de l'Eglise nationale protestante de Genève (undatiert).

37 Art. 119 Ziff. 4 Satz 2 Kirchenordnung der Evangelisch-reformierten Kirche des Kantons Freiburg vom 3. November 1997 (zit. KO/FR).

38 Art. 119 Ziff. 4 Satz 1 und Art. 140 KO/FR; Art. 168 Abs. 7 Satz 1 KO/BE-JU; Art. 18 lit. d Kirchenverfassung der evangelisch-reformierten Landeskirche beider Appenzell vom 26. November 2000 (zit. KV/AI-AR); § 24 Ziff. 3 i.V.m. Art. § 34 *e contrario* Verfassung der Evangelisch-Reformierten Kirche des Kantons Luzern vom 28. November 1968; Art. 51 lit. c Verfassung der evangelisch-reformierten Kirche des Kantons St. Gallen vom 13. Januar 1974 (zit. KV/SG) und Art. 162 *e contrario* Kirchenordnung der evangelisch-reformierten Kirche des Kantons St. Gallen vom 30. Juni 1980 (zit. KO/SG), vgl. auch Art. 167 lit. a KO/SG (Inpflichtnahme durch Synode); Art. 33 lit. e KV/SH; Art. 18 Abs. 2 Verfassung der Evangelisch-reformierten Kirche Kanton Solothurn vom 5. Juni 2005 (zit. KV/SO) i.V.m. Art. 176 Ziff. 14 Kirchenordnung vom 12. November 1977 (zit. KO/SO); Art. 15 Statuti della Chiesa evangelica riformata nel Ticino vom 30. Oktober 1976 (zit. KO/TI), vgl. aber Art. 20 KO/TI (Synodalrat schlägt dem SEK-Vorstand Mitglieder für seine Kommissionen vor); Art. 108 Ziff. 18

Wahl eines Mitgliedes der kantonalen Kirchenexekutive vorgeschrieben sein[39] oder sich eine entsprechende Praxis herausgebildet haben[40]. Gesamthaft betrachtet scheint die Abgeordnetenversammlung eher eine kirchenbehördliche Abordnung, als eine demokratisch legitimierte Vertretung der kirchlichen Bevölkerung zu sein. Der SEK billigt diesen Umstand, indem er die Wahl der Abgeordneten seinen Mitgliedkirchen überlässt[41]. Auf diese Weise sieht er davon ab, die Abgeordnetenversammlung ausdrücklich als demokratisch legitimiertes Kirchenparlament zu verfassen, wie es dem heutigen reformierten Verständnis einer Synode entsprechen würde[42].

Für die öffentlich-rechtlich anerkannten Mitgliedkirchen des SEK ist dieser Mangel an Demokratie nicht unbeachtlich. Da sie juristische Personen des öffentlichen Rechts sind, müssen die sie betreffenden Entscheide demokratisch begründet sein[43]. Das staatskirchenrechtliche Demokratieerfordernis könnte zwar theoretisch relativiert werden, indem neben den bestehenden kantonalkirchlichen Strukturen eine neue (Bistums-)Organisation als Ausdruck göttlichen Rechts errichtet würde[44]. Ein solches Verständnis ist den reformierten Kirchen indes fremd: In kirchlichen Bestimmungen mögen zwar Glaubensinhalte ihren Ausdruck finden, doch göttlichen Wesens sind sie deswegen nicht[45]. Zudem kann der Dualismus von innerkirchlichen und kantonalkirchlichen Strukturen, wie er namentlich für die römisch-katholische Kirchenorganisation in der

---

Règlement ecclésiastique de l'Eglise évangélique réformée du Canton de Vaud du 20 novembre 1999 (zit. KO/VD); Art. 27 lit. d Kirchenverfassung der Evangelisch-reformierten Kirche des Wallis (undatiert; zit. KV/VS); Art. 213 Abs. 2 KO/ZH, vgl. auch § 30 Ziff. 8 lit. d Gesetz über die evangelisch-reformierte Landeskirche vom 7. Juli 1963 (LS 181.11).

39 § 64 Ziff. 15 KV/TG.

40 Z.B. in der Evangelisch-reformierten Kirche des Kantons Freiburg oder in der evangelisch-reformierten Landeskirche des Kantons Zürich.

41 Vgl. Art. 9 Abs. 3 SEK-Verfassung.

42 *R. Diethelm*, Zürcher Synodus (Anm. 18), S. 111.

43 Vgl. *Gregor A. Rutz*, Die öffentlich-rechtliche Anerkennung in der Schweiz, in: René Pahud de Mortanges/Gregor A. Rutz/Christoph Winzeler (Hg.), Die Zukunft der öffentlich-rechtlichen Anerkennung von Religionsgemeinschaften, Freiburg i.Ue. 2000, S. 5 ff., S. 37.

44 Vgl. Can. 330 CIC; vgl. auch *C. Winzeler*, Probleme evang. Kirchenverfassung (Anm. 4), S. 229.

45 *C. Winzeler*, Probleme evang. Kirchenverfassung (Anm. 4), S. 229.

Schweiz kennzeichnend ist[46], zu erheblichen Spannungen führen[47]. Für Reformierte ist es daher kaum empfehlenswert, der römisch-katholischen Kirche auf diesem Bistumsweg nachzufolgen. Im Gegenteil: nach reformierter Ansicht führt der Weg aufgrund der Königsherrschaft Christi eher zur Demokratie, ist doch Christus nicht absolutistischer Monarch, sondern der, der „Leben in Verantwortung, Menschenwürde, Gerechtigkeit und Liebe ermöglicht und fördert“[48].

B. Der SEK – ein loser Kirchenbund, oder doch mehr?

Das Tätigkeitsfeld des SEK ist gross und vielfältig. So fördert er als Dachorganisation mehrerer Stiftungen etwa Diakonieprojekte[49], ist er für die landesweite Wahrung, Stärkung und Ausbreitung des reformierten Gedankenguts besorgt[50] oder setzt er sich für die Menschenrechte ein[51]. Mehrere Kommissionen des SEK widmen sich so unterschiedlichen Themenkreisen wie den Aussenbeziehungen, dem Freizeit- und Tourismusbereich, den schweizerischen Protestanten im Ausland, den Menschenrechten, der Frauenarbeit oder der Pfarrweiterbildung. Eine Arbeitsgemeinschaft behandelt landwirtschaftliche Probleme[52] und ein eigenes Institut befasst sich mit theologischen und ethischen Fragestellungen[53]. Im Bereich der Pfarrbesoldung übernimmt der SEK sogar Aufgaben des interkantonalen Finanzausgleichs[54]; ein Auftrag, der ebenfalls bei den abgestuften Beiträgen der Mitgliedkirchen an den SEK zum Aus-

46 *G. A. Rutz*, Öffentlich-rechtliche Anerkennung (Anm. 43), S. 57.

47 Vgl. beispielsweise *Roland-B. Trauffer*, Überlegungen aus römisch-katholischer Sicht, in: René Pahud de Mortanges/Gregor A. Rutz/Christoph Winzeler (Hg.), Die Zukunft der öffentlich-rechtlichen Anerkennung von Religionsgemeinschaften, Freiburg i.Ue. 2000, S, 115 ff., 117 sowie eingehend: *Martin Grichting*, Kirche oder Kirchenwesen? Zur Problematik des Verhältnisses von Kirche und Staat in der Schweiz, dargestellt am Beispiel des Kantons Zürich, Freiburg i.Ue. 1997.

48 *Ruedi Reich*, Überlegungen aus evangelisch-reformierter Sicht, in: René Pahud de Mortanges/Gregor A. Rutz/Christoph Winzeler (Hg.), Die Zukunft der öffentlich-rechtlichen Anerkennung von Religionsgemeinschaften, Freiburg i.Ue. 2000, S. 105 ff., S. 108.

49 Fondia – Stiftung zur Förderung der Gemeindediakonie im SEK.

50 Schweizerische Reformationsstiftung.

51 Fonds für Menschenrechte.

52 Arbeitsgemeinschaft Kirche und Landwirtschaft.

53 Institut für Theologie und Ethik (ITE).

54 Pfarrsolidaritätsfonds.

druck kommt[55]. Von grosser Bedeutung ist der SEK als *Kontaktorgan und Bindeglied*. In der Schweiz pflegt er zu anderen evangelischen Einrichtungen wie Hilfswerken[56], Missionsorganisationen[57] und Konferenzen[58] enge Beziehungen, ebenso ist er in Kontakt mit Schwesterkirchen, anderen Religionsgemeinschaften[59] und den verschiedenen Stellen des Bundes. Auf internationaler Ebene vertritt er seine Mitglieder in mehreren Gremien[60].

Der SEK kann dabei stellvertretend für seine Mitgliedkirchen handeln und eine eigene Kirchlichkeit beanspruchen. Bedeutsamstes Beispiel hierfür ist die vom SEK mit Zustimmung seiner Mitgliedkirchen unterzeichnete Leuenberger Konkordie von 1973[61]. Ohne Kirchlichkeit hätte der SEK nicht Mitglied dieser Vereinbarung werden können, handelt es sich doch um eine Kirchengemeinschaft von „zustimmenden lutherischen, reformierten und aus ihnen hervorgegangenen unierten Kirchen sowie die ihnen verwandten vorreformatorischen Kirchen der Waldenser und der Böhmischen Brüder"[62]. Auch wenn der SEK *keine Kirche* ist, *ereignet* sich mit ihm also *dennoch „Kirche"*[63].

Die Mitgliedkirchen sind sich dieser herausragenden Bedeutung des SEK bewusst. Sie erwähnen in ihren Rechtserlassen ausdrücklich, dass

55 Vgl. namentlich Art. 9 f. Reglement des Schweizerischen Evangelischen Kirchenbundes betreffend Beitragsschlüssel für die Beiträge seiner Mitgliedkirchen vom 16. Juni 2003 (zit. SEK-Beitragsreglement).

56 Hilfswerk der Evangelischen Kirchen Schweiz (HEKS); Brot für alle (BFA).

57 Mission 21; Département Missionnaire – échange et mission (DM); Communauté d'Eglises en mission (CEVAA – Communauté Evangélique d'Action Apostolique); Schweizerischer Evangelischer Missionsrat (SEMR).

58 Diakoniekonferenz; Frauenkonferenz.

59 Arbeitsgemeinschaft Christlicher Kirchen in der Schweiz; Gesprächskommissionen (Evangelisch – Römisch-katholische Gesprächskommission [ERGK]; Evangelisch – Orthodoxe Gesprächskommission; Evangelisch – Jüdische Gesprächskommission).

60 Beispielsweise im Ökumenischen Rat der Kirchen (ÖRK), im Reformierten Weltbund (RWB), in der Konferenz Europäischer Kirchen (KEK) und in der Gemeinschaft Evangelischer Kirchen in Europa (GEKE) – Leuenberger Kirchengemeinschaft.

61 *M. Sahli*, Verhältnis Kirchen-Staat (Anm. 2), S. 832.

62 Ziff. 1 Leuenberger Konkordie von 1973; zur Leuenberger Konkordie vgl. *Axel von Campenhausen*, Verantwortete Partikularität, in: *ders.*, Gesammelte Schriften, Tübingen 1995, S. 128 ff., S. 137 ff.

63 Vgl. *C. Winzeler*, Probleme evang. Kirchenverfassung (Anm. 4), S. 229.

sie dem SEK angehören[64]. Die Mitgliedschaft der reformierten Kirchen im SEK scheint im Übrigen derart selbstverständlich zu sein, dass sie selbst in staatlichen Gesetzen erscheinen kann[65]. Die besondere Bedeu-

64 Art. 2 Ziff. 3 und Art. 41 Kirchenverfassung der Evangelisch-reformierten Kirche des Kantons Freiburg vom 23. November 1997 (zit. KV/FR); Art. 3 Abs. 2 Verfassung der Evangelisch-reformierten Landeskirche des Kantons Bern vom 19. März 1946 (zit. KV/BE) und Art. 17 KO/BE-JU; Art. 1 Abs. 5 Organisationsstatut der Evangelisch-Reformierten Landeskirche des Kantons Aargau vom 21. November 1984 (zit. OS/AG) und § 1 Abs. 3 KO/AG; Art. 5 Ziff. 3 KV/AI-AR; Art. 2 Abs. 4 KV/BL und Art. 63 Ordnung der Evangelisch-reformierten Kirche des Kantons Basel-Landschaft vom 5. März 1956 (zit. KO/BL); vgl. § 19 Ziff. 4 KO/BS; vgl. Art. 1 Abs. 2 KV/GR; Art. 2 Abs. 2 KV/GL und Art. 200 Abs. 1 Kirchenordnung für die Evangelisch-Reformierte Landeskirche des Kantons Glarus vom 24. Januar 1991 (zit. KO/GL); Art. 4 Abs. 1 Kirchenordnung der Evangelisch-Reformierten Kirche des Kantons Luzern vom 13. November 1996 (zit. KO/LU); Art. 4 KV/NW; Art. 3 lit. a OS/OW, Art. 6 Abs. 1 Kirchenorganisation der Evangelisch-reformierten Kirchgemeinde Obwalden (alter Kantonsteil) vom 30. November 1989 (zit. KO/KG Obwalden) und Art. 6 Abs. 2 Kirchenorganisation der Evangelisch-reformierten Kirchgemeinde Engelberg vom 14. September 1972 (zit. KO/KG Engelberg); Präambel Abs. 2 und Art. 1 Abs. 2 KV/NE; Art. 5 KV/SG und Art. 3 KO/SG; Art. 48 Abs. 1 KV/SH; § 5 Abs. 2 KV/SZ; Art. 3 Abs. 1 KV/SO; § 3 KV/TG; Art. 3 KO/TI; vgl. Art. 108 Ziff. 18 und Art. 144 Ziff. 26 KO/VD; Art. 3 KV/VS; Art. 213 Abs. 1 KO/ZH.

65 So findet sich in der bernischen Gesetzgebung den Hinweis, dass die Evangelisch-reformierte Landeskirche des Kantons Bern dem Kirchenbund angehört (Art. 60 Abs. 1 Gesetz über die bernischen Landeskirchen vom 6. Mai 1945 [BSG 410.11]). Genauer besehen kann allerdings die Berner Landeskirche diese Verpflichtung nicht erfüllen: Sie ist mit der Evangelisch-reformierten Kirche des Kantons Jura im evangelisch-reformierten Synodalverband Bern-Jura verbunden (vgl. Grossratsbeschluss betreffend Konvention zwischen dem Staat Bern und der Evangelisch-reformierten Landeskirche des Kantons Bern, einerseits, und der Evangelisch-reformierten Kirche des Kantons Jura, anderseits, über den Synodalverband vom 5. November 1980 [zit. Synodalverbandsbeschluss; BSG 410.291]), welcher dem Kirchenbund angehört; die evangelisch-reformierte Landeskirche des Kantons Bern kann daher als solche nicht auch noch dem Kirchenbund angehören (vgl. Art. 4 SEK-Verfassung). Da der SEK auf einer definierten Glaubensgrundlage steht (vgl. Ingress der SEK-Verfassung), dürfte freilich die bernische Rechtsnorm ohnehin in das grundrechtlich geschützte Selbstbestimmungsrecht der Kirche eingreifen. Der Kanton Zürich überlässt daher den Entscheid über die SEK-Zugehörigkeit der Synode (§ 30 Ziff. 7 Gesetz über die evangelisch-reformierte Landeskirche vom 7. Juli 1963 [LS 181.11]). Auch der Kanton Waadt nimmt auf das kirchliche Selbstbestimmungsrecht Rücksicht und hält lediglich in allgemeiner Form fest, dass die evangelisch-reformierte Kirche

tung des SEK zeigt sich auch darin, dass in einigen Mitgliedkirchen die Behandlung von Angelegenheiten, die das Verhältnis zum SEK betreffen, ausdrücklich in die Zuständigkeit der Synode fällt[66].

Der SEK ist nach alledem weit mehr als ein loser Kirchenbund – wie er auf evangelisch-freikirchlicher Seite mit dem Verband Evangelischer Freikirchen und Gemeinden in der Schweiz besteht[67]. Der SEK verkörpert eine eigenständige, schweizerische Ebene des Protestantismus. Auf föderaler Grundlage[68] nimmt er selbständig kirchliche Aufgaben wahr.

Die Möglichkeit eines solchen Wirkens verdankt der SEK juristisch seinem vereinsrechtlichen Organisationskleid[69], das ihm eine von den Mitgliedkirchen unabhängige Rechtspersönlichkeit verschafft[70]. Für den SEK steht damit im Vordergrund, dass ihm „das Recht der Persönlichkeit"[71] zukommt. Dass er ein Verein ist, wird in der SEK-Verfassung demgegenüber nur indirekt erwähnt[72]. Der SEK besteht mehrheitlich aus öffentlich-rechtlich anerkannten Mitgliedkirchen und so scheint er sich von seinem Wesen her nicht als klassischer Verein zu verstehen[73].

---

brüderliche Beziehungen zu anderen protestantischen Kirchen unterhält (Art. 1 Abs. 3 Loi sur l'Eglise évangélique réformée du canton de Vaud vom 2. November 1999 [Leccl; RSV 180.11]).

66 Art. 25 Ziff. 3 KV/FR; Art. 17 Abs. 1 lit. h KV/BE; Art. 176 Ziff. 14 KO/SO; anders aber: Art. 19 Ziff. 1 KV/BL und Art. 144 Ziff. 26 KO/VD (Behandlung von SEK-Fragen durch die kantonalkirchliche Exekutive).

67 Vgl. Art. 2.1 Statuten des Verbandes Evangelischer Freikirchen und Gemeinden in der Schweiz vom 16. Juni 1995 (zit. VFG-Statuten).

68 Art. 1 SEK-Verfassung.

69 Art. 3 Abs. 1 SEK-Verfassung.

70 Art. 52 f., Art. 60 Abs. 1 Schweizerisches Zivilgesetzbuch vom 10. Dezember 1907 (ZGB; SR 210).

71 Art. 3 Abs. 1 SEK-Verfassung.

72 Anders beispielsweise Ziff. 1.2 der Statuten des Evangelischen Gemeinschaftswerks vom 29. April/6. Mai 1995 (zit. EGW-Statuten): „Das EGW ist im Handelsregister als Verein im Sinne von Artikel 60 ff. ZGB mit Sitz in Bern eingetragen."

73 Dies lässt sich auch anhand der laufenden Revision der SEK-Verfassung feststellen: Der „Vorstand" (vgl. Art. 8 lit. b und Art. 13 f. SEK-Verfassung) – eine für Vereinsführungen übliche Bezeichnung – soll konsequent in „Rat" umbenannt werden.

C. Der Kirchenbund als Kirchenverbund

Keine Reformierte Kirche der Schweiz, aber dennoch eine eigenständige kirchliche Ebene des schweizerischen Protestantismus: Der SEK ist nicht leicht zu erfassen![74] Selbst seine Mitglieder sind sich über seine organisationsrechtliche Stellung nicht immer im Klaren. So lassen sich einige Mitgliedkirchen nicht nur durch die eigenen SEK-Abgeordneten, sondern auch durch ihre kantonalkirchlichen Exekutiven vertreten[75]. Der SEK wird hier zugleich als Bund mit eigener (Abgeordneten-)Versammlung und als blosser Verband mit der für ihn typischen „Leiterkonferenz"[76] wahrgenommen. Exemplarisch kommt dadurch zum Ausdruck, dass der SEK irgendwo zwischen einer obersten Kirchenebene und einem Kirchenbund steht. Diese *Mittelstellung* erinnert an die Position der Europäischen Union: Auch sie bildet nicht die oberste Stufe eines europäischen Bundesstaates, ist aber ebenso wenig ein blosser Staatenbund. In der europarechtlichen Lehre wird die Europäische Union als „Staaten*ver*bund" beschrieben. Dogmatisch ist mit der Umschreibung zwar nicht viel gewonnen, doch wird der Sinn dieser Organisationsform hervorgehoben: das Erreichen gemeinsam gesetzter Ziele „im Verbund"[77].

In Anlehnung hierzu kann der SEK als „Kirchenverbund" verstanden werden. Dabei gilt es zu betonen, dass dieser Begriff im vorliegenden Zusammenhang einzig organisationsrechtlich – und nicht etwa theologisch – verstanden wird. Die Beschreibung des SEK als Kirchenverbund ist zudem keine blosse Wortspielerei, sondern führt zu praktisch bedeutsamen Fragen: Welches Ziel wollen die Mitgliedkirchen mit dem SEK „im Verbund" verfolgen? Welche kirchlichen Aufgaben hat er daher zu erfüllen?

74 Vgl. auch *Christoph Winzeler*, Strukturen von einer „anderen Welt" – Bistumsverhältnisse im schweizerischen Bundesstaat 1848-1998, ihr historischer Wandel und ihre Inkulturation, Freiburg i.Ue. 1998, S. 265, der im SEK „zwar nicht ‚eine' Kirche, gewiss aber ‚Kirche'" sieht.

75 Vgl. Art. 175 Abs. 8 KO/BE-JU; Art. 163 Abs. 1 KO/ZH.

76 Vgl. Art. 6.1 und Art. 7 f. VFG-Statuten.

77 Vgl. hierzu *Matthias Pechstein/Christian Koenig*, Die Europäische Union, 2. Aufl. Tübingen 1998, Rn. 86 f.

1. Ziel und Aufgaben des SEK

Das Ziel, das die Mitgliedkirchen mit dem SEK verfolgen, spiegelt sich im Zweckartikel der SEK-Verfassung wider: Der SEK hat „die gemeinsamen Interessen seiner Mitglieder und des schweizerischen Protestantismus wahrzunehmen“[78]. Die Interessenswahrung für die SEK-Mitglieder geht dabei zu einem guten Teil in derjenigen zugunsten des schweizerischen Protestantismus auf, da sich alle Schweizer Mitgliedkirchen zu diesem zählen. Die sehr allgemein gehaltene Zielsetzung wird in der SEK-Verfassung durch einen Aufgabenkatalog näher eingegrenzt. Dem SEK wird darin konkret die Aufgabe zugewiesen, gegenüber dem Oekumenischen Rat der Kirchen[79] und den eidgenössischen Behörden[80] als Vertreter der Mitgliedkirchen aufzutreten und die Aussenbeziehungen zu den Kirchen im Ausland zu unterhalten[81]. Es handelt sich hierbei um Aufgaben, welche die Mitgliedkirchen allein nicht bewältigen können und daher im Verbund über den SEK erfüllen. Die übrigen Punkte des Aufgabenkatalogs sind weniger konkret: Der SEK soll für die Wahrung, Stärkung und Ausbreitung des evangelischen Glaubens in der Schweiz sorgen[82], was auch die Zusammenfassung protestantischer Kräfte[83] sowie die Pflege der geistlichen Verbundenheit seiner Mitglieder beinhaltet[84]. In der Schweiz sind zudem evangelische Werke zu gründen und zu fördern[85], und im Ausland sollen die schweizerischen Protestanten unterstützt werden[86]. Schliesslich hat der SEK die Mitgliedkirchen (nebst der Vertretung gegenüber eidgenössischen Behörden und dem Oekumenischen Rat der Kirchen) generell bei „Dritten“ zu vertreten[87].

Diese weiteren Aufgaben lassen sich ohne konkrete Ausführungsbeschlüsse kaum umsetzen. Die *Beschlüsse des Kirchenbundes* haben nun zwar – wie sich die SEK-Verfassung ausdrückt – „obligatorischen Charakter“[88], doch nur „vorbehältlich der in den einzelnen Mitgliedkirchen

78 Art. 2 SEK-Verfassung.
79 Art. 2 lit. g SEK-Verfassung.
80 Art. 2 lit. f SEK-Verfassung.
81 Art. 2 lit. h SEK-Verfassung.
82 Art. 2 lit. a SEK-Verfassung.
83 Art. 2 lit. b SEK-Verfassung.
84 Art. 2 lit. c SEK-Verfassung.
85 Art. 2 lit. d SEK-Verfassung; vgl. auch Art. 7 SEK-Verfassung.
86 Art. 2 lit. e SEK-Verfassung.
87 Art. 2 lit. f SEK-Verfassung.
88 Titel von Art. 6 SEK-Verfassung.

geltenden kirchlichen Ordnungen“[89]. Dass der SEK nur unter dem Vorbehalt der Erlasse der Mitgliedkirchen entscheiden kann, hängt wesentlich mit der öffentlich-rechtlichen Stellung der Mehrheit seiner Mitglieder zusammen. Staatskirchenrechtlich an das Demokratieerfordernis gebunden, können die anerkannten Mitgliedkirchen nicht ohne weiteres durch Beschlüsse eines aussenstehenden Vereinsorgans gebunden werden. Eine derartige Bindungswirkung setzt voraus, dass in einem demokratisch ergangenen kirchlichen Erlass der Verein ermächtigt worden ist, über die entsprechende Aufgabe zu verfügen. Wenn nun die SEK-Kirchen in ihren Rechtstexten die Mitgliedschaft im SEK ausdrücklich festhalten[90], darf ihnen unterstellt werden, dem SEK damit implizit die Aufgabe der Vertretung und des Unterhalts von Aussenbeziehungen übertragen zu haben. Denn diese Aufgaben sind in der SEK-Verfassung konkret geregelt, so dass die Mitgliedkirchen deren Tragweite kennen. Bei denjenigen Aufgaben aber, die in der SEK-Verfassung nur allgemein erwähnt sind, kann aus der Zugehörigkeit im Kirchenbund keine Aufgabendelegation zugunsten des SEK mehr abgeleitet werden. Die Tragweite einer solchen Delegation bliebe völlig ungeklärt. Die kirchlichen Bestimmungen über die SEK-Zugehörigkeit würden auf diese Weise in Blankettermächtigungen zugunsten des SEK umgewandelt. Dadurch könnte beinahe jede beliebige Aufgabe dem SEK zugeordnet und damit dem demokratischen Verfahren in den Kantonalkirchen entzogen werden. Die Konkretisierung allgemein gehaltener Aufgaben muss daher unter dem Vorbehalt „der in den einzelnen Mitgliedkirchen geltenden kirchlichen Ordnungen“[91] stehen. Damit stellt sich die Frage, wie die Mitgliedkirchen in ihren „Ordnungen“ den SEK berücksichtigen.

2. Berücksichtigung des SEK in den kirchlichen Erlassen

In den Erlassen der Mitgliedkirchen erscheint der SEK an verschiedenen Stellen. Zum einen drücken die Mitgliedkirchen damit aus, das in der SEK-Verfassung niedergelegte Ziel und die daraus entstehenden Aufgaben mittels des SEK im Verbund verfolgen zu wollen. Zum andern knüpfen die Mitgliedkirchen eigenständig an den SEK an, ohne dass dies durch eine solche Verbundenheit gefordert wäre:

89 Art. 6 SEK-Verfassung.
90 Vgl. Anm. 64.
91 Art. 6 SEK-Verfassung.

a) Anknüpfungen an den SEK im Sinne der Verbundenheit

aa) Verbindung mit anderen Kirchen

Gemäss der SEK-Verfassung wollen die Mitgliedkirchen mittels des SEK Verbindungen untereinander und mit ausländischen Kirchen herstellen[92]. In ihren Rechtstexten betonen sie denn auch häufig, dass sie sich über den SEK mit den anderen reformierten Kirchen verbunden wissen[93]. Diese Verbundenheit anerkennt die evangelisch-reformierte Kirche des Kantons St. Gallen ausdrücklich als Möglichkeit, sich an der Lösung gesamtschweizerischer Problemstellungen zu beteiligen[94]. Die Aufgabe des SEK, die Aussenbeziehungen mit Kirchen des Auslands zu unterhalten[95], wird von der evangelisch-reformierten Landeskirche beider Appenzell besonders berücksichtigt: Direkte Kontakte ins Ausland pflegt sie nur nach Absprache mit dem SEK[96].

bb) Vertretung gegenüber Dritten

Aufgrund seiner Verfassung obliegt es dem SEK, die Gesamtheit seiner Mitglieder gegenüber Dritten zu vertreten[97]. Dass darunter auch die Vertretung gegenüber den Medien fallen kann, offenbart der Blick in die Kirchenordnungen zweier Mitgliedkirchen: Die Evangelisch-reformierte Kirche des Kantons Basel-Landschaft auferlegt sich die Verpflichtung, in Zusammenarbeit mit dem SEK für die Ausbildung und Anstellung geeigneter kirchlicher Mitarbeiter bei den Medien zu sorgen[98]. Und die Kirchenordnung der evangelisch-reformierten Landeskirche des Kantons Zürich bestimmt, dass die Kirche auf dem Gebiete der Informationsmittel mit dem SEK und dessen Institutionen zusammenarbeiten soll[99, 100].

92 Art. 2 lit. b, lit. c, lit. g und lit. h SEK-Verfassung.

93 Art. 2 Ziff. 3 und Art. 41 KV/FR; Art. 17 und Art. 154 Abs. 2 KO/BE-JU; § 1 Abs. 3 KO/AG; Art. 63 Ziff. 2 KO/BL; Art. 4 Abs. 1 KO/LU; Art. 1 Abs. 2 KV/NE; Art. 4 KV/NW; Art. 6 Abs. 1 KO/KG Obwalden und Art. 6 Abs. 2 KO/KG Engelberg; Art. 3 Abs. 1 KV/SO; Art. 3 KO/TI; Art. 3 KV/VS; Art. 216 KO/ZH.

94 Art. 3 KO/SG.

95 Art. 2 lit. h SEK-Verfassung.

96 Art. 42 Ziff. 2 Kirchenordnung der Evangelisch-reformierten Landeskirche beider Appenzell vom 27. März 2001 (zit. KO/AI-AR).

97 Art. 2 lit. f SEK-Verfassung.

98 Art. 71 Ziff. 1 KO/BL.

99 Art. 211 Abs. 2 KO/ZH.

100 Samuel Lutz, Präsident des Synodalrates der Reformierten Kirchen Bern-Jura-Solothurn, fordert, dass „über die Strategie der Kommunikation des schweizeri-

cc) Mission, Entwicklungszusammenarbeit und Diakonie

Bei der Mission, der Entwicklungszusammenarbeit und der Diakonie zeigt sich wohl am deutlichsten, dass die Mitgliedkirchen mit dem SEK im Verbund wirken wollen[101]. Sie sehen die Zusammenarbeit mit den Werken, die mit dem SEK verbunden sind, durchwegs als eigenen kirchlichen Auftrag an. Die Mitgliedkirchen verpflichten sich daher in ihren Rechtserlassen regelmässig zur Unterstützung dieser Hilfswerke, die häufig als „kirchlich" wahrgenommen werden[102]. Die Förderung erfolgt in erster Linie finanziell. Die Unterstützung kann aber auch ideeller Natur sein, etwa indem – wie dies die Kirchenordnung der Evangelisch-reformierten Kantonalkirche Schwyz empfiehlt – Gottesdienste dem Thema „Brot für alle" gewidmet werden[103]. Auf diese Weise konkretisieren die Mitgliedkirchen den allgemeinen Auftrag des SEK, die evangelischen Werke in der Schweiz zu fördern[104].

dd) Unterstützung der schweizerischen Protestanten im Ausland

Die Unterstützung der schweizerischen Protestanten im Ausland gehört zu den allgemeinen Aufgaben, welche die Mitgliedkirchen durch den SEK im Verbund erfüllen wollen[105]. Die evangelisch-reformierte Landeskirche des Kantons Zürich leitet in ihrer Kirchenordnung daraus die konkrete Verpflichtung ab, den „dem Schweizerischen Evangelischen Kirchenbund angeschlossenen" Auslandschweizergemeinden mit kirchlichen Kräften und finanziellen Mitteln beizustehen und zurückkehrenden

schen Protestantismus und damit auch über die Verwendung der Mittel, soweit sie für die Mitgliedkirchen zu gebundenen Ausgaben werden, im Kirchenbund und nur mehr im Kirchenbund verhandelt und entschieden wird" (*Samuel Lutz*, Neu formierte Kräfte. Kirchliche Kommunikation bei knapper werdenden Mitteln, in: reformierte presse Nr. 8/2004 vom 20. Februar 2004, S. 7 f., S. 8).

101 Art. 154 Abs. 2 KO/BE-JU.

102 Art. 3 Ziff. 2 KV/FR und Art. 73 Ziff. 3 KO/FR; Art. 82 Abs. und Art. 157 Abs. 3 KO/BE-JU; Art. 10 Ziff. 2 und Art. 29 Ziff. 1 KO/AI-AR; § 107 Abs. 3 und § 126 f. KO/AG; Art. 62 KO/BL; Art. 200 Abs. 1 und Art. 203 lit. e KO/GL; Art. 73 Abs. 3 KO/LU; Art. 2 und Art. 29 KV/NW; Art. 3 lit. a OS/OW; Art. 92 KO/SG; Art. 5 Kirchenordnung der Evangelisch-reformierten Kantonalkirche Schwyz vom 16. Juni 2000 (zit. KO/SZ); vgl. Art. 2 Abs. 1 KV/SO; vgl. § 4 Verordnung der Evangelischen Synode des Kantons Thurgau über die Verbindung von Kirche und Mission vom 1. Dezember 1975; Art. 144 Ziff. 26 KO/VD; § 62 Abs. 2 GO/ZG; Art. 208 Abs. 3 KO/ZH, vgl. Art. 101 KO/ZH.

103 Art. 22 KO/SZ.

104 Art. 2 lit. d SEK-Verfassung; vgl. auch Art. 7 SEK-Verfassung.

105 Art. 2 lit. e SEK-Verfassung.

Pfarrerinnen und Pfarrern den Wiedereintritt in den hiesigen Kirchendienst zu erleichtern[106].

ee) Finanzen

Damit der SEK seine vielfältigen Aufgaben bewältigen kann, benötigt er von seinen Mitgliedkirchen auch finanzielle Unterstützung[107]. Er erhebt hierzu Mitgliederbeiträge, die in einem Reglement der SEK-Abgeordnetenversammlung näher bestimmt werden[108]. Einige Mitgliedkirchen sehen in ihren Erlassen ausdrücklich vor, dass – beispielsweise mittels Kollekten[109] oder Kirchensteuern[110] – Aufgaben des SEK finanziert werden sollen[111]. Auf diese Weise zeigen sie sich „solidarisch"[112] mit dem SEK und seinen Mitgliedern. Der SEK kann zudem für die Finanzierung besonderer Aktionen ausserordentliche Kollekten erheben[113]. Hat er eine derartige Kollekte beschlossen, so ist etwa der Kirchenrat der Evangelisch-reformierten Landeskirche Graubünden befugt, die Durchführung der Kollekte für alle Kirchgemeinden anzuordnen[114].

b) Eigenständige Anknüpfungen an den SEK

aa) Mitgliedschaft

Zieht eine Person in das Kirchengebiet der Evangelisch-reformierten Landeskirche des Kantons Bern oder der Evangelisch-reformierten Kirche des Kantons Basel-Landschaft, so wird sie von diesen Kirchen als ihr Mitglied angesehen, wenn sie bisher einer dem SEK angeschlossenen Kirche oder Gemeinschaft angehört hat[115]. Diese Regelung führt dazu, dass ein Mitglied der evangelisch-methodistischen Kirche, dessen Wohnsitz ausserhalb der Stände Bern oder Basel-Landschaft lag und diesen nun in einen der beiden Kantone verlegt, dadurch zu einem landeskirchli-

106 Art. 215 KO/ZH.
107 Vgl. Art. 15 ff. SEK-Verfassung.
108 SEK-Beitragsreglement.
109 Art. 15 Ziff. 1 KO/FR.
110 Art. 10 Abs. 3 OS/AG.
111 § 107 Abs. 3 KO/AG; Art. 21 Ziff. 7 KV/BL; Art. 203 lit. e KO/GL.
112 Vgl. Ingress zum SEK-Beitragsreglement.
113 Art. 16 SEK-Verfassung.
114 Art. 15 Abs. 2 Verordnung über Aufbau und Leben der Kirchgemeinde vom 5. November 1980.
115 Art. 6 Abs. 1 lit. c KV/BE; Art. 79 Ziff. 1 KO/BL.

chen Mitglied wird[116]. Umgekehrt können SEK-Kirchen, die als Vereine organisiert sind, keine ähnliche Bestimmung vorsehen. Eine zuziehende Person kann einer solchen Kirche nur angehören, wenn sie einen Vereinsbeitritt erklärt hat[117]. Die Regelungen der bernischen und baselländischen Kirchen sind daher nicht geeignet, zu einem einheitlichen Begriff der Mitgliedschaft in den SEK-Kirchen zu führen.

bb) Ausbildung, Ordination und Zulassung zum Kirchendienst der Pfarrpersonen

Häufig verweisen die Mitgliedkirchen in ihren Erlassen auf ein Konkordat, das die Ausbildung zum Pfarramt sowie die Zulassung zum Kirchendienst regelt[118] und das nur dem SEK angehörenden evangelisch-reformierten Landeskirchen offen steht[119]. Als Vereinbarung, die direkt unter den Konkordatskirchen abgeschlossen worden ist, kann sie freilich nicht dem SEK zugeordnet werden, zumal sich die Reformierten Kirchen Bern-Jura-Solothurn nicht daran beteiligen und die Evangelisch-methodistische Kirche ausgeschlossen ist. In einzelnen Mitgliedkirchen wird daher unabhängig vom Konkordat direkt an die SEK-Kirchen angeknüpft. In der Evangelisch-reformierten Kirche des Kantons Freiburg etwa ist als Ordinationsvoraussetzung vorgesehen, dass die Bewerberin oder der Bewerber über eine von den Mitgliedkirchen des SEK anerkannte Ausbildung verfügt[120] und namentlich das Lernvikariat in einer solchen Kirche bestanden hat[121]. Ein Amtsträger ist in der Freiburger Kantonal-

116 Weitergehende Regelungen sind durchaus möglich. So gilt als der Evangelisch-reformierten Kirche Nidwalden zugehörig, wer als Mitglied einer ausserkantonalen oder einer ausländischen evangelischen Kirche in den Kanton Nidwalden gezogen ist, ohne gegenüber der Evangelisch-reformierten Kirche die Nichtzugehörigkeit schriftlich erklärt zu haben (Art. 6 KV/NW).

117 Vgl. Art. 70 Abs. 1 ZGB. *Christoph Rüegg* will bei der Evangelisch-methodistischen Kirche auch die Kategorien der Kirchenkinder sowie der Freunde zu den Mitgliedschaftsarten zählen (*Christoph Rüegg*, Die privatrechtlich organisierten Religionsgemeinschaften in der Schweiz, Freiburg i.Ue. 2002, S. 141 [vgl. Titel]); hierbei handelt es sich u.E. zwar um Formen der Kirchenzugehörigkeit, nicht aber um eine (Vereins-)Mitgliedschaft im Sinne von Art. 70 ZGB.

118 Konkordat betreffend die gemeinsame Ausbildung der evangelisch-reformierten Pfarrerinnen und Pfarrer und ihre Zulassung zum Kirchendienst vom 28. November 2002 (zit. Konkordat; publiziert in: SJKR/ASDE Beiheft 5 [2004], S. 306 ff.).

119 Art. 1 Konkordat.

120 Art. 44 Ziff. 1 KV/FR.

121 Art. 163 Ziff. 1 KO/FR.

kirche zudem auch wählbar, wenn er nicht von der Kirche, für die er Dienst leisten will, sondern von einer anderen SEK-Kirche ordiniert worden ist[122]. Und in der Zürcher Landeskirche bestehen für Bewerber eines Pfarramtes an einer evangelisch-französischen Kirchgemeinde Prüfungserleichterungen, wenn sie in einer kantonalen Kirche ordiniert worden sind, die dem SEK angeschlossenen ist[123].

cc) Ökumenische Gottesdienste

In der Evangelisch-reformierten Kirche des Kantons Freiburg sind bei den ökumenischen Gottesdiensten Richtlinien des SEK zu beachten[124]. Ob ein gemeinsames Ziel der Mitgliedkirchen darin besteht, die ökumenischen Gottesdienste zu vereinheitlichen, ist aber fraglich. Die schweizerischen Interessen der Mitgliedkirchen oder des Protestantismus würden auf diese Weise kaum wahrgenommen, denn je nach Art und Intensität der ökumenischen Freundschaft kann ein derartiger Gottesdienst in den einzelnen SEK-Kirchen ganz unterschiedlich zu gestalten sein. Wohl kann die Frage der ökumenischen Feier des Abendmahls bzw. der Eucharistie nicht in den einzelnen Mitgliedkirchen gelöst werden, ohne die römisch-katholischen Christen in Konflikt mit ihrer Kirchenführung zu bringen. Doch die damit verbundenen theologischen Fragen lassen sich mit der römisch-katholischen Weltkirche auch nicht auf der nationalen Ebene des SEK klären[125].

dd) Vertretung der Anliegen des Kirchenbundes durch die Pfarrpersonen

In der evangelisch-reformierten Landeskirche des Kantons Zürich haben Pfarrerinnen und Pfarrer gegenüber der Gemeinde die Anliegen des SEK zu vertreten[126]. Hier dürfte freilich kaum ein Ziel verfolgt werden, das die Mitgliedkirchen gemeinsam im Verbund anstreben. Andere SEK-Kirchen verzichten denn auch darauf, sich eine derartige Verpflichtung aufzuerlegen – zu stark scheint sie in die Verkündigungsfreiheit einzugreifen, die in der reformierten Kirche besonders betont wird.

122 Art. 165 Ziff. 1 (Pfarrer) und Art. 170 (Diakon) KO/FR.
123 Vgl. Art. 180 Abs. 2 KO/ZH (keine mündliche Prüfung).
124 Art. 9 Ziff. 2 KO/FR.
125 Vgl. *G. W. Locher*, Reformiertes Profil (Anm. 19), S. 10.
126 Art. 120 Abs. 4 KO/ZH.

3. Folgerungen

Der SEK ist ein Kirchenverbund, der namentlich die Interessen des schweizerischen Protestantismus zu wahren hat. Um dieses Ziel zu erfüllen, hat er eine Reihe kirchlicher Aufgaben zu bewältigen. Einige davon sind in der SEK-Verfassung nur allgemein formuliert, so dass sie durch Beschlüsse des SEK konkretisiert werden müssen. Diese stehen indes unter dem Vorbehalt der kirchlichen Ordnungen der SEK-Mitglieder. Die Mitgliedkirchen gehen in ihren Erlassen unterschiedlich auf den SEK ein. Was der SEK konkret bedeutet, beantwortet sich daher von Mitgliedkirche zu Mitgliedkirche verschieden.

III. Überlegungen zu einer Reformierten Kirche der Schweiz und zu einem schweizerischen reformierten Bischof

Die vorangegangenen Ausführungen können als Grundlage dienen für Überlegungen zu der wiederholt geforderten „Reformierten Kirche der Schweiz“[127] und zu einer reformierten Bischöfin oder einem reformierten Bischof auf schweizerischer Ebene.

A. Zur Reformierten Kirche der Schweiz

1. Synode

Nach der heutigen Rechtslage verfügt der SEK wie dargelegt nicht über eine Synode. Eine solche ist aber als Plattform des innerkirchlichen Dialogs und als bedeutsames demokratisches Organ für eine reformierte Kirche unverzichtbar.

Falls angestrebt würde, eine Reformierte Kirche der Schweiz zu verwirklichen, müsste somit Art. 9 Abs. 3 der SEK-Verfassung abgeändert werden, der heute den Mitgliedkirchen die Bestimmung der „Wahlart ihrer Abgeordneten“ überlässt. Den SEK-Kirchen wäre vorzuschreiben, dass die Abgeordneten unmittelbar von der kirchlichen Bevölkerung gewählt werden.

127 *Thomas Wipf*, Jahresbericht sek-feps 2004, S. 7; bereits im Jahre 1966 legte eine Arbeitsgruppe des Schweizerischen Evangelischen Pfarrvereins den Entwurf einer Verfassung der „Evangelisch-reformierten Kirche der Schweiz“ vor.

2. Neues Verständnis der Mitgliedschaft

Die SEK-Verfassung hält in ihrem Art. 5 fest, dass die Mitgliedschaft im SEK die Selbständigkeit und Eigenart der einzelnen Mitglieder nicht beeinträchtige. Damit wird ausgedrückt, dass es nach protestantischer Ansicht zwar nur eine Kirche mit Jesus Christus als alleinigem Haupt gibt, sie aber dennoch aus verschiedenen Ortskirchen besteht[128].

Sollte der SEK vom Kirchenverbund zur schweizerischen Stufe einer Reformierten Kirche der Schweiz umgebaut werden, müsste dieses Verständnis in Bezug auf die SEK-Mitgliedschaft relativiert werden. Es wäre dann die neu entstandene Reformierte Kirche der Schweiz, welche als selbständige Ortskirche zu gelten hätte, während die Mitgliedkirchen an Eigenständigkeit einbüssen würden.

3. Konkreter Aufgabenkatalog

Sollte der SEK zu einer eidgenössischen Ebene der Reformierten Kirche weiterentwickelt werden, müsste in den Mitgliedkirchen Einigkeit darüber herrschen, welche Aufgaben auf dieser Stufe zu erfüllen sind.

Die Mitgliedkirchen sind sich heute einig, dass der SEK ein wichtiges Bindeglied zu anderen kirchlichen Organisationen und den eidgenössischen Behörden ist, und dass er deswegen als ihr Vertreter wirken soll. So konnte der SEK verbindlich für seine Mitgliedkirchen eine Vereinbarung mit dem Bundesamt für Migration unterzeichnen, die sich mit den regionalen Seelsorgediensten in den Empfangsstellen für Asylsuchende befasst[129]. Ein bedeutsamer Vertrag hat der SEK sodann mit der missi-

128 Vgl. hierzu *E. Gerber*, Sekten, Kirche und die Bibel (Anm. 14), S. 114: „Es kann sich bei der grossen Verschiedenheit der Einzelkirchen und Gemeinschaften auch um die echt biblische Vielfalt der einen Gemeinde Jesu Christi handeln. Paulus selber (Römer 12 und 1. Korinther 12) vergleicht eindrücklich und schlüssig die Kirche Jesu Christi mit einem menschlichen Körper, der zwar viele verschiedene Glieder hat mit höchst unterschiedlichen Funktionen, aber doch nur ein Haupt"; vgl. auch *C. Winzeler*, Probleme evang. Kirchenverfassung (Anm. 4), S. 229.

129 Rahmenvereinbarung für die regionalen Seelsorgedienste in den Empfangsstellen für Asylsuchende zwischen dem Schweizerischen Evangelischen Kirchenbund (SEK), der Schweizer Bischofskonferenz, der Christkatholischen Kirche der Schweiz, dem Schweizerischen Israelitischen Gemeindebund (SIG) und dem Bundesamt für Flüchtlinge vom 12. Dezember 2002 (publiziert in: SJKR/ASDE Beiheft 5 [2004], S. 294 ff.).

on 21 abgeschlossen[130]. Seine Vertretungsfunktion ermöglicht es ihm auch[131], für seine Mitgliedkirchen an eidgenössischen Vernehmlassungsverfahren teilzunehmen[132].

Zu beachten ist, dass eine Mitgliedkirche nicht jede Aufgabe an den SEK delegieren kann. Das Dienstrecht der Pfarrerinnen und Pfarrer ist etwa im Kanton Bern grundsätzlich eine staatliche Angelegenheit[133], so dass die Evangelisch-reformierte Landeskirche des Kantons Bern dem SEK keine entsprechenden Kompetenzen einräumen kann.

Würde eine Einigung über die vom Kirchenbund zu erfüllenden Aufgaben erzielt, so müssten diese präziser als heute im Zweckartikel der SEK-Verfassung verankert sein. Das in der reformierten Kirche tief verwurzelte Subsidiaritätsprinzip könnte zudem besonders festgehalten werden.

4. Verbindlichkeit

In die Debatte um eine Reformierte Kirche der Schweiz wurde der Vorschlag eingebracht, vorerst eine schweizerische Kirchenverfassung der Evangelisch-Reformierten Kirchen auszuarbeiten, die dann von den Mitgliedkirchen „als Basis für die eigene Kirchenverfassung übernommen würde“[134]. Als Mitglieder des Vereins „Schweizerischer Evangelischer Kirchenbund“ sind die Mitgliedkirchen freilich schon heute an die SEK-Verfassung gebunden. Wie bereits die heutige SEK-Verfassung würde sich überdies auch eine neue schweizerische Verfassung der reformierten Kirche am Vereinsrecht ausrichten müssen. Denn zum einen fehlen auf Bundesebene die Grundlagen für eine öffentlich-rechtliche Kirchenver-

130 Rahmenvereinbarung zwischen dem Schweizerischen Evangelischen Kirchenbund und der mission 21 – evangelisches missionswerk basel vom 13. Dezember 2004.

131 Art. 2 lit. f SEK-Verfassung.

132 Vgl. Art. 4 Abs. 2 lit. e Bundesgesetz über das Vernehmlassungsverfahren vom 18. März 2005 (VIG; SR 172.061). Der SEK ist zwar nicht aufgrund Art. 4 Abs. 3 VIG in der Liste der Vernehmlassungsadressaten enthalten, doch können die Departemente im Einvernehmen mit der Bundeskanzlei seine Aufnahme bestimmen (Art. 10 Abs. 1 Verordnung über das Vernehmlassungsverfahren vom 17. August 2005 [SR 172.061.1]).

133 Vgl. Art. 3 Abs. 4 Personalgesetz vom 16. September 2004 (PG; BSG 153.01); vgl. Art. 37 ff. PG.

134 *T. Wipf*, Jahresbericht (Anm. 127), S. 7.

fassung[135]. Zum anderen erscheint es auch nicht ratsam, eine neue schweizerische Kirchenverfassung in die Form eines unmittelbar rechtsetzenden Konkordats[136] mit eigenen Organen[137] zu giessen. Dieser interkantonale Weg ist insbesondere bei allfälligen Revisionen schwerfällig[138], zumal einige Kantone eine staatliche Genehmigungskompetenz beanspruchen könnten[139].

Im Vergleich zu einer Weiterentwicklung der bestehenden SEK-Verfassung würde das ambitiöse Projekt einer neuen Kirchenverfassung verhältnismässig wenig einbringen. In praktischer Hinsicht ist es u.E. deutlich wichtiger, dass der SEK gegenüber seinen Mitgliedkirchen im Rahmen definierter Aufgaben verbindlich handeln kann. Hierzu müssten die SEK-Kirchen im vorgesehenen demokratischen Verfahren ihre Erlasse abändern, um dem Kirchenbund die Kompetenz einzuräumen, im Rahmen des SEK-Aufgabenkatalogs verbindliche Beschlüsse zu fassen. Die Evangelisch-reformierte Kirche des Kantons St. Gallen hat in ihrer Kirchenordnung bereits einen Schritt in diese Richtung getan: „Sie nimmt vom Kirchenbund Anregungen und Empfehlungen zur Prüfung und Stellungnahme entgegen und sorgt für die Durchführung verbindlicher Beschlüsse.“[140]

135 Gemäss Art. 72 Abs. 1 BV 1999 sind für die Regelung des Verhältnisses zwischen Kirche und Staat nicht der Bund, sondern die Kantone zuständig. Auch der vom Rat des SEK vorgeschlagene „Religionsartikel“ sieht nur (aber immerhin) eine bundesrechtliche Anerkennung vor, die nicht zu einem öffentlich-rechtlichen Status führen würde (vgl. *René Pahud de Mortanges*, Zur Anerkennung und Gleichbehandlung von Religionsgemeinschaften, in: Ueli Friederich/Roland J. Campiche/René Pahud de Mortanges/Christoph Winzeler [Hg.], Bundesstaat und Religionsgemeinschaften, Überlegungen und Vorschläge für ein zeitgemässes Religionsrecht in der schweizerischen Bundesverfassung, SJKR/ASDE Beiheft 4 [2003], S. 49 ff., S. 65 f.).

136 Vgl. *Ulrich Häfelin/Walter Haller*, Schweizerisches Bundesstaatsrecht, 6. Aufl. Zürich u.a. 2005, Rn. 1284.

137 Vgl. *U. Häfelin/W. Haller*, Bundesstaatsrecht (Anm. 136), Rn. 1293 ff.

138 *U. Häfelin/W. Haller*, Bundesstaatsrecht (Anm. 136), Rn. 1289.

139 Vgl. hierzu beispielsweise den bernischen Synodalverbandsbeschluss des Grossen Rates (BSG 410.291).

140 Art. 3 Satz 2 KO/SG.

5. Konfessionalisiertes Verständnis

Soll der Kirchenbund zur obersten Ebene einer reformierten Kirche Schweiz werden, hätte dies nicht nur Vorteile. Insbesondere würde er an konfessioneller Bandbreite verlieren. Im Mittelpunkt stünde dann nicht mehr die Wahrnehmung der Interessen des schweizerischen Protestantismus, sondern lediglich der reformierten Konfession. Der SEK könnte ferner nur aus Kirchen zusammengesetzt sein, die sich als reformiert verstehen. Das neue Verständnis müsste folglich dazu führen, dass Art. 1 und Art. 2 der SEK-Verfassung auf die reformierten Kirchen eingegrenzt würden.

Diese Änderungen hätten zur Folge, dass die Stellung der evangelisch-methodistischen Kirche neu festgelegt werden müsste. Da sie als nicht-reformierte Kirche in einer Reformierten Kirche der Schweiz keinen Platz finden könnte, besteht die Gefahr, dass sie in ein assoziiertes Verhältnis abgedrängt würde. Eine solche Position wäre der evangelisch-methodistischen Kirche aber kaum angemessen, zumal zwischen ihr und den reformierten Kirchen aufgrund der Leuenberger Konkordie Kirchengemeinschaft besteht. Zudem ist sie eines der seltenen Bindeglieder zwischen den reformierten Landeskirchen und den Freikirchen[141]; sie spielt daher in der evangelischen Kirchenlandschaft eine wichtige Rolle.

Dem heutigen Wesen des SEK würde es u.E. daher besser entsprechen, eine *„Evangelische Kirche in der Schweiz"* anzupeilen. Ihr könnten nebst den evangelisch-reformierten Kirchen auch die evangelisch-methodistische Kirche sowie die evangelisch-lutherische Kirche angehören. Letztere ist schon heute mit den Reformierten Kirchen Bern-Jura-Solothurn eng

141 Vgl. *E. Gerber*, Sekten, Kirche und die Bibel (Anm. 14), S. 141. Als weiteres Bindeglied zwischen reformierter Landeskirche und evangelischen Freikirchen wird das rund 4300 Mitglieder zählende und namentlich im Kanton Bern tätige Evangelische Gemeinschaftswerk EGW zu betrachten sein. Dieses Werk gehört einerseits dem Verband Freikirchen und Gemeinden in der Schweiz an. Andererseits versteht es sich „von seiner Herkunft her als eigenständiges Gemeinschaftswerk innerhalb der Evangelisch-reformierten Landeskirche" (Art. 3 EGW-Statuten) und hält „die Bekenntnisse der Reformation in ihren Grundaussagen" wegweisend für die Auslegung der Heiligen Schrift (Art. 2.2 EGW-Statuten). Seine Mitglieder sind zudem „in der Regel auch Mitglieder der Evangelisch-reformierten Landeskirche" (Art. 4.1 EGW-Statuten). Seit einiger Zeit sind im Werk allerdings freikirchliche Tendenzen festzustellen. Sie stellen nicht nur für die landeskirchlich gesinnten Mitglieder im EGW, sondern auch für die Reformierten Kirchen Bern-Jura-Solothurn eine wachsende Herausforderung dar.

verbunden[142]. Die Leuenberger Kirchengemeinschaft[143] würde in der Schweiz dadurch eine sichtbare Gestalt annehmen.

6. Weitere Ergänzungen

Bei einem Ausbau des SEK zu einer eigentlichen Kirche der Schweiz müsste die SEK-Verfassung ausgebaut werden. Notwendig wären etwa die Statuierung eines Rechtsschutzes[144], die Einführung kirchlicher Volksrechte und – damit zusammenhängend – die Aufnahme von Regelungen zum Stimm- und Wahlrecht[145] sowie die Erwähnung der Grund- und Menschenrechte. Eine besondere Beachtung müsste die Mitgliedschaft finden[146], denn eine Kirche, die nicht auf Kirchenbürgerinnen und Kirchenbürgern beruht, ist in der evangelischen Tradition undenkbar[147]. Die SEK-Verfassung könnte darüber hinaus Themen aufnehmen, die heute typischerweise in Kirchenordnungen enthalten sind. Dazu gehören etwa das Kirchenverständnis, die Taufe und das Abendmahl, der Gottesdienst, die Ämter, die Mission, das Gebet oder die Ökumene.

B. Zum schweizerischen reformierten Bischofsamt

Aus den vorstehenden Ausführungen ist deutlich geworden, dass ohne entsprechende schweizerische Kirchenstruktur bei den Reformierten auf

142 Vgl. Vertrag zwischen der Evangelisch-reformierten Kirche des Kantons Bern und der Evangelisch-Lutherischen Kirche Bern über das Verhältnis der beteiligten Kirchen zueinander vom 2. Dezember 1997/1. Februar 1998.

143 Der offizielle Name der Leuenberger Kirchengemeinschaft lautet: „Gemeinschaft Evangelischer Kirchen in Europa (GEKE) – Leuenberger Kirchengemeinschaft“.

144 Vgl. *Dieter Kraus*, Revisionen reformierter Kirchenverfassungen und Kirchenordnungen, in: Cla Reto Famos/Ingolf U. Dalferth (Hg.), Das Recht der Kirche, Zürich 2004, S. 27 ff., S. 39 f.

145 Vgl. *D. Kraus*, Revisionen (Anm. 144), S. 41 f.

146 Vgl. *D. Kraus*, Revisionen (Anm. 144), S. 42 ff.

147 Vgl. hierzu Art. 1 Abs. 4 der Grundordnung der Evangelischen Kirche in Deutschland vom 13. Juli 1948: „Durch seine Mitgliedschaft in einer Kirchgemeinde und in einer Gliedkirche gehört das Kirchenmitglied zugleich der Evangelischen Kirche in Deutschland an“; ähnlich § 2 Abs. 2 des Kirchengesetzes über die Kirchenmitgliedschaft, das kirchliche Meldewesen und den Schutz der Daten der Kirchenmitglieder vom 10. November 1976: „Durch seine Mitgliedschaft in einer Kirchgemeinde und in einer Gliedkirche gehört das Kirchenmitglied zugleich der Evangelischen Kirche in Deutschland an.“

Schweizer Ebene keine Bischöfin und kein Bischof als neue geistliche Autorität eingeführt werden sollte. Namentlich die bischöflichen Kompetenzen wären zuerst einmal von denjenigen geistlichen Befugnissen abzugrenzen, die bereits durch andere kirchliche Instanzen wie Synoden oder Pfarrerschaft ausgeübt werden. Das aber setzt eine einheitliche Regelung voraus, die für alle Mitgliedkirchen verbindlich ist. Damit würde eine schweizerische Kirche, die solche Bestimmungen festlegen und namentlich durchsetzen könnte, praktisch unverzichtbar.

Der SEK kann wie dargestellt in seiner gegenwärtigen Form aber nicht als oberste Ebene einer Schweizer Kirche betrachtet werden. Eine schweizerische Bischöfin oder ein schweizerischer Bischof kann es mit dem SEK in seiner heutigen Gestalt dennoch geben, sofern man sich von der Vorstellung löst, es müsse sich um ein reformiertes Amt oder um eines mit geistlicher Autorität handeln. Unter dieser Massgabe wären namentlich zwei Möglichkeiten denkbar:

1. Mandat an den methodistischen Bischof

Bisher wurde kaum beachtet, dass der SEK bereits einen Bischof kennt, nämlich denjenigen seiner evangelisch-methodistischen Mitgliedkirche. Die reformierten Kirchen könnten ihm nun – zwar nicht als reformiertem Bischof, aber doch als „SEK-Bischof" – ein präzis umschriebenes Mandat erteilen, beispielsweise für die Vertretung in einem überkonfessionellen Gremium oder im Kontakt mit staatlichen Behörden. Dass damit im engeren Sinne keine „reformierte Stimme" erhoben wird, muss kein Nachteil sein. Dem Wesen des SEK entsprechend, würden auf diese Weise bereits zu einem guten Teil die Interessen des schweizerischen Protestantismus wahrgenommen[148].

2. Schaffung eines Titels

Auch wenn andere Kirchen im Bischof eine geistliche Autorität sehen mögen[149], der dem geistlichen Leben der Kirche und deren Zusammenhalt dient[150], müssten die Reformierten ihren eigenen Bischof nicht zwingend gleich verstehen. Das zeigt sich durch den Vergleich mit einem anderen Amt: Wie die römisch-katholische oder die christkatholische Kir-

148 Vgl. Art. 2 SEK-Verfassung.

149 Vgl. Anm. 7.

150 *C. Winzeler*, Probleme evang. Kirchenverfassung (Anm. 4), S. 230.

che, kennt die reformierte Kirche den „Pfarrer" – trotz gleichlautender Bezeichnung verfolgt sie dabei aber eine abweichende Konzeption vom Pfarramt. Mit dem Begriff „Pfarrer" wird zudem nicht nur ein bestimmtes kirchliches Amt bezeichnet, sondern auch ein Titel. Auch der Pfarrer, der keine Kirchgemeinde (mehr) betreut, behält seinen Titel „Pfr.".

„Bischöfin" oder „Bischof" könnten daher auch „nur" als Titel und nicht als Bezeichnung eines geistlichen Amtes verstanden werden[151]. Auch die evangelische Landeskirche von Braunschweig verfügt über einen „Landesbischof", obwohl ihre Verfassung keine episkopalen Züge aufweist[152]. In Anlehnung an die bundesrechtliche Regelung, dass einem Beamten mit entsprechenden Aufgaben der Ministertitel verliehen werden kann[153], könnte beispielsweise die oder der SEK-Ratsvorsitzende den Bischofstitel führen, wenn sie oder er die Reformierten gegenüber eidgenössischen Behörden, Kirchen[154] oder anderen Dritten zu vertreten hat. Einen Bischof kennen die reformierten Kirchen Ungarns und Rumäniens bereits seit den Zeiten der Donaumonarchie[155].

Der Inhaber des Bischofstitels hätte gegenüber den Mitgliedkirchen keine Leitungskompetenzen. Die Präsenz der Reformierten in der Öffentlichkeit und in der Ökumene könnte auf diese Weise verbessert werden, ohne dass in die christliche Mündigkeit der reformierten Kirchenbürgerinnen und Kirchenbürgern eingegriffen würde. Wie die ungewöhnlich heftigen Reaktionen zum Vorschlag eines (als geistliche Autorität ver-

151 Vgl. auch *C. Winzeler*, Probleme evang. Kirchenverfassung (Anm. 4), S. 230, der feststellt, dass „die reformierten Kirchen z.B. in der Schweiz von jeher auf den Bischofstitel" verzichtet haben. In der evangelischen Kirche in Bayern wurde der Bischofstitel erst in der 30er Jahren des 19. Jahrhunderts eingeführt (*A. von Campenhausen*, Kirchenleitende Organe [Anm. 7], S. 25), obwohl bereits der damalige „Kirchenpräsident" in umfassender Weise bischöfliche Funktionen wahrgenommen hatte (ebda., S. 17/18). In früheren Zeiten hatten deutsche Landesherren ihren Hofpredigern wiederholt den Bischofstitel verliehen (ebda., S. 13).

152 *A. von Campenhausen*, Kirchenleitende Organe (Anm. 7), S. 18.

153 Vgl. dazu Art. 3 Abs. 1 Bundespersonalverordnung vom 3. Juli 2001 (SR 172.220.111.3).

154 Gemäss Gottfried W. Locher lässt sich „das Erstarken einer Art von ‚Episkopal-Ökumene'" beobachten (*G. W. Locher*, Reformiertes Profil [Anm. 19], S. 8). In den evangelischen Kirchen Europas scheint eine Tendenz zu bestehen, das Bischofsamt zu stärken (*Hans Jürgen Luibl*, Laienbewegung mit Prägekraft, in: reformierte presse, Nr. 19/2004 vom 7. Mai 2004, S. 7 ff., S. 9).

155 *C. Winzeler*, Probleme evang. Kirchenverfassung (Anm. 4), Anm. 48.

standenen) reformierten Bischofsamtes gezeigt haben[156], möchten sich die „selbst denkenden“ Reformierten einen solchen Eingriff nicht gefallen lassen.

C. Folgerungen

Soll der SEK vom heutigen Kirchenverbund zur obersten Ebene einer schweizerischen Kirche weiterentwickelt werden, so stehen verschiedene organisatorische Aufgaben an. Dem SEK wäre namentlich die Befugnis zu erteilen, im Rahmen eines konkreten Aufgabenkatalogs Beschlüsse zu fassen, die für alle Mitgliedkirchen verbindlich sind. Letztere würden damit gewisse Teile ihrer Eigenständigkeit an eine gesamtschweizerische Kirchenebene abtreten. Die „Evangelische Kirche in der Schweiz“, die u.E. einer rein reformierten Kirchenstruktur vorzuziehen ist, könnte aus den in der Schweiz hauptsächlich vertretenen Kirchen der Leuenberger Kirchengemeinschaft bestehen[157]. Nebst der Wahl der Abgeordneten des Kirchenbundes durch die kirchliche Bevölkerung müssten weitere Ergänzungen der SEK-Verfassung an die Hand genommen werden, etwa die Verankerung der Mitgliedschaft der Kirchenbürgerinnen und Kirchenbürger im schweizerischen Kirchengebilde.

Diese organisatorischen Vorkehrungen wären auch von Nöten, um auf schweizerischer Ebene ein Bischofsamt einzuführen, das als geistliche Autorität verstanden wird. Schon heute könnte aber für konkrete Gelegenheiten der evangelisch-methodistische Bischof mandatiert oder der SEK-Ratsvorsitzende mit dem Bischofstitel versehen werden.

Die skizzierte Fortentwicklung des SEK ist für die betroffenen evangelischen Kräfte ohne Zweifel nicht nur organisatorisch, sondern auch inhaltlich eine grosse Aufgabe. Doch wird sich der SEK, zusammen mit seinen Mitgliedkirchen, wohl dieser Herausforderung stellen müssen – alleine schon, damit seine Stimme gegenüber den staatlichen Behörden und in den ökumenischen Gremien besser zu Gehör gebracht werden kann.

156 So bildete die reformierte presse als Erstapril-Scherz den damaligen SEK-Mitarbeiter, welcher den Vorschlag eines reformierten Bischofsamtes in die Diskussion eingebracht hatte, als Bischof ab (reformierte presse, Nr. 13/2005 vom 1. April 2005, S. 1). Auch im Diskussionsforum auf „http://www.saemann.ch“ fanden sich stellenweise sehr emotionale Stellungnahmen gegen die Idee eines reformierten Bischofs.

157 Vgl. Anm. 143.

SJKR/ASDE 10 (2005), S. 81-110

Perspektiven für ein partnerschaftliches und streitbares Miteinander pastoraler und staatskirchenrechtlicher Strukturen*

von Daniel Kosch (Zürich)

I. Staatskirchenrecht: Chance oder Krise?

Die Schweizerische Kirchenzeitung, die seit Jahren regelmässig Beiträge zu den Auswirkungen des (deutsch)schweizerischen Staatskirchenrechts auf das kirchliche Leben und zu seinem Verhältnis zur katholischen Ekklesiologie veröffentlicht[1], widmete diesem Thema Ende 2004 eine Serie von vier Beiträgen[2]. Ein Beitrag trug den Titel „Staatskirchenrecht: Der

* Überarbeitete Fassung eines Referates anlässlich der Tagung „Staatskirchenrecht und Pastoral. Sinnvolle Ko-Existenz?“ im Rahmen der Weiterbildungsangebote der Universität Freiburg i.Ue., 17. März 2005.

1 Vgl. z.B. *Hans Ambühl*, Staatskirchenrechtliche Strukturen versus konziliare Ekklesiologie?, in: SZK 168 (2000), S. 447-451; *Peter Henrici*, Kirche und Staat in der Schweiz, in: SKZ 172 (2004), S. 177-180; Kirchenzugehörigkeit – Kirchenaustritt, in: SKZ 166 (1998), S. 93 ff. (Thematische Nummer); *Kurt Koch*, Der Bischof als erster Verkünder, Liturge und Leiter der Ortskirche, in: SKZ 168 (2000), S. 174-180; *ders.*, Kirche an der Schwelle zum dritten Jahrtausend, in: SKZ 167 (1999), S. 702-709, 722-225; *ders.*, Staatskirchenrechtliche Systeme und katholische Ekklesiologie, in: SKZ 168 (2000), S. 542-555; *Adrian Loretan*, Kirchgemeinde und Pfarrei – Ein Zusammenspiel ungleicher Partnerinnen, in: SKZ 165 (1997), S. 553-555.

2 *Daniel Kosch*, Staatskirchenrechtliche Strukturen im Dienst der Kirche, in: SKZ 172 (2004), S. 858, 860-863, 880-884, 889-890; *Giusep Nay*, Staatskirchenrecht: Der Dualismus als Chance, in: SKZ 172 (2004), S. 898, 900-903; *Franz Xaver v. Weber*, Das staatskirchliche System als institutionalisierte Krise, in: SKZ 172 (2004), S. 903 f., 909-911; *Peter Henrici*, Gegenwart und Zukunft des Verhältnisses zwischen Staat und Kirche(n), in: SKZ 172 (2004), S. 918, 920-923; vgl. auch die Wortmeldung von *Martin Grichting*, Mittelalterliche Wurzeln des Schweizer Staatskirchenrechts, in: SKZ 172 (2004), S. 963 f., 969 f.

Dualismus als Chance", ein anderer die Überschrift „Das staatskirchliche System als institutionalisierte Krise". Damit ist das Spannungsfeld benannt, in dem sich ein Beitrag zum Miteinander kirchenrechtlicher und staatskirchenrechtlicher Strukturen bewegt. Vorab sei jedoch auf dreierlei hingewiesen:

1. Auch wenn die Frage „Staatskirchenrechtliche Strukturen: Chance oder Krise?" durchaus diskussionswürdig ist, muss dem Eindruck entgegengetreten werden, es handle sich dabei um *die* Chance oder *die* Krise für die katholische Kirche in der Schweiz. Welche Chancen diese heute und in Zukunft hat, wird nicht primär im Bereich des Staatskirchenrechts entschieden. Unsachgemäss wäre es auch, die unübersehbaren Krisensymptome primär auf die staatskirchenrechtlichen Strukturen zurückzuführen, als wären diese die Quelle allen Übels[3].

2. Das Miteinander der staatskirchenrechtlichen und pastoralen Strukturen ist in erster Linie weder Krise noch Chance, sondern alltägliche Realität in Kirchgemeinden und Pfarreien, in kantonalkirchlichen Organisationen, Diözesen und auf gesamtschweizerischer Ebene[4]. Diese Realität wird oft als weitgehend unproblematisch und selbstverständlich erfahren.

Der Beitrag von *G. Nay* ist eine gekürzte Fassung von: *ders.*, Kirche und Staat im Lichte der Religionsfreiheit. Die schweizerische Lösung des Dualismus, in: Adrian Loretan/Franco Luzatto (Hg.), Gesellschaftliche Ängste als theologische Herausforderung. Kontext Europa, Münster 2004, S. 65-78.

3 Ebenso unsachgemäss ist es, die kirchenrechtlichen Strukturen allein für die „Kirchenkrise" verantwortlich zu machen. Die weitgehend parallelen Entwicklungen zwischen reformierter und katholischer Kirche, aber auch zwischen den Kirchen in Deutschland und in der Schweiz zeigen, dass die wesentlichen Ursachen im Verhältnis zwischen Kirche(n) und Gesamtgesellschaft zu suchen sind. Dass innerkirchlicher Reformstau und interne Konflikte unnötige Energien binden und von den eigentlichen Fragen ablenken, kommt erschwerend hinzu.

4 Wer sich über diese (komplexe) Realität ein Bild machen möchte, sei hingewiesen auf *Urs Josef Cavelti*, System und Funktion der staatskirchenrechtlichen Organe in der Schweiz, in: Louis Carlen (Hg.), Räte in der Kirche zwischen Recht und Alltag, Freiburg i.Ue. 1987, S. 31-43; *ders.*, Kirchenrecht im demokratischen Umfeld. Ausgewählte Aufsätze, Freiburg i.Ue. 1999; sowie auf die umfassende Monographie von *Dieter Kraus*, Schweizerisches Staatskirchenrecht, Tübingen 1993; vgl. *ders.*, Das Verhältnis von Staat und Kirche bzw. Religionsgemeinschaften in der Schweiz, in: Hartmut Kress (Hg.), Religionsfreiheit als Leitbild. Staatskirchenrecht in Deutschland und Europa im Prozess der Reform, Münster 2004, S. 257-273.
Eine von kritischer Sympathie geprägte Würdigung dieser Realität aus der Sicht eines Bischofs bietet *P. Henrici*, Kirche und Staat (Anm. 1).

Die Zusammenarbeit ist eingespielt, es bestehen teils hervorragende Arbeitsbeziehungen und freundschaftliche Kontakte. Beratungen und Meinungsaustausch werden geschätzt und bei allem Respekt vor den unterschiedlichen Zuständigkeiten äussern sich die „Staatskirchenrechtlichen" ebenso selbstverständlich zu pastoralen Themen wie die „Pastoralen" hilfreiche Hinweise zum Budget oder zur Liegenschaftenverwaltung geben. Auch wenn es zu Konflikten oder Problemen kommt, wird davon ausgegangen, dass Spannungen, Meinungsverschiedenheiten sowie unterschiedliche Interessen zum Leben gehören und nicht primär „dem System" angelastet werden dürfen. All das gibt es auch in anderen Strukturen und Organisationen.

3. Die Aufteilung der Zuständigkeiten zwischen den primär für die Glaubensverkündigung und die Seelsorge zuständigen pastoralen Leitungsstrukturen und den primär für die Schaffung der organisatorischen und finanziellen Voraussetzungen zuständigen staatskirchenrechtlichen Organen schafft ein Spannungsfeld. Aber viele dieser Spannungen wären auch ohne das „duale System" vorhanden: Die Spannung zwischen Geld und Geist, die Spannung zwischen kirchlichem Selbstbestimmungsrecht und Eingebundensein in das staatliche und gesellschaftliche Gefüge, die Spannung zwischen dem Leitungsanspruch der Verantwortungsträger und dem Willen nach Mitbestimmung der Basis, die Spannung zwischen verschiedenen Frömmigkeitsstilen, Kirchenbildern, pastoralen Zielvorstellungen, die Spannung zwischen Einheit und Vielfalt.

Trotz dieser Hinweise zur Relativierung und Ent-Dramatisierung der Frage nach „Chance oder Krise" deutet die anhaltende Problematisierung des „dualen Systems" in der Schweizerischen Kirchenzeitung (und andernorts[5]) darauf hin, dass es um die viel beschworene „Einvernehmlichkeit" nicht überall zum Besten steht und dass es im Mit- und Zueinander

5 Vgl. z.B. *Adrian Loretan*, Kirche – Staat im Umbruch. Neuere Entwicklungen im Verhältnis von Kirchen und anderen Religionsgemeinschaften zum Staat, Zürich 1995; *Herbert Wille/Georges Baur* (Hg.), Staat und Kirche. Grundsätzliche und aktuelle Probleme, Vaduz 1999; die Reihen „Freiburger Veröffentlichungen aus dem Gebiete von Kirche und Staat" und „Freiburger Veröffentlichungen zum Religionsrecht" sowie die einschlägigen Beiträge in den Festschriften für die Bischöfe *P. Henrici* und *K. Koch*: *Urban Fink/René Zihlmann* (Hg.), Kirche – Kultur – Kommunikation (FS P. Henrici), Zürich 1998; *Roger Liggenstorfer/Brigitte Muth-Oelschner* (Hg.), Anleitungen und Rezepte für eine Kirche der Hoffnung. Festschrift zum 50. Geburtstag von Bischof Dr. Kurt Koch. (K)Ein Kochbuch, Freiburg i.Ue. 2000.

tatsächlich System- bzw. Kompatibilitätsprobleme gibt. Im Folgenden seien einige Themen benannt, an denen sich immer wieder Diskussionen entzünden.

II. Probleme

A. Äusserungen zu pastoralen Fragen

Die Synode der Luzerner Landeskirche hat 2004 in einer Erklärung gefordert, die Bischöfe sollten sich für die Aufhebung des Pflichtzölibats und für die Zulassung von Frauen zum Priesteramt einsetzen. Die Bischöfe haben in ihrem Antwortbrief nicht nur inhaltlich Stellung genommen, sondern zugleich die Kompetenz des staatskirchenrechtlichen Gremiums hinterfragt, sich zu dieser Frage zu äussern[6]. Der Vorgang weist auf drei Problemkreise hin:

1. Zwischen staatskirchenrechtlichen Gremien – die demokratisch legitimiert sind und in denen auch Seelsorger/innen und Theolog/innen Einsitz nehmen – und pastoralen Leitungsgremien kann es zu unterschiedlichen Auffassungen kommen, welche Entwicklungen für die Kirche zukunftsweisend sind.

6 Das Antwortschreiben der SBK vom 17.3.2004 ist zugänglich unter: www.kath.ch/sbk-ces-cvs. Der entscheidende Abschnitt lautet: „Für uns Bischöfe bleibt dennoch die Frage, ob ein staatskirchenrechtliches Organ wie eine Synode das geeignete und kompetente Gefäss ist, solche Erklärungen, die nicht nur die Seelsorge, sondern die Glaubenspraxis der weltweiten Kirche betreffen, in der Öffentlichkeit abzugeben. Wir richten deshalb die Rückfrage an Sie, wie Sie Ihre Erklärung mit der Aufgabenumschreibung in der ‚Verfassung der römisch-katholischen Landeskirche des Kantons Luzern' vom 1. Januar 1994 vereinbaren können, wenn es dort in Par. 6 heisst: ‚Landeskirche und Kirchgemeinden sorgen für die religiöse Betreuung der Katholikinnen und Katholiken im Kanton Luzern durch die römisch-katholische Kirche und besorgen die der kirchlichen Tätigkeit *dienende öffentliche Verwaltung*.' Mit dieser Bestimmung ist die kanonische und pastorale Kompetenz der ‚religiösen Betreuung' deutlich von der staatskirchenrechtlichen Kompetenz der administrativen, finanziellen und materiellen Sicherstellung des kirchlichen Lebens klar unterschieden. Wir bitten Sie deshalb, diese Frage nach den Kompetenzen Ihrer Synode zu überdenken." Es ist charakteristisch, dass die Bischöfe nicht das „sorgen für die religiöse Betreuung" sondern den Ausdruck „dienende öffentliche Verwaltung" hervorheben.

2. Bezüglich der Frage, für welche Belange die staatskirchenrechtlichen Gremien zuständig sind, bestehen unterschiedliche Auffassungen. Dass Pflichtzölibat und Frauenordination eindeutig ausserhalb ihres Zuständigkeitsbereiches liegen, ist dabei keineswegs so klar, wie es auf den ersten Blick scheint. Unter dem Gesichtspunkt, dass die Kirchgemeinden für die Bereitstellung einer ausreichenden Zahl von Seelsorgern zuständig sind, die Pfarreien leiten und mit den Sakramenten versorgen, ist verständlich, dass sich die staatskirchenrechtlichen Behörden an der Suche nach Auswegen aus dem Priestermangel beteiligen und dazu Vorschläge machen.

3. Pastorale und finanziell-administrative Fragen lassen sich letztlich nicht klar trennen. Viele Entscheidungen staatskirchenrechtlicher Organe haben pastorale Implikationen und sind an den pastoralen Notwendigkeiten zu messen. Zugleich haben pastorale Entscheidungen oft finanzielle und organisatorische Implikationen und müssen die äusseren Möglichkeiten (rechtlicher Rahmen, gesellschaftlicher Kontext, finanzielle, personelle, räumliche und andere Ressourcen) berücksichtigen.

B. Finanzielle Verteilungsprobleme und Zuständigkeitsfragen

Die Steuerhoheit liegt aufgrund der kantonalen verfassungsrechtlichen Bestimmungen bei den Kirchgemeinden. Demzufolge fliesst das Geld „von unten nach oben", was zur Folge hat, dass z.T. schon auf kantonaler Ebene, erst recht auf diözesaner und gesamtschweizerischer Ebene insgesamt zu wenig Mittel zur Verfügung stehen. Von 100 % Kirchensteuereinnahmen stehen auf kantonaler Ebene 10-15 %, auf überkantonaler Ebene 1-2 % zur Verfügung[7]. Dies führt dazu, dass die zunehmend anspruchsvollen diözesanen und gesamtschweizerischen Aufgaben schwer zu finanzieren sind. Hinzu kommt, dass die kommunale bzw. kantonale Regelung der Kirchenfinanzierung dazu führt, dass ein erhebliches Gefälle zwischen den einzelnen Kirchgemeinden und kantonalkirchlichen Organisationen besteht. Insbesondere der Basler Bischof *Kurt Koch* hat ver-

7 Siehe *Alois Odermatt*, Kirchensteuern in der Schweiz, in: Una Sancta 3/1998, S. 257-264; *Daniel Kosch*, Arme reiche Kirche. Einblicke in die finanzielle Situation der katholischen Kirche in der Schweiz, in: Migratio (Hg.), Kirche – eine Gemeinschaft aus vielen Völkern (Studientag vom 24. September 2003), Luzern 2003, S. 34-59 (vgl. auch www.kath.ch/rkz Rubrik: Dokumente).

schiedentlich kritisch auf diese Situation hingewiesen[8]. Anders als im staatlichen Bereich, wo der Bund ein starker Gegenpol ist, gebe es in der Kirche keine „Bistumssteuer" (oder „kirchliche Bundessteuer"). Zudem gebe es auf Bistumsebene keine „staatskirchenrechtliche Auxiliarität", da die Diözesane Finanzkommission keine Entscheidungskompetenz habe, sondern nur Empfehlungen formulieren könne. Das Prinzip der „Konzentration auf die Kirchgemeinde" „reibt sich an der Grundüberzeugung der katholischen Ekklesiologie". Zudem wird ein Mangel an Solidarität zwischen finanziell gut Gestellten und finanziell Schwächeren beklagt. Die Situation weist auf drei Problemkreise hin:

1. Es gibt unterschiedliche Auffassungen darüber, wie die finanziellen (und damit auch die personellen Ressourcen) auf die verschiedenen Ebenen kirchlichen Lebens verteilt werden sollen: Wie stark soll die kommunale, die kantonale, die diözesane und schliesslich die sprachregionale bzw. gesamtschweizerische Ebene dotiert sein? Welches ist die Bedeutung des Subsidiaritätsprinzips innerhalb der Kirche?

2. Der Kirche stehen je nach Gemeinde oder Kanton sehr unterschiedliche Ressourcen zur Verfügung. Dazu ist zu bemerken, dass es sich keineswegs primär um ein „Solidaritätsproblem" zwischen Kantonen und Kirchgemeinden handelt. Vielmehr ist dies die Folge einer unterschiedlich hohen Bereitschaft der Kirchenangehörigen, sich – durch eine entsprechende Ausgestaltung des Beitragssystems – finanziell am Leben der Kirche zu beteiligen. So sind – um nur ein Beispiel zu nennen – die Kantone Tessin und Thurgau gemäss eidgenössischem Finanzkraftindex praktisch ebenbürtig, aber während in der Thurgauer Landeskirche die Kirchenfinanzierung sehr gut funktioniert, kämpft die Diözese Lugano mit finanziellen Sorgen.

3. Pastorale und staatskirchenrechtliche Strukturen sind nicht nur gegenläufig, sondern es fehlt auch an „horizontalen" Entsprechungen. Staatskirchenrechtlich sind die kommunale und die kantonale Ebene stark ausgeprägt, aber auf den kantonsübergreifenden Ebenen des Bistums und der Schweizer Bischofskonferenz sind die staatskirchenrechtlichen Entsprechungen schwach.

8 Vgl. insbesondere *K. Koch*, Staatskirchenrechtliche Systeme (Anm. 1), S. 550-552; vgl. aber auch *Leo Karrer*, Staatskirchenrechtliches Gewand in der Schweiz und das pastorale Handeln, in: ET 12 (2001), S. 14-25, hier: S. 19-21; *D. Kosch*, Staatskirchenrechtliche Strukturen (Anm. 2), S. 884.

C. Kompatibilitätsprobleme im Bereich Kirchenzugehörigkeit

Erneut sei zur Erläuterung *K. Koch* zitiert: „Gemäss katholischer Glaubensüberzeugung (kann) es einen Kirchenaustritt gar nicht geben, es sei denn aufgrund von Häresie oder Glaubensabfall. Auf der anderen Seite aber droht in der staatskirchenrechtlichen Praxis bei aller Respektierung der kirchlichen Glaubenssicht die kanonische Kirchenmitgliedschaft in der Praxis letztlich doch mit der Mitgliedschaft in der staatskirchenrechtlichen Kirchgemeinde des Wohnortes identifiziert zu werden, so dass der Austritt aus der Kirchgemeinde zugleich als – ekklesiologisch gar nicht möglicher – Kirchenaustritt behandelt wird."[9] Auch diese Spannung weist auf eine Reihe von Problemkreisen hin:

1. Das Staatskirchenrecht muss das Grundrecht der Religionsfreiheit respektieren: Wer erklärt, der katholischen Kirche nicht mehr angehören zu wollen, kann weder zu weiterer Mitgliedschaft noch zu Kirchensteuerbeiträgen verpflichtet werden. Dass ein Mensch durch die Taufe unwiderruflich in die Gemeinschaft der Kirche aufgenommen ist, ist eine Glaubensaussage, die in dieser Form nach heutiger Auffassung nicht zum Prinzip staatlichen Handelns gemacht werden kann. Für die kanonischen Autoritäten stellt sich die Frage, wie sie eine solche Austrittserklärung theologisch bzw. kirchenrechtlich qualifizieren. Es stünde ihnen durchaus der Weg offen, die staatskirchenrechtlichen Strukturen inklusive der jeweiligen Kirchenfinanzierungsform als partikuläres Kirchenrecht anzuerkennen und damit ihrerseits die Unterscheidung zwischen einer Austrittserklärung und einem Abfall von der Glaubensgemeinschaft aufzuheben. Wer sich nicht mehr am Leben der Kirche beteiligen will und ihr die finanzielle Solidarität aufkündigt, legt damit ein Verhalten an den Tag, das durchaus als „Glaubensabfall" oder „schismatisches Verhalten" qualifiziert werden kann. Stattdessen haben die Bischöfe zwar die Notwendigkeit der materiellen Solidarität als moralische Pflicht eingeschärft, aber – trotz der einschlägigen Bestimmung von can. 222 CIC – von einer ein-

9 *K. Koch*, Staatskirchenrechtliche Systeme (Anm. 1), S. 546. Präzisierend sei angemerkt: Auch bei Häresie, Apostasie und Schisma tritt kein Kirchenaustritt ein, sondern „nur" die Tatstrafe der Exkommunikation (c. 1364 CIC), bei der man sehr wohl weiter Glied der Kirche bleibt, allerdings mit geminderten Gliedschaftsrechten und -pflichten (vgl. dazu c. 1331 CIC). Denn auch bei der Exkommunikation gilt: semel catholicus – semper catholicus wegen des unverlierbaren Prägemals der Taufe.

deutigen kirchenrechtlichen Beurteilung von Kirchenaustrittserklärungen abgesehen[10].

2. Das Bundesgericht hat in einem Urteil im Jahr 2002 (BGE 129 I 68) festgehalten, dass es dort, wo das Staatskirchenrecht die Kirchengliedschaft mit der Zugehörigkeit zu einer staatskirchenrechtlichen Körperschaft zwingend verknüpft, keinen „partiellen Kirchenaustritt" geben kann. Damit bleibt auch die Kirchensteuer eine Steuer im eigentlichen Sinne der voraussetzungslos geschuldeten Zwangsabgabe. Die staatskirchenrechtlichen Behörden können damit – gemäss staatlichem Recht – einen „Austritt aus der Kirchgemeinde" oder einen so genannten „Kirchensteueraustritt" nicht akzeptieren. Wer nicht seine Nichtzugehörigkeit zur Kirche erklärt, bleibt Mitglied der Körperschaft. Kirchenzugehörigkeit ist gemäss dieser Rechtsauffassung an die Solidarität mit der Ortsgemeinde und die damit verknüpften finanziellen Pflichten gebunden. Es ist verständlich, dass die staatskirchenrechtlichen Institutionen, welche die finanzielle Solidarität organisieren und den materiellen Lebensunterhalt für die Kirche sichern, das Bundesgerichtsurteil begrüssen und wenig Verständnis dafür aufbringen, dass die zuständigen Bischöfe nicht bereit sind, durch partikuläre Rechtsnormen zu vermeiden, dass „Trittbrettfahrer" von den Kirchensteuern profitieren, ihrerseits aber nichts beitragen bzw. finanziell nur unterstützen, was ihnen beliebt.

10 Vgl. dazu *René Pahud de Mortanges*, Die Erklärung des Austritts aus der römisch-katholischen Kirche. Kirchenrechtliche und staatskirchenrechtliche Konsequenzen, in: SJKR/ASDE 8 (2003), S. 103-143.
Am klarsten äussert sich der Bischof von St. Gallen in seinem Dokument „Kirche und ‚Kirchenaustritt'" vom 20. Oktober 2003. Er hält zunächst zwar fest, die „gleichzeitige Mitgliedschaft in Konfessionsteil und Kirchgemeinde ist keine grundsätzliche Voraussetzung für die Gliedschaft in der Kirche" (S. 9), qualifiziert jedoch den Austritt aus einer Kirchgemeinde als „Vernachlässigung an einem Dienst der Kirche, welcher im Einvernehmen und mit Gutheissung durch den Bischof erfüllt wird und ihn dadurch entlastet, andere Finanzierungsmöglichkeiten zu suchen. Ein Austritt aus der Kirchgemeinde ist und bleibt ein Verstoss gegen die kirchliche Gemeinschaft" (S. 10). Weiter heisst es: ein solcher Austritt sei „eine rechtlich fassbare Weigerung, den geschuldeten Beitrag zu entrichten […] und eine Verletzung des diözesanen Rechtes" (vgl. www.bistumstgallen.ch, Rubrik: Dokumente).

D. Stellenwert des staatlichen Religionsrechts

In seinen jüngsten Beiträgen zum Staatskirchenrecht hat *Giusep Nay* darauf hingewiesen, dass die Kompetenz-Kompetenz bezüglich der Ordnung des Verhältnisses von Kirche und Staat nach modernem Staatsrecht dem Staat zukommt. Damit bestimmt er, welche Stellung den Kirchen und anderen Religionsgemeinschaften zukommt, wobei allerdings das überpositive Grundrecht der Religionsfreiheit der Staatsgewalt Grenzen setzt[11].

In den Beiträgen der Kritiker der schweizerischen staatskirchenrechtlichen Strukturen wird diese Tatsache nicht wirklich ernst genommen. Sie gehen mit grösster Selbstverständlichkeit davon aus, dass die staatskirchenrechtliche Organisation sich einzig am Selbstverständnis der katholischen Kirche zu orientieren hat. Entsprechend wird einzig das „Innenverhältnis" zwischen Staatskirchenrecht und Kirchenrecht thematisiert. Das „Aussenverhältnis" zu den staatlichen bzw. öffentlichen Strukturen bleibt unreflektiert. So finden Grundprinzipien des „ordre public" wie die Einhaltung der Grundrechte, Gemeindeautonomie, Subsidiarität, Staatlichkeit der Kantone oder direkte Demokratie ebenso wenig Eingang in die Überlegungen wie die Grundprinzipien des Steuerrechts, die der Staat auch dann einfordern muss, wenn er dieses Steuerrecht der Kirche oder anderen Religionsgemeinschaften verleiht. Auch das in einer zunehmend multireligiösen Gesellschaft immer wichtiger werdende Prinzip der rechtsgleichen Behandlung der Religionsgemeinschaften bleibt unerwähnt. Unbeachtet bleibt ferner, dass das Religionsrecht nicht nur Anerkennungsfragen regelt, sondern auch die religiösen und kirchlichen Interessen in den Bereichen des Wirtschafts-, Arbeits-, Feiertags-, Schul- oder Datenschutzrechts berücksichtigen muss. Wiederum seien einige Problemkreise herausgegriffen:

1. Die Kirche benötigt eine Rechtsform, die in das staatliche Rechtssystem eingebettet ist. Zwar sind neben der öffentlich-rechtlichen Körperschaft auch andere Rechtsformen denkbar: Verein, Stiftung, Genossenschaft, Kollektivgesellschaft, etc. Aber es ist – aufgrund der erwähnten Kompetenz-Kompetenz – immer der Staat, der Rechtsformen vorgibt oder anerkennt. Dabei muss er aufgrund der (korporativen) Religionsfrei-

11 *G. Nay*, Staatskirchenrecht (Anm. 2), S. 898. Zu diesem Gleichgewicht zwischen Kirchenfreiheit und Bindung an das öffentliche Recht vgl. *Felix Hafner*, Kirchen im Kontext der Grund und Menschenrechte, Freiburg i.Ue. 1992, S. 311-336; *D. Kraus*, Verhältnis (Anm. 4).

heit das Selbstverständnis der Kirche so weit wie möglich respektieren. Aber er kann kanonisches Recht (bzw. das Eigenrecht der Religionsgemeinschaft) nur so weit übernehmen, als dies mit seinem eigenen Rechtssystem kompatibel ist[12]. „Wenn sich [...] innerhalb eines liberalen Staates eine (nach dessen Verständnis) illiberale Gruppe eine eigene Rechtsordnung geben darf, hat das unauflösbare Widersprüche zur Konsequenz.“[13]

2. Die staatskirchenrechtlichen Organisationen sind demzufolge verpflichtet, die Vorgaben des öffentlichen Rechts jenen des Kirchenrechts überzuordnen. Weist z.B. das kantonale Kirchengesetz die oberste Finanzkompetenz der Synode zu, können die Exekutiven die Entscheidungskompetenz auch für die Beiträge an das Bistum nicht an eine Finanzkommission delegieren, selbst wenn sie dies möchten. Auch die Wahl eines anderen Rechtskleides würde am grundlegenden Sachverhalt nichts ändern. So muss eine zivilrechtlich als Verein organisierte Religionsgemeinschaft das Vereinsrecht respektieren – und kann dieses nicht dem eigenen Religionsrecht unterordnen[14]. Die Mitglieder der im Sinne des staatlichen Rechts verantwortlichen Instanzen sind somit sowohl mit dem staatlichen Recht als auch mit dem Eigenrecht und Selbstverständnis ihrer Religionsgemeinschaft konfrontiert, was zu Spannungen führen kann, die sich nicht restlos beseitigen lassen.

3. Wenn im Zusammenhang mit den staatskirchenrechtlichen Systemen von „Staatskirchentum“ oder „demokratischem Volks-Josephinismus“ die Rede ist, wird die Situation verkannt und werden auch die mit dem „dualen System“ verbundenen Konflikte falsch eingeschätzt: Es handelt sich nicht (bzw. nicht mehr) um eine „staatliche Bevormundung“, sondern um das nicht immer spannungsfreie Miteinander zwischen den Organen der als Körperschaft verfassten Kirchenangehörigen und der Amtskirche. Demzufolge geht es in der innerkatholischen Diskussion um die staatskirchenrechtlichen Strukturen nicht um die „Freiheit der Kirche“ (von staatlicher Bevormundung), sondern um die „Freiheit in der Kirche“ und darum, wer diese wie mitgestalten kann.

12 Gerade, weil er dies ermöglicht, beurteilt *G. Nay* den „Dualismus als Chance“ (s.o. Anm. 2).

13 *Jürgen Habermas*, Kulturelle Gleichbehandlung und die Grenzen des Postmodernen Liberalismus, in: Deutsche Zeitschrift für Philosophie 51 (2003), S. 367-394, hier: 390.

14 Vgl. dazu *U. J. Cavelti*, Kirchenrecht (Anm. 4), S. 219 f.

4. Gelangt die Kirche zu der Auffassung, dass die Konzessionen, die sie für die öffentlichrechtliche Anerkennung bzw. für die Verleihung des Steuerrechts machen muss, zu gross sind, kann sie auf dieses Angebot verzichten[15]. Unrealistisch ist hingegen die Übertragung der Steuerhoheit an die Bistümer, mit der gewisse Kreise liebäugeln. Sie scheitert erstens an der Zuständigkeit der Kantone für die Ordnung der Beziehungen zu den Religionsgemeinschaften, zweitens an den Prinzipien des schweizerischen Steuerrechts. „So fehlen in der römisch-katholischen Kirche bereits die Mitentscheidungsrechte der Mitglieder, die eine unabdingbare Voraussetzung für den körperschaftlichen Charakter bilden. Sie erfüllt auch nicht die Anforderungen aus dem mit dem Besteuerungsrecht zu verbindenden Demokratie- und Rechtsstaatvorbehalt, der ihr als solcher ohne Verletzung ihres Selbstbestimmungsrechts auch nicht zur Bedingung gemacht werden könnte."[16] Von den juristischen Fragen einmal abgesehen: Für die Einführung einer Bistumssteuer oder einer Kirchensteuer auf Bundesebene müssten entweder unzählige kantonale oder eine eidgenössische Abstimmung gewonnen werden. Und auch für Gesetzesänderungen, die den Bistümern direkt staatliche Steuermittel zuführen würden, bräuchte es einen entsprechenden politischen Willen[17].

15 Den Angebotscharakter betont insbesondere: *G. Nay*, Staatskirchenrecht (Anm. 2). Auf die Verzichtsmöglichkeit weist *H. Ambühl*, Strukturen (Anm. 1), S. 451, hin.

16 *G. Nay*, Staatskirchenrecht (Anm. 2), S. 901.

17 Ob die Mandatssteuer, die z.B. *Martin Grichting*, Kirche oder Kirchenwesen? Zur Problematik des Verhältnisses von Kirche und Staat in der Schweiz, dargestellt am Beispiel des Kantons Zürich, Freiburg i.Ue. 1997, und *Konrad Sahlfeld/Wolfgang Sahlfeld*, „Otto per mille" – Die italienische Variante der Kirchensteuer und der gescheiterte Versuch im Kanton Basel-Stadt, sie mittels einer Mandatssteuer zu kopieren, in: SJKR/ASDE 7 (2002), S. 103-120, favorisieren, dem Prinzip der grösstmöglichen Unabhängigkeit von Kirche und Staat bzw. einem möglichst hohen Selbstbestimmungsrecht der Kirche besser entspricht als ein Kirchensteuersystem, bei dem die Gläubigen selbst über die Höhe der Kirchensteuermittel entscheiden, darf bezweifelt werden. Zudem ist es absolut unrealistisch zu meinen, ein solcher Beitrag aus staatlichen Steuermitteln würde auch nur im Entferntesten jenen Gesamtbetrag erreichen, der aus kommunalen Kirchensteuern zur Verfügung steht. Vgl. dazu auch *Erwin Tanner*, Die Mandatssteuer – ein Januskopf, in: SKZ 169 (2001), S. 374-377.
Zum Problem der Kirchenfinanzierung vgl. die instruktive Darstellung von *Urs Josef Cavelti*, Kirchenfinanzierung im Widerstreit der Erwartungen und Interessen, in: Alfred Dubach/Wolfgang Lienemann (Hg.), Aussicht auf Zukunft. Auf der Suche nach der sozialen Gestalt der Kirche von morgen, Zürich 1997, S. 253-

5. Wo primär die Unvereinbarkeit des staatlichen Religionsrechts mit dem kanonischen Recht betont wird, geht vergessen, dass beide Rechtsordnungen in der Anerkennung der Grund- und Menschenrechte eine wichtige gemeinsame Grundlage haben. Durch eine noch stärkere Selbstbindung der Kirche an die Grundrechte, wodurch insbesondere die Freiräume und die Teilhaberechte der Gläubigen erweitert und damit die Stellung des Individuums wie der Gemeinschaft gegenüber den Amtsträgern gestärkt werden, kann die Basis für das Zusammengehen von Kirche und Staat noch gefestigt werden[18].

Eine stärkere innerkirchliche Rezeption der in der Würde des Individuums gründenden Menschenrechte auf Selbstbestimmung, Nicht-Diskriminierung und Gleichstellung wäre weit über die Rechtsfragen im engeren Sinne von Bedeutung, würde sie doch die Glaubwürdigkeit der Kirche erhöhen, die diese Rechte „ad extra" nachdrücklich verkündigt und einfordert. Zugleich würde sie die Tradierungschancen des christlichen Glaubens erhöhen, weil der Graben zwischen kirchlichem Recht und allgemeinem Rechtsbewusstsein verringert würde[19]. Schliesslich käme eine Stärkung der Rechte der Kirchenglieder auf Selbst- und Mitbestimmung dem pastoralen Prinzip entgegen, dass in offenen Gesellschaften nur Beteiligung auf die Dauer auch Bindung schafft.

E. Ekklesiologische Probleme

Die ekklesiologischen Probleme, die mit dem Miteinander von pastoralen und staatskirchenrechtlichen Leitungsstrukturen verbunden sind, lassen sich auf eine Grundfrage reduzieren, die allerdings kontrovers beurteilt wird. Bischof *Peter Henrici* spricht von der „Gegenläufigkeit zwischen dem Selbstverständnis unserer Kirchgemeinden und dem Selbstverständnis der katholischen Kirche". „Die katholische Kirche baut sich nicht

---

268. Zur rechtlichen Situation in Deutschland siehe *Roman Seer/Burkhard Kämper* (Hg.), Bochumer Kirchensteuertag. Grundlagen, Gestaltung und Zukunft der Kirchensteuer, Frankfurt a.M. 2004.

18 Vgl. dazu *F. Hafner*, Kirchen (Anm. 11); *Gunter Barwig*, Die Geltung der Grundrechte im kirchlichen Bereich, Frankfurt a.M. 2004, sowie – unter besonderer Berücksichtigung der Gleichstellungsproblematik – *Adrian Loretan*, Gleichstellung der Geschlechter und die Kirchen aus religionsrechtlicher und religionsphilosophischer Sicht, in: SJKR/ASDE 9 (2004), S. 11-38.

19 Vgl. dazu besonders *A. Loretan*, Gleichstellung (Anm. 18), in Anknüpfung an: *J. Habermas*, Kulturelle Gleichbehandlung (Anm. 13).

‚kongregationalistisch' von unten, von den vergemeinschafteten Pfarreien her auf, sondern sakramental-eucharistisch von oben, von Christus her. Sie ist ‚hierarchisch' verfasst [...] Damit bewegt sich die den kirchlichen Körperschaften vom Staat zugewiesene demokratische Organisationsform gegenläufig zu der vom Kirchenrecht vorgesehenen. Im Staatskirchenrecht kommt der Primat (und die Finanzhoheit) den einzelnen Kirchgemeinden zu, im Kirchenrecht dagegen den Bistümern. Die Spannungen und Missverständnisse, die auch in unserer schweizerischen Idylle nicht fehlen, dürften zu einem guten Teil auf diese Gegenläufigkeit von staatskirchenrechtlichem und kirchenrechtlichem Strukturaufbau zurückzuführen sein."[20] Diese Beschreibung weist auf zwei Problemkreise hin:

1. „Kirche von oben" versus „Kirche von unten": Nicht primär aus staatskirchenrechtlicher, sondern aus ekklesiologischer Sicht stellt sich die Frage, ob das gegenwärtige Kirchenverfassungsrecht (das aus der Zeit des Absolutismus stammt und von deren Zeitgeist geprägt ist) und die damit verbundene Praxis, welche einseitig die Hierarchie und den Zentralismus betonen, dem Kirchenbild des Zweiten Vatikanischen Konzils und des Neuen Testaments sowie dem Willen Jesu Christi entsprechen. Mehr Synodalität, mehr Respekt vor der Eigenständigkeit der Ortskirchen und Ortsgemeinden sowie eine wesentlich stärkere Berücksichtigung der unterschiedlichen gesellschaftlichen und kulturellen Kontexte, in denen die Kirche lebt, entsprechen keineswegs nur den Wünschen vieler staatskirchenrechtlicher Organe, sondern ebenso den Wünschen vieler Seelsorgerinnen und Seelsorger, Theologen und weiterer Mitglieder des Volkes Gottes. Diese berufen sich für ihre Anliegen mit gutem Grund auf das Neue Testament und Grundanliegen der konziliaren Ekklesiologie[21]. Die Tatsache, dass sich viele Priester, Gemeindeleiter, Pastoralassistentinnen und -assistenten von ihren staatskirchenrechtlichen Gremien besser verstanden, gestützt und geschützt fühlen als von ihren Bischöfen, müsste diesen zu denken geben. Dass Grundfragen der Pastoral und des Kirchenbildes mit Vehemenz in die Synoden oder auch in die Römisch-

20 *P. Henrici*, Gegenwart (Anm. 2), S. 920.

21 Anstelle einer fast unübersehbaren Literatur vgl. nur *Medard Kehl*, Die Kirche. Eine katholische Ekklesiologie, 4. Aufl. Würzburg 2001. Zu den uneingelösten Perspektiven der konziliaren Ekklesiologie vgl. nur *Otto Hermann Pesch*, Das Zweite Vatikanische Konzil. Vorgeschichte – Verlauf – Ergebnisse – Nachgeschichte, Würzburg 2001, bes. S. 148 ff., 351 ff., und das erfahrungsbezogene Zeugnis des Wiener Weihbischofs *Helmut Kraetzl*, Im Sprung gehemmt. Was mir nach dem Konzil noch alles fehlt, 4. Aufl. Mödling 1999.

Katholische Zentralkonferenz der Schweiz (RKZ) hineingetragen werden, ist ein deutlicher Hinweis darauf, dass die Kirchenleitung nicht adäquat darauf reagiert. Bereits ist bei Seelsorgenden Angst vor Repression spürbar, wenn sie z.B. ihre Kirchenräte auffordern, sich im Dialog mit den Bischöfen ihre Anliegen zu Eigen zu machen, weil ihnen „nichts passieren" könne. *Leo Karrer* kommentiert: „Die Wasser, die im Moment auf die staatskirchlichen Kanäle zuströmen, suchen in diesen letztlich einen Umweg, weil ihnen die Institution Kirche die Wasserläufe bzw. die Mitsprache-Möglichkeiten versperrt. Das erwachte charismatische Selbstbewusstsein der Katholiken und Katholikinnen hat in den staatskirchenrechtlichen Institutionen ein Gefäss gefunden, das theologisch-pastoral aber erst in einer synodalen Kirchenstruktur authentisch aufgehoben wäre."[22]

2. Die staatskirchenrechtlichen Organe bilden im Gefüge der vom kanonischen Recht bestimmten pastoralen Leitungsstrukturen einen Fremdkörper, solange sie nicht auch kirchlich anerkannt sind und partikuläres Kirchenrecht ihre Stellung innerhalb der katholischen Kirche in der Schweiz bzw. in den einzelnen Diözesen klärt. Will man – im Blick auf das „Innenverhältnis" der Kirchgemeinden und der Kantonalkirchen die „duale" Struktur überwinden, ist neben der staatlichen Anerkennung der kirchlichen Körperschaften auch ihre kirchliche Anerkennung nötig[23].

22 *L. Karrer*, Staatskirchenrechtliches Gewand (Anm. 8), S. 22.

23 In einem grundsätzlichen Sinne scheint diese zwar gegeben, wenn man an die Äusserungen von Bischöfen vor Synoden oder im Zusammenhang mit Neuregelungen des Verhältnisses Kirche-Staat denkt. In einem juristisch engeren Sinne ist die Situation insbesondere im Kanton St. Gallen geklärt. Im Dokument „Kirche und ‚Kirchenaustritt'" vom 20. Oktober 2003 (oben Anm. 10) schreibt der Diözesanbischof: „Konfessionsteil und Kirchgemeinden erfüllen im Bistum wichtige Dienste. Auch wenn sie Institutionen des staatlichen Rechtes sind, erfüllen sie *kirchliche Aufgaben*. Man kann sie in diesem Bereich als Institution des kirchlichen Partikularrechts betrachten (vgl. Can 1274 § 1 CIC)" (S. 10). Allerdings heisst es zuvor: „Die gleichzeitige Mitgliedschaft in Konfessionsteil und Kirchgemeinde ist keine grundsätzliche Voraussetzung für die Gliedschaft in der Kirche, dem Volk Gottes unterwegs, an dessen Spitze der auferstandene Christus steht" (S. 9). *G. Nay*, Staatskirchenrecht (Anm. 2), S. 902, weist ferner auf die Tatsache hin, dass im Kanton Graubünden vom Ordinariat bestimmte Vertreter in der Exekutive und Legislative der Landeskirche Einsitz nehmen, was einer indirekten Anerkennung gleichkommt. Insgesamt dürfte jedoch das Fazit von *U. J. Cavelti*, Kirchenrecht (Anm. 4), S. 232, zutreffen: „So blieb das Verhältnis der Bischöfe zu den staatskirchenrechtlichen Gesetzgebungen vielfach zwiespältig –

Diese müsste ihrerseits an die staatlichen Vorgaben und damit auch an das Demokratieprinzip anknüpfen. So dürfte kirchlicherseits beispielsweise die Legitimation eines demokratisch gewählten kommunalen Kirchenrates als für die finanziellen und administrativen Angelegenheiten zuständiges Gremium nicht von dessen „Bestätigung" durch den Pfarrer abhängig gemacht werden. Und die innerhalb seiner staatlich vorgegebenen Kompetenzordnung rechtmässig zustande gekommenen Entscheidungen müssten als endgültig akzeptiert werden. Damit allerdings erhielten in der Kirche mindestens für den finanziellen und administrativen Bereich die Prinzipien der Demokratie und der Gewaltenteilung Einzug. Dass diese Prinzipien dem Evangelium und der Kirchengeschichte keineswegs fremd sind, ist weithin anerkannt, weshalb es auch theologische Gründe gibt, diesbezüglich Erfahrungen in demokratischen Gesellschaftsordnungen auch kirchlich zu rezipieren[24].

3. Wie das jedoch mit dem Amts- und Leitungsverständnis des geltenden Kirchenverfassungsrechtes zu vereinbaren ist und wo dieses – aus ekklesiologischen Gründen – reformbedürftig ist[25], bedarf weiterer Diskussion. Denkanstösse finden sich dazu bei der Kirchenrechtlerin *Sabine Demel*[26]. Sie unterscheidet zwischen „Amt" und „Dienst" und differenziert bezüglich der Intensität der Bezugnahme der Ämter auf Jesus Chris-

---

eine Art ‚tolerari potest', weil gesamthaft für die Kirche gute Lösungen vorlagen und eine Opposition politisch nicht tragbar gewesen wäre."

24 Zum biblischen Befund siehe nur *Franz Annen*, Die Volksversammlung Gottes, in: Sabine Bieberstein/Daniel Kosch (Hg.), Auferstehung hat einen Namen, Luzern 1998, S. 179-193; *Ralph Neuberth*, Demokratie im Volk Gottes? Untersuchungen zur Apostelgeschichte, Stuttgart 2001. Grundsätzlich hält *Martin Ebner*, Strukturen fallen auch in christlichen Gemeinden nicht vom Himmel. Überlegungen zu neutestamentlichen Gemeindemodellen, in: Diakonia 31 (2000), S. 60-66, 199-204, hier 200, fest: „Wir können es mit allergrösster Bewunderung beobachten: die ersten christlichen Gemeinden haben intuitiv oder bewusst Modelle, die sie in ihrem Umfeld vorfanden, die sich offensichtlich bewährt haben und von denen sie glaubten, dass sie auch ihnen dienlich sein können, für ihre eigene Gruppierung herangezogen und für ihre Situation adaptiert. Dabei ist keinerlei Berührungsangst mit weltlichen Strukturen festzustellen."

25 Gemäss Papst *Johannes Paul II.* ist der Codex von 1983 ein opus humanum, von dem es niemand wagen könne, dieses als vollkommen zu bezeichnen (Ansprache vom 21. November 1983, Osservatore Romano vom 21./22.11.1983, S. 4).

26 *Sabine Demel*, Das kirchliche Amt in seiner sakramentalen Verankerung. Kirchenrechtliche Überlegungen, in: dies. u.a. (Hg.), Im Dienst der Gemeinde. Wirklichkeit und Zukunftsgestalt kirchlicher Ämter, Münster 2002, S. 29-48.

tus: „Während sie z.B. beim Amt des Ökonomen eher implizit sein kann, muss sie beim Amt der Religionslehrerin explizit sein". Für Amtsträger im engeren Sinn reserviert sind Leitungsämter, die zugleich Ämter der umfassenden Seelsorge sind. Hingegen können „einzelne Dienste" auch Laien übertragen werden. Die Konzeption, dass die Verantwortung diesen letztlich immer von den geweihten Amtsträgern übertragen wird, wird nicht hinterfragt. Mit Berufung auf LG 33, „Der Apostolat der Laien ist Teilhabe an der Heilssendung der Kirche selbst. Zu diesem Apostolat werden alle *vom Herrn selbst* durch Taufe und Firmung berufen", könnte man einen Schritt weitergehen und von einem nicht durch die Hierarchie vermittelten, wohl aber in Gemeinschaft (communio!) mit ihr ausgeübten Apostolat der Laien sprechen. In einer solchen Konzeption findet auch die Tätigkeit von demokratisch gewählten Mitgliedern der Kirchenräte ihren ekklesiologischen Platz[27].

4. Ob man sich dafür auf das Konzil berufen und die nachkonziliäre Entwicklung und insbesondere den CIC von 1983 als Rückfall hinter das Konzil kritisieren darf, wird unterschiedlich beurteilt. *Norbert Lüdecke* weist darauf hin, dass die munera docendi, sanctificandi et regendi eine Trias bilden, „die in den Konzilstexten wie im Codex konsequent der Hierarchie vorbehalten wird". Man könne sich demzufolge für die Forderung nach der eigenständigen Beteiligung des Gottesvolkes und der Laien an der Leitung der Kirche nicht ohne weiteres auf das Konzil berufen und dieses gegen den Codex ausspielen[28]. Anders urteilt *Eugenio Correcco*,

27 Vgl. dazu auch das Konzilsdekret über das Apostolat der Laien, das der Hierarchie die ausdrückliche Anerkennung und Förderung von Werken des Laienapostolats „die durch freie Entschliessung der Laien zustande kommen" empfiehlt, durch welche die Sendung der Kirche „unter bestimmten Umständen sogar besser erfüllt werden" kann (AA 24). Zudem fordert es die Einrichtung „beratender Gremien" auf diözesaner, aber auch auf „pfarreilicher, zwischenpfarreilicher und interdiözesaner Ebene sowie im nationalen und internationalen Bereich" (AA 26).

28 *Norbert Lüdecke*, Der Codex Iuris Canonici von 1983: „Krönung" des II. Vatikanischen Konzils?, in: Hubert Wolf/Claus Arnold (Hg.), Die deutschsprachigen Länder und das II. Vatikanum, Paderborn 2000, S. 209-237, Zitat S. 213. Vgl. auch *Werner Böckenförde*, Statement aus der Sicht eines Kirchenrechtlers, in: Dietrich Wiederkehr (Hg.), Der Glaubenssinn des Gottesvolkes – Konkurrent oder Partner des Lehramts, Freiburg i.Br. 1994, S. 207-213, 208, der festhält: „Ich kenne übrigens darin (im CIC 1983, D.K.) keine Vorschrift, die dem Buchstaben eines Beschlusses oder dem in mancher Hinsicht ambivalenten Geist dieses Konzils widerspricht." *N. Lüdecke* (S. 231 f.) und *W. Böckenförde* (S. 208)

der kritisiert, die Tendenz der Canones über die Laien bestünde „darin, die Rechte und Pflichten der Laien mehr kirchenpolitisch aufzubauschen als sie rechtlich genau zu erfassen". Dies hat zur Folge, „dass die Laien noch allzu oft in den hinteren Rängen der Gläubigen platziert werden, wo sie in abwartender Haltung der ihnen eigenen kirchlichen Aufgaben zu harren haben". So könne „die Zurückstufung in Richtung des Nebensächlichen beispielsweise im fehlenden Verbindlichkeitscharakter der Pastoralräte auf Diözesan- und Pfarreiebene als symptomatisch betrachtet werden". Zudem hält er fest, „dass im CIC ein Canon fehlt, der [...] die Tatsache der Teilhabe der Laien am ‚munus regendi' bekräftigt."[29] Diesbezüglich wären Reformen notwendig, die in konstruktiv-kritischer Auseinandersetzung mit dem Konzil und dem geltenden Kirchenrecht über dieses hinausgehen. Dieser Sachverhalt wird von *Dietrich Wiederkehr* so erklärt: „Es macht die Schwäche und die Folgenlosigkeit vieler integrativer und grundsätzlicher Ansätze von Vatikanum II aus, dass sie ohne kirchenrechtliche Umsetzung geblieben sind, dass vielmehr ein ihnen entgegenstehendes Kirchenrecht in Geltung blieb oder neu in Geltung gesetzt wurde. Sowohl im Konzil wie in seiner Wirkungsgeschichte sind weitgehend die schon bestehenden Lehr- und Ordnungspositionen zu rechtlicher Konkretisierung gelangt, während neue ekklesiologische Dimensionen und Bereiche nur abstrakte idealistische Postulate geblieben sind. Der Rechtsvorteil der einen Position und die Rechtlosigkeit der andern, innovativen Position ist im Konzil und in der nachherigen Geschichte nicht verändert, sondern noch verstärkt respektive noch mehr geschwächt worden. Ins Vakuum solcher abstrakter Absichtserklärungen und solcher verbaler integrativer Ansätze (Volk Gottes, Communio, Kirche als Mysterium) sind schon bestehende Instanzen eingetreten und haben so die neue Dimension für alte Strukturen usurpiert [...]. Als Opfer solcher nur ideeller Wahrnehmung bleiben übrig: das Bischofskollegium gegenüber dem Primat des Papstes, die Ortskirche gegenüber der zentralisierten ‚Welt-

zitieren in diesem Zusammenhang die Rede von *Paul VI.* zur Eröffnung der Arbeiten der Codexkommission: Die Kirche ist eine *societas inaequalis*. Den Laien fehlt die Fähigkeit zur Leitung.

29 *Eugenio Corecco*, Die kulturellen und ekklesiologischen Voraussetzungen des neuen Codex Iuris Canonici, in: Moritz Amherd/Louis Carlen (Hg.), Das neue Kirchenrecht. Seine Einführung in der Schweiz, Zürich 1984, S. 19-59, hier: S. 30, 49-51.

kirche', die neuen Dienstträger gegenüber den Weihestufen, die Laien gegenüber der Hierarchie."[30]

F. Zusammenfassung

Überblickt man die skizzierten Probleme, so lassen sie sich auf drei Typen reduzieren:

1. Probleme, die durch die Art entstehen, wie die geltenden Regelungen gehandhabt werden. Dazu gehören jene, die durch mangelnde oder unsachgemässe Kommunikation und Zusammenarbeit oder durch fehlendes gegenseitiges Verständnis entstehen.

2. Probleme, die durch das Neben- und Miteinander der staatskirchenrechtlichen und der pastoralen Strukturen bzw. das Verhältnis von kanonischem Recht und staatlichem Religionsrecht bedingt sind[31]. Diese Schwierigkeiten können bis zu einem bestimmten Grad durch Vereinbarungen, klare Kompetenzausscheidungen, gegenseitige Anerkennung etc. reduziert werden. Aber sie lassen sich nicht völlig ausräumen.

3. Probleme, die auf unterschiedlichen Kirchenbildern und pastoralen Optionen beruhen. Jede Konzeption von staatskirchenrechtlichen Strukturen, jede Kompetenzausscheidung zwischen Amtsträgern im Sinne des kanonischen Rechts und demokratisch gewählten und mandatierten staatskirchenrechtlichen Organen setzt ein bestimmtes Kirchenbild und insbesondere ein bestimmtes Verständnis von kirchlicher Leitung voraus. Das Zweite Vatikanische Konzil hat Kirche zuerst als „Volk Gottes" bestimmt (LG 9 ff.) und „eine wahre Gleichheit in der allen Gläubigen gemeinsamen Würde und Tätigkeit zum Aufbau des Leibes Christi" (LG 32) gelehrt. In nachkonziliären Dokumenten ist oft von der „communio hierarchica", der „hierarchisch geordneten Gemeinschaft" die Rede, wobei der Begriff der „communio" auf das Prinzip der synodalen Beteiligung aller an der Gestaltung des kirchlichen Lebens verweist, der Begriff „hierarchisch" jedoch auf die Vorrangstellung der Amtsträger.

30 *Dietrich Wiederkehr*, Vatikanum II gegen Vatikanum II. Nach der ersten Halbzeit: wie weiter?, in: Hans Halter (Hg.), Verunsicherungen, Zürich 1991, S. 107-129, hier: 128 f.

31 Zum Verhältnis des Schweizerischen Staatskirchenrechts zum Vatikanum II siehe insgesamt: *Josef Bruhin*, Die beiden Vatikanischen Konzile und das Staatskirchenrecht der Schweizerischen Bundesverfassung. Theologische Überlegungen zum Verhältnis von Kirche und Staat, Freiburg i.Ue. 1975.

Um die richtige Verhältnisbestimmung wird seither intensiv gerungen. Die Diskussionen um das staatskirchenrechtliche System der Schweiz sind Teil dieses Ringens. Seine Kritiker favorisieren durchwegs das „hierarchische Prinzip", seine Verteidiger plädieren für mehr Synodalität und Demokratie[32], bis hin zu seiner Beurteilung als „innerkirchlichem Not- und Widerstandsrecht", mit dem es die Zeit überbrückt, bis partizipative Strukturen sich innerkirchlich durchsetzen[33].

III. Entwicklungsperspektiven

Ausgangspunkt jedes Vorschlages für Veränderungen der gegenwärtigen Situation und Konstellation müssen die heutigen Realitäten sein. Weder die Rückkehr zur guten alten Zeit noch die Vorwegnahme einer idealen Kirche in einem ebenso idealen gesellschaftlichen Umfeld hilft wirklich weiter. Zu diesen Realitäten gehören:

1. Das staatliche Religionsrecht, das Eigenrecht der staatskirchenrechtlichen Körperschaften, das kanonische Recht und die kanonische Gestalt der katholischen Kirche in der Schweiz.

2. Die Rolle der katholischen Kirche in der Gesellschaft, die sich in einem tiefgreifenden Umbruchprozess befindet, der je nach Region sehr ungleichzeitig abläuft, der unterschiedliche Hoffnungen und Befürchtungen auslöst, und dessen Ausgang ungewiss ist, zumal er mindestens ebenso sehr von gesamtgesellschaftlichen Entwicklungen abhängt wie von der Art, wie die Kirche selbst ihn gestaltet.

3. Die De-Institutionalisierung des Religiösen, die dazu führt, dass Glaube (selbst christlicher Glaube!) und Kirchenzugehörigkeit nicht mehr als untrennbar empfunden werden. Diese Entwicklung betrifft nicht nur die Kirche, sondern auch die staatskirchenrechtlichen Körperschaften, weil sie nicht nur zu einer Lockerung der Kirchenbindung und stärkerer Austrittsneigung führt, sondern auch die Plausibilität der gesellschaftlichen bzw. staatlichen Anerkennung der Religionsgemeinschaften in Frage stellt.

32 Vgl. dazu mit entsprechenden Literaturverweisen: *D. Kosch*, Staatskirchenrechtliche Strukturen (Anm. 2).

33 *Willy Spieler*, Staatskirchenrecht als Kirchennotrecht. Plädoyer für die Partizipation der Gläubigen an der Kirchenleitung, in: Dietmar Mieth/René Pahud de Mortanges (Hg.), Recht – Ethik – Religion. FS G. Nay, Luzern 2002, S. 65-75.

4. Die innerkirchliche und kirchenpolitische Situation, die von markanten Polarisierungen und Konflikten geprägt ist, die sich an Themen wie Zulassungsbedingungen zum Amt, Rolle der Frau, Ökumene, Verbindlichkeit römischer Dokumente und Lehren, insbesondere der Morallehre, Demokratie in der Kirche oder Freiheit der Theologie entzünden.

5. Die Situation einer zwar nach wie vor grossen und reichen Kirche, die aber vor allem in den städtisch geprägten Gebieten zahlenmässig kleiner und finanziell schwächer wird und zunehmend Mühe bekundet, für verantwortliche Positionen kompetente Personen zu gewinnen.

6. Die Situation einer Kirche, in der nicht viel Hoffnung spürbar ist und in deren Alltag die fundamentalen Erfahrungen des Vertrauens auf den Gott der Bibel, der Orientierung an Jesus Christus und des Lebens aus der Kraft des Geistes merkwürdig blass bleiben und selten zum eigentlichen Gesprächsthema werden, so dass auch die internen Diskussionen kaum je von der Frage bestimmt werden, was Gott mit seiner Kirche in unserer Zeit und in unserem Lande will.

Aufgrund dieses Blicks auf die schwierige Ausgangslage ergibt sich als erste Zukunftsperspektive:

A. Die Realitäten anerkennen und gemeinsam interpretieren

Viele Diskussionen und Differenzen – von der kommunalen bis zur gesamtschweizerischen Ebene – haben damit zu tun, dass man sich nicht ernsthaft bemüht, von der Realität auszugehen, sondern diese Ebene überspringt und sofort vom fehlenden guten Willen oder Sachverstand spricht. „Wenn die Pastoralassistentin sich nur genug Mühe gäbe, hätten wir mehr Junge in der Kirche“, heisst es im Kirchenrat, wenn das Seelsorgeteam die Anstellung eines Jugendarbeiters wünscht. „Wenn die Bischöfe nur wollten, hätten wir längst verheiratete Priester“, heisst es in einer Synodendiskussion, wo es um die Zulassungsbedingungen zum Amt geht. „Wenn die Finanzkommissionen der Landeskirchen nur wollten, hätten wir mehr Geld für die Bistumsleitung“, heisst es in den bischöflichen Klagen über die reichen Kirchgemeinden und die armen Diözesen. Dass die religionssoziologische Entwicklung, das Kirchenrecht oder das Staatskirchenrecht den Möglichkeiten und Absichten Grenzen setzen, bleibt dabei ausgeblendet.

Im Gespräch die Realität zu erfassen und sich über deren Interpretation oder wenigstens über mögliche Interpretationen zu verständigen, ist für das Miteinander heilsam. Nicht nur, weil eine gemeinsame Basis entsteht, sondern auch, weil dadurch manche Probleme in einem anderen Licht erscheinen. Man denke nur an das Thema Kirchenaustritt: Wer anerkennt, dass das Hauptproblem die Entfremdung von der Kirche und deren gesellschaftlicher Bedeutungsverlust ist, wird eingestehen müssen, dass in der konkreten Realität weder die tauftheologische Überzeugung von deren „unauslöschlichem Charakter" noch der staatskirchenrechtliche „nexus" zwischen Kirchengliedschaft und Zugehörigkeit zur kirchlichen Körperschaft die Probleme löst. Der neue, gemeinsame Focus wäre der Umgang mit den Ausgetretenen[34] und das Bemühen um eine „gewinnende" Pastoral.

Das Konzil hat es als grundlegenden Auftrag der gesamten Kirche definiert, die Zeichen der Zeit zu erkennen und im Licht des Evangeliums zu deuten (GS 4). Die Realität zu erkennen und anzuerkennen, dabei verschiedene Perspektiven zu berücksichtigen, das Wissen und die Ansichten zu teilen, eigene blinde Flecken zu entdecken, von den anderen zu lernen und das „Urteilen" so lange aufzuschieben, bis man sich auf eine brauchbare Beschreibung und Interpretation des „Ist-Zustandes" verständigt hat, ist ein erster wichtiger und anspruchsvoller Schritt für ein Miteinander.

B. Partnerschaftlich und streitbar zusammenarbeiten

In Erklärungen zum Zusammenspiel von kirchlichen und staatskirchenrechtlichen Leitungsstrukturen ist sehr oft von der „Einvernehmlichkeit"[35] die Rede. Hinter dieser Forderung steht, dass jede Seite zwar eine erhebliche Verhinderungsmacht hat, wichtige Entwicklungen aber nur gemeinsam realisiert werden können. Jedem „Einvernehmen" muss das gegenseitige „Vernehmen" vorausgehen. Dazu gehört das Wahrnehmen von Differenzen und die Fähigkeit, diese sowohl partnerschaftlich als

34 Auch hier sind pastorale und finanzielle Fragen engstens miteinander verknüpft. Eine „Tarifordnung" für Dienstleistungen an „Ausgetretenen" enthält – allein durch ihre Existenz, die erwähnten Angebote sowie die finanzielle Ausgestaltung – eine „implizite" Theologie.

35 Vgl. dazu besonders: *René Zihlmann*, Einvernehmlich. Zürcher Erfahrungen zur Partnerschaft zwischen kanonischen Instanzen und religionsrechtlichen Körperschaften, in: R. Liggenstorfer/B. Muth-Oelschner (Hg.), Anleitungen (Anm. 5) S. 575-595.

auch streitbar auszutragen – was letztlich dasselbe ist, denn wer zum Streit nicht fähig ist, ist auch zur Partnerschaft nicht fähig. Und wer zur Partnerschaft nicht fähig ist, kann zwar zetern, jammern oder zanken, aber nicht wirklich streiten. Die Folge ist die allenthalben anzutreffende Gezänkekirche.

Zu einem solchen Zusammenspiel, das Partnerschaft und konstruktiven Streit ermöglicht, gehört das Verhandeln und das Vereinbaren[36]. Meines Erachtens können für ein Miteinander zweier Systeme, die von unterschiedlichem Recht und unterschiedlichen Logiken und Kulturen bestimmt sind, „Vereinbarungen" sehr hilfreich sein. Sie können z.B. Informationspflichten oder das Recht auf vorgängige Konsultation enthalten. Denn angesichts der Tatsache, dass sehr viele Entscheidungen gleichzeitig pastoraler und finanziell-administrativer Natur sind, ist die Gefahr gross, dass einseitiges Vorgehen beim Partner das Gefühl hervorruft, übergangen worden zu sein.

Ein wichtiger Inhalt solcher Vereinbarungen muss die Regelung der „gegenseitigen Einmischung" in die je eigenen Zuständigkeitsbereiche sein. Eine solche Regelung muss einerseits davon ausgehen, dass die Beteiligten gemeinsam Verantwortung für die „eine Kirche" tragen, dass Dialog und gegenseitige Herausforderung in sich wertvoll sind, und dass das freie Wort auch in der Kirche ein hohes Gut ist. Anderseits muss sie die Zuständigkeiten respektieren.

C. Ein neues Verhältnis zum Geld entwickeln

In einer für Bischöfe und Theologen erstaunlich „materialistischen" Bemerkung hat *Kurt Koch* mit einem Zitat seines christkatholischen Mitbruders *Hans Gerny* festgehalten, „dass der Umgang mit Geld ein ‚genauer Gradmesser für den Zustand einer Beziehung' ist"[37].

Nun ist nicht nur das Verhältnis des Evangeliums zum Geld zwiespältig, sondern sind auch die finanziellen Beziehungen zwischen den staatskirchenrechtlichen und den pastoralen Autoritäten eigenartig. Jene Krei-

36 Vgl. dazu besonders: *Alois Odermatt*, Synodale Ordnung durch Verhandeln und Vereinbaren. Eine Skizze über Bedeutung und Zukunft der staatskirchenrechtlichen Körperschaften – am Beispiel der Kirchgemeinde, in: Pius Bischofberger/Giancarlo Collet/Kurt Helbling (Hg.), Verheissung und Anstoss. FS Josef Amstutz, Luzern 1987, S. 181-205.

37 *K. Koch*, Staatskirchenrechtliche Systeme (Anm. 1), S. 551.

se, die die staatskirchenrechtlichen Gremien gerne als „auxiliäre Strukturen“ oder als blosse „Finanzierungsgremien“ bezeichnen, stellen sich die Arbeitsteilung offenbar so vor: Für die Beschaffung sind die Landeskirchen zuständig, das Verteilen und Ausgeben sollen sie aber den Bischöfen oder Seelsorgenden überlassen. So entstehen auf beiden Seiten schwierige Gefühle. Kirchenpflegen oder landeskirchliche Gremien haben den Eindruck, sie sollten nur noch zahlen und sonst schweigen. Und die pastorale Seite fühlt sich auf Gedeih und Verderb den landeskirchlichen „Zahlmeistern“ ausgesetzt. In Wirklichkeit aber hängen die Einnahmen der Kirche (auch die Steuereinnahmen!) nicht zuletzt davon ab, wie glaubwürdig und überzeugend ihre Pastoral ist.

Aber zu einem neuen Verhältnis zum Geld gehört nicht nur die gemeinsam getragene Verantwortung für die Einnahmen wie für die Ausgaben, sondern wiederum die bereits grundsätzlich geforderte Bereitschaft, die Realitäten wahrzunehmen. Dazu einige Hinweise:

1. Es ist im Moment eher davon auszugehen, dass die verfügbaren finanziellen Mittel insgesamt stagnieren oder geringer werden, als dass sie wachsen. Aber die Entwicklung ist sehr uneinheitlich und ungleichzeitig. Es ist daher vor Pauschalurteilen („die Kirchgemeinden bzw. Landeskirchen sind reich – die Bischöfe arm“) zu warnen. Und es muss prinzipiell davon ausgegangen werden, dass zusätzliche Aufwendungen in einem Bereich zur Folge haben, dass andernorts weniger Mittel zur Verfügung stehen. Wir müssen als Kirche lernen, ohne quantitatives Wachstum auszukommen und Neues durch Umlagerungen zu finanzieren.

2. Es trifft zu, dass für überkantonale Aufgaben zu wenig Mittel zur Verfügung stehen und dass der in diesem Zusammenhang notwendige Umlagerungsbedarf erheblich ist. Zugleich ist festzuhalten: Der Bedarf an Strukturbereinigung und an Ausschöpfung von Koordinations- und Kooperationsmöglichkeiten ist hoch. Zudem sind in den pastoralen Leitungsgremien erhebliche Effizienzsteigerungen durch Professionalisierung und Einsatz moderner Managementmethoden möglich. Schliesslich darf ein kirchenpolitischer Aspekt nicht unerwähnt bleiben: Derzeit tendiert die Bischofskonferenz dazu, die verfügbaren Mittel zu verwenden, um ihr nahestehende Institutionen und Projekte zu stärken, während bei basisnahen, innovativen und gelegentlich unbequemen Institutionen und Vorhaben gespart wird. Zugleich wird Bedarfsorientierung als falsche Anpassung an den Zeitgeist diskreditiert. Um hier eine Wende herbeizuführen, braucht es nicht nur eine grosse Anstrengung im Bereich der Kommunikation und Überzeugungsarbeit auf pfarreilicher und kantonaler

Ebene, sondern auch einen Mentalitätswandel: Kirche lebt nicht zuletzt von der Vielfalt, von der Aufgeschlossenheit und vom Mut zu Experimenten.

3. Für finanzielle und strukturelle Massnahmen, die dazu führen, dass Menschen und Institutionen von ihrem Kirchturm- bzw. Gärtchendenken Abschied nehmen und Kirche neu als Netzwerk verstehen und gestalten lernen, braucht es Vertrauen, Zuversicht und gemeinsame Ziele. Ohne diese Voraussetzung bleibt das Geld ein – fragwürdiger – Ersatz für Sicherheit, Anerkennung, Mitgestaltungsmöglichkeit etc. Die Verteilung des Geldes in der Kirche ist also zugleich ein finanzielles und ein spirituelles Problem[38].

D. Für territoriale Entsprechungen sorgen

Es ist eine wichtige Erfahrung im Miteinander von kanonischen und staatskirchenrechtlichen Strukturen, dass weniger Schwierigkeiten entstehen, wo sie für ein deckungsgleiches Territorium zuständig sind.

1. Wenn auf lokaler Ebene Pfarreien bleibend zusammengelegt werden, ist es wahrscheinlich mittelfristig am sinnvollsten, auch die Kirchgemeinden zu vereinen; handelt es sich nur um beschränkte Formen von Zusammenarbeit, sind auch Vereinbarungen oder Zweckverbände denkbar.

2. Schwieriger ist die Situation auf kantonaler und diözesaner Ebene. Es ist kaum sinnvoll, 26 Kantons- und Halbkantonsgebiete zu Diözesen zu machen. Aber auch die kantonale Zuständigkeit für das Verhältnis zu den Kirchen könnte nicht ohne grosse Schwierigkeiten und Nachteile aufgehoben werden. Will man die gegenwärtige Bistumseinteilung erhalten, bleibt die Lösung, die Kantone als Bausteine der Bistümer anzuerkennen, dort, wo einzelne Kantone als „Bistumsregion“ zu klein sind, ihre Zusammenarbeit verbindlicher als bisher zu regeln, und schliesslich den Zusammenschluss der kantonalkirchlichen Organisationen in den

38 Vgl. dazu weiter: *D. Kosch*, Arme reiche Kirche (Anm. 7); *ders.*, Die Kirche und ihre Finanzen – 18 Denkanstösse zu einem vielschichtigen Thema, in: Theologie und Seelsorge. Die Internetzeitschrift der Theologischen Hochschule Chur, www.thchur.ch/ Theologie_und_Seelsorge; *Paul M. Zulehner*, Kirche umbauen – nicht totsparen, Ostfildern 2004; *Leo Karrer*, Kirche unter Sparzwang. Ende von Visionen? Anstoss zu Visionen?, in: PthI 24 (2004), S. 50-64.

grossen Bistümern ebenfalls verbindlicher zu gestalten[39]. Oder aber man nimmt das Dossier „Neueinteilung der Bistümer“ wieder zur Hand und schafft kleinere, überschaubare Diözesen und reduziert die Zwischeninstanzen. Ein „Bischof in Reichweite“ ist pastoral besser eingebettet und findet zweifellos mehr Verständnis für seine finanziellen Anliegen, ist doch – wie insbesondere das Bistum St. Gallen zeigt – die Identifikation viel stärker.

3. Auf nationaler Ebene ist die Situation wiederum einfach: Die Bischofskonferenz und die RKZ decken das gleiche Territorium ab und ein Vertrag regelt die Zusammenarbeit (mit Einbezug des Fastenopfers). Gewiss lassen sich die Verbindlichkeit der Zusammenarbeit der kantonalkirchlichen Organisationen und die finanzielle Solidarität noch steigern. Aber die Ausgangslage ist einfacher als in den grossen, staatskirchenrechtlich gesehen komplexen Bistümern.

E. Die Mitwirkungsrechte des Volkes Gottes stärken

Den Kritikern der aktuellen staatskirchenrechtlichen Systeme sind vor allem die starken Landeskirchen (und die Römisch-Katholische Zentralkonferenz) sowie das „ekklesiale Selbstverständnis“ dieser Körperschaften ein Dorn im Auge. In der eingangs erwähnten Artikelserie schreckt *Franz Xaver v. Weber* nicht vor polemischen Ausfällen gegen die „Kirchenfürsten im Strassenanzug“ zurück; *Martin Grichting* spricht von der „anderen Hierarchie“; Bischof *Kurt Koch* stört sich an der Terminologie: Es gebe weder „Landeskirchen“ noch eine „duale Struktur“, auch von „Synoden“ und „Kirchenverfassungen“ dürfe nicht die Rede sein, *Walter Gut* propagiert eine Rückentwicklung auf „auxiliare Strukturen“, zunehmend sprechen die Bischöfe nur noch von „Finanzierungsgremien“. Moniert wird die Inkompatibilität mit der katholischen Ekklesiologie und mit der korporativen Religionsfreiheit[40]. Bischof *Peter Henrici* und auch der

39 So auch *P. Henrici*, Kirche und Staat (Anm. 1), vor dem Hintergrund der positiven Erfahrungen im Bistum Chur (in Zürich und Graubünden).

40 *M. Grichting*, Kirche (Anm. 17); *Walter Gut*, „Landeskirchen“ und „Kantonalkirchen“ im Lichte des Zweiten Vatikanischen Konzils, in: *ders.*, Fragen zur Rechtskultur in der katholischen Kirche, Freiburg i.Ue. 2000, S. 55-121; *ders.*, „Landeskirchen“ und „Kantonalkirchen“ im Lichte des Zweiten Vatikanischen Konzils, in: U. Fink/R. Zihlmann (Hg.), Kirche (Anm. 5), S. 533-553; *K. Koch*, Staatskirchenrechtliche Systeme (Anm. 1), S. 547 f.; *F. X. v. Weber*, Das staatskirchliche System (Anm. 2).

Redaktor der Schweizerischen Kirchenzeitung, *Urban Fink*[41] sind offenbar der Auffassung, dass die öffentlich-rechtlich anerkannten Körperschaften mittelfristig dem Untergang geweiht sind und *Kurt Koch* befürchtet, die Kirche stünde dann – zumindest finanziell und organisatorisch – „am Nullpunkt“[42].

Konkrete, vorstellbare Weiterentwicklungen des gegenwärtigen Systems, die nicht zu einem finanziellen Zusammenbruch mit entsprechenden Folgen für die Seelsorge führen, präsentieren die Kritiker leider ebenso wenig wie Modelle, in denen das – offenbar fehlgeleitete – grosse Engagement der Mitglieder staatskirchenrechtlicher Behörden in sinnvollere Bahnen gelenkt würde. Die „Gegenläufigkeit“ von Ekklesiologie und Staatskirchenrecht wiegt in ihrem Urteil wesentlich schwerer als die Anerkennung der Tatsache, dass das aktive und verantwortliche Mitwirken der Laien ein zentrales Anliegen des Zweiten Vatikanischen Konzils und damit auch einer katholischen Ekklesiologie ist.

Wem dieses Erbe des Konzils, das immer weniger als selbstverständlich zu erachtende freiwillige Engagement von Laien und das Miteinander von Bischöfen, Priestern, Diakonen, Ordensleuten, Pastoralassistenten/innen, Katechetinnen, Pfarreiräten, Kirchenpflegen etc. ein echtes Anliegen ist, muss demzufolge bei den Befürwortern des staatskirchenrechtlichen Systems nach Ansätzen für dessen Weiterentwicklung suchen. Deren Vorschläge gehen in zwei Richtungen:

41 *P. Henrici*, Gegenwart (Anm. 2); *Urban Fink*, Staatskirchenrecht im Wandel, in: SKZ 172 (2004), S. 857.

42 *K. Koch*, Kirche an der Schwelle (Anm. 1), S. 724. Zur Zukunft der öffentlichrechtlichen Anerkennung vgl. *R. Pahud de Mortanges/Gregor A. Rutz/Christoph Winzeler* (Hg.), Die Zukunft der öffentlich-rechtlichen Anerkennung von Religionsgemeinschaften, Freiburg i.Ue. 2000. Derzeit konzentriert sich die Diskussion politisch primär auf die Fragen der Anerkennung weiterer Religionsgemeinschaften, auf die Besteuerung juristischer Personen und auf direkte staatliche Leistungen für die Kirchen. Was die öffentlichrechtliche Anerkennung der Kirchen und die Kirchensteuern für natürliche Personen betrifft, ist die Gefahr einer Schwächung des Systems durch Kirchenaustritte und durch die sinkende Mitgliederbindung sehr viel grösser als jene durch „Trennungsinitiativen“ (da dieses System de facto Kirche und Staat weitgehend trennt und niemand gezwungen ist, einer Kirche anzugehören). Die Grösse der Religionsgemeinschaft ist diesbezüglich auch nur von relativer Bedeutung, wie die Anerkennung der christkatholischen und der jüdischen Gemeinden zeigt.

1. Das synodale Prinzip und die Mitwirkungsrechte innerhalb der pastoralen Strukturen werden gestärkt[43]. Das „Mitmachen – Mitreden – Mitbestimmen"[44] muss rechtlich fassbare Gestalt annehmen und zwar auf allen Ebenen des kirchlichen Lebens. Betroffen wären davon nicht nur die bisher rein „beratenden" Gremien, sondern auch die von nicht-ordinierten wahrgenommen kirchlichen Dienste, das Recht auf Beteiligung der Gemeinschaft bei der Besetzung der Leitungsämter u.a.m. Ebenfalls „dringender Handlungsbedarf" besteht bezüglich des „Glaubenssinns des Gottesvolkes", der ebenfalls rechtlich und strukturell besser verankert werden müsste[45]. Gefordert wären „Christen- und Christinnen-Rechte", die gewährleisten, dass auch innerhalb der Kirche umgesetzt wird, was die kirchliche Soziallehre mit Nachdruck vom Staat und von der Zivilgesellschaft fordert: Respekt vor der Würde, der Freiheit und dem Gewissen des Individuums, Partizipationsmöglichkeiten, Solidarität, Subsidiarität und Grundrechtsdenken. Dies würde die Spannung zwischen dem hierarchischen Prinzip der pastoralen Strukturen und dem demokratischen Prinzip der staatskirchenrechtlichen Organisation verringern und zu deren stärkerer Einbettung führen: Sie wären nicht mehr das „hauptsächliche Gegenüber", sondern lediglich jene, die sich in finanziellen und administrativen Belangen „synodal" an der Leitung und Gestaltung des kirchlichen Lebens beteiligen. So würde z.B. die pastorale Ausrichtung eines Bistums oder einer kantonalen Bistumsregion zwischen der Bistumsleitung und dem synodalen Gremium ausgehandelt; die staatskirchenrechtlichen Organe würden insoweit eingebunden, als dies ihrer ureigensten Kompetenz bzw. ihrem Charisma entspricht[46].

43 Der entschiedenste Verfechter dieses Ansatzes in der Schweiz ist zweifellos *L. Karrer*. Anstelle vieler weiterer Publikationen vgl. nur: *ders.*, Katholische Kirche Schweiz. Der schwierige Weg in die Zukunft, Freiburg 1991; aus rechtlicher Sicht macht beachtenswerte Vorschläge: *F. Hafner*, Kirchen (Anm. 11), S. 253-292, bes. 277-285.

44 *Sabine Demel*, Mitmachen – Mitreden – Mitbestimmen. Grundlagen, Möglichkeiten und Grenzen in der katholischen Theologie, Regensburg 2001.

45 *Sabine Demel*, Dringender Handlungsbedarf. Der Glaubenssinn des Gottesvolkes und seine rechtliche Umsetzung, in: HerKorr 58 (2004), S. 618-623; vgl. dazu auch *D. Wiederkehr* (Hg.), Glaubenssinn (Anm. 28).

46 Sie könnten dann wohl auch wesentlich verkleinert werden und wären hauptsächlich für Personen attraktiv, die wirklich ein finanziell-administratives Charisma bzw. die entsprechenden Kompetenzen haben. Die pastoral Interessierten würden im synodalen Gremium mitarbeiten.

2. Die staatskirchenrechtlichen Strukturen werden – mit gewissen Modifikationen bezüglich ihrer Zusammensetzung, Arbeitsweise etc., evtl. auch durch ihre Ergänzung um weitere Personen für die im engeren Sinn pastoralen Aufgaben – von der Kirchenleitung zugleich als synodale Gremien anerkannt. Damit werden Überlegungen der Synode 72 weitergeführt und es wird berücksichtigt, dass die Zahl der verfügbaren und geeigneten Personen eher abnimmt und jede Vermehrung von Gremien die Dinge erschwert[47]. Zudem kann auch an Erfahrungen in zahlreichen Gemeinden zurückgegriffen werden, wo de facto der Kirchenrat zugleich Pfarreirat[48] ist.

Zu beachten ist in diesem Zusammenhang ein Text der Synode 72 des Bistums Basel (4.4.2)[49]: „Die Synode hält es im Interesse wirksamen kirchlichen Handelns für dringend geboten, dass die Bereitschaft bestehender kirchlicher und landeskirchlicher Organe zur kirchlichen Beratungstätigkeit anerkannt und angenommen wird. Niemand kann für sich Ausschliesslichkeit in der kirchlichen Beratungstätigkeit beanspruchen."

Noch prägnanter formulierte Bischof *Anton Hänggi* am 25. April 1973 vor der Synode der römisch-katholischen Landeskirche des Kantons Luzern: „Mitglieder der Kirchgemeinderäte, Mitglieder einer kantonalen Synode sind tatsächlich kirchliche Dienstträger [...]. Die Lösung administrativer Aufgaben ist daher nicht einfachhin etwas zweitrangiges, sondern gehört mit in einen umfassend verstandenen pastoralen Dienst der Kirche." Bischof *Otto Wüst* sprach zehn Jahre später vor der gleichen Synode von einem „Verhältnis der Partnerschaft", wobei er Partnerschaft als „auf grundlegender Gleichheit aufruhende positive und verantwortliche Mitarbeit an einer gemeinsamen Aufgabe" definierte. Nach ihm kann

47 *A. Odermatt*, Synodale Ordnung (Anm. 36); *Josef Bruhin*, Staatskirchenrechtliche Strukturen und synodale Verantwortung von Laien. Aktuelle Probleme und künftige Gestaltungsmöglichkeiten (unpubl. Manuskript); *W. Spieler*, Staatskirchenrecht (Anm. 33).

48 Die Rechtsstellung der „Pfarreiräte" verdiente in diesem Zusammenhang eigene Überlegungen. In der nachkonziliären Zeit entwickelten sich diese zugleich im Sinn der vom Konzil geforderten Laienräte mit eigenen Kompetenzen und Aktivitäten (vgl. AA 26; LG 37) und als Beratungsgremien für den Pfarrer (analog der Seelsorgeräte gemäss CD 27). Auf dieser Grundlage schenkte ihnen die Synode 72 grosse Beachtung. Im Gefolge des CIC 1983 gibt es jedoch bedauerlicher Weise Tendenzen, sie auf reine Beratungsgremien zu reduzieren (Can. 536 CIC) und damit die im diözesanen Eigenrecht vorgesehene Entwicklung zum synodalen Organ rückgängig zu machen.

49 Zitiert in *A. Odermatt*, Synodale Ordnung (Anm. 36), S. 197.

man diese gemeinsame Aufgabe als „Kirche sein“, „als Kirche handeln“, als „Fortsetzung des Werkes der Erlösung“ oder als „Seelsorge“ bezeichnen[50].

Eine solche „synodale“ Interpretation der staatskirchenrechtlichen Gremien durch die Kirche würde auch an deren Selbstverständnis anknüpfen, verstehen sie sich doch mehr und mehr als Selbstverwaltungskörperschaften der Getauften im Dienst der Kirche. In eine ähnliche Richtung weist auch *Leo Karrer*: „Fatal wäre es zu übersehen, dass sich im schweizerischen staatskirchenrechtlichen System Elemente und Erfahrungen für eine synodale Kirchenordnung vorfinden. Viel zu wenig wird überlegt, was verloren gehen könnte, wenn nur noch das kanonische Kirchenrecht verpflichtend wäre und nicht auch Auflagen des staatskirchenrechtlichen Gewandes: Bischofswahl im Bistum Basel (allerdings durch Konkordat geregelt, nicht staatskirchenrechtlich), Wahl von Pfarrern und Mitsprache bei der Bestellung von Seelsorgern/innen, gleichberechtigte Mitsprache von Frauen und Männern in staatskirchenrechtlichen Belangen (nicht pastorale und theologische Fragen), nach ‚unten‘ verlagerte Verantwortung und damit auch Haftbarkeit etc. Ist im Rahmen der vergleichsweise kleinen Schweiz etwas einzuüben und stets kritisch-theologisch zu begleiten, was in Teilen zu synodalen Modell-Fragmenten im gesamtkirchlichen Rahmen werden dürfte und sollte? Es ist in der Tat nicht zu übersehen, dass diesem Modell insofern eine Bedeutung als Spurensicherung für die Zukunft zukommen kann, als manche seiner Elemente sich wie Erinnerungen an gesamtkirchliche Erwartungen (oder Visionen) in Richtung einer synodalen Kirchenstruktur ausnehmen, deren formale Kriterien Partizipation, Transparenz und Solidarität wären.“[51]

3. So hoffnungsvoll es wäre, mit diesem Zitat abzuschliessen: Der notwendige Realismus verbietet es. Die gesamtkirchliche Konstellation lässt derzeit keine Aufwertung des synodalen Prinzips erwarten. Das freilich soll die staatskirchenrechtlichen Strukturen ebenso wie die Pfarrei- und Seelsorgeräte nicht davon abhalten, ihre Aufgaben in der „Teilhabe an der Heilssendung der Kirche“, zu der sie „vom Herrn selbst durch Taufe und Firmung berufen“ (LG 33) und vom Volk Gottes gewählt und mandatiert sind, selbstbewusst und verantwortungsvoll wahrzunehmen – im

50 Zitiert in: *Josef Bruhin*, Ist das Verhältnis von Kirche und Staat in der Schweiz adäquat geregelt?, in: A. Loretan (Hg.), Kirche – Staat (Anm. 5), S. 177-188, hier 187.

51 *L. Karrer*, Staatskirchenrechtliches Gewand (Anm. 8), S. 24.

partnerschaftlichen und wenn nötig streitbaren Miteinander mit den pastoral Verantwortlichen.

SJKR/ASDE 10 (2005), S. 111-132

Rechtsprechung

Religionsrechtlich bedeutsame Entscheide des Bundesgerichts in den Jahren 2004–2005*

von Dieter Kraus (Luxemburg)

I. Überblick

Die im diesjährigen Bericht behandelten Entscheide des Bundesgerichts betreffen Aspekte des Grundrechts der Glaubens- und Gewissensfreiheit sowie Fragen der Beschwerdelegitimation von Kirchgemeinden im Verfahren der staatsrechtlichen Beschwerde.

Im Hinblick auf die Glaubens- und Gewissensfreiheit hat die Rael-Bewegung[1] im Berichtszeitraum Anlass zu Entscheidungen gegeben. In einem Fall[2] führte ein Mitglied dieser Bewegung staatsrechtliche Beschwerde, weil ihm in einem Lokal, in dem er sich mit einer Gruppe Gleichgesinnter aufhielt, ein Bier nicht serviert wurde. Die daraufhin erhobene Beschwerde wegen Rassendiskriminierung wurde von den Genfer Behörden nicht weiter verfolgt. In einem anderen Fall[3] erhielt die Rael-

* In Fortführung von SJKR/ASDE 9 (2004), S. 141 ff.

1 Auch Raelismus oder Raelistische Religion genannt und bis 1976 als MADECH (mouvement pour l'accueil des extraterrestres, créateurs de l'humanité, dt.: Bewegung für den Empfang der Ausserirdischen, Schöpfer der Menschheit) bekannt. Die Religion wurde 1973 von Claude Vorilhon alias Raël (*1946), gegründet, der in diesem Jahr eine Begegnung mit einem aus einem UFO entstiegenen Vertreter einer ausserirdischen Zivilisation gehabt haben will (Quelle: wikipedia.de).

2 BG 6P.137/2004 und 6S.374/2004 vom 20. Januar 2005, BGE 131 IV 78.

3 BG 1P.336/2005 vom 20. September 2005.

Bewegung die von ihr von den Neuenburger Behörden beantragte Genehmigung für eine Plakatkampagne nicht. Während im ersten Fall die Genfer Behörden die Religionseigenschaft der Rael-Bewegung verneinten, vertrat das Neuenburger Verwaltungsgericht im zweiten Fall die gegenteilige Ansicht. Die Stellungnahme des Bundesgerichts ist von einer gewissen Ambivalenz geprägt. Besonders deutlich wird dies im Neuenburger Fall. Dort führt das Bundesgericht aus, dass es nicht notwendig sei, zu entscheiden, ob „eine" religiöse Bewegung aufgrund der von ihr ausgehenden Gefahren das Recht verlieren könne, sich auf die Religionsfreiheit zu berufen, und ob dies bei der Beschwerdeführerin der Fall sei. Denn es bestehe Einigkeit, dass sich die Beschwerdeführerin jedenfalls auf die Meinungsfreiheit berufen könne und die Schrankenregelungen der beiden Grundrechte weitgehend gleichliefen. Im Weiteren prüft das Bundesgericht die Meinungsfreiheit und kommt erst ganz am Schluss wieder kurz auf die Religionsfreiheit zurück[4].

Ferner hatte sich das Bundesgericht mit der Frage der steuerlichen Behandlung der „Explo 2000"-Veranstaltung auseinander zu setzen, d.h. einer „Internationalen Konferenz für Gebet, Evangelisation und Jüngerschaft", die sich „an alle Christen der Schweiz" richtete. Da der Eintritt kostenpflichtig war, vertraten die Waadtländer Behörden die Ansicht, dass die Veranstalter Vergnügungssteuer zu entrichten hätten. Den Einwand, dass es sich nicht nur um eine öffentliche Veranstaltung religiösen Charakters, sondern um „culte" i.S.v. Art. 15 BV handelte, der kraft gesetzlicher Anordnung dieser Steuer nicht unterworfen sei, verwarf letztinstanzlich das Bundesgericht, mit einer ausführlichen, lesenswerten Begründung[5].

Hingewiesen sei ferner auf einen Entscheid des Bundesgerichts zur Beschwerdelegitimation von Kirchgemeinden im Verfahren der staatsrechtlichen Beschwerde, d.h. zur Frage, inwieweit eine öffentlichrechtlich organisierte Kirchgemeinde dieses dem Schutz von Privaten dienende Rechtsmittel in Anspruch nehmen kann[6].

4 Der Entscheid ist auszugsweise abgedruckt hinten S. 113 ff.

5 BG 2P.151/2005 vom 25. Oktober 2005, auszugsweise abgedruckt hinten S. 122 ff.

6 BG 1P.701/2004 vom 7. April 2005, auszugsweise abgedruckt hinten S. 130 ff.

II. Entscheid des Bundesgerichts vom 20. September 2005 i.S. Mouvement raëlien suisse gegen Conseil communal de la Ville de Neuchâtel (1P.336/2005)

Articles 15, 16 Cst. (refus d'une campagne d'affichage)

Faits:

A. L'association „Religion raëlienne en Suisse" (ci-après: l'association), créée en 1977 et dont le siège actuel est à Rennaz (VD), est une branche nationale du Mouvement raëlien, organisation basée à Genève et fondée en 1976 par Claude Vorilhon, dit Raël. Selon ses statuts, elle a pour but d'assurer les premiers contacts et d'établir de bonnes relations avec les extra-terrestres.

Le 7 mars 2001, l'association a demandé auprès de la direction de la police de la Ville de Neuchâtel (ci-après: la direction de la police) l'autorisation d'une campagne d'affichage, du 2 au 13 avril 2001. L'affiche en question, d'un format de 97/69 cm, comporte en haut l'inscription suivante en grands caractères jaunes sur fond bleu foncé: „Le Message donné par les extra-terrestres"; au bas de l'affiche, en caractères de même taille mais plus épais, figure l'adresse du site internet du Mouvement raëlien „www.rael.org.", ainsi qu'un numéro de téléphone en France; tout au bas de l'affiche est écrit „La science remplace enfin la religion". Le centre de l'affiche est occupé par des visages d'extra-terrestres ainsi qu'une pyramide. On distingue encore une soucoupe volante et la terre.

Le 29 mars 2001, la direction de la police a refusé l'autorisation, en se référant à deux précédents refus. Il ressortait d'un rapport parlementaire français sur les sectes, de 1995, ainsi que d'un jugement du président du Tribunal civil de l'arrondissement de la Sarine, que le Mouvement raëlien se livrait à des activités contraires à l'ordre légal et aux bonnes moeurs.

Par décision du 19 décembre 2001, le Conseil communal de Neuchâtel a rejeté un recours formé par l'association. Celle-ci ne pouvait se prévaloir de la liberté religieuse car elle devait être considérée comme une secte à caractère dangereux. L'atteinte à la liberté d'expression était fondée sur une base légale, soit l'art. 19 du règlement de police de la Ville de Neuchâtel (ci-après: le règlement); elle reposait sur un intérêt public et était proportionnée dans la mesure où l'organisation prônait notamment le clonage, la „géniocratie" et la „médiation sensuelle".

Par décision du 27 octobre 2003, le Département neuchâtelois de la gestion du territoire a confirmé cette décision. Pour le Mouvement raëlien, la vie sur terre avait été créée par des extra-terrestres, également fondateurs des différentes religions et susceptibles de sauver le monde. Il s'agissait là d'une conviction religieuse, bénéficiant de la liberté de conscience et de croyance. Le règlement constituait une base légale suffisante. Le texte et l'image de l'affiche ne contenaient rien de choquant, pas plus que l'allusion aux extra-terrestres. Toutefois, le Mouvement raëlien prônait la „géniocratie" (modèle politique basé sur le coefficient intellectuel), le clonage des êtres humains; selon un jugement du 13 février 1998 du Tribunal cantonal fribourgeois, relatif à un droit de réponse, il était exact d'affirmer que le Mouvement prônait aussi „théoriquement" la pédophilie et l'inceste, notamment dans les ouvrages de Raël. La pratique de la „médiation sensuelle" pouvait facilement mener à des excès. Le site internet de Clonaid, accessible depuis le site du Mouvement raëlien, proposait des services précis dans le domaine du clonage. L'eugénisme était également contraire au principe de non discrimination. La campagne d'affichage impliquait des atteintes à la moralité et aux droits d'autrui. Le Mouvement disposait d'autres moyens pour diffuser ses idées.

B. L'association a saisi le Tribunal administratif du canton de Neuchâtel. Elle affirmait en particulier que la simple défense de la „géniocratie", du clonage et de la médiation sensorielle n'étaient pas des opinions choquantes. Le Mouvement dénonçait la pédophilie par le biais de l'association „Nopedo". Le refus d'affichage était une censure pure et simple; le site internet de l'association était de toute façon accessible par le biais d'un moteur de recherche.

Par arrêt du 22 avril 2005, le Tribunal administratif a rejeté le recours. L'association défendait une vision globale du monde et pouvait se prévaloir tant de la liberté d'opinion que de la liberté religieuse. Le règlement de police était une loi au sens formel. L'affiche devait être évaluée en rapport avec le message véhiculé dans les ouvrages et les sites accessibles depuis le site du mouvement. Les services proposés par Clonaid étaient manifestement contraires à l'ordre légal suisse. Le Mouvement raëlien avait suscité des plaintes pénales dénonçant des pratiques sexuelles visant à corrompre systématiquement de jeunes adolescents. Les propos tenus dans les ouvrages sur la „géniocratie" et la „médiation sensuelle" pouvaient conduire certains adultes à des dérives sexuelles du comportement à l'égard d'enfants mineurs, l'enfant étant qualifié par certains ouvrages comme un „objet sexuel privilégié". Les propos sur la „géniocratie" et les critiques sur les démocraties actuelles étaient susceptibles de porter atteinte à l'ordre, à la sécurité et à la moralité publics. Il ne se justifiait pas d'autoriser la diffusion de ces idées sur la voie publique.

C. Le Mouvement raëlien suisse forme un recours de droit public contre ce dernier arrêt. [...].

Le Tribunal fédéral considère en droit:

3. Sur le fond, l'association invoque la liberté religieuse et la liberté d'opinion. Les conditions de restriction de ces libertés, soit l'intérêt public et le respect du principe de la proportionnalité, ne seraient pas remplies. Le Tribunal administratif admet que l'affiche en elle-même ne contient rien de contraire à l'ordre public. Par ailleurs, si la recourante poursuivait des buts contraires aux bonnes moeurs ou à l'ordre public, elle aurait pu être dissoute en application de l'art. 78 CC. Les opinions en faveur du clonage – qui ne figurent pas sur l'affiche – ne seraient ni illicites, ni même choquantes. Il en irait de même de la promotion de la „géniocratie", expression d'une utopie et non d'un combat politique. Enfin, ni l'affiche ni l'association ne prôneraient la pédophilie; deux articles de lecteurs parus il y a plus de 20 ans dans la revue „Apocalypse" auraient choqué; ces articles ne seraient toutefois pas accessibles sur le site internet de la recourante. Ni l'association ni ses membres n'auraient été inquiétés par les autorités de police en raison d'infractions d'ordre sexuel. L'association „Nopedo" aurait précisément été créée afin de condamner clairement la pédophilie. La décision attaquée ne procéderait à aucune pesée des intérêts ni à aucune prise en compte du principe de proportionnalité, les autorités n'étant pas entrées en matière sur la proposition tendant à modifier l'affiche afin de la rendre acceptable.

4. Le Département, puis le Tribunal administratif, ont admis que l'association pouvait se prévaloir de la liberté religieuse (art. 15 Cst., 9 CEDH et 18 Pacte ONU II), dans la mesure où elle défendait une vision globale du monde, notamment quant à sa création et à l'origine des différentes religions. La Ville de Neuchâtel le conteste, en relevant que le but de l'association, défini à l'art. 2 de ses statuts, n'est pas de caractère religieux. Selon un rapport sur les sectes établi en 1995 à l'intention de l'Assemblée Nationale française, le Mouvement raëlien ferait partie des mouve-

ments présentant des dangers pour l'individu, notamment en raison des exigences financières exorbitantes à l'égard de ses membres et des pratiques portant atteinte à leur intégrité physique, ainsi que des dangers pour la collectivité, en particulier par un discours antisocial. De nombreux textes publiés par le Mouvement comporteraient des passages choquants.

Point n'est besoin de rechercher si un mouvement religieux peut, en raison des dangers qu'il représente, se voir empêché de se prévaloir de la liberté de religion, et si l'association recourante présente de tels dangers. En effet, les parties s'accordent à reconnaître à la recourante la faculté d'invoquer la liberté d'opinion. Les conditions de restrictions de cette liberté, telles que posées à l'art. 36 Cst, ne diffèrent guère selon qu'est invoqué l'art. 15 ou 16 Cst. (cf. également les art. 9 § 2 et 10 § 2 CEDH). La recourante ne soutient pas que la mesure contestée porterait atteinte à l'essence même de la liberté religieuse, ni que les restrictions portées à cette dernière seraient, dans les circonstances du cas d'espèce, soumises à des conditions plus strictes. Au contraire, la recourante invoque les principes de proportionnalité et d'intérêt public, sans distinction quant au droit constitutionnel invoqué.

5. Les libertés d'opinion et d'information sont garanties (art. 16 al. 1 Cst.). Toute personne a le droit de former, d'exprimer et de répandre librement son opinion (al. 2). Selon l'art. 10 CEDH, la liberté d'expression comprend la liberté d'opinion et la liberté de recevoir ou de communiquer des informations ou des idées sans qu'il puisse y avoir ingérence d'autorités publiques et sans considération de frontière (§ 1).

La liberté d'opinion comprend notamment le droit d'exprimer librement son opinion, c'est-à-dire de l'extérioriser, ainsi que le droit de diffuser librement son opinion, soit d'utiliser tous les moyens propres à atteindre les destinataires visés, en aussi grand nombre que la personne le souhaite (tracts, journaux, livres, etc.; Denis Barrelet, Les libertés de la communication, in: Thürer/Aubert/Muller, Droit constitutionnel suisse, Zurich 2001 p. 721ss, 724/725; cf. aussi l'art. 17 al. 1 de la constitution du canton de Neuchâtel du 24 septembre 2000).

5.1 La liberté d'expression constitue l'un des fondements essentiels d'une société démocratique, l'une des conditions primordiales de son progrès et de l'épanouissement de chacun (ATF 96 I 592). Sous réserve des restrictions mentionnées notamment à l'art. 10 § 2 CEDH, elle vaut non seulement pour les informations ou les idées accueillies avec faveur, ou considérées comme inoffensives ou indifférentes, mais aussi pour celles qui heurtent, choquent ou inquiètent l'Etat ou une fraction quelconque de la population. Ainsi le veulent le pluralisme, la tolérance et l'esprit d'ouverture sans lesquels il n'y a pas de „société démocratique" (Cour-EDH, arrêts Handyside du 7 décembre 1976, Série A n° 24 § 49, Otto-Preminger-Institut du 22 septembre 1994, Série A vol. 295 A § 49).

5.2 Selon la jurisprudence, les administrés ne disposent pas d'un droit inconditionnel à l'usage accru du domaine public, en particulier s'agissant de la mise en place de procédés publicitaires sur le domaine public impliquant une activité d'une certaine importance, durable et excluant toute utilisation semblable par des tiers (ATF 128 I 288 consid. 3c/aa p. 300 et les arrêts cités). Lorsqu'il entend accorder une autorisation d'usage accru ou privatif du domaine public, ou lorsqu'il contrôle les modalités d'usage d'une concession, l'Etat doit néanmoins tenir compte, dans la balance des intérêts en présence, du contenu à caractère idéal de la liberté d'expression (ATF 100 Ia 392 consid. 5 p. 402).

5.3 En l'occurrence, les motifs retenus par la cour cantonale pour confirmer le refus de la Ville de Neuchâtel tiennent au respect de la moralité et de l'ordre légal suisse. Le Tribunal administratif a considéré qu'il fallait tenir compte non seulement du contenu de l'affiche, mais également des idées véhiculées par le Mouvement raëlien, ainsi que des ouvrages et sites internet accessibles depuis celui du Mouvement. Il est ainsi fait trois sortes de reproches à l'association. Premièrement, le site de l'association renvoie à celui de Clonaid, où cette société offre des services précis au public, en matière de clonage, et avait annoncé, au début 2003, la naissance d'enfants clonés. Or, le clonage est interdit en droit suisse, selon l'art. 119 Cst. et la loi sur la procréation médicalement assistée (LPMA; RS 814.90). Deuxièmement, le Tribunal administratif s'est référé à un jugement du Tribunal d'arrondissement de la Sarine faisant état de dérives sexuelles possibles à l'égard d'enfants mineurs. De nombreux membres du Mouvement avaient en outre occupé la police en raison de leurs pratiques sexuelles. Troisièmement, le soutien à la „géniocratie", soit la doctrine selon laquelle le pouvoir devrait être donné aux individus ayant un coefficient intellectuel élevé, et la critique adressée en conséquence aux démocraties actuelles, était susceptible de porter atteinte au maintien de l'ordre, de la sécurité et de la morale publics.

5.4 La recourante ne conteste plus, à ce stade, l'existence d'une base légale suffisante, soit en l'occurrence l'art. 19 du règlement. Un acte législatif communal offre en effet les mêmes garanties, du point de vue de la légitimité démocratique, qu'une loi cantonale, et constitue par conséquent une base légale suffisante (ATF 131 I 333 consid. 4.3; 122 I 305 consid. 5a p. 312; 120 Ia 265 consid. 2a p. 266/267 et les références citées). La recourante invoque en revanche le principe de l'intérêt public, et reproche aux autorités intimées de s'être écartées du contenu de l'affiche, pour se livrer à une appréciation des activités de l'association. Or, si cette dernière se livrait de manière générale à des agissements contraires aux bonnes moeurs ou à l'ordre public, elle aurait pu être dissoute par voie judiciaire en application de l'art. 78 CC. En l'absence de toute décision dans ce sens, il ne serait pas possible de lui interdire de rendre publique sa philosophie et sa vision du monde.

5.5 L'affiche en elle-même ne comporte rien, ni dans son texte ni dans ses illustrations, qui soit illicite ou qui puisse choquer le public. Au-dessus du dessin central représentant des extra-terrestres figure l'inscription „Le message donné par les extra-terrestres", sans autre explication. Au-dessous, en caractères plus gras, figure l'adresse du site internet de l'association, ainsi qu'un numéro de téléphone. La phrase „La science remplace enfin la religion", est certes susceptible d'offenser les convictions religieuses de certaines personnes; elle est toutefois la simple expression de la doctrine du Mouvement et ne revêt pas de caractère particulièrement provoquant. L'ensemble de l'affiche peut ainsi clairement se comprendre comme une invitation à visiter le site internet de l'association, ou à contacter celle-ci par téléphone. Face à une telle publicité, l'autorité doit examiner non seulement l'admissibilité du message publicitaire proprement dit, mais aussi celle de son contenu. Il est par conséquent légitime de rechercher si le site en question pouvait contenir des informations, des données ou des liens susceptibles de choquer ou de contrevenir au droit. Par ailleurs, contrairement à ce que soutient la recourante, une association peut se voir reprocher des opinions ou des activités qui, sans constituer des motifs de dissolution au sens de l'art. 78 CC, justifient néanmoins une restriction de publicité.

5.5.1 A propos du clonage, ce ne sont pas les opinions manifestées par l'association en faveur de cette pratique (notamment dans l'ouvrage „Oui au clonage humain", publié en 2001 et proposé sur le site de la recourante) qui ont été sanctionnées, mais le lien avec la société Clonaid, qu'elle a elle-même créée et qui propose divers services concrets et payants dans ce domaine. Il ne s'agit donc pas simplement, contrairement à ce que soutient la recourante, de l'expression d'une opinion favorable au clonage, protégée par l'art. 16 Cst., mais de la pratique de cette activité, pourtant interdite en vertu de l'art. 119 al. 2 let. a Cst. Cette disposition, acceptée en 1992 par la majorité du peuple et des cantons suisses (sous la forme de l'art. 24novies aCst.), s'inscrit notamment dans une politique de protection de la dignité humaine, telle qu'elle correspond à la conception généralement partagée dans ce pays (FF 1996 III 278; cf. également la réponse du Conseil fédéral à une interpellation de R. Gonseth du 9 juin 1997). La recourante ne conteste pas le caractère illicite du clonage humain, à plus forte raison à des fins commerciales (art. 36 LPMA; art. 119 al. 2 let. e Cst.). Elle ne saurait non plus contester sérieusement que la mise en lien du site de Clonaid contribue à la promotion d'une activité illicite, et va plus loin que la simple affirmation d'une opinion. Sur ce premier point, qui justifie déjà la décision attaquée, la recourante ne présente guère d'argument pertinent au sens de l'art. 90 al. 1 let. b OJ.

5.5.2 Le 15 octobre 2003, le centre intercantonal d'information sur les croyances a fourni des informations sur le Mouvement raëlien. Il en ressort notamment que ce denier serait investi d'une mission politique. Attaquant avec virulence les démocraties, traitées de „médiocraties", il défend la „géniocratie", modèle politique basé sur le coefficient intellectuel des individus. Un gouvernement mondial serait composé de génies, élus par des individus dont l'intelligence serait supérieure de 10 % à la moyenne. Certes, la „géniocratie" est vécue comme une utopie, et non comme un véritable projet politique; contrairement à ce que soutient le Tribunal administratif, cette doctrine n'apparaît pas propre à troubler l'ordre ou la sécurité publics. Toutefois, outre qu'elle apparaît d'inspiration largement eugéniste, elle est manifestement de nature à choquer les convictions démocratiques et anti-discriminatoires qui sont à la base d'un Etat de droit (cf. notamment le libellé du préambule de la Constitution fédérale du 18 avril 1999, ainsi que l'art. 8 Cst. relatif à l'égalité et à l'interdiction de toute discrimination).

5.5.3 Enfin, selon l'arrêt attaqué, on ne saurait retenir que le Mouvement raëlien prône la pédophilie. Toutefois, de nombreux membres auraient occupé les services de police en raison de leurs pratiques sexuelles. Selon un jugement rendu le 28 novembre 1997 par le Tribunal d'arrondissement de la Sarine, relatif à un droit de réponse requis par le Mouvement raëlien suisse, les propos tenus par Raël dans ses ouvrages pourraient conduire certains adultes à des dérives sexuelles à l'égard d'enfants mineurs. Ce jugement cite des extraits d'ouvrages de Raël, que l'on peut télécharger depuis le site de l'association, selon lesquels l'éducation sexuelle des enfants ne devrait pas être seulement théorique, mais consister en une éducation sensuelle destinée à leur montrer comment en retirer du plaisir. Ce même jugement retient aussi que, malgré le désaveu exprimé après coup sur ce point, certains articles parus dans le bulletin trimestriel de liaison „Apocalypse“ décrivaient l'enfant comme un „objet sexuel privilégié“. Il est enfin fait état d'une condamnation d'un sympathisant et d'un membre du Mouvement raëlien, par la Cour d'assises du Vaucluse, à cinq ans de prison pour agression sexuelle sur une fillette de douze ans. Cet arrêt a été confirmé le 13 février 1998 par le Tribunal cantonal fribourgeois. Un recours en réforme et un recours de droit public interjetés par le Mouvement raëlien ont été rejetés le 24 août 1998 par le Tribunal fédéral, compte tenu notamment des écrits équivoques du fondateur ou des membres du Mouvement (arrêts 5P.172/1998 et 5C.104/1998). Le dossier contient par ailleurs divers documents concernant des poursuites contre des membres de l'association pour des agressions sexuelles; un arrêt du 24 janvier 2002 de la Cour d'appel de Lyon fait clairement état d'abus sexuels commis par des responsables du Mouvement sur des mineurs de quinze ans; les cadres du Mouvement prôneraient ainsi „une grande liberté sexuelle fortement incitatrice au passage à l'acte“; ils avaient ainsi corrompu de jeunes adolescentes par des discours prétendument philosophiques, par des caresses sexuelles de plus en plus précises et par des incitations toujours plus pressantes, pour ensuite assouvir „leurs besoins et leurs caprices sexuels avec des jeunes filles venant d'atteindre l'âge de quinze ans qui allaient très rapidement d'un partenaire à l'autre“. Le fait que les articles incriminés datent des années 80 et qu'aucune condamnation n'ait été prononcée en Suisse ne change rien à l'implication de membres de l'association dans des agissements pénalement réprimés. La recourante ne conteste d'ailleurs nullement le fait que certains passages des livres proposés sur son site pourraient conduire des adultes à des abus envers des mineurs. Sur ce point également, l'argumentation de la recourante ne répond pas aux motifs retenus dans la décision attaquée. Dans la mesure où des abus ont effectivement pu être constatés de la part de certains raëliens, il n'est pas déterminant que la pédophilie soit fermement condamnée par la doctrine officielle du Mouvement.

5.6 Sur le vu de ce qui précède, le refus opposé à la recourante apparaît fondé sur des motifs d'intérêt public suffisants puisqu'il s'agit de prévenir la commission d'actes constitutifs d'infractions pénales selon le droit suisse (clonage reproductif et actes d'ordre sexuel avec des enfants). Par ailleurs, la lecture de certains passages des ouvrages proposés sur le site de la recourante (en particulier l'„éveil sensuel“ des enfants, la „géniocratie“) est susceptible de choquer gravement leurs lecteurs.

5.7 La recourante invoque le principe de la proportionnalité. Elle rappelle que l'affiche elle-même ne contient rien qui soit contraire à l'ordre public, et conteste que la mesure soit propre à parvenir au but recherché.

5.7.1 Selon l'art. 36 al. 3 Cst., toute restriction à un droit fondamental doit être proportionnée au but visé. Elle doit être propre à atteindre ce but, et se limiter à l'atteinte la moins grave possible aux intérêts privés (ATF 125 I 474 consid. 3 p. 482 et les références citées).

5.7.2 En l'espèce, l'intérêt public ne consiste pas seulement à limiter la publicité donnée au site de l'association recourante, compte tenu des réserves exprimées ci-dessus à propos de l'ordre et de la moralité publics. Il s'agit plus encore d'éviter que l'Etat ne prête son concours à une telle publicité en mettant à disposition une partie du domaine public, pouvant laisser croire ainsi qu'il cautionne ou tolère les opinions et les agissements en cause. De ce point de vue, l'interdiction d'affichage est propre à atteindre le but visé. Pour le surplus, la mesure critiquée par la recourante est limitée à l'affichage sur le domaine public. L'association demeure libre d'exprimer ses convictions par les nombreux autres moyens de communication à sa disposition (cf. arrêt Murphy du 10 juillet 2003, Recueil CourEDH 2003-IX p. 33, § 74).

5.7.3 La recourante estime que l'autorité aurait dû lui proposer les modifications à apporter sur l'affiche afin d'en rendre le contenu admissible. Toutefois, dans la mesure où elle connaissait les objections élevées à l'encontre de sa campagne d'affichage, la recourante elle-même n'a jamais proposé une version de l'affiche susceptible d'être autorisée. Le Tribunal administratif a pour sa part estimé que l'affiche devrait être interdite même sans référence au site internet, ce qui paraît discutable; il est incontestable en revanche que la suppression de l'adresse en question ferait perdre son objet à la campagne d'affichage puisqu'il s'agit essentiellement, comme on l'a vu, d'une publicité pour le site lui-même. On ne voit pas, par conséquent, quel sens compréhensible pourrait conserver l'affiche sans cette référence au site et au numéro de téléphone.

5.7.4 La mesure contestée respecte donc le principe de la proportionnalité, sous tous ses aspects. Elle constitue, pour les mêmes motifs, une restriction nécessaire „dans une société démocratique", en particulier à la protection de la morale, au sens des art. 9 § 2 et 10 § 2 CEDH.

6. Sur le vu de ce qui précède, le recours de droit public est rejeté. Conformément à l'art. 156 al. 1 OJ, un émolument judiciaire est mis à la charge de la recourante.

III. Entscheid des Bundesgerichts vom 25. Oktober 2005 i.S. X. contre Municipalité de Lausanne (2P.152/2005)

Articles 9 et 15 Cst. (impôt sur les divertissements lié à la manifestation Explo 2000)

Faits:

A. X. (ci-après: l'Association) est une association au sens des art. 60 ss CC inscrite au registre du commerce. Son siège est à Zurich (art. 1 des statuts du 17 décembre 1983 dans leurs version du 14 novembre 1991, ci-après: les statuts). Son but est de promouvoir la vie et la foi chrétienne (art. 2 des statuts). Elle se définit comme un mouvement indépendant des confessions qui entend réaliser ses objectifs en collaborant avec les Eglises nationales et libres. L'Association n'a pas de but lucratif. Toutes les ressources doivent être employées pour le but de l'Association (art. 6 des statuts).

B. Par courrier du 19 avril 1999 adressé à la Police du commerce de la Ville de Lausanne (ci-après: la Police du commerce), l'Association a demandé l'autorisation, obtenue par décision du 18 novembre 1999, d'organiser le congrès Explo 2000 qui se tiendrait à Beaulieu du 28 décembre 1999 au 1er janvier 2000 et rassemblerait des chrétiens de toute la Suisse. Il s'agissait d'une conférence internationale pour la prière, l'évangélisation et la formation, à la fois publique et privée, avec collecte et finance d'entrée, acquittée au moyen des billets officiels de la Ville de Lausanne. Le 15 septembre 1999, l'Association a notamment demandé à la Ville de Lausanne à ce que le congrès soit exonéré de la taxe sur les collectes, ce qui a été refusé par décision du 15 novembre 1999. Cette décision n'a pas été attaquée.

C. Par courrier du 29 décembre 1999 adressé à l'Association, la Police du commerce a exposé avoir constaté qu'Explo était ouverte au public et que l'entrée était payante, contrairement aux affirmations contenues dans le courrier qui lui avait été adressé le 20 décembre 1999. Elle a rappelé que les entrées payantes, en particulier les cartes journalières, et les collectes étaient soumises à l'impôt sur les divertissements, sous réserve d'une éventuelle rétrocession, et invitait l'Association à fournir un décompte détaillé des ventes de cartes journalières et des finances d'inscription. Le 30 décembre 1999, l'Association a versé à la Police du commerce un montant de X fr. et le 1er janvier 2000 un montant de X fr. à titre d'acomptes pour l'impôt sur les divertissements, correspondant à 14 % du montant des collectes de X fr. Le 22 février 2000, l'Association a produit le décompte détaillé des entrées et déclaré un montant de X fr.

D. Par décision du 23 octobre 2000, la Municipalité de Lausanne a décidé de refuser la rétrocession de l'impôt sur les collectes et ordonné la perception de l'impôt sur les abonnements et billets d'entrée pour un montant de X fr. correspondant à 14 % de X fr. Une facture a été établie en date du 9 février 2001. Un recours de l'Association contre cette décision a été rejeté le 11 février 2004 par la Commission communale de recours en matière d'impôts communaux et des taxes spéciales.

E. Par arrêt du 29 avril 2005, le Tribunal administratif du canton de Vaud a rejeté le recours déposé par l'Association contre la décision de la Commission communale de recours en matière d'impôts communaux et des taxes spéciales du 11 février 2004. A l'appui de son arrêt, il a exposé en substance que l'impôt sur les divertissements de la commune de Lausanne était un impôt sur la dépense qui portait non seulement sur des prestations à caractère divertissant mais également sur des manifestations à caractère instructif, comme les conférences et les expositions. En revanche, les prestations relevant de l'enseignement, les congrès en tant qu'il s'agit de prestations de formation destinées à un cercle étroit de personnes spécialisées et le culte ne sauraient être considérés comme divertissement. Reprenant en détail l'ensemble des activités d'Explo 2000, il a constaté qu'il s'agissait d'une manifestation ouverte au public impliquant le paiement d'une finance d'entrée, comparable à un cycle de conférences, accompagnée de nombreux éléments festifs et d'une exposition, qui ne pouvait être assimilée à un congrès de spécialistes ou à un culte. Elle était donc assujettie à l'impôt sur les divertissements. La question de l'impôt sur les collectes et de sa restitution éventuelle n'avait pas à être tranchée, les conclusions du recours visant uniquement l'impôt frappant le prix des billets d'entrée à Explo 2000.

F. Agissant par la voie du recours de droit public pour violation des art. 9 et 15 Cst., X. demande au Tribunal fédéral, sous suite de frais et dépens, d'annuler l'arrêt du Tribunal administratif du 29 avril 2005. Le Tribunal administratif du canton de Vaud conclut au rejet du recours. La Municipalité de Lausanne conclut au rejet du recours dans la mesure où il est recevable.

G. Par ordonnance du 22 juin 2005, le Président de la IIe Cour de droit public du Tribunal fédéral a admis la requête d'effet suspensif de l'Association.

Le Tribunal fédéral considère en droit:

2. La recourante se plaint de la violation de sa liberté religieuse. A cet effet, elle invoque les garanties énoncées par les art. 15 Cst. et 9 de la Convention européenne de sauvegarde des droits de l'homme et des libertés fondamentales du 4 novembre 1950 (CEDH; RS 0.101). Comme elle n'expose pas en quoi la protection de ce dernier article lui serait plus favorable que celle offerte par la Constitution, dont la portée sous cet angle est au demeurant pratiquement identique (ATF 123 I 296 consid. 2b/aa p. 301), c'est à la lumière de l'art. 15 Cst. qu'il convient d'examiner son grief.

2.1 Anciennement ancrée à l'art. 49 aCst., la liberté religieuse est aujourd'hui garantie par l'art. 15 Cst. sous le titre de liberté de conscience et de croyance. Cette nouvelle formulation tient compte de l'évolution de la jurisprudence du Tribunal fédéral en matière de liberté religieuse (Message du Conseil fédéral, FF 1997 I 1, p. 157 et 159), qui garde par conséquent toute sa valeur.

Aux termes de l'art. 15 al. 2 Cst., toute personne a le droit de choisir librement sa religion ainsi que de se forger ses convictions philosophiques et de les professer individuellement ou en communauté. Cet alinéa consacre la liberté de culte, c'est-à-dire le droit, pour toute personne d'avoir sa propre conviction religieuse, de professer une croyance particulière, de s'exprimer par la parole, l'écriture, l'image, la musique, le film ou toutes autres formes, d'accomplir seul ou en communauté, des actes cultuels et de former librement des associations religieuses. Par actes cultuels communautaires, il faut entendre notamment le service religieux, la prédication, la messe, les danses rituelles, les processions, l'administration des sacrements, le baptême, le mariage, les chants religieux, la sonnerie des cloches de l'église ou la prière du vendredi des musulmans (Message du Conseil fédéral, FF 1997 I 1, p. 158, reprenant la jurisprudence du Tribunal fédéral, cf. U. Häfelin, Commentaire de la Constitution fédérale de la Confédération suisse du 29 mai 1874, juin 1991, n° 10 ad art. 50).

La nouvelle formulation de l'art. 15 al. 1 Cst. comprend implicitement également la disposition de l'art. 49 al. 6 aCst. selon laquelle nul n'est tenu de payer des impôts dont le produit est spécialement affecté aux frais proprement dits du culte d'une communauté religieuse à laquelle il n'appartient pas (Message du Conseil fédéral, FF 1997 I 1, p. 159). De jurisprudence constante, en particulier dans une affaire vaudoise concernant précisément la Ville de Lausanne, le Tribunal fédéral a admis que l'exemption d'impôt prévue par l'art. 49 al. 6 aCst. ne pouvait pas porter sur les impôts généraux prélevés par un canton qui assume lui-même les frais de culte d'une Eglise nationale. En revanche, il a déclaré que la garantie de l'art. 49 al. 6 aCst. restait entière en matière de dépenses communales pour le culte, même dans les cas où ces dépenses étaient couvertes par une allocation du budget général de la commune et non au moyen d'une contribution spéciale (ATF 107 Ia 126 consid. 2b p. 130, 99 Ia 739 consid. 3 p. 742 et les références citées).

2.2 En l'espèce, la recourante reproche au Tribunal administratif d'avoir qualifié la manifestation en cause de divertissement et non de culte au seul motif que les activités de prière et de recueillement, jugées prépondérantes par rapport aux activités d'enseignement, se sont déroulées sur plusieurs jours et qu'elles étaient payantes. Selon elle, cette conclusion procède d'une acception extrêmement étroite de la notion de culte. En retenant une qualification aussi restrictive, l'Etat octroierait un privilège fiscal aux adeptes de certaines confessions, qui pratiquent leur foi de manière traditionnelle, au détriment du mouvement évangélique qui transmet sa foi notamment au travers de congrès internationaux.

Dans la mesure où la recourante semble reprocher au Tribunal administratif la violation de la garantie anciennement formulée par l'art. 49 al. 6 aCst., son grief doit être rejeté. Cette disposition n'a jamais garanti d'exonération générale aux institutions religieuses et cultuelles quels que soient les impôts concernés. La liberté religieuse n'implique en effet nullement que les Eglises et leur fidèles doivent se voir accorder un statut fiscal différent de celui des autres contribuable (Arrêt (de la CourEDH) dans la cause Alujer Fernandez et Caballero Garcia contre Espagne du 14 juin 2001, Recueil de la CourEDH 2001-IV p. 473). Par ailleurs, dans son mémoire de recours, la recourante affirme, sans être contredite, appartenir au mouvement évangélique. Or même si l'impôt sur les divertissements litigieux alimente le budget général de la commune de Lausanne dans lequel cette dernière prélève les montants destinés à subvenir à certains frais de culte notamment en faveur de l'Eglise évangélique réformée (art. 16 de la loi vaudoise du 2 novembre 1999 sur l'Eglise évangélique réformée du canton de Vaud [Leccl; RSV 180.11]), force est de constater que la recourante appartient à la même orientation religieuse; elle-même a bénéficié de subventions pour son congrès: aucune violation de la garantie ici en cause ne saurait être constatée. La liberté de culte telle que garantie par l'art. 15 al. 2 Cst. et précisée par la jurisprudence n'est pas non plus violée par la seule adoption d'une définition restrictive de la notion de culte à des fins fiscales, dès lors que la manifestation de la recourante n'a pas été limitée ni perturbée en tant que telle.

Dans la mesure, en revanche, où elle reproche au Tribunal administratif d'exonérer arbitrairement certaines institutions cultuelles en retenant une acception extrêmement étroite de la notion de culte dont elle serait exclue, la recourante se plaint de la violation du principe de la généralité de l'impôt, qui est une application en matière fiscale du droit à l'égalité garanti par l'art. 8 Cst.; il convient d'examiner ce grief de manière séparée, avec celui de la violation de l'interdiction de l'arbitraire (art. 9 Cst.) dont la recourante se plaint également.

3. 3.1 La protection de l'égalité (art. 8 Cst.) et celle contre l'arbitraire (art. 9 Cst.) sont étroitement liées. Une décision est arbitraire lorsqu'elle ne repose pas sur des motifs sérieux et objectifs ou n'a ni sens ni but. Elle viole le principe de l'égalité de traitement lorsqu'elle établit des distinctions juridiques qui ne se justifient par aucun motif raisonnable au regard de la situation de fait à réglementer ou lorsqu'elle omet de faire des distinctions qui s'imposent au vu des circonstances, c'est-à-dire lorsque ce qui est semblable n'est pas traité de manière identique et lorsque ce qui est dissemblable ne l'est pas de manière différente. Il faut que le traitement différent ou semblable injustifié se rapporte à une situation de fait importante (ATF 131 I 1 consid. 4.2 p. 6-7; 129 I 346 consid. 6 p. 357 ss; 129 I 113 consid. 5.1 p. 125). L'inégalité de traitement apparaît ainsi comme une forme particulière d'arbitraire, consistant à traiter de manière inégale ce qui devrait l'être de manière semblable ou inversement (ATF 129 I 346 consid. 6 p. 357 ss; 129 I 1 consid. 3 p. 3; 127 I 185 consid. 5 p. 192; 125 I 1 consid. 2b/aa p. 4 et les références citées).

En matière fiscale, le principe de l'égalité de traitement est concrétisé par les principes de la généralité et de l'égalité de l'imposition, ainsi que par le principe de la proportionnalité de la charge fiscale fondée sur la capacité économique (cf. art. 4 aCst. et 127 al. 2 Cst.). Le principe de la généralité de l'imposition interdit que certaines personnes ou groupes de personnes soient exonérés sans motif objectif, les charges financières de la collectivité qui résultent de ses tâches publiques générales devant en principe être supportées par l'ensemble des citoyens (cf. ATF 122 I 305 consid. 6a p. 313-314 et la jurisprudence citée).

3.2 Appelé à revoir l'interprétation d'une norme sous l'angle restreint de l'arbitraire, le Tribunal fédéral ne s'écarte de la solution retenue par l'autorité cantonale de dernière instance que si celle-ci apparaît insoutenable, en contradiction manifeste avec la situation effective, adoptée sans motifs objectifs et en violation d'un droit certain. En revanche, si l'application de la loi défendue par l'autorité cantonale ne s'avère pas déraisonnable ou manifestement contraire au sens et au but de la disposition ou de la législation en cause, cette interprétation sera confirmée, même si une autre solution – éventuellement plus judicieuse – paraît possible (ATF 117 Ia 97 consid. 5b p. 106, 292 consid. 3a p. 294 et les références citées; sur la notion d'arbitraire, cf. ATF 125 I 166 consid. 2a p. 168 et la jurisprudence citée).

4. 4.1 Selon les art. 1 al. 1 lettre j et 31 al. 1 de la loi vaudoise du 5 décembre 1956 sur les impôts communaux (LICom; RSV 650.11), les communes peuvent percevoir un impôt frappant les divertissements publics payants qui sont organisés sur leur territoire, notamment: a) les concerts, conférences, expositions, représentations théâtrales ou cinématographiques et autres manifestations musicales, artistiques ou littéraires; b) les manifestations sportives avec spectateurs; c) les bals, kermesses, dancings; d) les jeux, à l'exclusion des sports. L'impôt est dû par l'organisateur de la manifestation, qui peut en reporter la charge sur le public prenant part au divertissement (art. 31 al. 2 LICom).

4.2 L'Arrêté d'imposition de la commune de Lausanne pour les années 1999-2002 du 29 septembre 1998 (ci-après: l'Arrêté d'imposition) prévoit qu'un impôt est perçu sur le prix des entrées et des places payantes, sur les collectes notamment pour les concerts, conférences, expositions, représentations théâtrales ou cinématographiques, manifestations musicales, artistiques ou littéraires, les bals, kermesses, dancings (art. 1er chiffre IX lettre A, al. 1, lettres a et c de l'Arrêté d'imposition). Les dispositions sur les exonérations ne mentionnent pas les institutions religieuses. Quant aux autres exonérations prévues par l'art. 2 de l'Arrêté d'imposition, elles ne concernent pas l'impôt sur les divertissements. Le taux de l'impôt perçu sur un prix d'entrée ou sur les collectes est de 14 % (art. 1er chiffre IX lettre A al. 2 de l'Arrêté d'imposition).

4.3 En application de ces dispositions, le Tribunal administratif a considéré que l'Arrêté d'imposition permettait d'assujettir la manifestation en cause à l'impôt sur les divertissements. Il s'est fondé sur les éléments suivants: L'impôt sur les divertissements vise une surimposition de dépenses, considérées comme caractéristiques d'un certain niveau de vie, dans le but de faire participer de manière accrue les personnes aisées aux coûts de la santé et du bien-être social. Il ne porte pas seulement sur des prestations à caractère divertissant mais également sur des manifestations à caractère instructif, telles les conférences ou les expositions. Selon la jurisprudence de la Commission communale de recours et la pratique de la Ville de Lausanne, en revanche, les prestations relevant de l'enseignement (cours et séminaires), les congrès en tant qu'il s'agit de prestations de formation destinées à un cercle étroit de personnes spécialisées et le culte ne sauraient être considérés comme divertissement.

En l'espèce, le Tribunal administratif a considéré que n'était pas un culte une manifestation à caractère religieux ouverte au public impliquant le paiement d'une finance d'entrée, lorsqu'elle est organisée sur plusieurs jours et que la finance d'entrée dépasse ce que l'on entend généralement par „denier du culte".

4.4 Cette solution n'est pas arbitraire. Elle semble correspondre à la volonté du législateur cantonal et communal de définir de manière large la notion de „divertissement public payant": Selon le Grand Conseil, la condition de l'imposition est que d'une manière ou d'une autre le public doive payer quelque chose pour prendre part au divertissement (Bulletin des séances du Grand Conseil du canton de Vaud, automne 1956, p. 587). Pris à la lettre, l'art. 31 LICom énumère également les prestations assujetties à l'impôt sur les divertissements de manière large, en particulier en n'excluant pas qu'il porte également sur des manifestations à caractère instructif. Dans ces conditions, a contrario, une définition restrictive des manifestations qui échappent à l'impôt s'inscrit dans la systématique de l'art. 31 LICom. Il en va de même des dispositions prévues à l'art. 1er chiffre IX lettre A de l'Arrêté d'imposition dont la recourante n'allègue pas qu'elles violent le droit cantonal. Ainsi, il n'est pas insoutenable de considérer que la notion de culte ne couvre que le service religieux en tant que tel, dont la durée est généralement limitée dans le temps et durant lequel seul un denier du culte bénévole, relativement modeste, est collecté. Dans ce cas, le caractère payant de la participation à la manifestation, même de type religieux, clairement posé comme condition de l'imposition, l'emporte, au détriment d'autres considérations dont le législateur aurait certes également pu s'inspirer, mais qu'il pouvait sans arbitraire ne pas retenir dans ce contexte.

En refusant d'assimiler à un culte une manifestation publique à caractère religieux impliquant le paiement d'une finance d'entrée, le Tribunal administratif n'a par conséquent pas violé les art. 8 et 9 Cst.

4.5 Il reste à déterminer si le Tribunal administratif a considéré à tort, comme le prétend la recourante, qu'Explo 2000 telle qu'organisée est une manifestation qui ne tombe pas sous la notion de culte selon la définition ci-dessus.

Dans l'arrêt litigieux, le Tribunal administratif a jugé, sans être contredit par la recourante, qu'il fallait donner une qualification globale à l'ensemble de la manifestation. A cet effet, excluant d'emblée les prestations librement accessibles (les cent heures de louanges et les cent heures de lecture de la Bible), il a repris en détail l'ensemble des activités d'Explo 2000. Tout en reconnaissant que la manifestation en cause se définissait elle-même comme une conférence internationale pour la prière, l'évangélisation et la formation, il a néanmoins constaté qu'il s'agissait d'une manifestation de plusieurs jours ouverte au public impliquant le paiement d'une finance d'entrée, comparable à un cycle de conférences, accompagnée de nombreux éléments festifs et d'une exposition. Dans ces conditions, il pouvait considérer sans arbitraire que la manifestation ne tombait pas sous la notion de culte, telle qu'il l'avait interprétée.

Au surplus, la recourante n'indique pas quelles autres institutions comparables auraient été exonérées pour des motifs semblables à ceux qu'elle invoque. Insuffisamment motivé sous cet angle, son grief de violation du principe de la généralité de l'impôt n'est par conséquent pas recevable au regard des exigences de motivation de l'art. 90 OJ.

Par conséquent, mal fondé sur ce point, le recours doit être rejeté dans la mesure où il est recevable.

5. La recourante fait encore valoir que l'arrêt litigieux est arbitraire en ce sens qu'un élément essentiel n'est pas motivé. A son avis, le Tribunal administratif n'aurait pas précisé les critères qui lui permettaient de conclure que le volet „enseignement et formation" de la manifestation n'était pas prépondérant. Dans la mesure où la manifestation en cause devait être globalement assimilée à une prestation d'enseignement, elle aurait dû être exclue du champ d'application de l'impôt sur les divertissements conformément à l'interprétation également retenue par le Tribunal administratif de la norme communale en cause.

5.1 Selon la jurisprudence relative à l'art. 29 al. 2 Cst., la motivation d'une décision est suffisante lorsque l'autorité mentionne, au moins brièvement, les motifs qui l'ont guidée et sur lesquels elle a fondé sa décision, de manière à ce que l'intéressé puisse se rendre compte de la portée de celle-ci et l'attaquer en connaissance de cause. L'autorité ne doit toutefois pas se prononcer sur tous les moyens des parties; elle peut se limiter aux questions décisives (ATF 130 II 530 consid. 4.3 p. 540, 473 consid. 4.1 p. 477; 129 I 232 consid. 3.2 p. 236).

5.2 Le grief de la recourante n'est pas fondé. Il est certes vrai que le Tribunal administratif n'a pas précisé quels critères (nombre d'heures consacrées aux activités, nombre des ateliers de travail ou encore de séminaires et séances plénières) il a utilisés pour aboutir à la conclusion que rares étaient les prestations pouvant être considérées clairement comme relevant de la formation ou de l'enseignement. Dans ce sens, c'est à juste titre que la recourante reproche au Tribunal administratif de n'avoir pas indiqué les critères qui ont guidé sa décision. Ce défaut de motivation ne conduit toutefois pas à l'admission du recours. En effet, le Tribunal administratif a par ailleurs expressément écarté la possibilité de qualifier la manifestation en cause de prestations d'enseignement parce que les activités en cause étaient proposées à plusieurs milliers de personnes, par opposition à un cours destiné à des spécialistes ou un cours de danse regroupant vingt à trente personnes. Ce faisant, le Tribunal administratif a doublement motivé le rejet de la prétention de la recourante. Dans ces conditions, celle-ci devait s'en prendre également à la deuxième motivation, ce qu'elle n'a pas fait. Le Tribunal fédéral n'examinant que les griefs d'ordre constitutionnel invoqués et suffisamment motivés dans l'acte de recours (art. 90 OJ), le recours doit être rejeté sur ce point également, dans la mesure où il est recevable.

6. Vu ce qui précède, le recours doit être rejeté, dans la mesure où il est recevable.

IV. Entscheid des Bundesgerichts vom 7. April 2005 i.S. Wohnbaugenossenschaft X. und Evangelische Kirchgemeinde Chur gegen Amt für Landwirtschaft, Strukturverbesserungen und Vermessung Graubünden (1P.701/2004)[7]

Kulturlandverminderungsabgabe

7 Hier abgedruckt nur im Hinblick auf die Beschwerdelegitimation.

Sachverhalt:

A. Das Verwaltungsgericht des Kantons Graubünden gelangte im Rekursverfahren A 02 58 anlässlich einer ersten Beratung am 12. Dezember 2002 zum Schluss, dass die Erhebung der Kulturlandverminderungsabgabe nach Art. 50bis des Meliorationsgesetzes des Kantons Graubünden vom 5. April 1981 verfassungs- und bundesrechtswidrig sei. Im Wesentlichen begründete es seine von der bisherigen Praxis abweichende Auffassung damit, dass keine Pflicht der Grundeigentümer bestehe, ausgeschiedenes Bauland dauernd für die landwirtschaftliche Nutzung zur Verfügung zu stellen, weshalb die Voraussetzungen zur Erhebung einer Ersatzabgabe nicht erfüllt seien. Mit Schreiben vom 13. Dezember 2002 gab das Verwaltungsgericht den Parteien des Rekursverfahrens A 02 58 Gelegenheit, sich zu seiner Auffassung zu äussern.

Mit Urteil vom 17. Juni 2003 (mitgeteilt am 10. Juli 2003) erkannte das Verwaltungsgericht im betreffenden Rekursverfahren, dass die Kulturlandverminderungsabgabe verfassungs- und bundesrechtswidrig sei und weder als Ersatzabgabe noch als Zwecksteuer erhoben werden könne. Das Bundesgericht trat auf eine dagegen erhobene staatsrechtliche Beschwerde am 23. September 2003 nicht ein.

Mit Verfügungen vom 20. Mai 2003 erhob das Amt für Landwirtschaft, Strukturverbesserungen und Vermessung des Kantons Graubünden (ALSV) gegenüber der Wohnbaugenossenschaft X. und der Evangelischen Kirchgemeinde Chur einen Ausgleichsbeitrag für Kulturlandverminderung in der Höhe von Fr. 11 430.– resp. Fr. 81 630.–. Diese Verfügungen wuchsen unangefochten in Rechtskraft, und die Abgaben wurden bezahlt.

Als die Wohnbaugenossenschaft X. und die Evangelische Kirchgemeinde Chur vom Urteil A 02 58 des Verwaltungsgerichts vom 17. Juni 2003 Kenntnis erhielten, ersuchten sie das ALSV, die Veranlagungsverfügungen in Wiedererwägung zu ziehen und die Abgaben zurückzuerstatten. Mit Verfügungen vom 27. Februar 2004 trat das ALSV auf die Wiedererwägungsgesuche nicht ein. Dagegen erhoben die Wohnbaugenossenschaft X. und die Evangelische Kirchgemeinde Chur gemeinsam Rekurs, welchen das Verwaltungsgericht mit Urteil vom 3. September 2004 abwies.

B. Die Wohnbaugenossenschaft X. und die Evangelische Kirchgemeinde Chur haben gegen das Urteil des Verwaltungsgerichts vom 3. September 2004 wegen Verletzung von Art. 5 Abs. 3, Art. 9, Art. 26 und Art. 29

Abs. 2 BV gemeinsam staatsrechtliche Beschwerde erhoben. Sie beantragen, das angefochtene Urteil sei aufzuheben und die Sache zur neuen Beurteilung an das Verwaltungsgericht zurückzuweisen.

Das Bundesgericht zieht in Erwägung:

1. 1.1 Die staatsrechtliche Beschwerde ist ein Rechtsmittel zum Schutz der Träger verfassungsmässiger Rechte gegen Übergriffe der Staatsgewalt. Solche Rechte stehen grundsätzlich nur Privaten zu, nicht dagegen dem Gemeinwesen als Inhaber hoheitlicher Gewalt (BGE 121 I 218 E. 2a S. 219).

Eine Ausnahme gilt für Gemeinden und andere öffentlichrechtliche Körperschaften, wenn sie nicht hoheitlich auftreten, sondern durch einen staatlichen Akt gleich wie eine Privatperson betroffen werden (BGE 121 I 218 E. 2a S. 219 f.). Ausserdem können sich Gemeinden und andere öffentlichrechtliche Körperschaften mit staatsrechtlicher Beschwerde gegen eine Verletzung ihrer durch das kantonale Recht gewährleisteten Autonomie oder Bestandesgarantie zur Wehr setzen (BGE 128 I 3 E. 1c S. 7, mit Hinweisen).

1.2 Als juristische Person des Privatrechts ist die Wohnbaugenossenschaft X. zur Erhebung einer staatsrechtlichen Beschwerde ohne weiteres legitimiert (Art. 88 OG).

Bei der Evangelischen Kirchgemeinde Chur handelt es sich um eine öffentlichrechtliche Körperschaft. Sie ist ebenfalls zur Erhebung einer staatsrechtlichen Beschwerde legitimiert, da sie als Steuerpflichtige wie eine Privatperson betroffen ist. Auch die übrigen Sachurteilsvoraussetzungen sind grundsätzlich erfüllt. Auf die staatsrechtliche Beschwerde ist somit einzutreten.

[…].

SJKR/ASDE 10 (2005), S. 133-139

Mitteilungen

Jahresbericht 2005 der Schweizerischen Vereinigung für evangelisches Kirchenrecht

I. Tagung und Generalversammlung vom 28. Januar 2005

Für ihre 18. Tagung war die Schweizerische Vereinigung für Evangelisches Kirchenrecht im reformierten Gemeindezentrum Paulus in Bern zu Gast[1].

Der Vormittag war dem Thema „Reformierte Kirchenverfassungen aus ekklesiologischer Sicht" gewidmet. Es referierten Pfr. Thomas Wipf, Ratspräsident des Schweizerischen Evangelischen Kirchenbunds[2], und als Co-Referent Pfr. Dr. Samuel Lutz, Synodalratspräsident der reformierten Kirchen Bern-Jura-Solothurn[3]. Thomas Wipf hielt eingangs fest, dass nicht nur auf europäischer Ebene, sondern auch in der Schweiz auf Seiten der Reformierten ein Integrationsprozess erforderlich sei, um in Zukunft wahrnehmbare und verbindliche reformierte Kirche sein zu können. Er legte dar, dass die kirchlichen Strukturen der Schweiz historisch gewachsen seien und sich bis jetzt weitgehend bewährt hätten, dass aber eine rein kantonale Sicht inskünftig nicht mehr ausreichen werde. Mit Blick auf die gesellschaftliche Präsenz der Kirchen sei es an der Zeit, mehr Verbindlichkeit zu schaffen in Richtung des Denkmodells einer „Reformierten Kirche Schweiz". Diese Verbindlichkeit setze einen theologisch-inhaltlichen Verständigungsprozess voraus, der in der Gestalt einer reformierten schweizerischen Kirchenverfassung enden könnte. Eine solche Verfassung könnte alsdann von den reformierten Kirchen in der

1 Zur Berichterstattung über die Tagung vgl. auch reformierte presse Nr. 7 vom 18. Februar 2005, S. 8 f.

2 Siehe vorn S. 11 ff.

3 Siehe vorn S. 25 ff.

Schweiz übernommen werden. Samuel Lutz wies darauf hin, dass eine verstärkte Zusammenarbeit zwischen den schweizerischen reformierten Kirchen unausweichlich sei. Ein wesentlicher Mangel sei, dass heute die Zusammenarbeit zwischen den reformierten Kirchen auf vereinsrechtlicher Basis erfolge, was eine Verzettelung der Kräfte zur Folge habe. Gleichzeitig würden in diesen Strukturen Entscheide von grosser praktischer und finanzieller Tragweite getroffen, ohne dass sich die Stimmberechtigten dazu äussern könnten. Der Weg müsse in Richtung einer reformierten schweizerischen Kirchenverfassung führen, die von den Kantonalkirchen freiwillig ratifiziert werden könne.

Der Nachmittagsreferent, PD Dr. Cla Reto Famos, Zürich, setzte sich mit den „Kasualhandlungen an Nichtmitgliedern aus juristischer und theologischer Sicht" auseinander[4]. Nach seinen Erkenntnissen besteht in den reformierten Kirchen der Schweiz eine Tendenz, im Zusammenhang mit dieser Frage die kirchenrechtlichen Nomen enger zu definieren, auch im Kontext der Diskussion über reformierte Identität. Es gelte im heutigen gesellschaftlichen Umfeld jedoch einen Mittelweg zwischen selbstverleugnender Anbiederung und abstossender Härte zu finden. Dazu sei es trotz des weiten seelsorgerlichen Entscheidungsspielraums im Einzelfall geboten, Leitlinien als Entscheidungshilfe zu schaffen.

Vor der Tagung versammelten sich die anwesenden Mitglieder der Vereinigung zur 13. ordentlichen Generalversammlung, welche die üblichen Traktanden behandelte. Unter anderem nahm sie Kenntnis von der von Finanzverwalter Fürsprecher Peter D. Deutsch sorgfältig geführten und übersichtlich präsentierten Jahresrechnung 2004, die wiederum mit einem guten Ergebnis abgeschlossen hat. Die Vereinigung schätzt sich glücklich, dass sie für die Herstellung und den Druck des Jahrbuchs bisher mit der finanziellen Hilfe der deutschschweizerischen, in der Kirchenkonferenz zusammengeschlossenen Landeskirchen hat rechnen dürfen. Es liegt uns daran, an dieser Stelle für die Unterstützung und das damit verbundene Wohlwollen herzlich zu danken.

Anstelle des früheren Vorstandsmitglieds und langjährigen Revisors Dr. Dieter Iselin, Bern, der altershalber seinen Rücktritt eingereicht hatte, wählte die Versammlung Dr. iur. Beat Wiesendanger, Bern, als neuen Revisor. Dem scheidenden Revisor ist an dieser Stelle für seine treue und zuverlässige Amtserfüllung sowie seinem Nachfolger für die Bereitschaft, das Amt zu übernehmen, herzlich zu danken.

4 Siehe vorn S. 33 ff.

Nachdem das Gründungsmitglied der Vereinigung, Prof. Dr. iur. utr. René Pahud de Mortanges, auf die Generalversammlung 2005 hin seinen Rücktritt aus dem Vorstand der Vereinigung erklärt hatte, war der Vorstand zu ergänzen. Für die Mitarbeit im Vorstand stellte sich PD Dr. Cla Reto Famos, Zürich, zur Verfügung. Cla Reto Famos war bis vor kurzem als Oberassistent an der Theologischen Fakultät der Universität Zürich tätig und ist jetzt Geschäftsleiter der Schweizerischen Studienstiftung.

Zum Abschied aus dem Vorstand durfte René Pahud de Mortanges durch PD Dr. Christoph Winzeler die verdiente Würdigung für sein langjähriges, fruchtbares Wirken für die Schweizerische Vereinigung für evangelisches Kirchenrecht entgegen nehmen. René Pahud de Mortanges ist eines jener Mitglieder, die 1992 in Münchenwiler in beinahe schon sagenumwobener Weise die Vereinigung gründeten. Er war im Vorstand ein verlässlicher Kollege, der sich selbstlos für die Vereinigung einsetzte. Dem Vorstand war er stets ein wertvoller Ratgeber und wissenschaftlicher Berater. Er half nicht nur tatkräftig mit, das Programm der Tagungen zu gestalten, sondern übernahm oft auch die Diskussionsleitung. Als Mitherausgeber des Jahrbuchs bleibt René Pahud de Mortanges der Vereinigung erhalten, wofür ihm der Vorstand und die Herausgeberschaft sehr dankbar sind. Der Vorstand hat aus seinen Reihen zwar einen treuen Kollegen verabschieden müssen, doch bleibt dieser der Vereinigung als lieber Freund erhalten. Er dankt an dieser Stelle René Pahud de Mortanges nochmals ganz herzlich für seinen Einsatz zugunsten der Vereinigung.

II. Weitere Tätigkeit

Der Vorstand hat sich während des Jahres an zwei Sitzungen in Zürich getroffen und weitere Geschäfte auf dem Korrespondenzweg behandelt.

Für die nächste Tagung, die am 27. Januar 2006 in Luzern stattfinden wird, konnte der Vorstand Pfr. Dr. Gottfried Locher und Pfr. Dr. Georg Vischer als Referenten sowie Rechtsanwältin Theres Meierhofer-Lauffer als Co-Referentin gewinnen. Sie werden sich mit der Frage des kirchlichen Amts aus theologischer, praktischer und kirchenrechtlicher Sicht befassen.

Der Vorstand

Prof. Dr. iur. Dr. theol. h.c. Werner Kägi (1909-2005)

Werner Kägi, emeritierter Professor für Völkerrecht, Staatsrecht, Kirchenrecht und Verfassungsgeschichte, verstarb am 4. Oktober 2005 im hohen Alter von 97 Jahren und wurde auf dem Friedhof Enzenbühl in Zürich beigesetzt. Die von seiner Ehefrau Trudi Kägi-Matzinger – mit ihr war er während 68 Jahren in tragender Ehe verbunden – unterzeichnete Todesanzeige stand unter dem Titel und Leitmotiv „Soli Deo Gloria", wie seine Frau festhielt:

> „Soli Deo Gloria stand oft über den Entwürfen meines geliebten Gatten, der heute nach einem langen gesegneten Leben von seinem Schöpfer heimgerufen wurde. Soli Deo gloria soll auch über seinem nun vollendeten Leben stehen."

Im Mittelpunkt des schlicht gehaltenen Abdankungsgottesdienstes stand Psalm 23, der dem Verstorbenen sehr viel bedeutete.

Werner Kägi verbrachte den grössten Teil seines akademischen Wirkens an der Universität Zürich, wo er 1930 sein juristisches Studium begann und 1936 mit der Dissertation abschloss. Seine Lehrer waren Max Huber, Zaccaria Giacometti und Dietrich Schindler. Prägend war indes auch ein Berlinaufenthalt, wo er Dietrich Bonhoeffer hörte. 1939 trat er in Zürich eine Assistentenstelle an. Sein erstes öffentliches Wirken bestand darin, dass er die Leitung der juristischen Abteilung der Polnischen Internierten-Hochschule in der Schweiz während des Zweiten Weltkriegs innehatte. Doch die längste Zeit seines Lebens war der juristischen Lehrtätigkeit in Zürich gewidmet. Die Universität würdigte sein vielfältiges Wirken an der Universität und in der Öffentlichkeit am Schluss seines Lebens mit folgenden Worten:

> „[...] Werner Kägi habilitierte sich 1943 an der Universität Zürich. Er wurde 1946 als Extraordinarius gewählt und 1952 zum Ordinarius befördert. 1979 trat er in den Ruhestand. Im Zentrum von Werner Kägis Wirken als akademischer Lehrer, Forscher, Gutachter und Publizist stand die Verteidigung der Grundwerte des demokratischen Rechtsstaats. Mit seinen fundamentalen Arbeiten zu verfassungsrechtlichen Grundfragen beeinflusste er nachhaltig die Entstehung des deutschen Grundgesetzes nach dem Zweiten Weltkrieg. In unserem Land trug er massgeblich zur Einführung des Frauenstimmrechts und zur Aufhebung der konfessionellen Ausnahmeartikel bei. Er vertrat innerhalb der Rechtswissenschaften ein ausserordentlich breites Gebiet, darüber hinaus engagierte er sich für das Gespräch zwischen den Wissenschaften, was wiederum seine eigenen Vorlesungen

befruchtete. Hoch geschätzt war seine Beratungstätigkeit für zahlreiche, auch internationale kirchliche Organe. [...]"

Werner Kägi wirkte in einem weiten Horizont. Dies zeigen auch zwei besondere akademische Ehrungen, die ihm verliehen wurden. Er erhielt 1973 das theologische Ehrendoktorat der Universität Bern und vier Jahre später ein juristisches der Hebräischen Universität Jerusalem. In diesen Ehrungen kommt auch seine kirchliche und ökumenische Wertschätzung zum Ausdruck. Damit wurde jedoch auch sein Einsatz für die Menschenrechte, für soziale Gerechtigkeit, für die Demokratie, für die föderalistische Ordnung und für den Rechtsstaat anerkannt. In mancherlei Belangen stand er der Öffentlichkeit und privaten Organisationen immer wieder zur Verfügung. Zu erwähnen ist sein Engagement in staatsbürgerlichen Vereinigungen; die Neue Helvetische Gesellschaft machte ihn zu ihrem Ehrenmitglied. Schliesslich arbeitete er auch z.B. in der eidgenössischen Kommission für Flüchtlingsfragen mit.

Der Unterzeichnende konnte Werner Kägi während des Studiums in staatsrechtlichen Vorlesungen und Seminaren als begeisternden juristischen Lehrer kennen lernen, der ihn auch, drei Jahre nach seiner Emeritierung, im Fach „Kirchenrecht" prüfte.

Zwei Wirkungsbereiche im Leben dieses enormen Schaffers seien hier nur sehr kurz hervorgehoben, nämlich sein Gutachten zum Jesuiten- und Klosterartikel sowie seine vielseitige Beratungstätigkeit für kirchliche Gremien.

Ausserordentlich sorgfältig und tiefgründig erörterte Werner Kägi in seinem berühmten Gutachten den Jesuiten- und den Klosterartikel der früheren schweizerischen Bundesverfassung vom 29. Mai 1874. Das umfangreiche Gutachten liegt in gedruckter Form vor und umfasst drei Teile: der erste ist dem „Jesuitenartikel", der zweite der Klosterfrage gewidmet; im dritten Teil dieses seines Werks zieht Kägi die verfassungspolitischen Folgerungen. Art. 58 der BV („Jesuitenartikel") von 1848 lautete: „Der Orden der Jesuiten und die ihm affiliierten Gesellschaften dürfen in keinem Teil der Schweiz Aufnahme finden." Art. 52 („Klosterverbot") untersagte die Errichtung neuer und die Wiederherstellung aufgehobener Orden sowie die Errichtung neuer und die Wiederherstellung aufgehobener Klöster. Der Gutachter gelangte zum die Politik überzeugenden Schluss, diese beiden Bestimmungen von 1848 bzw. 1874 seien verfassungsrechtlich nicht mehr zu rechtfertigen, denn sie widersprächen der Idee der Gerechtigkeit, den Grundrechten der Bundesverfassung und somit dem „Kern der Verfassung“, dem Verfassungssystem. Sie widersprächen schliesslich auch dem Gebot der politischen Zweckmässigkeit und den Anforderungen der Praktikabilität.

> „Verfassungssätze, die in einem solchen Masse ‚unrichtiges‘ Recht geworden sind, müssen – im Interesse des Rechts – korrigiert oder beseitigt werden.“

In der Volksabstimmung vom 20. Mai 1973 wurden die beiden Artikel ersatzlos gestrichen. Die Aufhebung dieser beiden Artikel trug auch zum Abbau von konfessionellen Spannungen in der Schweiz bei; Werner Kägis Beitrag hierzu ist von grossem Wert.

Zum Schluss sei noch auf die vielen Beratungen kirchlicher Gremien hingewiesen. Herausgegriffen sei ein von ihm als Staats- und Kirchenrechtler in der schaffhausischen ausserordentlichen Synode vom 5. Juni 1982 gehaltenes einleitendes Referat. Dabei ging es um die zukünftige Entwicklung des Verhältnisses zwischen Kirchen und Staat im Kanton Schaffhausen. Von der Herkunft her zwar nicht Schaffhauser, erhielt er durch jahrelange juristische Begleitung der kirchenrätlichen Staats-Kirche-Kommission tiefen Einblick in die schaffhausischen staatskirchlichen Verhältnisse. Anlässlich dieser Synode nahm Werner Kägi Stellung zum Entwurf des in Beratung befindlichen Gesetzes über die staatlichen Leistungen an die Kirchen (heute: Gesetz über die Ausrichtung von Beiträgen an die Landeskirchen vom 22. November 1982, SHR 130.100). Der Referent setzte sich dabei auch mit dem Begriff der „Historischen Rechtstitel“ auseinander, die für ihn keineswegs unberechtigt waren. Kägi unterstützte die drei schaffhausischen Landeskirchen im Anliegen, folgenden Satz im Gesetz zu statuieren, der schliesslich als Art. 1 Abs. 2 des obgenannten Gesetzes angenommen wurde: „Diese [staatliche] Leistung erfolgt zum Teil aufgrund von historischen Rechtstiteln.“ Übrigens hatte Werner Kägi ja auch in seinem Heimatkanton Zürich das Bestehen der historischen Rechtstitel anerkannt. Art. 64 der früheren zürcherischen Kantonsverfassung entstammt Kägis Feder: „Die auf historischen Rechtstiteln beruhenden Verpflichtungen des Staates bleiben gewahrt.“ Werner Kägi beendete sein einleitendes schaffhausisches Referat mit den folgenden Worten, die seinen Weitblick, sein richtiges Gespür im Hinblick auf das notwendige partnerschaftliche Zusammenwirken von Staat und Kirchen sowie seine Zukunftshoffnung in klaren Worten wiedergab:

> „Meine grosse Hoffnung für eine Neuordnung beruht darin, dass der Schritt zu grösserer Gerechtigkeit gegenüber den andern Kirchen unter allen Umständen getan wird; dass die Kirchen die Herausforderung zur besseren Verwirklichung

ihrer Dienste auf allen Gebieten aufnimmt; dass der Staat damit aber auch die Rechte, die alten Rechte der Kirche, achtet und so mithilft, dass sie ihre Aufgaben möglichst gut erfüllen kann. – Ich glaube, dass wir ernsten Zeiten entgegengehen. Dabei denke ich hier nicht nur und nicht in erster Linie an die wirtschaftliche Rezession, sondern an die geistlich-sittliche Krise. Zur Bewältigung dieser grossen Aufgaben in radikal bedrohter Zeit aber benötigen wir ein partnerschaftliches Verhältnis zwischen Kirche und Staat, das auf Recht und Treu und Glauben und Loyalität beruht. [...]"

Werner Kägi war ein begnadeter Staatsrechtler, aber auch ein ausgezeichneter und von vielen geschätzter schweizerischer Kirchenrechtler. Das Recht der Kirche und die Kirche selber lagen ihm stets am Herzen.

Jakob Frey

SJKR/ASDE 10 (2005), S. 141-222

Berichte

Zur Neuorganisation des Rechtsschutzes in der evangelisch-reformierten Landeskirche des Kantons Aargau (Fortsetzung)

I. Vorbemerkungen

Die Synode der aargauischen Landeskirche hat an ihrer Sitzung vom 19. November 2003 die neuen Bestimmungen zum kirchlichen Rechtsschutz verabschiedet[1]. Der Grosse Rat des Kantons Aargau genehmigte am 8. Juni 2004 die Änderungen des Organisationsstatuts. Auf den 1. Januar 2005 setzte der Kirchenrat die beschlossenen Gesetzesänderungen in Kraft. Über die Gründe, welche zur Neuorganisation des Rechtsschutzes geführt haben und über den Werdegang der neuen Bestimmungen wurde bereits berichtet[2]. Die nachfolgende Fortsetzung stellt nun die wichtigsten Neuerungen kurz dar und setzt sich mit ihnen kritisch auseinander.

1 Die Änderungen bzw. Neuschaffungen betreffen folgende Erlasse: (a) Organisationsstatut der Evangelisch-Reformierten Landeskirche des Kantons Aargau vom 21. November 1984 (OS; SRLA 111.100), (b) Kirchenordnung der evangelisch-reformierten Landeskirche des Kantons Aargau vom 22. November 1976 (KO; SRLA 151.110), (c) Reglement für das Rekursgericht vom 19. November 2003 (Rekursreglement; SRLA 233.300), (d) Reglement für die Schlichtungskommission vom 19. November 2003 (Schlichtungsreglement; SRLA 238.300).

2 Über das Ergebnis der ersten Lesung vom 4. Juni 2003 hat der Autor bereits berichtet in: SJKR/ASDE 8 (2003), S. 207 ff.

II. Überblick über die Neuorganisation des landeskirchlichen Rechtsschutzes

1. Schlichtungsverfahren

Vor Einreichung einer Beschwerde oder Klage ist inskünftig in allen Streitsachen (bis auf wenige Ausnahmen) die Schlichtungskommission anzurufen[3]. Das Ziel des Schlichtungsverfahrens besteht darin, eine einvernehmliche Lösung der Streitsache herbeizuführen und das Verfahren durch einen von den Parteien unterzeichneten, schriftlichen Vergleich abzuschliessen[4]. Für das Schlichtungsverfahren gelten folgende Grundsätze: (a) Es ist zwingend ein Schlichtungsverfahren durchzuführen; (b) es gilt das Beschleunigungsgebot; (c) der Sachverhalt wird von Amtes wegen festgestellt; (d) es können verschiedenartige Beweismittel erhoben werden, wobei den Parteien die Gelegenheit gegeben werden muss, sich zu den Beweiserhebungen schriftlich zu äussern; (e) Einigungen müssen in Form einer schriftlichen Vereinbarung festgehalten werden; (f) die Parteien haben den Anspruch, dass ihnen das Scheitern des Vermittlungsverfahrens schriftlich bestätigt wird[5]. Die Regelung des Schlichtungsverfahrens lehnt sich an die kantonale Regelung an[6].

Die neu gewählte Schlichtungskommission hat angekündigt, sie werde den Konfliktparteien anbieten, in eine Mediation einzusteigen, wobei sie die Mediatorenrolle übernehme. Voraussetzung für die Mediation sei das Einverständnis der Parteien, ein solches Verfahren durchzuführen[7]. Das von der Synode beschlossenen Schlichtungsverfahren unterscheidet sich in verschiedener Hinsicht von einem Mediationsprozess, wie ihn die Schlichtungskommission anstrebt. Das Schlichtungsverfahren ist formalisierter, zeitlich kürzer und zielt darauf ab, dass sich die Parteien auf einen von der Schlichtungskommission vorgeschlagenen Kompromiss einigen. Bei einer Mediation erarbeiten die Beteiligten gemeinsam eine für alle befriedigende Lösung; ein solcher Prozess dauert in der Regel länger.

3 § 140 Abs. 1 KO.

4 § 140 Abs. 4 KO.

5 § 4 und 5 Schlichtungsreglement.

6 Vgl. § 37 des Gesetzes über die Grundzüge des Personalrechts vom 16. Mai 2000 (Personalgesetz; PersG; SAR 165.100) und § 54 ff. der Personal- und Lohnverordnung vom 25. September 2000 (PLV; SAR 165.111).

7 a+o; Informationen für Mitarbeiterinnen und Mitarbeiter (Herausgeber: Kirchenrat der Reformierten Landeskirche Aarau) Nr. 6, Juni 2005, S. 8 f.

Dass sich die neugewählte Schlichtungskommission, welche sich u.a. aus zwei ausgebildeten Mediatoren zusammensetzt, nicht einfach auf das herkömmliche Schlichtungsverfahren beschränken will, ist zwar verständlich, aber aus rechtlicher Sicht problematisch. Grundsätzlich ist das Verfahrensrecht sowohl für die Gerichtsbehörden als auch für die Prozessparteien verbindlich und kann auch nicht durch übereinstimmende Parteierklärungen ausser Kraft gesetzt werden. In der Praxis können sich vor allem dann Probleme ergeben, wenn eine Partei aus dem Mediationsprozess wieder aussteigen will und nachträglich doch noch das gesetzlich vorgesehene Schlichtungsverfahren durchgeführt werden muss.

2. *Beschwerde- und Klageverfahren*

Der landeskirchliche Rechtsschutz verfügt nun neben dem Beschwerdeverfahren auch über ein Klageverfahren. Es dient dazu, vermögensrechtliche Ansprüche und Streitigkeiten aus öffentlichen Verträgen geltend zu machen[8]. Die Klage ist lediglich subsidiär, d.h. sie kommt nur in Frage, wenn der Beschwerdeweg nicht offen steht. In der Praxis wird sich die Frage der Abgrenzung zwischen Beschwerde- und Klageverfahren daran entscheiden, ob ein Anfechtungsobjekt vorhanden ist. Nur in den Fällen, wo ein Anfechtungsobjekt fehlt, wird das Klageverfahren zur Anwendung kommen. Das kantonale Personalrecht hält die beiden Verfahren strikt auseinander, indem es in einem abschliessenden Katalog regelt, in welchen Belangen eine Verfügung erlassen werden darf[9]. In solchen Fällen muss der Beschwerdeweg eingeschlagen werden[10]. Im landeskirchlichen Recht hingegen ist die Verfügungskompetenz der Anstellungsbehörden nicht ausdrücklich geregelt. Dies kann im konkreten Fall dazu führen, dass strittig ist, ob das Beschwerde- oder das Klageverfahren zu Anwendung kommen soll.

3. *Folgen bei widerrechtlicher Entlassung oder Kündigung*

Der Kirchenrat strebte eine Lösung an, welche der kantonalen Regelung[11] entspricht: Die Wiedereinsetzung eines unrechtmässig entlassenen Mitar-

8 § 150 Abs. 1 KO.
9 § 48 PLV.
10 § 38 Abs. 1 PersG.
11 § 12 PersG.

beiters durch die Rechtsmittelinstanz sollte nach dem Vorschlag des Kirchenrats nicht möglich sein. Die Synode hingegen hat bestimmt, dass die Rechtmittelinstanz eine Entlassung bzw. Kündigung aufheben *kann*[12]. Die „Kann-Formulierung" lässt der Behörde einen Ermessenspielraum. Ein Antrag, wonach die Rechtsmittelinstanz einen widerrechtlichen Entlassungsentscheid aufheben *müsse*, wurde von der Synode abgelehnt[13].

Probleme wird die Auslegung von Satz 2 und 3 der neuen Bestimmung bereiten[14]. Satz 2 wurde auf Antrag des Synodalen, der die Möglichkeit der Wiedereinsetzung des entlassenen Mitarbeiters beantragt hatte, eingefügt. Was mit diesem Zusatz bezweckt werden soll, geht jedoch aus den Ausführungen des Antragsstellers im Synodeprotokoll nicht hervor. Dem Anliegen, dass die Parteien nach einer gemeinsamen gütlichen Lösung suchen sollen, ist bereits dadurch Rechnung getragen, dass die Durchführung eines Schlichtungsverfahrens vorgeschrieben wird[15]. Satz 2 könnte folgendermassen verstanden werden: Die Rechtsmittelinstanz hat zuerst in einem Zwischenentscheid darüber zu entscheiden, ob sie die Entlassung als widerrechtlich erachtet oder nicht. Bevor anschliessend über die Frage einer allfälligen Wiedereinsetzung ins Amt und über Entschädigungsfragen entschieden wird, muss die Rechtsmittelinstanz noch eine Vermittlungsverhandlung mit den Parteien durchführen, mit dem Ziel, in diesen Fragen eine gütliche Lösung (Vergleich) zu erzielen. Satz 2 könnte aber ebenso gut als rein appellativer, nicht anwendbarer Zusatz verstanden werden. Auch Satz 3 ergibt keinen rechten Sinn. Der Passus betreffend Festlegung des Anspruchs auf Feststellung der Widerrechtlichkeit der Entlassung und auf Entschädigung ergibt nur in der vom Kirchenrat vorgeschlagenen Fassung (keine Möglichkeit, einen Entlassungsentscheid aufzuheben) einen Sinn, nicht aber in der von der Synode verabschiedeten Fassung. Nach dieser steht es nun im Ermessen der Rechtsmittelinstanz, nicht bloss die Widerrechtlichkeit einer Entlassung festzu-

12 § 149 Abs. 2 KO.

13 Protokoll der Synode vom 19. November 2003, S. 56 f.

14 § 149 Abs. 2 KO lautet: „Erweist sich im Rechtsmittelverfahren eine Entlassung oder eine Kündigung eines Mitarbeiters oder einer Mitarbeiterin als widerrechtlich, kann der Entscheid aufgehoben werden. Die Parteien suchen nach einer gemeinsamen gütlichen Lösung. Lässt sich eine solche nicht finden, hat die Mitarbeiterin oder der Mitarbeiter Anspruch auf die Feststellung der Widerrechtlichkeit und auf Entschädigung."

15 § 140 Abs. 1.

stellen und eine Entschädigung zuzusprechen, sondern einen Entlassungsentscheid gänzlich aufzuheben.

4. Organisation der Schlichtungskommission

Die Schlichtungskommission setzt sich aus 3 Mitgliedern und 2 Ersatzmitgliedern zusammen und tagt in Dreierbesetzung[16]. Der Vorsitzende und mindestens ein weiteres Kommissionsmitglied dürfen nicht in einem Dienstverhältnis zur Landeskirche oder einer Kirchgemeinde stehen. Der Kirchenrat beabsichtigte, den Personalverbänden bei der Wahl der Schlichtungskommission ein Anhörungsrecht zu gewähren. Eine ähnliche Regelung kennt bereits der Kanton[17]. Die Synode hat dieses Anhörungsrecht gestrichen[18]. Zur Regelung des Verfahrens hat die Synode ein Reglement erlassen[19].

5. Organisation des Rekursgerichts

Um zu betonen, dass es sich um eine Gerichtsinstanz handelt, wurde die Rekurskommission in Rekursgericht umbenannt. Die Synode hat Anträge aus ihrer Mitte, wonach mindestens ein Mitglied bzw. zwei Mitglieder des Rekursgerichts Jurist/en sein müssen, abgelehnt. Der Kirchenrat erklärte in den Beratungen, dass es in der Verantwortung der Synode liege, die richtigen Personen in das Rekursgericht zu wählen, eine genaue Festschreibung der Zusammensetzung sei deshalb nicht notwendig[20].

Das Reglement[21] wurde überarbeitet. Es wiederholt in den §§ 1 und 2 inhaltlich die bereits in der Kirchenordnung enthaltenen Bestimmungen über Zweck und Zusammensetzung sowie die Aufgaben des Rekursgerichts. Im Wortlaut stimmen jedoch § 99 KO und § 1 Rekursreglement nicht genau überein. Zudem hat sich ein redaktioneller Fehler eingeschlichen: Die Synode hat in § 99 KO die Unvereinbarkeitsregelung dahinge-

16 § 98bis KO und § 2 Schlichtungsreglement.
17 § 37 Abs. 3 PersG.
18 Protokoll der Synode vom 19. November 2003; S. 51 f.
19 Schlichtungsreglement.
20 Protokoll der Synode vom 19. November 2003; S. 52.
21 Reglement für die Rekurskommission vom 20. November 1978 (SRLA 233.300); neu: Reglement für das Rekursgericht vom 19. November 2003 (Rekursreglement; SRLA 233.300).

hend verschärft, dass sämtliche Personen, die im Dienste der Landeskirche stehen, nicht dem Rekursgericht angehören können. Bisher waren nur die hauptamtlich im Dienste der Landeskirche stehenden Personen ausgeschlossen. § 1 Rekursreglement wurde redaktionell nicht angepasst und enthält immer noch die frühere Regelung.

Das Rekursreglement enthält keine Bestimmungen für das Verfahren. Gestützt auf § 142 KO gelten die Bestimmungen des kantonalen Verwaltungsrechtspflegegesetzes (VRPG). Nicht ausdrücklich geregelt ist, ob für das Rekursgericht die Bestimmungen des VRPG über die Verwaltungsbeschwerde[22] oder die Verwaltungsgerichtsbeschwerde[23] zur Anwendung kommen sollen. Das Rekursgericht (bzw. die Rekurskommission) tendierte in seiner bisherigen Rechtsprechung dahin, sich auf die Bestimmungen über das Verwaltungsgerichtsverfahren zu stützen[24].

In § 3 Rekursreglement wird ausführlich die Entschädigung der Mitglieder des Rekursgerichts geregelt. Aus dieser Bestimmung ist auch ersichtlich, wie das Rekursgericht (und schon vorher die Rekurskommission) personell zusammengesetzt ist und wie die Aufgabenteilung funktioniert. Gemäss Praxis ist mindestens ein Mitglied der Behörde ein Jurist. Dieser Fachperson (mit dem Titel „Aktuar“) obliegt namentlich die Verfahrensleitung sowie die Vorbereitung des Entscheids (Ausfertigung des Referats). Die Verfahrensleitung durch den Aktuar stützt sich in analoger Anwendung auf § 57 Abs. 1 VRPG, wonach nicht nur der Präsident, sondern auch ein anderes vollamtliches Mitglied die leitenden Verfügungen erlassen und vorsorgliche Massnahmen treffen kann. Die Aufgabe des Präsidenten besteht praxisgemäss in der Sitzungsleitung und der Repräsentation des Rekursgerichts gegenüber anderen Behörden.

Es wäre sinnvoll gewesen, die Überarbeitung des Rekursreglements zum Anlass zu nehmen, die Organisation des Rekursgerichts ausdrücklich zu regeln und Klarheit in gewissen Verfahrensfragen zu schaffen.

22 § 45-50 des Gesetzes über die Verwaltungsrechtspflege vom 9. Juli 1968 (Verwaltungsrechtspflegegesetz, VRPG; SAR 271.100).

23 § 51-58 VRPG.

24 Vgl. Entscheid der Rekurskommission vom 7. Dezember 2004 in Sachen Kirchenpflege A., S. 5 (Anwendbarkeit von der in § 56 Abs. 2 VRPG enthaltenen Kognitionsbeschränkung).

6. Neue Kostenregelung

Nach der bisherigen Regelung waren sämtliche Verfahren vor den Organen der Kirchgemeinden und der Landeskirche kostenlos. Einzig bei mutwilligen Beschwerden konnten die entstandenen Kosten dem Beschwerdeführer auferlegt werden[25]. Im neuen Gesetzeswerk wurde § 143 KO (alte Fassung) durch die §§ 141-142 KO (neue Fassung) ersetzt. Gemäss Botschaft des Kirchenrats sollte es sich dabei um keine inhaltliche Neuerung handeln[26]. Die neuen Paragrafen wurden von der Synode ohne Diskussion genehmigt. Entgegen der Darstellung des Kirchenrates wird jedoch mit § 141 Abs. 1 KO (in der neuen Fassung) für die Parteikosten vom bisherigen Grundsatz der Kostenfreiheit abgewichen und neu auf die Regelung im kantonalen Verwaltungsrechtspflegegesetz (VRPG) verwiesen. Das VRPG sieht für das Verfahren vor Verwaltungsgericht die Zusprechung einer Parteientschädigung an den Obsiegenden vor[27]. Auch in den übrigen Beschwerdeverfahren kann eine Parteientschädigung zugesprochen werden, sofern der Beizug eines Vertreters oder Sachverständigen nicht offensichtlich unbegründet war[28]. In analoger Anwendung des VRPG wird deshalb inskünftig in sämtlichen Verfahren vor dem Rekursgericht sowie in der Regel auch bei Verfahren vor den unteren Instanzen dem Obsiegenden eine Parteientschädigung zuzusprechen sein. Verwirrung stiftet die Formulierung von § 141 Abs. 2 KO (in der neuen Fassung), wonach Verfahrens- und Parteikosten nur bei mutwilligen Beschwerden oder Klagen auferlegt werden können. Diese Klausel kann sich nur auf die Verfahrenskosten, nicht aber auf die Parteikosten beziehen, andernfalls würde der in Abs. 1 neu eingefügte Verweis auf die Regelung des VRPG keinen Sinn machen. Zusammenfassend gilt somit inskünftig für die Kostenverlegung folgendes: Verfahrenskosten werden nur bei mutwilligen Beschwerden oder Klagen erhoben. Parteikosten

25 § 143 KO (in der alten Fassung) lautete: Abs. 1: „Die Verfahren vor den Organen der Kirchgemeinden und der Landeskirche sind kostenlos. Bei mutwilligen Beschwerden können die entstandenen Kosten dem Beschwerdeführer auferlegt werden." Abs. 2: „Im Übrigen gelten die Bestimmungen der Verwaltungsrechtspflege."

26 Botschaft des Kirchenrats vom August 2003 für die Synode vom 19. November 2003 (2. Lesung); S. 8.

27 § 36 Abs. 1 VRPG.

28 § 36 Abs. 2 VRPG.

können bzw. müssen hingegen in der Regel bei Beschwerdeverfahren oder Klageverfahren dem Obsiegenden zugesprochen werden.

Aufgrund von § 141 KO (in der neuen Fassung) ist es auch möglich, in Beschwerdeverfahren vor dem Kirchenrat oder dem Rekursgericht einen unentgeltlichen Rechtsvertreter zu bestellen. Im Klageverfahren kommen zudem in analoger Anwendung von § 37 VRPG die Bestimmungen der Zivilprozessordnung über die unentgeltliche Rechtspflege und die Sicherheitsleistung für die Parteikosten zur Anwendung.

III. Schlussbemerkungen

Das neue Gesetzeswerk wurde im Auftrag des Kirchenrates von einem Anwaltsbüro ausgearbeitet und durchlief anschliessend Vernehmlassungen, Überarbeitungen und eine zweimalige Lesung durch die Synode. Während dieses Überarbeitungsprozesses war die Begleitung durch juristische Fachpersonen nicht in genügendem Masse gewährleistet. Auch die Synode verfügte über keine Fachkommission, welche sich in adäquater Weise mit dem Gesetzeswerk auseinandersetzen konnte. Darauf ist es wohl zurückzuführen, dass dieses nun verschiedene redaktionelle Fehler, inhaltliche Unklarheiten oder Widersprüchlichkeiten enthält. Wenn man die Synodeprotokolle studiert, stellt man fest, dass sich die Synode mit gewissen wichtigen Neuerungen gar nicht befasst, sondern diesen diskussionslos zugestimmt hat. Kann daraus geschlossen werden, dass man sich teilweise der rechtlichen Tragweite von gewissen Bestimmungen nicht voll bewusst und mit dem Beurteilen des Gesetzeswerkes schlichtweg überfordert war?

Einen Hauptmangel des neuen Gesetzeswerkes sehe ich in der mangelnden Koordination mit den kantonalen Regelungen. Der Kanton hat das Personalrecht neu geregelt und in diesem Zusammenhang das Personalrekursgericht geschaffen und ein Schlichtungsverfahren eingeführt. Auch bei der Landeskirche waren es vor allem personalrechtliche Streitigkeiten, welche zum Wunsch nach einem Schlichtungsverfahren und der Möglichkeit eines kirchlichen Klageverfahrens geführt hatten[29]. Es wäre möglich gewesen, das Personalrecht und den Rechtsschutz in dienstrechtlichen Angelegenheiten analog zum Kanton umfassend zu re-

29 Siehe bei Anm. 2.

geln. Die Landeskirche ist diesen Weg nicht konsequent gegangen. Es bleiben deshalb unbeantwortete Fragen (z.B. nach dem Umfang der Verfügungskompetenz der Anstellungsbehörde) und wichtige Abweichungen von der kantonalen Regelung (z.B. zwei Klageinstanzen [Kirchenrat und Rekursgericht] gegenüber einer Klageinstanz [Personalrekursgericht] beim Kanton). Augenfälliges Zeichen für die mangelnde Koordination ist der Umstand, dass in sämtlichen landeskirchlichen Erlassen das kantonale Personalrekursgericht unerwähnt bleibt, obwohl es nun in dienstrechtlichen Angelegenheiten die kantonale Beschwerdeinstanz ist[30]; es wurde nämlich versäumt, Art. 14 Abs. 3 OS und § 147 Abs. 3 KO (beide in der neuen Fassung vom 19. November 2003) entsprechend anzupassen. Hinzu kommt, dass auch noch die Beschwerdefrist von 30 Tagen gemäss § 147 Abs. 3 KO (neue Fassung) vom (übergeordneten) kantonalen Recht[31] abweicht.

Als positiv kann gewertet werden, dass die Synode das Gesetzeswerk nicht einfach in einer ersten Lesung durchpaukte, sondern in einer zweiten Lesung nochmals überarbeitete und gewisse Verbesserungen anbrachte. So beabsichtigte der Kirchenrat, auf eine Änderung des Organisationsstatuts (OS) zu verzichten und lediglich die Kirchenordnung zu ändern. Die Synode hat dieses rechtlich fragwürdige Vorgehen korrigiert und verlangt, dass auch das OS als „Grundgesetz" geändert wird.

Es liegt nun an den mit der Rechtsprechung beauftragten kirchlichen Instanzen (Kirchenrat, Rekursgericht, Schlichtungskommission), mit diesem neuen Gesetzeswerk eine sinnvolle Praxis zu begründen.

Jürg Vögtli

30 § 48 PersG; bisher war der Regierungsrat Rechtsmittelinstanz.

31 § 48 PersG in Verb. mit § 40 PersG: Beschwerdefrist 20 Tage; ebenso: § 59b VRPG: Beschwerdefrist 20 Tage.

Keine freie Kirchgemeindewahl in der Evangelisch-reformierten Kirche des Kantons Basel-Landschaft

I. Rechtsgutachten vom 1. September 2003

Mittels eines durch den kantonalen Kirchenrat in Auftrag gegebenen Rechtsgutachtens war abzuklären, inwieweit die Einführung von Wahlkirchgemeinden in der Evangelisch-reformierten Kirche des Kantons Basel-Landschaft rechtlich möglich ist und, falls diese Optionsmöglichkeit eingeführt wird, welche Gesetzesänderungen nötig sind. Das Rechtsgutachten von Dr. iur. *Patrick Müller* vom 1. September 2003 kam zum Schluss, dass die Einführung von Wahlkirchgemeinden nicht gegen Bundesrecht und kantonales Recht verstossen würde, dass aber innerkirchlich eine Anzahl von Gesetzesänderungen vorzunehmen seien. Insbesondere sei die Kirchenverfassung zu ändern, welche in Art. 5 Abs. 6 das Wohnortsprinzip statuiert. Für die Zulässigkeit von Wahlkirchgemeinden spreche auch, dass ebenfalls die Bürgergemeinden des Kantons Basel-Landschaft das Prinzip kennen, wonach auswärts, aber im Kanton Basel-Landschaft wohnende Ortsbürgerinnen und Ortsbürger am Bürgerort stimmberechtigt sind; es kann – gemäss dem Gemeindegesetz – auch eine Bürgersteuer erhoben werden.

Der Gutachter äusserte sich zwar nicht zur Frage, ob diese Wahlmöglichkeit geschaffen werden soll, brachte dazu jedoch eine gewisse Zurückhaltung zum Ausdruck, wie insbesondere die Schlussabschnitte zeigen.

Das Rechtsgutachten ist im Anschluss an diesen Bericht abgedruckt[1].

II. Juristische, theologische, finanzielle und praktische Aspekte

Zwecks Vorberatung des Projekts „Freie Kirchgemeindewahl" setzte der kantonale Kirchenrat eine Arbeitsgruppe ein, bestehend aus Vertretungen von Kirchenpflegen[2], des Pfarrkonvents sowie des kantonalen Kirchenra-

1 S. 155 ff.

2 = Kirchgemeinderat, bzw. örtlicher Kirchenrat, Kirchgemeindevorstand.

tes. Die Arbeitsgruppe befasste sich nicht bloss mit den juristischen, sondern auch mit den theologisch-kirchlichen und mit finanziellen Aspekten. Im finanziellen Bereich stellten sich u.a. die folgenden z.T. mehr kirchenpolitischen Fragen: Wie wird die Anzahl Kirchgemeindeglieder errechnet und wie der Kantonsbeitrag verteilt?[3] Welcher Kirchgemeinde kommt die Pfarrlohnsubvention des Kantons zugut? Wie wird die Frage des Steuersatzes geregelt (dieser ist zur Zeit unterschiedlich von Kirchgemeinde zu Kirchgemeinde, jede Kirchgemeinde legt den Steuersatz für die Einkommens- und für die Vermögenssteuer selber fest, es bestehen keine kantonalen Vorschriften)? Ist es richtig und sinnvoll, wenn Personen, die mit einer Kirchgemeinde eng verbunden sind, steuerlich unterschiedlich belangt werden? Wer ist für den jeweiligen Steuereinzug verantwortlich? Wie kann einer unverhältnismässigen Einflussnahme von Zugewanderten in die finanziellen Fragen ihrer Wahlkirchgemeinde eine Grenze gesetzt werden? Besteht möglicherweise die Gefahr eines finanziellen Ausblutens von kleinen Kirchgemeinden? Muss ein Kostenbeitrag z.B. für Kinder im Religionsunterricht (analog zu Konfessionslosen) erhoben werden, wenn deren Eltern in einer anderen Kirchgemeinde Mitglied sind? Könnte es zu Wechseln durch Abwerbung kommen?

Aber auch praktische, ekklesiologische bzw. kirchensoziologische Fragen ergaben sich bei der Vorbereitung des Geschäfts, u.a.: Bedeutet ein Wechsel die Möglichkeit, einen Kirchenaustritt zu verhindern? Bedeutet ein Wechsel Entsolidarisierung (Beliebigkeit)? Wie gross ist der administrative Aufwand? Lohnt sich die ganze Sache wegen ein paar wenigen – oder eben gerade für sie, damit sie bleiben? Könnte allenfalls eine Angst vor Dominanz der „Zuzüger“ aufkommen (Beeinflussung einer Pfarrwahl)? Gäbe es zur Wahlkirchgemeinde alternative Modelle (z.B. „Lebensphase-Kirche“: X. ist „ständiges“ Mitglied seiner Wohnortskirchgemeinde, kann aber gelegentlich zur ihm entsprechenden Gesinnungsgemeinde wechseln, ohne dadurch das Stimmrecht in der Wahlkirchgemeinde zu erlangen)?

Im Rahmen einer Vernehmlassung nahm auch der kantonale Pfarrkonvent Stellung: Im Vordergrund stand dabei die Frage: Welche Kirche wollen wir vermitteln? Das Prinzip der Ortskirchgemeinde besagt: Wo

3 Der Kanton Basel-Landschaft bezahlt an die öffentlich-rechtlichen Kirchen einen Beitrag von Fr. 50.– pro Mitglied. Die Evangelisch-reformierte Kirche des Kantons Basel-Landschaft finanziert damit die Spital- und Gefängnisseelsorge und subventioniert die Besoldungen der Gemeindepfarrerinnen und -pfarrer zu 48 %.

man wohnt, soll man sich organisieren. Ein Engagement in einer anderen Kirchgemeinde ist schon bis jetzt möglich und wird auch praktiziert (was fehlt, ist „bloss" das Stimm- und Wahlrecht). Zwei Drittel der teilnehmenden Pfarrerinnen und Pfarrer möchten bei der jetzigen Regelung bleiben, ein Drittel würde es begrüssen, wenn konkrete Lösungen gesucht werden.

Die Arbeitsgruppe empfahl, die Möglichkeit der freien Kirchgemeindewahl nicht zu schaffen.

III. Synode vom 8. Juni 2005

Anlässlich der ordentlichen Frühjahrs-Synode vom 8. Juni 2005 in Gelterkinden wurde über den Problemkreis debattiert[4]. Die Mitglieder der Synode lehnten die Einführung für Kirchenmitglieder, ihre Kirchgemeinde innerhalb des Gebiets der Evangelisch-reformierten Kirche des Kantons Basel-Landschaft frei wählen zu können, mit grossem Mehr und auf Antrag des Kirchenrates ab. Allerdings – wie dies von Seiten des Kirchenrates in Aussicht gestellt wurde – ist denkbar, diese Möglichkeit zu einem späteren Zeitpunkt zu schaffen. An der Synode wurden u.a. die folgenden Bedenken für diese Öffnung vorgebracht:

– Das Wohnortsprinzip muss beibehalten und sollte nicht ohne Not gelockert werden. Es geht dabei auch um das Profil der einzelnen Kirchgemeinde. Somit sind das Ortsprinzip zu stärken und damit auch das Bewusstsein der Zugehörigkeit. Diese Argumentation wurde insbesondere von Pfarrerseite unterstützt.
– Das Territorialprinzip hat die Baselbieter geprägt. Die Evangelisch-reformierte Kirche des Kantons Basel-Landschaft ist eine Volkskirche. Wenn Wahlkirchgemeinden möglich sind, werden die Ortskirchgemeinden geschwächt.
– Gewiss kennen einzelne andere evangelisch-reformierte Kantonalkirchen die Wahlmöglichkeit (Basel-Stadt[5], Kirche beider Appenzell[6],

4 Siehe die Vorlage Nr. 37/2005 des Kirchenrates zuhanden der Synode.

5 § 21 der Verfassung der Evangelisch-reformierten Kirche des Kantons Basel-Stadt. Zur rechtlichen Situation in Basel-Stadt (Partialrevision vom 19. Juni 1996) siehe *Christoph Winzeler*, Die Partialrevisionen der Verfassung der Evangelisch-reformierten Kirche Basel-Stadt von 1996. Ein Überblick, in: Kirche in der Stadt, Bern 1997 (SJKR-Beiheft Nr. 1).

Schaffhausen[7]). Insbesondere die Verhältnisse in der Nachbarkirche Basel-Stadt sind anders als in Baselland (z.B. Einzug der Kirchensteuern durch die Kantonalkirche mit einheitlichem Steuersatz). Indes sind nicht sehr viele Übertritte in eine andere Kirchgemeinde erklärt worden. Für den Kanton Basel-Landschaft liegen keine exakten Zahlen vor. „Die Zahl der Anfragenden für einen Wechsel liegt im Promillebereich."

– Manche praktische Fragen sind noch nicht geklärt. Wie ist es z.B. zu regeln, wenn Eltern in einer Wahlkirchgemeinde sind, die Kinder jedoch den Unterricht am Wohnort besuchen? Wenn einzelne Personen vom Wahlrecht Gebrauch machen, ist die aufnehmende Kirchgemeinde dann verpflichtet, diese Personen aufzunehmen? Soll die Kantonalkirche als 36. Kirchgemeinde vorgesehen werden, z.B. um als Verrechnungsstelle für Kirchensteuern zu dienen?

Auch wurde vom Kirchenrat vorgebracht, dass eine Menge Erlasse zu ändern sein werde, wie das Kirchengesetz vom 3. April 1950[8], die Kir-

---

6 Art. 2 Abs. 4 der Kirchenverfassung der evangelisch-reformierten Landeskirche beider Appenzell vom 26. November 2000: „Jedem Mitglied mit Wohnsitz in Ausserrhoden steht es frei, durch schriftliche Erklärung in eine andere ausserrhodische Kirchgemeinde überzutreten." Siehe auch den Beitrag in: SJKR 6/2001, S. 138-146 („Neue Gesetzgebung der Evangelisch-reformierten Landeskirche beider Appenzell").

7 Art. 4 Abs. 2 der Verfassung der Evangelisch-reformierten Kirche des Kantons Schaffhausen vom 22. September 2002: „Jedes Mitglied gehört zur Kirchgemeinde seines Wohnortes (Wohnortskirchgemeinde), sofern es nicht durch schriftliche Erklärung die Zugehörigkeit zu einer anderen Kirchgemeinde (Wahlkirchgemeinde) erklärt hat. Im letzteren Fall erfolgt die Ausübung der Rechte und Pflichten in der Wahlkirchgemeinde, vorbehalten bleibt die Regelung über den Steuereinzug (Art. 22)." Art. 22 Abs. 2 lautet: „Mitglieder von Wahlkirchgemeinden sind grundsätzlich in dieser nach den dort geltenden Vorschriften steuerpflichtig. Wer einer Wahlkirchgemeinde beitritt, hat Steuern gemäss dem höheren Steuersatz (Wohnortskirchgemeinde oder Wahlkirchgemeinde) zu bezahlen. Der Steuereinzug erfolgt grundsätzlich in der Wohnortskirchgemeinde. [...]." Mit dieser Vorschrift sollte dem „Steuersatztourismus" ein Riegel vorgeschoben werden.

8 Insbesondere § 8a: „(1) Die Kirchgemeinden der Landeskirchen erheben von ihren Angehörigen ihrer Konfession eine Einkommens- und Vermögenssteuer (Kirchensteuer natürlicher Personen). (2) Massgebend für die Veranlagung sind die Steuerfaktoren gemäss Staats- und Gemeindesteuereinschätzung. Die Kirchgemeindeversammlung legt das Steuermass im Rahmen der Kirchenverfassung anlässlich der Beratung des Voranschlages jährlich fest. (3) In Familien gemisch-

chenverfassung vom 8. Juli 1952, die Kirchenordnung vom 5. März 1956 sowie weitere Synodereglemente. Es muss zudem mit noch nicht bestimmten Kosten gerechnet werden, um ein Zentralregister einzurichten, das die paar Fälle erfassen kann. Es stehen der Schaffung der Wahlkirchgemeinden auch Aspekte der Verhältnismässigkeit entgegen.

Wie erwähnt, lehnte die Synode nach durchgeführter Debatte die Schaffung von Wahlkirchgemeinden zum jetzigen Zeitpunkt ab. Der ablehnende Beschluss wurde mit grossem Mehr gefasst.

Red.

ter Konfessionszugehörigkeit wird die Kirchensteuer anteilmässig erhoben. [...]."

Rechtsgutachten zur Frage der freien Kirchgemeindewahl in der Evangelisch-reformierten Kirche des Kantons Basel-Landschaft*

I. Einleitung

Die grundlegenden Normen, welche das Verhältnis von Kirche und Staat im Kanton Basel-Landschaft regeln, sind im staatlichen Recht einerseits die Bestimmungen in der Kantonsverfassung vom 17. Mai 1984[1] und andererseits das Kirchengesetz vom 3. April 1950[2].

Die öffentlich-rechtlich anerkannten Kirchen sind verpflichtet, eine Kirchenverfassung zu erlassen, in welcher sie ihre rechtlichen Grundlagen und ihre Organisation festlegen. Die Kernfrage, welche es abzuklären gilt, ist die Frage, ob die öffentlich-rechtlich anerkannten Kirchen im Rahmen ihres Selbstbestimmungsrechts und des in diesem enthaltenen Selbstorganisationsrechts vom Wohnsitzprinzip beim Wahl- und Stimmrecht abrücken und Wahlkirchgemeinden einrichten können.

Der Verfasser geht davon aus, dass die Evangelisch-Reformierte Kirche Basel-Landschaft Wahlkirchgemeinden schaffen möchte, aber dabei den Wechsel der Kirchgemeinde einzig aus finanziellen, mit der Steuerlast in Zusammenhang stehenden Überlegungen der einzelnen Kirchgemeindemitglieder nicht ermöglichen möchte.

Die Strukturen im Kanton Basel-Landschaft, die sowohl den Einwohnergemeinden als auch den Kirchgemeinden die Festsetzung des Steuersatzes erlauben, machen wohl eine Lösung wie die im Kanton Schaffhausen gewählte, notwendig[3]. Der Verfasser geht davon aus, dass eine ähnli-

* Vgl. auch den redaktionellen Beitrag vorne S. 150 ff.

1 Systematische Gesetzessammlung des Kantons Basel-Landschaft (nachfolgend SGS) 100.

2 SGS 191.

3 Art. 4 Abs. 2 der Schaffhauserischen Kirchenverfassung vom 22. September 2002 [abgedruckt in: SJKR 7 (2002), S. 227-240]: „Jedes Mitglied gehört zur Kirchgemeinde seines Wohnortes (Wohnortskirchgemeinde), sofern es nicht durch schriftliche Erklärung die Zugehörigkeit zu einer anderen Kirchgemeinde (Wahlkirchgemeinde) erklärt hat. Im letzteren Fall erfolgt die Ausübung der Rechte und Pflichten in der Wahlkirchgemeinde; vorbehalten bleiben die Regeln über den Steuereinzug (Artikel 22).“

che Lösung durch die Evangelisch-Reformierte Kirche Basel-Landschaft angestrebt wird. Die im Kanton Schaffhausen gewählte Lösung ist als auf die Evangelisch-Reformierte Kirche im Kanton Basel-Landschaft übertragbar anzusehen.

Die gestellten Fragen lassen sich aufgrund der Komplexität des Themas nicht abschliessend beantworten, insbesondere die vom Verfasser in diesem Gutachten angegebenen notwendigen Änderungen im kirchlichen Recht erheben keinen Anspruch auf Vollständigkeit. Es lässt sich auch nicht ohne detaillierte Kenntnisse der untergeordneten Erlasse im staatlichen Steuerrecht und nochmaliger genauerer Durchsicht der Finanzordnung der Evangelisch-Reformierten Kirche abschliessend feststellen, ob noch weitere Änderungen notwendig sind.

II. Materielles

1. Allgemeine Vorbemerkung

Staat und Kirche sind in Basel-Landschaft rechtlich eng miteinander verwoben, insbesondere wird in den Erlassen der Kirche oftmals für die ‚Detailregelungen' auf die Gesetzgebung des Kantons verwiesen. Diese Tatsache wäre geeignet, Änderungen bei einer Einführung der freien Kirchgemeindewahl nicht nur innerhalb der Erlasse der Evangelisch-Reformierten Kirche des Kantons Basel-Landschaft notwendig zu machen, sondern sie könnte auch Änderungen im Kirchengesetz und anderen staatlichen Erlassen nach sich ziehen. Der Verfasser hat sich nicht nur mit der Literatur zum Verhältnis Kirche-Staat und mit der Rechtsprechung, sondern insbesondere mit dem ihm übergebenen Gutachten in Sachen Wahlkirchgemeinden im Kanton Aargau[4] beschäftigt, welches trotz der Ähnlichkeit der kantonalen Organisation im Ergebnis für die Evange-

---

Art. 22: Mitglieder einer Wahlkirchgemeinde sind grundsätzlich in dieser nach den dort geltenden Vorschriften steuerpflichtig. Wer einer Wahlkirchgemeinde beitritt, hat Steuern gemäss dem höheren Steuerfuss (Wohnortskirchgemeinde oder Wahlkirchgemeinde) zu bezahlen. Der Steuereinzug erfolgt grundsätzlich in der Wohnortskirchgemeinde. Das nähere regelt ein Erlass der Synode.

4 Unveröffentlichtes Gutachten von Dr. iur. Konrad Bünzli vom 11. Juni 2002 über das Projekt Kirche 2002.

lisch-reformierte Kirche des Kantons Basel-Landschaft als nicht massgebend zu betrachten ist[5].

2. *Das Selbstorganisationsrecht von öffentlich-rechtlich anerkannten Kirchen*

Der Umfang des Selbstorganisationsrechts als Teilgehalt des Selbstbestimmungsrechts von öffentlich-rechtlich anerkannten Kirchen ist nicht eindeutig geklärt.

Religionsgemeinschaften, die als private Vereine organisiert sind, können sich diesbezüglich auf die Vereinsfreiheit berufen. Das Selbstorganisationsrecht ist in diesem Fall nur durch das Privatrecht und die Regelungen betreffend die Vereine im Zivilgesetzbuch beschnitten[6]. Demgegenüber ist den öffentlich-rechtlich anerkannten Religionsgemeinschaften die Berufung auf die Vereinsfreiheit gemeinhin verwehrt. Es stellt sich dabei die Frage, inwieweit der Status der öffentlich-rechtlichen Anerkennung das Selbstorganisationsrecht einer Religionsgemeinschaft beschneidet bzw. die Kantone verpflichtet, den Status der öffentlich-rechtlichen Anerkennung nur einer Religionsgemeinschaft zu verleihen, welche die Grundrechte und das Demokratiegebot in Bezug auf die Organisationsform und ihren Aufbau einhält.

Die Regelung der öffentlich-rechtlichen Anerkennung fällt gemäss der allgemeinen Kompetenzausscheidung in der Bundesverfassung in den Kompetenzbereich der Kantone[7]. Dadurch ist die Frage, inwieweit eine Religionsgemeinschaft ihre internen Angelegenheiten selbst regeln kann, auf Bundesebene nicht positivrechtlich geregelt, ebenfalls ist die Rechtsprechung des Bundesgerichts auf die Frage des Selbstorganisationsrechts in Bezug auf das in Frage stehende Demokratiegebot bei den öffentlich-rechtlich anerkannten Religionsgemeinschaften noch nicht direkt eingegangen[8]. Ein Teil der Lehre geht davon aus, dass „sich aus Art. 9

5 Der Verf. möchte an dieser Stelle bemerken, dass er davon ausgeht, dass im Kanton Schaffhausen keine weitergehenden rechtlichen Abklärungen gemacht wurden.

6 Evtl. wäre auch die Rechtsform der Stiftung möglich.

7 Art. 72 Abs. 1 BV; *Ulrich Haefelin/Walter Haller*, Schweizerisches Bundesstaatsrecht, 5. Aufl. Zürich 2001, N. 443 ff.

8 *Martin Grichting*, Kirche oder Kirchenwesen? Freiburg i.Ue. 1997, S. 163 f. Die Rechtsprechung des Bundesgerichts hat bisher die Frage nicht explizit geklärt.

der EMRK und der Rechtsprechung der Konventionsorgane zu diesem Artikel ein ungeschriebenes Recht der Religionsgemeinschaften auf korporative Selbstbestimmungen ergäbe“[9].

Das Bundesgericht hat in mehreren Entscheiden die Frage des Selbstorganisationsrechts angesprochen, aber keinen Entscheid gefällt, welcher die Rechtslage eindeutig geklärt hätte.

Im Entscheid BGE 129 I 91 ff. (Kanton Aargau) betreffend Jurisdiktion innerkirchlicher Organe ist das Bundesgericht aber davon ausgegangen, dass für die öffentlich-rechtlich anerkannte Landeskirche des Kantons Aargau ein Selbstbestimmungsrecht gegeben ist. Das Bundesgericht entschied in diesem Fall, dass eine öffentlich-rechtlich anerkannte Kirche – falls die Kantonsverfassung sie dazu ermächtigt – innerkirchliche Streitigkeiten der Zuständigkeit kircheninterner Justizorgane unterstellen darf. Dies jedoch nur, falls dabei ein genügender Rechtsschutz der einzelnen Person sichergestellt ist.

Im Entscheid BGE 108 Ia 82, Erw. 2, stellte das Bundesgericht fest: „[…] eine Gemeinde oder eine andere öffentlich-rechtliche Körperschaft ist in einem Sachbereich autonom, wenn das kantonale Recht für sie keine abschliessende Ordnung trifft, sondern diese ganz oder teilweise der betreffenden Körperschaft überlässt und ihr dabei eine relativ erhebliche Entscheidungsfreiheit einräumt.“ Dabei ist anzumerken, dass das Bundesgericht im gleichen Entscheid die betroffene öffentlich-rechtliche Kirche als eine Körperschaft mit einem Recht auf eine eigene Organisation und auf weitgehende Selbstverwaltung einstufte[10].

Es ist aufgrund dieser Entscheide anzunehmen, dass ein Selbstorganisationsrecht der Kirchen gegeben ist. Dieses wird jedoch dadurch eingeschränkt, dass es sich aus dem öffentlichen Recht der einzelnen Kantone herleitet bzw. erst das kantonale Recht die Anerkennung der Religionsgemeinschaften möglich macht. Der Kanton kann sein öffentliches Recht nur grundrechts- und demokratiegebunden an die Religionsgemeinschaften weitergeben[11]. Das Selbstorganisationsrecht der Kirchen wird damit

9 *Felix Hafner*, Glaubens- und Gewissensfreiheit, in: Verfassungsrecht der Schweiz, hg. von Daniel Thürer u.a., Zürich 2001.

10 Eine enge Verknüpfung des kirchlichen Stimm- und Wahlrechts mit dem Schweizer Bürgerrecht ist in vielen Kantonen nicht mehr gegeben. Eine solche Verknüpfung ist unter religionsrechtlichen Kriterien sachfremd; *Urs Josef Cavelti*, Kommentar zu Art. 72 BV, in: Die Schweizerische Bundesverfassung, Kommentar hg. von Bernhard Ehrenzeller et al., Zürich 2002, RN 13.

11 *F. Hafner*, Glaubens- und Gewissensfreiheit (Anm. 9), § 44 RN 45.

durch das öffentliche Recht beschränkt[12]. Die anerkannten Religionsgemeinschaften sind also an die grundlegenden, rechtsstaatlichen Prinzipien und den ordre public gebunden. Die demokratische Organisationsform zählt unbestrittenermassen auch dazu. Die Bindung an diese Grundsätze wird in § 137 der Verfassung des Kantons Basel-Landschaft und in § 1 lit. b des Kirchengesetzes positivrechtlich festgeschrieben. Es ist daher darauf einzugehen, ob die Evangelisch-Reformierte Kirche im Rahmen ihrer durch die Kantonsverfassung gewährten Autonomie Wahlkirchgemeinden einführen kann oder ob diese gegen die genannten rechtsstaatlichen Prinzipien verstossen.

3. *Die Regelung des Verhältnisses von Kirche und Staat in der Verfassung und dem Kirchengesetz des Kantons Basel-Landschaft*

Die Verfassung des Kantons Basel-Landschaft regelt das Verhältnis zwischen den Religionsgemeinschaften und dem Kanton in den §§ 136-142 im achten Abschnitt. In § 137 Abs. 1 wird ein generelles Selbstbestimmungsrecht der Landeskirchen – allerdings begrenzt durch Verfassung und Gesetz – statuiert.

Die Regelung des Stimm- und Wahlrechts in Angelegenheiten der Kirche wird den einzelnen Kirchen überlassen, wobei diese das Stimm- und Wahlrecht in der jeweiligen Kirchenverfassung zu normieren haben (§ 138 Abs. 3 der Kantonsverfassung)[13]. Es ist also davon auszugehen, dass der Kanton Basel-Landschaft die inhaltliche Normierung und Ausgestaltung des Stimm- und Wahlrechts in Kirchenangelegenheiten dem Selbstbestimmungsrecht der jeweiligen anerkannten Landeskirche überlässt und lediglich vorschreibt, dieses im Rahmen der Kirchenverfassung zu regeln. Die von den Kirchen gewählte Regelung muss mit dem Bundesrecht und dem kantonalem Recht vereinbar sein.

Demnach ist also zu überprüfen, ob eine Abkehr vom Wohnsitzprinzip durch die Schaffung von Wahlkirchgemeinden mit dem Prinzip der demokratischen Organisationsform vereinbar ist und nicht gegen das De-

12 *Felix Hafner*, Trennung von Kirche und Staat. Anspruch und Wirklichkeit, in: Basler Juristische Mitteilungen, Basel 1996, S. 256, 233 ff.

13 *Rudolf Messerli*, Staat und Kirche, in: Staats- und Verwaltungsrecht des Kantons Basel-Landschaft, Liestal 1998, S. 324 ff.

mokratieprinzip[14] oder gegen kantonales Recht und Bundesrecht verstösst.

Im Allgemeinen wird das Stimmrecht am Wohnsitz der stimmberechtigten Person ausgeübt. Das Wohnsitzprinzip ist in Art. 39 der Bundesverfassung statuiert. Eine Abkehr von diesem verfassungsmässigen Grundsatz ist jedoch in kantonalen und kommunalen Angelegenheiten möglich, wobei keine stimmberechtigte Person an mehr als einem Ort ihre politischen Rechte ausüben kann. Dies entspricht dem Prinzip der Einheit des politischen Wohnsitzes, welches auch für kantonale und kommunale Angelegenheiten Geltung hat. Das Wohnsitzprinzip kann als Teilgehalt des Demokratieprinzips verstanden werden. Der politische Wohnsitz leitet sich im Normalfall vom zivilrechtlichen Wohnsitz ab, erfordert aber zusätzlich zum zivilrechtlichen eine formelle Anmeldung durch Hinterlegung der diesbezüglichen Papiere. Die Kantone haben die Möglichkeit, für neu zugezogene Einwohnerinnen und Einwohner eine Karenzfrist für die Ausübung des Stimmrechts zu statuieren. Diese Karenzfrist kann höchstens drei Monate seit der Niederlassung betragen. Im Kanton Basel-Landschaft ist das politische Stimmrecht in §§ 21 ff. der Verfassung geregelt sowie im Gesetz über die politischen Rechte[15]. In beiden Erlassen wird grundsätzlich davon ausgegangen, dass das Stimmrecht durch die einzelne Stimmbürgerin oder den einzelnen Stimmbürger in der jeweiligen Wohnsitzgemeinde ausgeübt wird. Ausnahmen bestimmt gemäss § 23 Abs. 1 der Verfassung das Gesetz. Eine Abweichung vom Wohnsitzprinzip, die nicht in einem Gesetz statuiert ist, könnte darum immer noch – trotz der Ausnahmeregelung in der Verfassung – gegen das Demokratieprinzip verstossen. In Bezug auf die Bürgergemeinden im Kanton Basel-Landschaft wird im Gesetz über die politischen Rechte festgeschrieben, dass auch die nicht in der Bürgergemeinde wohnhaften Bürgerinnen und Bürger dieser Gemeinde in Angelegenheiten der Bürgergemeinde über das Stimm- und Wahlrecht verfügen, auch wenn sie ihren zivilrechtlichen Wohnsitz in einer anderen Gemeinde des Kantons Basel-Landschaft haben.

Daher kann eine abweichende Regelung des Stimmrechts in den Kirchgemeinden nicht grundsätzlich gegen das Demokratieprinzip verstossen.

In Bezug auf die Organisationsautonomie der Kirchen und das Demokratieprinzip ist zudem eine Güterabwägung vorzunehmen. Es ist dabei

14 *Haefelin/Haller*, Schweizerisches Bundesstaatsrecht (Anm. 7), N. 175 ff.
15 SGS 120.

abzuwägen, ob das Demokratieprinzip überhaupt vollständig auf Kirchgemeinden anwendbar ist. Das Ziel der Überwälzung des Demokratieprinzips auf die öffentlich-rechtlich anerkannten Kirchen ist die Herstellung einer demokratischen Ordnung in Angelegenheiten, in welchen die Kirchen das kantonale öffentliche Recht anwenden. Eine Ausweitung der Anwendung des Demokratieprinzips über diese Sachgebiete hinaus, bei denen es für die Erreichung jenes Ziels erforderlich ist, würde auch dem Verhältnismässigkeitsprinzip zuwiderlaufen[16].

Abschliessend ist anzufügen, dass das Bundesgericht in seinem Entscheid BGE 91 I 119 (Kanton Luzern) die Anwendung von Kulanz gegenüber Gemeinden mit besonderer Aufgabenstellung für richtig erachtet hat. Das Demokratieprinzip ist gemäss diesem – den Einsitz eines Pfarrers ex officio in den Kirchenrat[17] betreffenden – Entscheid nicht in voller Strenge auf Gemeinden anzuwenden, die einen besonderen Zweck haben und deren Aufgaben hauptsächlich auf dem Gebiet der Verwaltung und nicht der Rechtsetzung liegen[18].

Daraus ergibt sich, dass die Einrichtung von Wahlkirchgemeinden generell nicht gegen das öffentliche Recht des Bundes oder des Kantons Basel-Landschaft verstösst. Es ist im Gegenteil davon auszugehen, dass die Evangelisch-Reformierte Kirche des Kantons Basel-Landschaft aufgrund von § 137 Abs. 1 und § 138 Abs. 3 der Kantonsverfassung ein Recht auf eine autonome Regelung des Stimmrechts hat und aus diesem Grund Wahlkirchgemeinden errichten könnte. Die genannten Bestimmungen der Kantonsverfassung ermächtigen die Kirchen, in ihren Kirchenverfassungen eine Ausnahmeregelung vorzusehen, insbesondere da es sich nicht um ein politisches Stimmrecht handelt, sondern um ein kirchliches, das nicht unter den Anwendungsbereich von § 22 der Kan-

16 *Felix Hafner*, Kirche und Demokratie. Betrachtungen aus juristischer Sicht, in: SJKR 2/1997, S. 37-90 (76).

17 Dieses Gremium in der Reformierten Kirche des Kt. Luzern entspricht der Kirchenpflege in der Evangelisch-Reformierten Kirche des Kt. Basel-Landschaft.

18 Die Einsitznahme des Pfarrers in die Kirchenpflege wird von § 14 der Kirchenverfassung der Evangelisch-reformierten Kirche des Kantons Luzern statuiert. Gemäss dem erwähnten Bundesgerichtsentscheid wäre es auch möglich, eine Einsitznahme bzw. ein Stimmrecht ex officio eines Pfarrers in einer Kirchgemeindeversammlung zu statuieren, auch wenn dieser aufgrund seines Wohnsitzes kein ordentliches Stimm- und Wahlrecht hat. Allerdings würde es gegen das Gewaltenteilungsprinzip verstossen, falls eine Person in beiden Gremien gleichzeitig Einsitz und Stimmrecht hat.

tonsverfassung fällt[19]. Die Normen der Kantonsverfassung über das Verhältnis von Kirche und Staat sind als ‚lex specialis' in Bezug auf das kirchliche Stimmrecht anzusehen und damit alleine anwendbar[20]. Darum ist für die Abweichung vom Wohnsitzprinzip auch keine Ermächtigung in einem kantonalen Gesetz notwendig.

4. *Kirchensteuer*

Dabei ist anzufügen, dass auf dem Gebiet der Erhebung der Kirchensteuer dem Demokratieprinzip ein klarer Vorrang vor dem Recht auf Selbstorganisation eingeräumt wird. Aber auch dies steht der Einrichtung von Wahlkirchgemeinden nicht entgegen. Das Stimm- und Wahlrecht betreffend Wahlkirchgemeinden sowie die Regelung betreffend das Steuerrecht muss in der Kirchenverfassung festgeschrieben werden. Die gesetzliche Grundlage für die Steuererhebung und die Delegationsnormen in der Kantonsverfassung und im Kirchengesetz, welche den Kirchgemeinden die Festsetzung des Steuerfusses erlauben, sind m. E. ohne formelle Änderung auch nach der Einführung von Wahlkirchgemeinden anwendbar. Der Kirchgemeindeversammlung wird in § 8a Abs. 2 des Kirchengesetzes ausdrücklich die Kompetenz zur Festsetzung des Steuerfusses erteilt. Diese Delegation ist auch im Falle einer Einführung von Wahlkirchgemeinden rechtsgenügend. Die Einrichtung von Wahlkirchgemeinden ist – wie oben erwähnt – mit dem Demokratieprinzip vereinbar. Wahlkirchgemeinden entsprechen dem Verständnis und den Anforderungen des Staates auch in Steuerangelegenheiten an die demokratische Willensbildung innerhalb der Kirchgemeinden[21].

19 Dazu im Allgemeinen siehe *Alex Ackermann*, Die politischen Rechte, in: Staats- und Verwaltungsrecht des Kantons Basel-Landschaft, Liestal 1998, S. 109 ff.

20 Vgl. oben BGE 108 Ia 82 ff. Die Kirche ist in Bezug auf das Stimmrecht autonom, eine abweichende Reglung zu treffen. Solange sie keine abweichende Regelung trifft, gilt subsidiär das kantonale Recht.

21 Die Bürgergemeinden im Kanton Basel-Landschaft sind ebenfalls autorisiert, von ihren Mitgliedern Steuern zu erheben. Diese so genannte Bürgersteuer wird von allen Bürgern der jeweiligen Bürgergemeinde erhoben, welche im Kanton Basel-Landschaft Wohnsitz haben (§ 135 Abs. 2 SGS 180, Gemeindegesetz). Die Einrichtung von Wahlkirchgemeinden kann somit generell nicht gegen das öffentliche Recht verstossen, falls eine genügende gesetzliche Grundlage besteht. Die genügende gesetzliche Grundlage ergibt sich aus der Verfassung des Kantons Basel-Landschaft und dem Kirchengesetz, das den Kirchen die Regelung des

5. Detailfragen

Es drängt sich jedoch trotzdem auf, zwei Punkte näher zu betrachten:

a) Willkürverbot

Es ist zu prüfen, ob die Errichtung von Wahlkirchgemeinden gegen das Willkürverbot verstösst. Im Gutachten betreffend Schaffung von Wahlkirchgemeinden im Kanton Aargau[22] wird diese Frage zwar diskutiert aber nicht eindeutig beantwortet (bzw. es stellen die Verfasser am Schluss fest, dass die Möglichkeit besteht, dass die Einführung der freien Kirchgemeindewahl eventuell gegen das Willkürverbot verstossen könnte).

In diesem Fall würde das in Art. 9 der Bundesverfassung statuierte Verbot der Willkür in der Rechtsetzung tangiert, welches gemäss dem Bundesgericht zur Anwendung kommt, falls eine Norm sich „nicht auf ernsthafte sachliche Gründe stützen lässt oder sinn- und zwecklos ist“[23]. Falls die Zugehörigkeit zu einer Wahlkirchgemeinde – die mit Rechten und Pflichten verbunden ist – sich nicht auf ernsthafte oder sachliche Gründe stützen lässt, würde die Errichtung einer solchen gegen das Willkürverbot verstossen. Durch die in einem klaren Verfahren abgegebene Willenserklärung der einzelnen Person, einer anderen Kirchgemeinde anzugehören, wird ein neues – genügendes – sachlich-objektives Kriterium geschaffen[24].

Da man dieses sachlich-objektive Kriterium für die Zugehörigkeit zu einer Kirchgemeinde anstelle des Wohnsitzes in der Kirchenverfassung normiert, ist auch eine Grundlage für die Bewertung des sachlich-objektiven Kriteriums gegeben. Sobald ein solches sachlich-objektives Kriterium für die Zugehörigkeit durch die klare und eindeutige Willenserklärung der einzelnen Person geschaffen wurde und dieses in der Kir-

---

Stimm- und Wahlrechts in den Kirchgemeinden überlässt und die Kirchgemeinden, die aufgrund dieses Stimm- und Wahlrechts abstimmen, zur Festsetzung des Steuerfusses ermächtigt. Die Einführung von Wahlkirchgemeinden kann genauso wenig wie die geltende Regelung des Stimmrechts in der Bürgergemeinden (§ 2 SGS 120) gegen kantonales Recht verstossen.

22 Siehe Anm. 4.

23 BGE 116 Ia 81 ff.

24 Bei einem Austritt aus der Kirche wird ebenfalls auf die Willenserklärung der einzelnen Person als sachlich-objektives Kriterium abgestellt.

chenverfassung normiert wurde, ist die Willkürproblematik nicht mehr gegeben.

Bei der Einführung von Wahlkirchgemeinden kann also, falls vom Wohnsitzkriterium abgewichen wird und diese Abweichung genügend normiert wird, m.E. nicht davon gesprochen werden, dass die Errichtung von Wahlkirchgemeinden das Willkürverbot tangiert.

b) Freie Willensbildung und unverfälschte Stimmabgabe

Die im bereits erwähnten Gutachten betreffend Schaffung von Wahlkirchgemeinden in der Evangelisch-Reformierten Kirche des Kantons Aargau geäusserten Bedenken in Bezug auf den Grundsatz der freien Willensbildung und unverfälschten Stimmabgabe, der auch in § 22 Abs. 2 der Verfassung des Kantons Basel-Landschaft statuiert ist, sind näher zu erörtern. Es wird dabei davon ausgegangen, dass die Kirchgemeinden generell ebenfalls von § 23 Abs. 2 der Verfassung des Kantons Basel-Landschaft vom 8. Juli 1952 erfasst werden. Eine Relativierung erfolgt aber aufgrund von § 138 Abs. 3 der Verfassung des Kantons Basel-Landschaft, welcher die Ordnung des Stimm- und Wahlrechts in den Angelegenheiten der Kirchen diesen überlässt. Die Ordnung des kirchlichen Stimm- und Wahlrechts muss aber in der Kirchenverfassung vorgenommen werden. Somit wäre eine Abkehr vom strikten Wohnsitzprinzip im Rahmen der Organisationsautonomie möglich.

Es ist leider davon auszugehen, dass die Befürchtungen in Bezug auf einen durch die freie Kirchgemeindewahl ermöglichten Wahltourismus begründet sind. Eine vollständig freie Wahlmöglichkeit (Gesuche können nicht verweigert werden, vgl. Entwurf Ref. Kirche Kt. Aargau S. 4) könnte diesen Effekt haben. Inwieweit diesem durch Übergangsfristen entgegengesteuert werden kann und inwieweit diese rechtlich möglich sind, müsste abgeklärt werden. Die einfachere Variante wäre eine allgemeine Klausel, welche im Falle von rechtsmissbräuchlichem Wechsel der Kirchgemeinde die Verweigerung des Gesuchs möglich macht. Dies wäre sicherlich die rechtlich einfachere Variante, die aber bei der Anwendung restriktiv zu handhaben wäre. Der Steuersatztourismus würde sich mit dieser Variante wohl nicht vermeiden lassen, falls man nicht die m.E. zu favorisierende Regelung des anwendbaren Steuersatzes im Kanton Schaffhausen übernehmen würde. Die Lösung in § 4 bzw. 22 der Kirchenverfassung der Evangelisch-reformierten Kirche im Kanton Schaffhausen könnte als Modell dienen.

Es kann aber mitnichten behauptet werden, dass die Errichtung von Wahlkirchgemeinden bei vorsichtiger Konzeption gegen den Grundsatz der freien Willensbildung und der unverfälschten Stimmabgabe verstossen würde. Die Konzeption, aufgrund derer Mitglieder einer Bürgergemeinde (§ 2 Abs. 3 SGS 120), welche aber in einer anderen Gemeinde im Kanton Basel-Landschaft Wohnsitz haben, auf Antrag in Angelegenheiten der Bürgergemeinde wählen und stimmen können, verstösst schliesslich auch nicht gegen den Grundsatz der freien Willensbildung und der unverfälschten Stimmabgabe. Die Einheit des Stimm- und Wahlrechts in kirchlichen Angelegenheiten ist gewährleistet, da dem Mitglied der Wahlkirchgemeinde sowohl das aktive wie auch das passive Wahlrecht zuerkannt werden muss. Eine Anwendung eines strikten Wohnsitzprinzips[25] auf eine Kirchgemeinde ist im Lichte der Regelungsautonomie der Kirche in diesem Bereich nicht gegeben. Gemäss Art. 39 Abs. 2 der Bundesverfassung sind die Kantone zudem ermächtigt, für ihren Zuständigkeitsbereich Ausnahmen vorzusehen[26].

Exkurs I: Kirchgemeinden ohne Territorium

Die Evangelisch-reformierte Kirche beider Appenzell hat die Möglichkeit geschaffen, nicht gebietsbezogene Kirchgemeinden zu gründen.

Dies ist m.E. – zumindest im Kanton Basel-Landschaft – nicht möglich, da die Kirche den Status einer öffentlich-rechtlichen Körperschaft innehat und Kirchgemeinden als öffentlich-rechtliche Körperschaften ausgestaltet sind (§ 1c Abs. 1 und § 6 Kirchengesetz). Die öffentlich-rechtliche Anerkennung schafft in diesem Fall eine Gebietskörperschaft mit einem durch die Religionszugehörigkeit definierten personalen Element in der Mitgliederstruktur[27]. Da die Kirchen im Kanton Basel-Landschaft als öf-

25 *Haefelin/Haller*, Schweizerisches Bundesstaatsrecht (Anm. 7), N. 1377.

26 In Bezug auf die im Gutachten betreffend den Kanton Aargau (S. 6) geäusserten Bedenken gegenüber dem Beispiel Schaffhausen ist zu bemerken, dass diese zu vernachlässigen sind, da sich das Kirchenmitglied willentlich für den Übertritt entschieden hat und dadurch die höhere Steuerbelastung und das Fremddiktat der ursprünglichen Wohnsitzgemeinde in Kauf nehmen muss. Ihm ist jederzeit ein Wechsel zurück in die Wohnsitzgemeinde möglich.

27 *Cla Reto Famos*, Die öffentlich-rechtliche Anerkennung von Religionsgemeinschaften im Lichte des Rechtsgleichheitsprinzips, Freiburg i.Ue. 1997, S. 42 f.; unklar *M. Grichting*, Kirche oder Kirchenwesen? (Anm. 8), S. 262 zu BGE 102 Ia 475.

fentlich-rechtliche Gebietskörperschaften ausgestaltet sind, ist die Schaffung einer nicht gebietsbezogenen Wahlkirchgemeinde im Kanton Basel-Landschaft rechtlich nicht möglich. Die Schaffung von nicht gebietsbezogenen Wahlkirchgemeinden ist prinzipiell rechtlich problematisch[28], da die Entstehung einer öffentlich-rechtlichen Gebietskörperschaft als Folge der Anerkennung und der Verleihung von Hoheitsrechten durch einen Kanton betrachtet werden kann[29].

Exkurs II: Einwohner anderer Kantone als Mitglieder von Wahlkirchgemeinden

Dass Einwohner eines anderen Kantons Mitglied einer Wahlkirchgemeinde werden können, darf nicht von vornherein als ausgeschlossen betrachtet werden, ist aber, da sich die Stellung der Kirchen als öffentlich-rechtliche Körperschaften von einem kantonalen Hoheitsakt herleitet, als rechtlich problematisch einzustufen[30]. Bei einer Ausweitung der Möglichkeit, über die Kantonsgrenzen hinweg Mitglied zu werden, sind die Hoheitsrechte und die Regelungen des Verhältnisses von Kirche und Staat und der Mitgliedschaft in den Kirchen der anderen Kantone zu beachten. Die Regelung der Mitgliedschaft in einer Wahlkirchgemeinde von einer in einem anderen Kanton wohnhaften Person könnte nur in Zusammenarbeit mit dem Wohnsitzkanton dieser Person und der dortigen Kirche getroffen werden.

Weitere Schritte, notwendige Änderungen

Die Einführung von Wahlkirchgemeinden im Kanton Basel-Landschaft ist m.E. rechtlich machbar, es müssten aber insbesondere auch noch Abklärungen in Bezug auf die praktische Durchführung eines Kirchgemeindewechsels und die finanziellen Folgen gemacht werden. Aufgrund der Entwicklung im Kanton Schaffhausen gehe ich davon aus, dass nur we-

28 Auf die vollständige Abklärung dieser Frage wurde durch den Verf. verzichtet, da eine solche Konzeption vom Auftraggeber wohl nicht in Betracht gezogen wird.

29 Es ist anzufügen, dass in der Katholischen Kirche teilweise Kirchgemeinden ohne Territorium möglich sind.

30 *C. R. Famos*, Öffentlich-rechtliche Anerkennung (Anm. 27), S. 43.

nige Kirchenmitglieder die durch die freie Kirchgemeindewahl geschaffene Möglichkeit nutzen werden. Insbesondere wäre der Verwaltungsaufwand für die jeweiligen Wechsel der Kirchgemeinde abzuklären[31].

Die theologischen und kirchenpolitischen Fragen im Zusammenhang mit der freien Kirchgemeindewahl zu erörtern, ist Sache des Kirchenrats und der Synode. Den Endentscheid zu fällen wird Sache aller Kirchenmitglieder sein bei der Abstimmung über die unumgängliche Änderung der Kirchenverfassung der Evangelisch-Reformierten Kirche des Kantons Basel-Landschaft.

Notwendige Änderungen

Der nachfolgende Überblick ist rein summarisch und nicht abschliessend, wobei der Verfasser davon ausgeht, dass eine Lösung nach dem Modell Schaffhausen angestrebt wird, welches einen Steuersatztourismus verunmöglicht.

1. Kantonales Öffentliches Recht

a. Kirchengesetz vom 3. April 1950 (SGS 191)

Es ist nicht davon auszugehen, dass § 4 des Kirchengesetzes angepasst werden muss, falls man eine Abkehr vom Wohnsitzprinzip erwägen sollte. Die Tragweite des Verweises auf die Gesetzgebung über die Wahlen[32] ist näher zu betrachten. Er ist nur als allgemeiner Verweis zu verstehen und nicht als zwingende Norm; dies kann aber nicht abschliessend beantwortet werden. Der Verfasser geht aber aufgrund der Bestimmungen über die Bürgergemeinde davon aus, dass eine Ordnung auch dann noch im Sinne der kantonalen Gesetzgebung über Wahlen und Abstimmung ist, falls sie Wahlkirchgemeinden vorsieht.

31 Der Verf. geht davon aus, dass bei der Einführung eines Modells wie in Schaffhausen kein real höherer Steuerertrag erwirtschaftet wird, sondern die durch den Wechsel entstehenden Verwaltungskosten den Mehrertrag bei weitem übersteigen.

32 Gesetz über die politischen Rechte vom 7. September 1981 (SGS 120).

Es ist davon auszugehen, dass keine Änderung des Kirchengesetzes notwendig ist, um die freie Kirchgemeindewahl einzuführen[33]. Das geltende Kirchengesetz stellt m. E. kein Hindernis für eine solche Regelung dar, da es die Organisationsautonomie festschreibt und die Einführung von Wahlkirchgemeinden nicht der kantonalen Gesetzgebung oder der des Bundes zuwiderläuft. Das Kirchengesetz selbst normiert keine Voraussetzung für die Kirchgemeindezugehörigkeit und unterstellt diese auch nicht dem Wohnsitzprinzip.

b. Kirchendekret vom 9. März 1989 (SGS 191.1)

M.E. besteht in diesem Erlass keine Notwendigkeit für Änderungen.

c. Regierungsratsbeschluss betreffend die Wahl der Pfarrer in den drei Landeskirchen des Kantons Basel-Landschaft vom 23. Juli 1957 (SGS 191.12)

Gemäss der zweiten Ziffer des Regierungsratsbeschlusses müssen Änderungen betreffend Wahlen in den drei Landeskirchen dem Regierungsrat zur Genehmigung unterbreitet werden. Der Verweis auf die kantonale Gesetzgebung über Wahlen und Abstimmungen in der ersten Ziffer ist wiederum als allgemeiner Verweis zu werten, welcher nicht geändert werden muss.

2. *Kirchenrecht*

a. Kirchenverfassung vom 8. Juli 1952 (SGS 194)

Das Stimm- und Wahlrecht in den Kirchgemeinden ist aufgrund von § 138 Abs. 3 der Verfassung des Kantons Basel-Landschaft in der Kirchenverfassung zu statuieren. Die Einführung von Wahlkirchgemeinden bedingt also zwingend die Änderung und Ergänzung von Art. 5 Abs. 6 der Kirchenverfassung[34]. Auch eine Anpassung von Art. 6 Abs. 2[35] wäre

33 Indes ist eine Änderung von § 8a des Kirchengesetzes je nach gewähltem Steuermodell notwendig.

34 „Jedes Glied der Landeskirche Gehört der Kirchgemeinde seines Wohnorts an. Jedes Glied der Kirchgemeinde ist auch Glied der Landeskirche."

35 „Ausländer erhalten das Stimmrecht und das aktive Wahlrecht nach einjährigem Wohnsitz in ihrer Kirchgemeinde. […]."

notwendig[36], da dieser für den Erwerb des Stimm- und Wahlrechts auf einen einjährigen Wohnsitz in der jeweiligen Kirchgemeinde abstellt. Die Ausländerinnen und Ausländer sollten auch in Bezug auf die Möglichkeit der freien Kirchgemeindewahl den Schweizerinnen und Schweizern gleichgestellt werden.

Gemäss § 1c Abs. 2 und § 2 des Kirchengesetzes sind die Änderungen der Kirchenverfassungen dem Regierungsrat zur Genehmigung zu unterbreiten.

b. Ordnung der Evangelisch-Reformierten Kirche des Kantons Basel-Landschaft vom 5. März 1956

Die Art. 78-84 der Ordnung der Evangelisch-Reformierten Kirche des Kantons Basel-Landschaft wären dahingehend anzupassen, dass konkrete Verfahrensregeln für den Übertritt von Kirchenmitgliedern in eine Wahlkirchgemeinde festgelegt werden.

Diese sollten den Regelungen des Austritts und Eintritts nachempfunden werden, wobei aber der spezifische Charakter des Übertritts zu berücksichtigen ist. Der Eintritt der Rechtswirkung eines Übertritts in eine andere Kirchgemeinde wäre dabei aus Praktikabilitätsgründen auf den ersten Tag des nächstfolgenden Monats nach der Austrittserklärung festzulegen.

c. Die kirchliche Finanzordnung und die ihr in der Systematik folgenden Erlasse

Das Reglement der Synode betreffend die Kirchensteuern in den Kirchgemeinden vom 19. Juni 1996 muss angepasst werden (Art. 3 Steuerwohnsitz). Allfällige Detailregelungen in Bezug auf die Kirchensteuer von Angehörigen einer Wahlkirchgemeinde könnten in dieses Reglement integriert werden. Die Grundsätze der Besteuerung müssen jedoch in der Kirchenverfassung festgelegt werden[37].

36 Die Anpassung der neuen Fassung von Art. 6 ist durch die Streichung des alten Verweises auf das staatliche Recht nicht mehr nötig.

37 Die Rechte und die Pflichten eines Kirchenmitgliedes können m.E. nicht voneinander getrennt werden, dies bedeutet, dass bei einem Wechsel die Steuerpflicht nicht erst im nächsten Kalenderjahr wechseln kann (Vorschlag Aargau), sondern gleichzeitig mit den Rechten überzugehen hat. M.E. ist es möglich, den Wechsel – wohl meist rückwirkend – aus praktischen Erwägungen auf den der Abgabe der

V. Schlussfolgerung

Die Änderungen und Genehmigungsprozeduren, die im kantonalen staatlichen Recht notwendig sind, liegen in der Kompetenz der Exekutive, eine Änderung des Kirchengesetzes oder anderer generell-abstrakter Normen des kantonalen Rechts ist gemäss der Ansicht des Verfassers nicht notwendig[38]. Innerhalb des kirchlichen Rechts ist aber ein grosser Änderungsbedarf gegeben, insbesondere muss die Kirchenverfassung zwingend geändert werden. Auch die Detailregelung auf den anderen Ebenen des kirchlichen Rechts müssen angepasst werden.

Dabei ist immer zu beachten, dass es sich bei der zur Diskussion stehenden Neuerung nicht nur um eine blosse Änderung einer Norm der Kirchenverfassung handelt, sondern um eine Modifikation, welche die Mitgliedschaft in den Kirchgemeinden auf ein neues Fundament stellt.

Anstelle des Wohnsitzes wird nach der Einführung der freien Kirchgemeindewahl die Willenserklärung des einzelnen Kirchgemeindemitgliedes entscheidend für den Ort der Ausübung der Rechte und Pflichten des Mitglieds sein. Diese Änderung hat eine andere Qualität als die Einführung des Stimmrechts für Ausländerinnen und Ausländer in Kirchenangelegenheiten. Es handelt sich um einen kirchenpolitischen Grundsatzentscheid, der nicht nur in das Verhältnis der einzelnen Gemeindemitglieder untereinander eingreift, sondern auch in die Verhältnisse innerhalb der Kirchgemeinden.

Die Kernfrage, die in diesem Gutachten bewusst ausgespart wurde, betrifft die Frage, inwieweit eine Kirchgemeinde einen Übertritt in ihre

---

Wechselerklärung folgenden Kalendermonat zu fixieren (im Gegensatz zum Austritt, der ‚per Datum' der Erklärung wirksam wird).

38 Falls man im Gegensatz zum Verf. davon ausgeht, dass die Evangelisch-reformierte Kirche des Kantons Basel-Landschaft im Rahmen ihres Selbstorganisationsrechts nicht befugt ist, aus eigener Kompetenz durch Änderung ihrer Kirchenverfassung und nicht des staatlichen Rechts Wahlkirchgemeinden zu schaffen, wäre eine Ergänzung des Kirchengesetzes notwendig, um die diesfalls notwendige Ermächtigung durch das Gesetz gemäss § 23 Abs. 1 der Verfassung des Kantons Basel-Landschaft zu schaffen. Dies entspräche einem Vorgehen analog der Einführung des Ausländerstimmrechts in Kirchenangelegenheiten. Der Verf. hat die Steuergesetzgebung des Kantons zwar nur summarisch geprüft, ist aber nicht der Ansicht, dass diese der Einführung der freien Kirchgemeindewahl entgegenstehen kann.

Gemeinde akzeptieren muss[39]. Bei der Auferlegung eines Zwangs zur Aufnahme könnte unter Umständen das Selbstbestimmungsrecht der einzelnen Kirchgemeinden verletzt werden[40]. Diese Frage sollte – unter anderem – eingehend erörtert werden, falls man die freie Wahlkirchgemeinde einführt und damit quasi einen Systemwechsel vom Wohnortsprinzip zum Willensprinzip in Bezug auf die Mitgliedschaftsrechte der Kirchenmitglieder vornimmt.

Die Einführung von Wahlkirchgemeinden ist rechtlich möglich. Ob man sie einführen soll, ist eine kirchenpolitische Frage, über die der Kirchenrat, die Synode und allenfalls bei der Änderung der Kirchenverfassung das kirchliche Stimmvolk entscheiden muss.

Patrick Müller

39 Die im Kanton Aargau angestrebte Lösung hat eine zwingende Aufnahmepflicht für neue Gemeindemitglieder vorgesehen. Über die Handhabung im Kanton Schaffhausen ist aufgrund der Aktenlage keine Aussage möglich.

40 Eine Regelung analog der Aufnahme, bei welchem gemäss dem Wortlaut der Kirchenverfassung eine Ablehnung m.E. möglich ist, wäre deshalb unter Umständen zu empfehlen (Art. 80 der Ordnung der Evangelisch-reformierten Kirche).

Neue Verfassung des Kantons Basel-Stadt mit ausführlichen Bestimmungen zu Kirchen und Religionsgemeinschaften*

Am 30. Oktober 2005 haben die Stimmberechtigten des Kantons Basel-Stadt die Kantonsverfassung deutlich, mit 28484 Ja-Stimmen gegen 8724 Nein-Stimmen, also mit einem Ja-Stimmen-Anteil von 76,5 % angenommen. Sie tritt am Heinrichstag des nächsten Jahres, am 13. Juli 2006 in Kraft; dieser Tag erinnert an den Bundesbeitritt Basels im Jahr 1501. Die Paragrafen, welche die Kirchen und Religionsgemeinschaften tangieren, sind im Dokumentationsteil dieses Bandes abgedruckt (siehe hinten S. 247 ff.). Die bisherige Kantonsverfassung vom 2. Dezember 1889 regelte das Verhältnis des Staates zu den Kirchen und der Israelitischen Gemeinde in nur vier Paragrafen (§§ 18, 19, 19a und 19b); zudem gibt es das Gesetz betreffend die Staatsoberaufsicht über die öffentlich-rechtlichen Kirchen und die Israelitische Gemeinde sowie über die Verwendung von Staats- und Gemeindemitteln zu Kirchenzwecken (Kirchengesetz) vom 8. November 1973 (SG 190.00; § 130 Abs. 3 der neuen Kantonsverfassung geht weiterhin vom Bestehen eines Kirchengesetzes aus). In der neuen Kantonsverfassung umfasst das 8. Kapitel „Kirchen und Religionsgemeinschaften" 11 Paragrafen (§§ 126-136).

Das 8. Kapitel „Kirchen und Religionsgemeinschaften" ist in der Botschaft zuhanden der Stimmberechtigten wie folgt kommentiert worden (S. 17 f.):

> „In der Schweiz ist es Sache der Kantone, das Verhältnis des Staates zu den Kirchen und Religionsgemeinschaften zu ordnen. Die Kantonsverfassung enthält deshalb die wesentlichen Bestimmungen dazu.
>
> Am bestehenden System der weitgehenden, aber nicht absoluten Trennung von Kirche und Staat, der so genannten ‚hinkenden Trennung', ändert die neue Verfassung nichts. Wie bisher werden die Evangelisch-reformierte Kirche, die Römisch-Katholische Kirche, die Christkatholische Kirche und die Israelitische Gemeinde öffentlichrechtlich anerkannt. Sie unterstehen für ihre Finanzverwaltung der staatlichen Oberaufsicht und dürfen von ihren Mitgliedern Kirchensteuern erheben. Ihre Verfassungen müssen demokratisch legitimiert sein. Im Übrigen ordnen sie ihre Verhältnisse selbständig.

* Eine eingehende Berichterstattung ist für den nächsten Band vorgesehen.

Neu ist nun die Möglichkeit vorgesehen, anderen Kirchen und Religionsgemeinschaften, die privatrechtlich, das heisst zum Beispiel als Vereine oder Stiftungen organisiert sind, eine kantonale Anerkennung zu verleihen, somit einzelne oder mehrere der Rechte einzuräumen, die den öffentlichrechtlichen Kirchen zukommen: zum Beispiel in den Schulräumen der Staatsschulen Religionsunterricht zu geben oder Spital- oder Gefängnisseelsorge zu versehen. Eine solche kantonale Anerkennung ist aber an Bedingungen gebunden, nämlich gesellschaftliche Bedeutung, die Respektierung des Religionsfriedens und der Rechtsordnung sowie eine transparente Finanzverwaltung. Auch die Möglichkeit des jederzeitigen Austritts muss – wie bei den öffentlichrechtlichen Kirchen – gewährleistet sein (§§ 133-134).

Über eine kantonale Anerkennung entscheidet der Grosse Rat mit einem strengen Quorum abschliessend. Unüberlegte Zufallsentscheide sind damit ausgeschlossen, ebenso aber demagogische Auseinandersetzungen auf Kosten von Minderheiten und zum Schaden des Friedens unter den Religionen. Auf die kantonale Anerkennung besteht kein Rechtsanspruch. Sie kann auch, wenn die Voraussetzungen nicht mehr gegeben sind, wieder entzogen werden. Mit dieser neuen Rechtsform besteht die Möglichkeit, neben der Anerkennung bereits alteingesessener kleinerer Glaubensgemeinschaften auch bei uns neu entstandene, aber integrationswillige Religionsgemeinschaften einzubinden und zu unserem Staat und unserer Gesellschaft in ein positives Verhältnis zu bringen.“

Red.

Gemeinsame Datenschutzregelung der drei Landeskirchen im Kanton Luzern

Anlässlich ihres jährlichen Treffens beschlossen die Exekutiven der drei Landeskirchen 2002, eine gemeinsame Datenschutzregelung zu erarbeiten. Als Projektleiter setzten sie Dr. Werner Bräm ein, den ehemaligen juristischen Sekretär des Evangelisch-Reformierten Kirchenrats des Kantons Zürich. Mit der Ausarbeitung eines Entwurfs wurde eine ökumenisch zusammengesetzte Arbeitsgruppe beauftragt. Diese erarbeitete den Entwurf einer Satzung (Gesetz) zum Datenschutz sowie einer Datenschutzverordnung. Der Entwurf dieser Regelungen wurde mit dem kantonalen Datenschutzbeauftragten diskutiert und aufgrund dieser Gespräche überarbeitet. Weiter wurde ein breit abgestütztes Vernehmlassungsverfahren durchgeführt.

Mit der Satzung[1] bzw. dem Synodalgesetz wurde eine Rechtsgrundlage geschaffen, mit der die Exekutiven der drei Landeskirchen ermächtigt werden, in einer Verordnung die Details zu regeln. Dies ermöglicht bei Bedarf eine raschere Anpassung, da für die Änderung der Verordnung die Exekutiven zuständig sind.

Die kirchliche Regelung ergänzt die kantonale Datenschutzgesetzgebung, die auch für die Landeskirchen und die Kirchgemeinden gilt. Eine Vielzahl von Fragen sind deshalb schon in der kantonalen Datenschutzgesetzgebung geregelt (was sind Personendaten? welche Personendaten sind besonders schützenswert? unter welchen Voraussetzungen dürfen Personendaten bearbeitet werden? Bekanntgabe von Daten an Organe und Private? was geschieht mit nicht mehr benötigten Datensammlungen? usw.). Man verzichtete darauf, dies alles in den kirchlichen Bestimmungen zu wiederholen. Im Einzelfall ist daher neben dem kirchlichen Recht auch die kantonale Datenschutzgesetzgebung zu konsultieren (Gesetz über den Schutz von Personendaten vom 2. Juli 1990, Datenschutzgesetz, SRL Nr. 38; Verordnung zum Datenschutzgesetz vom 26. Februar 1991, Datenschutzverordnung, SRL Nr. 38b).

Auf Gesetzesstufe werden von den Kirchen nur die notwendigsten Regelungen getroffen. Die Einzelheiten sollen durch die Exekutiven der drei Landeskirchen in einer gemeinsamen Datenschutzverordnung geregelt

1 Abgedruckt im Dokumentationsteil S. 252 f. dieses Bandes.

werden. Damit die Delegationsnorm genügend bestimmt ist, werden bereits in der Satzung die wesentlichen Punkte aufgeführt, die in der Verordnung zu regeln sind. Es handelt sich dabei um die von den Einwohnerkontrollen generell zu beziehenden Daten über die eigenen Konfessionsangehörigen, die Möglichkeit eines Bezugs weiterer Daten bei Einwohnerkontrollen und anderen amtlichen Stellen, aufgabengebundene Verwendung von Daten, die im zwischenkirchlichen Verkehr ausgetauscht werden, Datensicherung, Datenregister, Bezeichnung der verantwortlichen Personen, Autonomiebereich der Kirchgemeinden und die Sicherstellung eines übereinstimmenden Vollzugs.

Die kirchlichen Instanzen verfügen im Rahmen der Organisation und ihrer kirchlichen Aufgaben über eine Rechtsetzungskompetenz. Sie kann zwar die kantonalen und kommunalen Behörden nicht binden, bildet aber eine Grundlage für Verhandlungen und Absprachen. Die Rechtsgrundlage besteht nur gegenüber Angehörigen der eigenen Konfession, nicht aber gegenüber Angehörigen anderer Konfessionen, was insbesondere bei gemischten Ehen von Bedeutung ist.

Geregelt wird auch der zwischenkirchliche und interkonfessionelle Datenaustausch. Dieser ist nur dort zulässig, wo der kirchliche Dienst in ökumenischer Verantwortung und Zusammenarbeit wahrgenommen wird. Der Austausch soll primär zwischen den drei Landeskirchen erfolgen – für ihren eigenen Rechtsbereich. Die Luzerner Kirchen erhalten aber auch die Grundlage für einen allfälligen Austausch mit andern Kantonalkirchen oder beispielsweise dem Schweizerischen Evangelischen Kirchenbund (SEK).

Die Synode der Römisch-katholischen Landeskirche, die Synode der Evangelisch-Reformierten Kirche des Kantons Luzern und die Kirchgemeindeversammlung des Christkatholischen Kirchgemeinde Luzern haben die entsprechenden gesetzlichen Grundlagen am 27. Oktober, 17. November und 2. Mai 2004 beschlossen. Gestützt darauf haben die Exekutiven der drei Landeskirchen eine gemeinsame Datenschutzverordnung[2] erlassen. Dort sind u.a. folgende wesentlichen Punkte geregelt:

– In § 2 ist geregelt, welche Daten die Kirchen von den Einwohnerkontrollen beziehen können. Dabei geht es um Daten der Angehörigen der eigenen Konfession, im Weiteren die Namen und Geburtsdaten von Kindern, deren Konfession unbekannt ist. Dies ist für die Kir-

2 Abgedruckt im Dokumentationsteil S. 254 ff. dieses Bandes.

chen erforderlich; die Kirchen müssen die Möglichkeit haben, abzuklären, ob die Konfession der Kinder richtig erfasst ist. Oft sind die Eltern der Meinung, die Konfession der Kinder werde direkt miterfasst. Dies ist jedoch nicht immer der Fall.
Weitere Daten können gemäss § 3 erfasst werden. Voraussetzung ist allerdings eine Absprache mit der zuständigen Verwaltungsbehörde. Nach Möglichkeit sind diese Daten bei den betroffenen Personen zu erheben.

- § 4 regelt den Datenaustausch unter den kirchlichen Organisationen und Institutionen. Ein solcher Austausch ist möglich, wenn die Datenempfänger am kirchlichen Gemeindeleben bzw. an der Erfüllung kirchlicher Aufgaben beteiligt sind und die Angaben dafür benötigen. Bei gemeinsamen Aufgaben ist auch ein zwischenkirchlicher Datenaustausch möglich.
- Jede betroffene Person kann ohne Grundangabe ihre Daten sperren lassen (§ 5). In jedem Fall von einer Weitergabe ausgeschlossen sind alle Daten aus der Seelsorge, die der höchstpersönlichen Geheimhaltung unterliegen (§ 3 Satzung über den kirchlichen Datenschutz).
- Die Landeskirchen sorgen für einen übereinstimmenden Vollzug der gemeinsamen Datenschutzregelung (§ 9).
- Die Kirchgemeinden sind für verschieden Aufgaben zuständig. Sie treffen die erforderlichen Absprachen mit den Einwohnerkontrollen, Steuerämtern, Schulbehörden usw. Sie legen fest, welche Mitteilungsblätter, Gruppen und Vereine im Rahmen der Datenschutzgesetzgebung Adressen erhalten. Schliesslich bestimmen sie, in welcher Art Abdankungen, Taufen, Trauungen usw. öffentlich oder im Rahmen kirchlicher Anlässe bekannt gemacht werden (§ 10).
- Die Gemeinden können zusätzlich nach ihren Bedürfnissen gemeindeeigene Rechtsgrundlagen für den Bezug oder das Bearbeiten von Daten erlassen. Diese Regelungen müssen sich allerdings im Rahmen des übergeordneten kantonalkirchlichen Rechts halten (§ 11).

Peter Möri

Auf dem Weg zur neuen Verfassung der Evangelisch-reformierten Kirche Kanton Solothurn

Mit Beschluss vom 12. Juli 2005 genehmigte der Regierungsrat des Kantons Solothurn die neue Verfassung der Evangelisch-reformierten Kirche Kanton Solothurn. Sie ersetzt die Kirchenverfassung vom 4. März 1978. Das neue Grunddokument wurde von den evangelisch-reformierten Stimmberechtigten des unteren Kantonsteils und des Schwarzbubenlandes an der Volksabstimmung vom 5. Juni 2005 mit sehr grossem Mehr angenommen, es ist in die Bereinigte Gesetzessammlung des Kantons Solothurn aufgenommen worden[1]. Die neue Kirchenverfassung wurde im Amtsblatt des Kantons Solothurn publiziert[2].

Nachfolgend wird – nach kurzer Darstellung der staatskirchenrechtlichen und kirchenrechtlichen Ausgangslage (I.) – vorerst an die beiden Bewegungen hin zur Solothurner Kantonalkirche erinnert (II.). Anschliessend geht es darum, die nun geltende Kirchenverfassung 2005 – auch im Vergleich zum Verfassungsentwurf 2001 – in groben Zügen vorzustellen (III., IV.). Zum Schluss soll noch eine besondere Bemerkung zum kirchlichen Stimmrecht im Kanton Solothurn angefügt werden (V.).

I. Staatskirchenrechtliche und kirchenrechtliche Ausgangslage

Eine den ganzen Kanton Solothurn umfassende evangelisch-reformierte Kirche besteht nicht. Ein Teil der reformierten Bevölkerung des Kantons Solothurn, nämlich die „Bezirkssynode Solothurn" (Amtsbezirke Bucheggberg, Wasseramt, Lebern und Solothurn), gehört zur Berner Kirche bzw. zum bernischen Kirchengebiet[3]. Zugrunde liegt heute ein Staatsver-

1 Bereinigte Gesetzessammlung des Kantons Solothurn (BGS), 425.151; im Internet: www.so.ch.

2 Nr. 29, 22. Juli 2005, S. 1419-1427.

3 Art. 5 Abs. 2 der Verfassung der Evangelisch-reformierten Landeskirche des Kantons Bern vom 19. März 1946 (KES [Kirchliche Erlasssammlung] 11.010): „Zum bernischen Kirchengebiet gehört ferner der obere Teil des Kantons Solothurn (Bezirke Bucheggberg, Solothurn, Lebern, Wasseramt), gemäss der Übereinkunft zwischen den Ständen Bern und Solothurn vom 17. Februar 1875 und den seitherigen Nachträgen."

trag („Übereinkunft") aus dem Jahr 1958, der 1979 eine Ergänzung erfuhr[4]. Die staatsvertraglichen Beziehungen zwischen Bern und Solothurn betreffend das Gebiet des Bucheggberges gehen indes noch auf viel frühere Zeit zurück, nämlich bis ins 16. Jahrhundert[5]. Die Übereinkunft zwischen den Kantonen Bern und Solothurn nimmt die Eingliederung der acht dazugehörigen Kirchgemeinden[6] in das bernische Kirchengebiet vor. Nebst anderem bestimmt sie, dass eine entsprechende Anzahl von Kirchengliedern des oberen solothurnischen Kantonsteils in der Bernischen Synode vertreten ist, zur Zeit sind es 12 von 197. Insbesondere werden in der Übereinkunft Kollisionsnormen statuiert, damit klar ist, welches Recht in den evangelisch-reformierten Kirchgemeinden des oberen solothurnischen Kantonsteils anzuwenden ist. Etwas Besonderes ist auch, dass zwei der Kirchgemeinden, nämlich Oberwil bei Büren und Messen, Einwohnergemeinden sowohl des Kantons Bern als auch des Kantons Solothurn umfassen, somit kantonsübergreifend sind. Grob können die Zuständigkeiten wie folgt definiert werden: Für die so genannten Kultusangelegenheiten (christliche Lehre, Kultus, Seelsorge) gilt das Recht der bernischen Synode, für die „äusseren" Kirchenangelegenheiten wie z.B. Gemeindeorganisation, Finanzen, Stimmrecht gilt solothurnisches kantonales Recht.

Art. 61 Abs. 1 des Gesetzes [des Kantons Bern] über die bernischen Landeskirchen vom 6. Mai 1945 (BSG [Bernische Systematische Gesetzessammlung] 410.11): „Das Kirchengebiet der evangelisch-reformierten Landeskirche umfasst die zu ihr gehörenden Kirchgemeinden des Kantons Bern sowie die solothurnischen reformierten Pfarrgemeinden nach den Bestimmungen der Übereinkunft vom 23. Dezember 1958 zwischen den Ständen Bern und Solothurn und seitherigen Ergänzungen."

4 Übereinkunft zwischen den Ständen Bern und Solothurn betreffend die kirchlichen Verhältnisse in den evangelisch-reformierten Kirchgemeinden des Bucheggberges und der Bezirke Solothurn, Lebern und Kriegstetten vom 23. Dezember 1958, ergänzt am 24. Mai 1979 (BSG 411.232.12; BGS 425.131); bis vor Kurzem auch: Systematische Rechtssammlung des Bundes (SR, als Nr. 182), die Übereinkunft wurde letzthin daraus entfernt. Abgedruckt in: *Christoph Winzeler* (Hg.), Konkordate und weitere Verträge [= Beiheft 5 zum SJKR/ASDE], Bern 2004, Nr. 27, S. 180-190.

5 Vgl. *Jakob Frey*, Struktur- und Rechtsfragen der evangelisch-reformierten solothurnischen Synodalorganisation, in: SJKR/ASDE 6 (2001), S. 164-177, und die dort in Anm. 1 angegebene Literatur.

6 Aetingen-Mühledorf, Biberist-Gerlafingen, Derendingen, Grenchen-Bettlach, Lüsslingen, Messen, Oberwil bei Büren, Solothurn.

Die „Evangelisch-reformierte Kirche Kanton Solothurn" besteht demnach nicht aus den Kirchgemeinden sämtlicher solothurnischer Bezirke, sondern nur derjenigen der Bezirke Thal, Gäu, Olten, Gösgen, Dorneck und Thierstein. Die Solothurner Kirche kennt somit eine eigene Synodalstruktur. Ihre Organisation ist grundlegend in der Kantonsverfassung bestimmt, nämlich in den Artikeln 52-57[7]. Die Kirche trug bislang den Namen „Evangelisch-reformierte Kirche *im* Kanton Solothurn", und nicht „[...] *des* Kantons Solothurn". Einen prägnanten Hinweis auf die Geschichte bietet die bis vor kurzem noch gültige Kirchenverfassung vom 4. März 1978 in ihrem Ingress: „[...] Die evangelisch-reformierte Kirche im Kanton Solothurn (früher: ‚Evangelisch-reformierte Kirche im unteren Teil des Kantons Solothurn') konstituierte sich am 17. Mai 1931 als selbständige Synode, wurde vom Regierungsrat am 31. März 1933 als selbständige kirchliche Körperschaft anerkannt und gab sich am 20. Dezember 1948 ihre erste Kirchenordnung, die zugleich Kirchenverfassung und Kirchenordnung umfasste. [...]."[8]

7 Verfassung des Kantons Solothurn vom 8. Juni 1986 (BGS 111.1).

8 Die Kirchenverfassung vom 4. März 1978 war recht schlank, umfasste sie doch nur 25 Artikel. Nach einem Ingress behandelten die Artikel 1-6 unter „Allgemeines" die Themen „Wesen und Aufgabe" (Art. 1), „Rechtsform" (Art. 2), „Verhältnis zu den Kirchgemeinden" (Art. 3), „Verpflichtung" (Art. 4), „Zugehörigkeit" (Art. 5) und „Organe" (Art. 6). Als Organe galten 1. die Synode, 2. der Synodalrat, 3. das Pfarrkapitel, 4. das Pfarramt und 5. die Rechnungsprüfungskommission. Kapitel 2 war der Synode gewidmet: „Stellung" (Art. 7), „Zusammensetzung" (Art. 8), „Wahlen" (Art. 9), „Aufgaben" (Art. 10), „Geldmittel" (Art. 11), „Berechnung der Beiträge der Kirchgemeinden" (Art. 12) und „Finanzausgleich" (Art. 13). Sodann folgte Kapitel 3 mit den Artikeln 14-17 „Der Synodalrat": „Stellung" (Art. 14), „Zusammensetzung" (Art. 15), „Aufgaben" (Art. 16) und „Aufsichtsrecht des Synodalrates" (Art. 17). Kapitel 4 war mit „Pfarrkapitel und Dekanat" überschrieben und bestand aus dem einzigen Art. 18, lautend: „Ordnung, Aufbau und Befugnisse des Pfarrkapitels und des Dekanates werden in der Kirchenordnung festgelegt." Kapitel 5 mit dem einzigen Art. 19 widmete sich der Rechnungsprüfung und Abschnitt 6 enthielt besondere Bestimmungen: „Pastorationsverträge" (Art. 20), „Wahlfähigkeit und Wählbarkeit der Pfarrer" (Art. 21) und „Beschwerderecht" (Art. 22). Schliesslich regelten die Artikel 23-25 die Revision und das Referendumsrecht; mit Art. 25 wurde die Kirchenordnung der Evangelisch-reformierten Kirche im Kanton Solothurn vom 20. Dezember 1948 aufgehoben. Die Kirchenverfassung trat formell an die Stelle der früheren *Kirchenordnung*. Mit Beschluss vom 12. November 1977 wurde dann eine eigene Kirchenordnung (im rechtstechnischen Sinn) erlassen.

II. Frühere Bewegungen mit dem Ziel, eine Kantonalkirche zu gründen

In den letzten Jahrzehnten sind im Kanton Solothurn zu zweien Malen kirchliche Volksabstimmungen durchgeführt worden, die zum Ziel hatten, eine das ganze Kantonsgebiet umfassende solothurnische evangelisch-reformierte Kantonalkirche zu gründen. Beide Male lehnte der kirchliche Souverän dieses Vorhaben jedoch ab.

Zum ersten Mal fand eine gesamtkirchliche Abstimmung zum Zwecke der Gründung einer evangelisch-reformierten solothurnischen Kantonalkirche im Jahr 1984 statt. Vorgängig stellten sich knifflige Verfahrensfragen, die zu lösen waren. Der im Jahr 1989 verstorbene Kirchenrechtler Prof. Dr. *Johannes Georg Fuchs* (Basel und Lostorf/SO) erstellte 1975 ein Rechtsgutachten[9]. Bereits im Jahr 1979 wurde die Übereinkunft zwischen Bern und Solothurn[10] mit Blick auf den Zusammenschluss der beiden Kirchengebiete durch Anfügung eines „Anhangs" ergänzt. Diese Ergänzung betraf eine finanzielle Entflechtung (insbesondere Abgeltung von bisherigen Leistungen und Unterhaltspflichten von Pfarrhäusern, Wegfall von bisherigen Entschädigungen durch den Kanton Bern). Zudem regelte die Ergänzung das Prozedere für die Kirchengründung. Eher wage, gleichsam diplomatisch, hielt der Ingress der Ergänzung 1979 Folgendes fest: „[...] in der grundsätzlichen Bereitschaft, einerseits diese Verbindung auch in Zukunft fortbestehen zu lassen, anderseits auf die Bestrebungen zur Bildung einer Evangelisch-reformierten Landeskirche des Kantons Solothurn Bedacht zu nehmen; [...]." Indes wurde wegen dem Widerstand vor allem der Bucheggberger Kirchgemeinden anlässlich der Abstimmung vom 7. September 1984 die Kantonalkirche klar abgelehnt; im oberen Kantonsteil stimmte einzig die Kirchgemeinde Solothurn der Kirchengründung zu, wogegen die reformierte Bevölkerung des unteren Kantonsteils und des Schwarzbubenlandes geschlossen hinter der Vorlage stand.

Zum zweiten Mal wurde im Jahr 2001 eine gesamtkirchliche Abstimmung mit demselben Ziel durchgeführt. Die Landeskirche wäre gemäss § 5 der regierungsrätlichen Abstimmungsordnung dann zustande gekom-

9 Entstehung der Evangelisch-reformierten Landeskirche des Kantons Solothurn, in: *Johannes Georg Fuchs*, Aus der Praxis eines Kirchenjuristen in der Zeit ökumenischer Begegnung, Zürich 1979, S. 238-272.

10 Übereinkunft Bern-Solothurn (Anm. 4).

men, wenn a) die Mehrheit der Stimmenden der in der Synode der Evangelisch-reformierten Kirche im Kanton Solothurn zusammengefassten Kirchgemeinden (unterer Kantonsteil) dem Beitritt zur Evangelisch-reformierten Kirche des Kantons Solothurn zustimmt, und b) die Mehrheit der Stimmenden der Bezirkssynode Solothurn (oberer Kantonsteil) dem Beitritt zur Evangelisch-reformierten Kirche des Kantons Solothurn zustimmt[11]. Doch auch bei dieser Abstimmung, die am 10. Juni 2001 stattfand, wurde die Vorlage von den Stimmberechtigten des oberen Kantonsteils abgelehnt, wohingegen die Stimmberechtigten des unteren Kantonsteils und des Schwarzbubenlandes mit 5625 Ja- zu 1064 Nein-Stimmen zustimmten. Auch wenn im oberen Kantonsteil das Ergebnis eher knapp ausfiel (4083 Ja-Stimmen standen 5344 Nein-Stimmen gegenüber), so war dies doch ein Verdikt und die geplante Kantonalkirche kam nicht zustande.

Somit gilt nach wie vor und frei nach Julius Caesar: „Ecclesia Solodurensis est omnis divisa in partes duas, [...].“[12]

III. Verfassungsentwurf vom 17. Februar 2001

Im Hinblick auf die Kirchengründung, anlässlich der Abstimmung vom 10. Juni 2001, wurde den evangelisch-reformierten Stimmberechtigten auch der Entwurf einer neuen Kirchenverfassung vorgelegt. Die Stimmberechtigten waren vom Abstimmungskomitee dazu aufgefordert worden, nicht nur die Beitrittsfrage zu bejahen, sondern auch der Kirchenverfassung zuzustimmen. Die Abstimmungsfrage lautete: „Wollt ihr der Evangelisch-reformierten Kirche des Kantons Solothurn beitreten, indem ihr der Kirchenverfassung zustimmt?“[13] Es handelte sich somit nicht um zwei getrennte Abstimmungsfragen, nämlich Beitritt zur neuen Kantonalkirche *und* Zustimmung zur neuen Verfassung, sondern die beiden Fragen waren abstimmungstechnisch aneinander gekoppelt; mit der Kirchengründung wäre gleichzeitig auch die neue Kirchenverfassung in Kraft getreten.

11 Näheres zum Prozedere im oberwähnten Bericht (Anm. 5), S. 171 ff.

12 *G. Iulius Caesar*, De bello gallico, I.1.

13 Botschaft an die evangelisch-reformierten Stimmberechtigten des Kantons Solothurn (Abstimmungsbotschaft), S. 4.

Im Anhang des Abstimmungsbüchleins waren ausserdem die „Grundzüge einer Kirchenordnung“ aufgeführt. Denn es war geplant, später auch die Kirchenordnung einer Totalrevision zu unterziehen. Die aus 200 Artikeln bestehende Kirchenordnung datiert vom 12. November 1977 und ist seit dem 1. April 1978 in Kraft. Bis zum Inkrafttreten der neuen Kirchenordnung hätte die Kirchenordnung 1977 weitergelten sollen. In diesem Sinne bestimmte Art. 44 Abs. 2 des Verfassungsentwurfs 2001: „Bis zur Inkraftsetzung der neuen Kirchenordnung wenden die Organe der Evangelisch-reformierten Kirche des Kantons Solothurn für alle Fragen, die nicht in der Verfassung geregelt sind, das bisherige Recht an.“ Nach der Kirchenabstimmung vom 10. Juni 2001 wurde dann an der Kirchenordnung m.W. nicht weitergearbeitet.

IV. Neue Kirchenverfassung 2005

Wie bereits eingangs erwähnt, ist nun die neue Kirchenverfassung beraten, beschlossen und mittlerweile – nach deren Genehmigung durch den Regierungsrat – schon in Kraft gesetzt worden[14]. Sie musste indes nicht völlig neu redigiert werden, sondern es konnte weitestgehend auf den Entwurf 2001 zurückgegriffen und damit an diese grosse Vorarbeit angeknüpft werden. Im Vergleich zur früheren Vorlage (Entwurf 2001) erfuhr die Verfassung nur an wenigen Stellen Änderungen. Unverändert sind nebst manchen anderen Artikeln die einleitenden und sich auf die Ökumene beziehenden Bestimmungen wie zum Beispiel Art. 3 Abs. 3 und 4: „(3) Sie [die Evangelisch-Reformierte Kirche Kanton Solothurn] achtet in besonderer Weise das Judentum, in dem auch die Christenheit Wurzeln hat. (4) Sie ist offen für den Dialog mit anderen Religionen.“

Zu erwähnen sind – abgesehen von redaktionellen und terminologischen Korrekturen wie z.B. „Rekurskommission“ statt „Beschwerdekommission“ – die folgenden Änderungen, die sich in Abweichung des Entwurfs 2001 ergeben haben:

– Der *Kirchenname* lautete gemäss dem Entwurf 2001 „Evangelisch-reformierte Kirche des Kantons Solothurn“. Neu heisst sie nun „Evangelisch-Reformierte Kirche Kanton Solothurn“, also ohne

14 Inkrafttreten mit regierungsrätlichem Genehmigungsbeschluss vom 12. Juli 2005. Die neue Kirchenverfassung ist im Dokumentationsteil dieses Bandes, S. 258 ff., abgedruckt.

„des". Mit dem Verzicht auf „des" wird – allerdings nicht besonders deutlich – zum Ausdruck gebracht, dass die Kirche nicht das Gebiet des ganzen Kantons umfasst[15].

- *Sitz der Kirche*
  Art. 4 Abs. 3 des Verfassungsentwurfs 2001 bestimmte die Stadt Solothurn als Sitz der Kirche. Dieser Absatz wurde in der Verfassung 2005 ersatzlos gestrichen.
- *Art. 5 Abs. 2 Kirchengebiet*
  Neu und unerwartet ist Art. 5 (Sachüberschrift „Mitgliedschaft und Kirchengebiet") mit folgendem, durch einen zweiten Absatz angereicherten Wortlaut: „(1) Zur Evangelisch-reformierten Kirche Kanton Solothurn gehören alle Evangelisch-reformierten Kirchgemeinden der Bezirke Thal, Gäu, Olten, Gösgen, Dorneck, Thierstein. (2) Evangelisch-reformierte Kirchgemeinden aus andern Bezirken können ihre Mitgliedschaft durch Annahme der Verfassung erklären." Recht ungewohnt, wenn nicht zu sagen unzulässig, ist Abs. 2, wonach evangelisch-reformierte Kirchgemeinden aus anderen solothurnischen Bezirken – e silentio also Bucheggberg, Wasseramt, Solothurn und Lebern[16] – der solothurnischen Kirche beitreten können. Eine solche Bestimmung mutet auf den ersten Blick fast etwas wie ein „Übernahmeartikel" an, ein „unfriendly taking over"[17]. Die Übereinkunft Bern-Solothurn[18] regelt die kirchlich-gebietsmässige Zuordnung indessen eindeutig. Somit ist ein einfacher Übertritt einer evangelisch-reformierten Kirchgemeinde des oberen Kantonsteils zur Kirche Kanton Solothurn ohne vorgängige Änderung des Staatsvertrags nicht möglich. Der Regierungsrat des Kantons Solothurn genehmigte

15 Historisch besteht somit die folgende Abfolge von Kirchennamen: Zuerst „Evangelisch-reformierte Kirche im unteren Teil des Kantons Solothurn" (1931), später „Evangelisch-reformierte Kirche im Kanton Solothurn" (1978) und jetzt „Evangelisch-Reformierte Kirche Kanton Solothurn" (2005), aber nicht „Evangelisch-Reformierte Kirche des Kantons Solothurn" (Entwurf 2001).

16 Vgl. das Verzeichnis der solothurnischen Gemeinden vom 28. Oktober 1997 (BGS 131.3). Ziff. 4.3 führt die Evangelisch-reformierten Kirchgemeinden gegliedert nach Bezirken auf. Zum oberen Kantonsteil gehören demnach die Bezirke Solothurn und Lebern, Bucheggberg und Wasseramt.

17 A la mode de l'art. 138 des la Constitution de la République et canton du Jura.

18 Übereinkunft Bern-Solothurn (Anm. 4).

zwar die neue Kirchenverfassung mit Beschluss vom 12. Juli 2005[19], und zwar ohne Vorbehalt. Allerdings brachte er im Genehmigungsbeschluss folgende Bemerkung zu Art. 5 Abs. 2 an: „[...] Möchte eine evangelisch-reformierte Kirchgemeinde der Bezirkssynode Solothurn der Evangelisch-reformierten Kirche Kanton Solothurn beitreten, so bedingt dies eine vorgängige Änderung des Staatsvertrags über die kirchlichen Verhältnisse in den evangelisch-reformierten Kirchgemeinden des Bucheggberges und der Bezirke Solothurn, Lebern und Wasseramt [...]. Ein isolierter Übertritt, wie ihn der Wortlaut von Art. 5 Abs. 2 zu ermöglichen scheint, ohne dass das Verfahren staatsvertraglich geregelt ist, ist somit nicht möglich. Art. 5 Abs. 2 steht unter dem ausdrücklichen Vorbehalt des Staatsvertrages und darf keinesfalls als Missachtung des negativen Volksentscheids vom 10. Juni 2001 über die Bildung eines evangelisch-reformierten Kirchendaches Solothurn verstanden werden." Dies sind klärende Worte, auch wenn im Genehmigungsbeschluss, wie erwähnt, kein entsprechender Vorbehalt angebracht wurde.

- *Art. 7 Stimm- und Wahlrecht*
  Siehe nachfolgend Abschn. V. Nicht mehr erwähnt ist der Satz des früheren Entwurfs: „Frau und Mann sind gleichberechtigt. In Ämtern und Kommissionen sollen beide Geschlechter angemessen vertreten sein."
- *Art. 17 Abs. 1 Zahl der Synodemitglieder*
  Die Zahl der Synodemitglieder beträgt 40; im Entwurf 2001 waren 60 Synodemitglieder vorgesehen. Hier macht sich der Trend bemerkbar, Parlamente zu verkleinern.
- Art. 39 Quorum für Totalrevision
  Für das Zustandekommen einer Abstimmung über die Totalrevision der Kirchenverfassung werden 500 Stimmen benötigt (2001: 1000).

Eine besondere Bemerkung ist zu Art. 33 betreffend die Wählbarkeitsvoraussetzungen der Pfarrer und Pfarrerinnen anzubringen. Art. 33 hat folgenden Wortlaut (annähernd gleichlautend auch Entwurf 2001): „(1) In das Pfarramt ist wählbar, wer in einer Kirche des Konkordates über die

19 Nr. 2005/1574. Als Folge davon, dass die Sitzungen des Regierungsrates des Kantons Solothurn – m.W. einmalig in der Schweiz – öffentlich sind, werden auch die Beschlüsse des Regierungsrates im Internet veröffentlicht (www.so.ch), soweit nicht schwerwiegende private und öffentliche Interessen entgegenstehen (vgl. Art. 63 Abs. 1 der Kantonsverfassung).

gegenseitige Zulassung zum Pfarramt ordiniert oder wer in den Dienst des Evangelisch-reformierten Synodalverbandes Bern-Jura-Solothurn aufgenommen ist. (2) Über die Gleichwertigkeit anderer Ausweise entscheidet der Regierungsrat auf Antrag des Synodalrates. (3) Der Regierungsrat stellt die Wählbarkeitsvoraussetzungen fest." Mit Abs. 2 ist hiermit eine nicht unbedeutsame Korrektur im Vergleich zur bisher gültigen Kirchenverfassung von 1978 vorgenommen worden. Denn während der Geltungsdauer der Kirchenverfassung 1978 galt Folgendes (Art. 21): „Für die Wahlfähigkeit der Pfarrer werden die Wahlfähigkeitszeugnisse der theologischen Konkordatsprüfungsbehörde anerkannt. *Über die Gleichwertigkeit anderer Ausweise entscheidet der Synodalrat.*" War es also bislang eine kirchliche Behörde, welche die Befugnis besass, andere Wählbarkeitsausweise zu anerkennen, so ist diese Befugnis mit der neuen Kirchenverfassung nun an den Staat übergegangen. Dieser Wechsel ist nicht leicht verständlich, wirkt etwas antiquiert und ist kaum recht zu begründen.

Mit Art. 44 wurde die Kirchenverfassung vom 4. März 1978 aufgehoben. Abs. 2 verpflichtet die Organe der Evangelisch-reformierten Kirche des [sic] Kantons Solothurn[20] für alle Fragen, die nicht in der Verfassung geregelt sind, bis zur Inkraftsetzung der neuen Kirchenordnung das bisherige Recht anzuwenden. Da eine neue Kirchenordnung bislang noch nicht in Kraft gesetzt ist, gilt somit noch die Kirchenordnung vom 12. November 1977. Diese ist mit ihren 200 Artikeln z.T. recht detailliert und wohl vereinzelt auch veraltet (so z.B. die Bezeichnung „Glaubensunterricht in der Schule" Art. 69 ff., „Gemeindehelfer" Art. 171 ff.). Als nächster gesetzgeberischer Schritt sollte jetzt die Revision der Kirchenordnung vorangetrieben werden, da ansonsten der ältere Erlass noch weiter gilt und sich mit der Zeit Widersprüche und Unklarheiten in der Gesetzgebung ergeben könnten.

20 Hier wurde vergessen, „des" zu streichen, so dass die Kirche hier fälschlicherweise „Evangelisch-reformierte Kirche des Kantons Solothurn" heisst. Es handelt sich offensichtlich um ein redaktionelles Versehen, da an dieser Stelle der Entwurf 2001 nicht korrigiert wurde.

V. Besonderes: Zur Frage des kirchlichen Jugendlichen-stimmrechts (Art. 7 der neuen Kirchenverfassung)

In einem besonderen Punkt ist schliesslich noch auf eine wichtige Entwicklung beim kirchlichen Stimmrecht hinzuweisen, welche das Jugendlichenstimmrecht betrifft[21]. Zu diesem Zweck sind die Art. 7 des Kirchenverfassungsentwurfs 2001 und Art. 7 der Kirchenverfassung 2005 zum Vergleich nebeneinander zu halten:

Art. 7 des Verfassungsentwurfs 2001 lautete (Abs. 1 und 2): „(1) Sämtlichen Mitgliedern der Evangelisch-Reformierten Kirche des Kantons Solothurn, welche das 16. Altersjahr zurückgelegt haben, steht in allen innerkirchlichen Angelegenheiten das Mitspracherecht zu. (2) Das Stimm- und Wahlrecht richtet sich nach der Kantonsverfassung und dem Gesetz über die politischen Rechte." Es wurde hier also zwischen „Mitspracherecht" (ab 16 Jahren) und „Stimm- und Wahlrecht" (richtet sich nach dem kantonalen Recht, das heisst also ab 18 Jahren) unterschieden. Das Stimmrechtsalter für die Kirchenmitglieder konnte aus staatsrechtlichen Gründen nicht in der Kirchenverfassung festgelegt werden, sondern massgebend war das Gesetz über die politischen Rechte vom 22. September 1996[22]. Von kirchlicher Seite war zwar, u.a. aus theologischen Gründen, gefordert worden, das Stimmrechtsalter von 18 auf 16 zu senken, allerdings stand dem das geltende kantonale Recht entgegen, welches den Beginn des kirchlichen Stimmrechtsalters zwingend bei 18 Jahren ansetzt.

Art. 7 der neuen Kirchenverfassung verzichtet jetzt auf die Unterscheidung von „Mitspracherecht" (ab 16 Jahren) und „Stimm- und Wahlrecht" (gemäss kantonalem Recht). Art. 7 lautet nur sehr kurz: „Das Stimm- und Wahlrecht richtet sich nach der Kantonsverfassung und dem Gesetz über die politischen Rechte."

Diese knappe und inhaltlich lediglich verweisende Regelung von Art. 7 der neuen Kirchenverfassung sollte nun aber im Lichte einer Vorlage zur Änderung der Kantonsverfassung gesehen werden, über die am 25. September 2005 abgestimmt wurde. Es ging dabei (u.a.) um die Möglichkeit der Einführung des Stimmrechtsalters 16 durch die Kirchgemeinden. Vorgesehen war, Art. 55 Abs. 4 der Kantonsverfassung wie folgt zu

21 Vgl. dazu *J. Frey*, Struktur- und Rechtsfragen der solothurnischen Synodalorganisationen (Anm. 5), Abschn. IV., S. 175-177.

22 BGS 113.111.

ändern: „Die Kirchgemeinde kann das Stimm- und Wahlrechtsalter auf 16 Jahre senken.“ Mit dieser Bestimmung hätte es den Kirchgemeinden ermöglicht werden sollen, das Stimmrechtsalter auf 16 zu senken – oder sie hätten es bei 18 Jahren belassen können. In den offiziellen Abstimmungserläuterungen[23] ist die Abstimmungsvorlage wie folgt vorgestellt worden: „Von Seiten der Kirchgemeinden wird vermehrt die Forderung nach Senkung des Stimm- und Wahlrechtsalters auf das Alter der ‚kirchlichen Mündigkeit‘ gestellt. Die Kirchgemeinden sollen die Möglichkeit erhalten, das Stimm- und Wahlrecht auf 16 Jahre zu senken. 16 Jahre würden dem Alter der kirchlichen Mündigkeit entsprechen. Die stärkere Einbindung von jungen Kirchgemeindegliedern in die Verantwortung könnte sich positiv auf die Aktivitäten im Gemeindeleben auswirken. Andererseits ist es auch eine hilfreiche Massnahme bei der Suche nach neuen Behördemitgliedern. Auch bei dieser Vorlage geht es nicht darum, das Stimmrechtsalter generell zu senken, sondern den Kirchgemeinden die Möglichkeit zu geben, dies zu tun, wenn sie es wollen. Es soll ihnen freistehen, das Stimmrechtsalter auf 16 Jahre zu senken oder bei 18 Jahren zu belassen. Ausdrücklich sei festgehalten, dass es nur ein ‚Entweder-Oder‘ gibt. Ein Stimmrechtsalter 17 gilt als ausgeschlossen, da diesem Alter die sachlogische Begründung fehlt.“

Allerdings hat nun der kantonale Souverän diese Neuerung abgelehnt[24], auch wenn sie von kirchlicher Seite befürwortet wurde. Das Stimmenverhältnis betrug bei einer Stimmbeteiligung von 51,83 %: 37 235 Ja-Stimmen gegen 47 272 Nein-Stimmen, d.h. der Anteil der Ja-Stimmen war lediglich 44,06 %. Diese Ablehnung ist nicht leicht nachzuvollziehen, zumal zur Zeit dieser Berichterstattung noch kein Ergebnis einer Abstimmungsbefragung vorliegt. Anlässlich der Verabschiedung der so-

23 AbstimmungsInfo. Offizielle Mitteilungen zur kantonalen Volksabstimmung vom 25. September 2005.

24 Gleichzeitig sind den Stimmberechtigten am 25. September 2005 noch zwei weitere Verfassungsänderungen vorgelegt worden: Nach einem neuen Art. 25 Abs. 4 hätten die Einwohnergemeinden den niedergelassenen Ausländerinnen und Ausländern das Stimm- und Wahlrecht gewähren können. Und als Folge einer Änderung von Art. 27 Ziff. 4 lit. b war vorgesehen, dass der Gemeindevizepräsident bzw. die Gemeindevizepräsidentin nicht mehr an der Urne zu wählen ist. Nur diese letztgenannte Vorlage wurde angenommen. Ebenfalls abgelehnt, nämlich mit 52 167 Nein gegen 33 703 Ja, wurde die Vorlage, dass die Einwohnergemeinden den niedergelassenen Ausländerinnen und Ausländern das Stimm- und Wahlrecht gewähren können.

lothurnischen Kantonsverfassung vom 8. Juni 1986 wurde Art. 55 Abs. 3 wie folgt statuiert: „Die Kirchgemeinde kann niedergelassenen Ausländern das Stimm- und Wahlrecht gewähren." Hätte der Wortlaut damals nur leicht anders gelautet, nämlich „Die Kirchgemeinde kann das Stimm- und Wahlrechtsalter auf 16 senken und sie kann niedergelassenen Ausländern das Stimm- und Wahlrecht gewähren", so wäre diese Neuerung mit an Sicherheit grenzender Wahrscheinlichkeit von den Stimmberechtigten akzeptiert worden[25]. Die Regelung des Stimmrechts wird heute zunehmend als „innerkirchliche" Angelegenheit gewertet und empfunden[26]. Art. 57 Abs. 1, 2. Satz der solothurnischen Kantonsverfassung bestimmt: „Die Kirchgemeinden unterstehen der Aufsicht, die Synoden der Oberaufsicht des Kantons. Die innerkirchliche Selbstbestimmung ist gewährleistet." Der kantonale Souverän hat es nun abgelehnt, dem auch theologisch begründeten innerkirchlichen Wunsch, das Stimmrechtsalter auf 16 senken zu können, zu entsprechen. Dies ist mit dem Grundsatz von Art. 57 Abs. 2, 2. Satz der Kantonsverfassung, wonach die innerkirchliche Selbstbestimmung gewährleistet ist, nicht ohne Weiteres in Einklang zu bringen. Somit muss sich die evangelisch-reformierte Bevölkerung (und betroffen sind auch die anderen öffentlich-rechtlich anerkannten Kirchen) weiterhin mit dem auf das staatliche Recht verweisenden Art. 7 ihrer Kirchenverfassung zufrieden geben. Angebrachter, kirchen- und zeitgerechter wäre es indes, wenn die Kirchen ihr Stimmrecht in der Kirchenverfassung selber regeln könnten und ihnen die Kantonsverfassung hierzu die nötige Kompetenz delegieren würde.

Jakob Frey

25 In den meisten schweizerischen Landeskirchen – mit Ausnahme u.a. von Zürich, Bern, St. Gallen – liegt das Stimmrechtsalter in kirchlichen Angelegenheiten bei 16 Jahren. Manche Kantone überlassen es den Landeskirchen, das Stimmrechtsalter selber festzulegen, so z.B. Art. 136 Abs. 2 der glarnerischen Kantonsverfassung: „Die Kirchen ordnen ihre Angelegenheiten selbst. Das Stimm- und Wahlrecht in kirchlichen Angelegenheiten wird durch die Kirchenverfassung geregelt." (ähnlich Art. 122 Abs. 2 der bernischen Kantonsverfassung vom 6. Juni 1993, BSG 101.1)

26 *Ueli Friederich*, Kirchen und Glaubensgemeinschaften im pluralistischen Staat, Bern 1993, S. 421 f., kommt zum Schluss, dass sich einschränkende Vorschriften beim Stimmrecht unter grundrechtlichen Gesichtspunkten heute kaum mehr rechtfertigen lassen, weil sich das kirchliche Selbstverständnis in aller Regel weder an staatlichen Gesetzen orientiert noch ein bestimmtes Alter zur Voraussetzung vollwertiger Mitgliedschaft macht.

Legge sulla Chiesa cattolica del Canton Ticino

I. Einleitung

Das Gesetz über die Katholische Kirche aus dem Jahr 2002 (Legge sulla Chiesa cattolica[1]) löste am 1. Januar 2005 das bisherige Kirchengesetz aus dem Jahr 1886[2] ab, welches nur für die katholische Kirche galt. Auch nach der öffentlich-rechtlichen Anerkennung der reformierten Kirche im Jahr 1975 änderte sich daran nichts[3]. Erst seit 1995 verfügt die evangelisch-reformierte Kirche (de facto die Kirche der Deutschschweizer Zuwanderer) über ein eigenes Gesetz[4] und ist zumeist der katholischen Kirche gleichgestellt.

Bei der Lektüre des neuen Gesetzes hat man insgesamt den Eindruck, dass die katholische Kantonalkirche als eine Art „geschütztes Kulturgut" angesehen wird, über welches der Kanton im Rahmen der Verteidigung der kantonalen Identität (ganz ähnlich wie über die italienische Sprache) legiferiert, wobei er z.T. in die innere Organisation der Kirche eingreift, ohne jedoch je auf das weltanschauliche Gebiet herabzusteigen. Der Tatbestand hat seine Bedeutung: während im Gesetz von 1886 (das nicht ganz zufällig *Legge sulla libertà della Chiesa Cattolica* hiess) die damals gerade erst wieder an die Macht zurückgekehrten Katholisch-Konservativen die Kirche vor Einmischungsversuchen des Staates und insbesondere der Radikalen Partei schützen wollten, scheint heute unter den politischen Kräften des Kantons ein Konsens darüber zu herrschen, dass die Kantonalkirche als Körperschaft eine möglichst grosse Autonomie sowohl gegenüber dem Staat als auch gegenüber dem Heiligen Stuhl haben soll, dies allerdings unter Wahrung historisch gewachsener lokaler

1 Legge sulla Chiesa cattolica del 16 dicembre 2002, RL 2.3.1.1, abgedruckt auf S. 267 ff. dieses Jahrbuches.

2 Legge sulla libertà della Chiesa Cattolica e sull'amministrazione dei beni ecclesiastici del 28 gennaio 1886, Kant.Gslg. Nr. 36, zitiert nach *Dieter Kraus*, Schweizerisches Staatskirchenrecht, Tübingen 1993, S. 282; abgedruckt in SJKR Beiheft 2/1999, S. 297 ff.

3 *D. Kraus*, Schweizerisches Staatskirchenrecht (Anm. 2), S. 284.

4 Legge sulla Chiesa evangelica riformata nel Cantone Ticino del 14 Aprile 1997, RL 2.3.2.1.

Privilegien und Gebräuche (Rolle der politischen Gemeinden, Grenzen der Kirchgemeinden, usw.).

Im Unterschied zur reformierten Kirche sind in Bezug auf die katholische Kirche viele der geregelten Tatbestände (Beziehungen zwischen kath. Kirchgemeinde und politischer Gemeinde, Besitz der Kirchengebäude und anderer kirchlicher Güter, Bezuschussung der Kirchgemeinden durch die politischen Gemeinden u.a.) historisch gewachsen, worauf sowohl der Regierungsrat in seiner Botschaft als auch der Kommissionssprecher im Grossen Rat wiederholt hingewiesen haben[5]. Fragen rein praktischer Natur, die nicht direkt die Beziehungen zwischen Staat und Kirche betreffen (z.B. Glockengeläut) wurden daher auch nicht ins Gesetz, sondern ins vom Regierungsrat erlassene Anwendungsreglement[6] aufgenommen.

II. Aufbau des Gesetzes

Das Gesetz kommt ohne Kapitel oder weitere Unterteilungen aus. Die Artikel reihen sich aneinander, wobei einerseits der Aufbau der Kirche und andererseits der Vorrang des staatlichen Rechts die Logik des Gesetzesaufbaus vorgibt: Nachdem die Katholische Kirche im Tessin als Körperschaft des öffentlichen Rechts gewährleistet (Art. 1) und die Mitgliedschaft geregelt wird (Art. 2), kommt zuerst die Diözese (Art. 4-6) und dann die Gemeinde (8-20) in ausführlichen Bestimmungen an die Reihe.

III. Körperschaft des öffentlichen Rechts

Art. 24 der kantonalen Verfassung[7] definiert die Katholische Kirche als Körperschaft des öffentlichen Rechts. Artikel 1 des Gesetzes wiederholt dies und spricht dabei von der „Chiesa cattolica apostolica romana nel

5 Messaggio, 18 settembre 2001 und Rapporto sul messaggio, numero 5159, 6 novembre 2002.

6 Regolamento della legge sulla Chiesa Cattolica del 7 dicembre 2004, RL 2.3.1.1.1.

7 Costituzione della Repubblica e Cantone Ticino del 14 dicembre 1997, RS 131.229; RL 1.1.1.1, in Kraft seit 1. Januar 1998; abgedruckt in SJKR Beiheft 2/1999, S. 297.

Cantone Ticino". Damit wird eine Terminologie aufgegriffen, die schon im Gesetz von 1886 benutzt wurde, womit eine gewisse Kontinuität zu diesem Gesetz geschaffen wird.

Es ist bemerkenswert, dass der „Ordinario" ausdrücklich mit dem Zusatz „Vescovo di Lugano" definiert wird; also der Bischofssitz festgelegt wird. Diese Definition erfolgt unter Berufung auf die Bestimmungen der Konvention vom 24. Juli 1968 zwischen dem Schweizer Bundesrat und dem Heiligen Stuhl über die Abtrennung der Apostolischen Administration des Tessins vom Bistum Basel und ihre Umwandlung in ein Bistum[8].

IV. Mitgliedschaft

Die Mitgliedschaft ist nach den Prinzipien der Mitgliedschafts-Präsumption und Territoritalität geregelt, wobei verfassungsgemäss ein Austrittsrecht besteht. Die zuständige Kirchgemeinde ist die Wohnsitzgemeinde, u.a. mit dem erklärten Ziel, die politischen Rechte in der Kirchgemeinde auch auf die katholischen Ausländer auszudehnen. Letzteres stellt ein staatspolitisch interessantes Ziel dar, gerade in Bezug auf die Integration von Ausländern. Die Wahrnehmung der innerkirchlichen politischen Rechte ist ab dem vollendeten 16. Lebensjahr möglich, dies unter Berufung auf Artikel 303 Abs. 3 ZGB[9] und weil gleiches schon im Gesetz über die reformierte Kirche stehe[10]. Bei der Beratung hat der Kommissionssprecher daneben angeführt, auch die BV lege die Religionsmündigkeit bei 16 Jahren fest, was aber nicht zutrifft[11].

V. Diözese

Es wird ausdrücklich darauf verzichtet, die Grenzen der Diözese zu definieren, was der Regierungsrat in seiner Botschaft damit begründet, dass

8 Damals war aufgrund des sog. Bistumsartikels eine solche Konvention noch nötig. (Abgedruckt in: SJKR/ASDE Beiheft III: Konkordate und weitere Verträge, Bern 2004, S. 140-143.)

9 Art. 303 Abs. 3 ZGB: „Hat ein Kind das 16. Altersjahr zurückgelegt, so entscheidet es selbständig über sein religiöses Bekenntnis."

10 Legge sulla Chiesa evangelica riformata nel Cantone, Art. 5.

11 Rapporto sul messaggio n. 5159, ad art. 3.

nach der Abschaffung des Bistumsartikels der BV keine Möglichkeit mehr dazu bestehe[12]. Es ist also theoretisch ohne weiteres möglich, dass der Heilige Stuhl die Grenzen der Diözese ausdehnt oder verkleinert. In der Praxis dürften organisatorische und pragmatische Erwägungen (die Kantonalkirche ist Körperschaft des öffentlichen Rechts natürlich nur im Geltungsbereich der Tessiner Kantonsverfassung) eine solche Möglichkeit weitestgehend ausschliessen.

Die „Prerogative dell'Ordinario" sind in Art. 5 sehr allgemein gefasst, da er das gesamte Leben der Kantonalkirche beaufsichtigen („vigilare") darf. Es wird ausdrücklich festgehalten, dass dies auch für die „Beni ecclesiastici" gilt. Abs. 2 legt sogar fest, dass er die Kirchgemeinden einrichten, abschaffen und umwandeln kann, wenn auch mit der Einschränkung „sentite le Assemblee parrocchiali interessate". Im stark vom Kirchturmgeist geprägten Tessin ist dies nicht so selbstverständlich[13].

Die Finanzierung der Diözese ist nicht neu geregelt, sondern das Gesetz ist eine Beschreibung des bereits bestehenden Ist-Zustandes[14]. Interessant ist Abs. 4: „La diocesi è tenuta a rendere pubblici, ogni anno, i suoi conti." Es wird deutlich, dass der Charakter als Körperschaft des öffentlichen Rechts auch Pflichten mit sich bringt, hier die Offenlegung der Bücher.

VI. Gemeinde

In Art. 9 wird dem Pfarrer die alleinige Leitung der Gemeinde garantiert, nach den Bestimmungen des Bischofs. Die „organi parrocchiali" können nur mit ihm zusammenarbeiten.

Artikel 10 regelt die Frage der Ernennung der Ortspfarrer. Dies ist immer wieder ein kontroverser Punkt in einem direktdemokratischen Land wie der Schweiz. Die Lösung ist ein eleganter Kompromiss, der allerdings Konflikte nicht ausschliessen kann. „La designazione del Parroco spetta all'Ordinario [...]" bedeutet in der Praxis ein Vorschlags-, eigentlich sogar ein Ernennungsrecht für den Bischof, während der Zusatz „[...] la sua nomina compete all'Assemblea parrochiale" in der Praxis ei-

12 Kommentar zu Art. 4.

13 Vgl. auch Art. 8 Abs. 2, wo festgelegt wird, dass normalerweise Kirchgemeinde und politische Gemeinde übereinstimmen sollten.

14 Art. 6.

ne Art Vetorecht der Gemeindeversammlung für nicht genehme Kandidaten beinhaltet. Theoretisch wäre hier durchaus denkbar, dass eine Gemeindeversammlung einen oder mehrere Kandidaten des Bischofs ablehnt, auch wenn der Regierungsrat in der Botschaft davon spricht, das Gesetz passe sich nur an eine gut eingespielte Tradition an[15].

Grundsätzlich ist festzuhalten, dass gegenüber von 1886 ein Rückschritt gemacht wird, was die innerkirchliche Demokratie und die Autonomie der Kirchgemeinden angeht. Das Gesetz sah vor, dass der Pfarrer von der *assemblea parrocchiale* gewählt wurde, aber sein Amt nur mit der Bestätigung durch den Bischof antreten konnte. Lag früher die Initiative zumindest theoretisch bei der Gemeindeversammlung und das Vetorecht beim Bischof, so ist jetzt genau das Gegenteil der Fall.

In Art. 14 ff. zeigt sich, dass der *Consiglio parrocchiale* und die *Assemblea parrocchiale* de facto die gleichen Kompetenzen wie die entsprechenden Organe einer politischen Gemeinde oder einer Bürgergemeinde haben, bis hin zum Recht auf das Erheben von Steuern. Interessanterweis heisst es im Kommissionsbericht zur Botschaft in Bezug auf diese letzteren, sie würden nur in äusserst wenigen Kirchgemeinden erhoben, „perché ci si trova in un Cantone di cultura latina, dove le imposte a qualsiasi livello sono invise“. Tatsächlich ist es wohl so, dass eine Gemeindeversammlung – bei ihr liegt die Kompetenz dazu – nur schwer davon zu überzeugen sein dürfte, eine solche Steuer einzuführen.

Auch in Art. 19 schlägt sich die faktische Unterscheidung zwischen Kirche als politisch-administrativer (Kirchgemeinde mit entsprechenden Organen) und religiös-spiritueller Realität (ausschliessliche Kompetenz des Bischofs) nieder[16]: die *Beni parrocchiali* werden unterschieden in *Beni* als solche (unter der Verwaltung der Kirchgemeinde) und *Beni sacri* (unter einer besonderen Aufsicht des Bischofs). Unter die *Beni* fällt z.B. die Pfarrwohnung, als Teil der *Beni sacri* gelten sowohl die Kirche als solche als auch der Abendmahlkelch in der selbigen Kirche.

15 *Messaggio 5159 del Consiglio di Stato*, del 18 settembre 2001, ad art. 10: „La nuova norma rispecchia la consuetudine che da tempo si è instaurata per quanto attiene alla nomina del Parroco: [...].“

16 Im Hintergrund ist Art. 4 Abs. 2: „L'Ordinario esercita liberamente il suo ministero **spirituale** nella Diocesi a livello di **culto**, di **magistero** e di **giurisdizione** *[sic!]*.“

VII. Rekurskommission

Die Rekurskommission wird auf Vorschlag des Bischofs eingesetzt[17]. Sie kann über Rekurse gegen Entscheide der *organi parrocchiali* befinden, nicht aber über Rekurse gegen Entscheide des Bischofs. Damit kommt dem Bischof *de facto* ein Vorschlagsrecht für einen Personalentscheid des Regierungsrates zu.

Konrad Sahlfeld und Wolfgang Sahlfeld

17 Art. 22.

Vom Recht auf eine unabhängige Entscheidungsinstanz in der Evangelischen Landeskirche des Kantons Thurgau*

Dem Kirchenrat als Exekutivbehörde der Thurgauischen Landeskirche obliegt neben diversen Verwaltungsaufgaben unter anderem auch die Aufsicht über die kommunalen Kirchenvorsteherschaften und die Pfarrpersonen und Diakone und Diakoninnen in geistlich-theologischer Hinsicht[1]. Zudem übt er judikative Funktion als Rekursinstanz für Entscheide der Kirchenvorsteherschaften (sog. Verwaltungsinterne Verwaltungsrechtspflege) und für Beschlüsse der Kirchgemeinde aus[2]. Diese (auch auf staatlicher Ebene existierende) Doppelfunktion ist nicht ganz unproblematisch, wie im Folgenden zu zeigen sein wird.

Art. 29 der Bundesverfassung (BV) statuiert den Anspruch eines Einzelnen auf richtige Zusammensetzung der entscheidenden Behörde im Verwaltungsverfahren. Dieser Anspruch gewährleistet die im Gesetz vorgesehene Zusammensetzung der entscheidenden Verwaltungsbehörde sowie deren Unabhängigkeit und Unbefangenheit. Bei der verwaltungsinternen Rechtspflege hat die Rechtsprechung Relativierungen der Unbefangenheit zugelassen, die in der Lehre auf zunehmende Kritik stossen[3]. Als Nachteil der verwaltungsinternen Verwaltungsrechtspflege erscheint die Möglichkeit der Beeinträchtigung der Unparteilichkeit des Entscheides, unter anderem weil die über eine verwaltungsrechtliche Streitigkeit urteilende Verwaltungsbehörde zum Beispiel jene Behörde beaufsichtigt, deren Entscheid angefochten ist und damit unter Umständen indirekt in einem gewissen Grad für deren Entscheide mitverantwortlich sein könnte. Die Ergänzung der verwaltungsinternen Verwaltungsrechtspflege durch die verwaltungsunabhängige, gerichtliche Verwaltungsrechtspflege ist daher von grosser Bedeutung. Aus diesem Grund und zur Verwirklichung der Gewaltenteilung haben die Kantone (erst) im 20. Jahrhundert

* Siehe auch: Jahresbericht 2004 der Evangelischen Landeskirche des Kantons Thurgau, S. 17.

1 Vgl. § 72 insbesondere Ziff. 19 und 21 der Verfassung der Evangelischen Landeskirche des Kantons Thurgau vom 27. November 2000 (nachfolgend: Kirchenverfassung, KiV; Thurgauer Rechtsbuch [RB] 187.11).

2 Art. 76 KiV.

3 *Reinhold Hotz*, St. Galler Kommentar zu Art. 29 BV, Rz 40 f.

Verwaltungsgerichte geschaffen. Erst seit 1996, aufgrund der Rechtsprechung der EMRK und nachdem die Kantone vom Bund hierzu verpflichtet wurden, verfügen alle Schweizer Kantone im Bereich des Verwaltungsrechts über unabhängige Gerichtsinstanzen[4]. Um die Verwaltungsrechtspflege verwaltungsunabhängig zu machen, musste im Kanton Thurgau 1981 zuerst die Kantonsverfassung abgeändert werden. Die Mitglieder des thurgauischen Verwaltungsgerichts wurden dann am 19. Januar 1984 erstmals gewählt[5]. Die Thurgauer Landeskirche führte mit der letzten Kirchenverfassungsrevision per 1. Juni 2004 die verwaltungsunabhängige Rekurs- und Beschwerdekommission ein. Auf Bundesebene ist man bereits einen Schritt weiter. Mit der Totalrevision der Bundesrechtspflege wird ein neues Bundesverwaltungsgericht geschaffen, womit die verwaltungsinterne Rechtspflege auf Bundesebene nicht mehr vorgesehen ist.

Das Postulat, dass Personen mit hoheitlicher Entscheidungsgewalt bei deren Ausübung unbefangen und „ohne Ansehen der Person“ vorzugehen haben, entspricht einer langen Tradition: Sowohl in der christlich-jüdischen Kultur als auch in den Grundsätzen des Römischen Prozessrechts sind seine Wurzeln auszumachen[6]. Entscheidet der Kirchenrat als Rekursinstanz in einem Rekursverfahren gegen einen Entscheid einer Kirchenvorsteherschaft, so wird auch an ihn (insbesondere von den betroffenen Parteien) zu Recht die Erwartung gestellt, dass er dies unbefangen, unvoreingenommen, unparteiisch und neutral tut. Unabhängig entscheidet der Kirchenrat, wenn er sich gegenüber einer Partei nicht bereits verpflichtend geäussert hat. Voreingenommenheit kann etwa dann entstehen, wenn einzelne Entscheidträger sich mit der Angelegenheit bereits in einem früheren Verfahrensstadium befasst hatten. Das Bundesgericht sieht bei der Mitwirkung einer voreingenommenen Person die Fairness des Prozesses und die Gerechtigkeit des Urteils nicht mehr gewährleistet[7]. Der Anspruch auf „gerechte Behandlung“ gilt „vor Gerichts- und Verwaltungsinstanzen“ gemäss Art. 29 Abs. 1 BV gleichermassen.

In der kirchenrätlichen Praxis kommt es vermehrt vor, dass sich Kirchenvorsteherschaftsmitglieder bei Meinungsverschiedenheiten oder Anständen mit ihren Mitarbeitern (z.B. Organisten, Katecheten) oder mit

4 *Benjamin Schindler*, Die Befangenheit der Verwaltung, Zürich 2002, S. 31.
5 *Albert Schoop*, Geschichte des Kantons Thurgau, Bd. 1, Frauenfeld 1987, S. 467.
6 *B. Schindler*, Befangenheit (Anm. 4), S. 38.
7 BGE 114 Ia 50, 55.

Gemeindemitgliedern an den Kirchenrat wenden, sei es um rechtliche Beratung oder um Vorschläge betreffend des weiteren Vorgehens zu erhalten. Solange es um reine, allgemeine rechtliche Auskünfte geht, dürfte dieses Vorgehen unproblematisch sein. Angesichts seiner Aufsichtspflicht liegt es auch im Interesse des Kirchenrates, dass die Kirchenvorsteherschaften rechtlich korrekt vorgehen. Schwieriger wird es, wenn der Kirchenrat ersucht wird, in solchen Situationen konkrete Hilfestellung zu leisten, bzw. Vorschläge für das weitere Vorgehen zu machen. Er wird damit vorbefasst und später nicht mehr unvoreingenommen urteilen können.

Zwar ist der Kirchenrat gemäss § 67 der Kirchenverfassung mit der Mehrheit der Mitglieder, also mit mindestens drei Mitgliedern beschlussfähig. Sind einzelne Mitglieder befangen oder voreingenommen, so haben sie in den Ausstand zu treten. § 3 des Reglements des Regierungsrats[8] bestimmt, dass wenn ein Mitglied des Rates aus persönlichen Gründen den Ausstand zu wahren hat, es die Sitzung verlässt. In den übrigen Fällen bleibt es anwesend, ohne jedoch an der Beratung oder Abstimmung teilzunehmen. Mangels eigener gesetzlicher Regelung gilt für den Kirchenrat diese Bestimmung analog. Das bedeutet, dass Mitglieder des Kirchenrates in einer Rekurssache, in welcher sie bereits in einem früheren Verfahrensstadium durch Auskunftserteilung involviert gewesen sind, den Ausstand zu wahren haben, an der Sitzung dann ohne Stimmrecht und ohne beratende Stimme, somit lediglich für allfällige Erläuterungen teilnehmen können. Handelt es sich bei der in den Ausstand tretenden Person z.B. um die Ressortverantwortliche für Katechetik in einem Verfahren betreffend einer Katechetin oder um die juristische Fachperson bei rechtlichen Schwierigkeiten, so ist deren Mitwirken beim Entscheid des Kirchenrates trotz Vorbefassung unter Umständen sogar nötig. Eine solche ist zwar laut Gesetzgeber zulässig, sie wird in der (staatlichen) Praxis aber kritisiert. Problematisch wird es dann, wenn das betreffende Kirchenratsmitglied vorgängig die Behörde oder die involvierten Gemeindemitglieder bzw. Mitarbeiter bereits über eine sachliche Auskunftserteilung hinaus beraten und damit Einfluss auf das Verhalten der Behörde, das dann später im Rekursverfahren vor dem Kirchenrat angefochten wird, genommen hat. Trotz Ausstandsregelung ist es für den Kirchenrat schwierig, das Vertrauen in die Unbefangenheit in dieser Situation nicht

8 RB 172.1.

zu gefährden. Man stelle sich vor, jemand sei Mesmer[9] und hat mit seiner Kirchenvorsteherschaft Differenzen betreffend Überstundenregelung. Er weiss, dass sich die Kirchenvorsteherschaft mit dem Kirchenrat in Verbindung gesetzt hatte, bevor sie ihm mitteilte, dass in seinem Fall keine zusätzlichen Überstunden ausbezahlt werden. Der Mesmer will nun diesen Entscheid anfechten, Rekursinstanz ist der Kirchenrat. Kann er da noch Vertrauen in dessen Unvoreingenommenheit haben?

Die Erfahrung der letzten Jahre zeigt, dass das Bedürfnis der Behörden, aber auch der Mitarbeitenden in den Kirchgemeinden nach Beratung nicht nur in rechtlicher, sondern auch in menschlicher bzw. personeller Hinsicht zugenommen hat. Aus den dargelegten Gründen ist es für den Kirchenrat nicht unbedenklich, unterstützend einzugreifen, ohne die Rechte (z.B. das Recht auf eine unparteiische und unabhängige Beurteilung) der einen Partei zu verletzen. Oft genügen rein rechtliche Auskünfte, was noch zu keinen ernstlichen Problemen führen muss, den Auskunftsuchenden nicht, weshalb sich der Kirchenrat auch schon den Vorwurf gefallen lassen musste, man lasse die Behörde bei ihren insbesondere in personellen Fragen oft schwierigen Entscheiden alleine. Der Kirchenrat kann aber als Rekursinstanz gegen Entscheide der Kirchenvorsteherschaft diesen nicht raten, wie sie entscheiden sollen.

Die Katholische Landeskirche hat „im Interesse eines konstruktiven Umgangs mit Konflikten in Kirchgemeinden“[10] im letzten Jahr eine Beratungs- und Vermittlungsstelle für Personalfragen geschaffen. Diese neutrale und unabhängige Stelle bietet Beratungs- und Vermittlungsangebote bei dienstrechtlichen Konflikten an. Sie ist offen für Behördenmitglieder und Angestellte der Kirchgemeinden und für Personen, die unentgeltlich mitarbeiten, sowie für Angestellte der Landeskirche. Es handelt sich dabei um eine Schlichtungsstelle, die den Parteien Empfehlungen zur Beilegung und Bewältigung des Konfliktes abgibt, jedoch keine Entscheidungs- oder Weisungsbefugnisse besitzt.

Der Kirchenrat ist überzeugt, dass die Basisarbeit der Mitarbeitenden und der Behördenmitgliedern in den Kirchgemeinden auch in dieser Hinsicht unterstützt werden muss. Er kann aber aus den dargelegten Gründen die von ihm erwartete Ombudsfunktion oft nur beschränkt übernehmen. Ihm sind bei seiner Auskunftstätigkeit aus den genannten Gründen Gren-

9 Küster, Sigrist, Kirchendiener.

10 § 1 der Verordnung der katholischen Synode betreffend Schlichtungsstelle für Personalfragen (Personalombudsstelle) vom 28. Juni 2004 (RB 188.213).

zen gesetzt. Er wird diesem Problem besondere Aufmerksamkeit schenken. Eine umfassende und kompetente Unterstützung der Behörden und Mitarbeitenden soll letztlich vermeiden, dass unnötig Energie in Konfliktsituationen verloren geht.

Anna Katharina Glauser Jung

Die staatskirchenrechtlichen Bestimmungen der neuen Zürcher Kantonsverfassung

Die Stimmberechtigten des Kantons Zürich haben in der Volksabstimmung vom 27. Februar 2005 einer neuen Kantonsverfassung zugestimmt[1]. Diese wird am 1. Januar 2006 in Kraft treten und ersetzt die Verfassung des eidgenössischen Standes Zürich vom 18. April 1869[2]. Die neue Kantonsverfassung regelt das Verhältnis des Staates zu den Kirchen und weiteren Religionsgemeinschaften im 10. Kapitel. Sie berücksichtigt das Ergebnis der Volksabstimmung vom 30. November 2003, in der die Zürcher Stimmberechtigten eine Neuregelung des Verhältnisses zwischen Kirchen und Staat sowie zwischen diesem und weiteren Religionsgemeinschaften auf Verfassungs- und Gesetzesebene verworfen haben[3].

I. Entstehungsgeschichte

Der Verfassungsentwurf, den der Verfassungsrat im Jahr 2003 der öffentlichen Vernehmlassung unterbreitete, enthielt im Blick auf die Abstimmung vom 30. November 2003 keine Regelung betreffend das Verhältnis zwischen Kirchen und Staat, sondern lediglich den Hinweis, dass die Beratung zu diesem Thema vom Verfassungsrat bis nach der Volksabstimmung zurückgestellt worden sei. Unmittelbar nach dieser Volksabstim-

1 Verfassung des Kantons Zürich 27. Februar 2005 (KV). Bei einer Stimmbeteiligung von 36,9 % wurde die Verfassung mit 185 728 (64,2 %) gegen 103 368 (35,8 %) Stimmen angenommen (ABl. 2005, S. 305 [Zeitungsausgabe]).

2 Art. 135 KV.

3 Vgl. dazu *Martin Röhl*, Neuregelung des Verhältnisses zwischen Kirchen und Staat im Kanton Zürich – Standortbestimmung nach der Volksabstimmung vom 30. November 2003, in: SJKR/ADSE 8 (2003), S. 241 ff.; *ders.*, Neugestaltung des Verhältnisses zwischen Kirchen und Staat im Kanton Zürich – Reformpostulate und Reformbedarf, in: SJKR/ADSE 9 (2004), S. 39 ff., S. 41 f. Vgl. zum Wortlaut den Abstimmungsvorlagen: Kantonsverfassung – Neuregelung des Verhältnisses zwischen Kirchen und Staat vom 31. März 2003 (KV 2003; ABl. 2003, S. 2010 ff.), Kirchengesetz vom 31. März 2003 (KG 2003; ABl. 2003, S. 2021 ff.) und Gesetz über die Anerkennung von Religionsgemeinschaften (Anerkennungsgesetz) vom 31. März 2003 (ABl. 2003, S. 2043 ff.); alle Texte auch abgedr. in: SJKR/ASDE 8 (2003), S. 308 ff.

mung war daher der Verfassungsrat zu raschem Handeln gezwungen, um die Arbeiten an der neuen Verfassung nicht zu sehr zu verzögern. Die zuständige Verfassungsratskommission legte bereits zu Beginn des Jahres 2004 dem Büro und den weiteren Kommissionen des Verfassungsrates sowie den staatlich anerkannten und den weiteren betroffenen Religionsgemeinschaften einen ersten Entwurf zur Stellungnahme vor. In seiner Sitzung vom 29. April 2004 behandelte der Verfassungsrat den Kommissionsvorschlag in erster Lesung und stimmte diesem zu[4]. Den von der verfassungsrätlichen Redaktionskommission in der Folge grundlegend umformulierten, inhaltlich aber unveränderten Antrag genehmigte der Verfassungsrat in zweiter Lesung am 2. Juli 2004 und in der Schlussabstimmung vom 28. Oktober 2004[5].

Nachdem es vor der Volksabstimmung vom 30. November 2003 zu heftigen Auseinandersetzungen über das künftige Verhältnis zwischen Kirchen und Staat sowie insbesondere über die Frage der Anerkennung weiterer Religionsgemeinschaften gekommen war, blieben die staatskirchenrechtlichen Bestimmungen der neuen Kantonsverfassung im Vorfeld der Verfassungsabstimmung vom 27. Februar 2005 weitgehend unangefochten. Die Diskussion drehte sich stattdessen um das künftige Einbürgerungsverfahren, die Stellung der Gemeinden gegenüber dem Kanton und die Frage, ob die neue Verfassung dem Staat neue Aufgaben aufbürde und dadurch die öffentliche Hand finanziell überlaste[6]. Diese Verschiebung des Schwerpunkts in der politischen Diskussion dürfte darauf zurückzuführen sein, dass die staatskirchenrechtlichen Bestimmungen lediglich eine massvolle Neuerung im Sinn einer Entflechtung und erweiterten Autonomie der anerkannten kirchlichen Körperschaften beinhalten. Es wird am Prinzip der öffentlich-rechtlich anerkannten Volkskirchen festgehalten und zugleich eine Erweiterung in Richtung der jüdischen Religionsgemeinschaften vorgenommen[7]. Es bestätigte sich, dass umstrittene Rechtsetzungsvorhaben, die als separate Vorlage kaum mit der Zustimmung des Souveräns rechnen können, im Rahmen eines umfassenden

4 Vgl. Protokoll des Verfassungsrates, S. 2549 ff.

5 Vgl. Protokoll des Verfassungsrates, S. 3164 ff. und S. 3365.

6 Vorlage und Beleuchtender Bericht zur neuen Verfassung des Kantons Zürich – Offizielle Informationen des Verfassungsrates zur Volksabstimmung vom 27. Februar 2005, ABl. 2005, S. 65 f. (Zeitungsausgabe).

7 Vgl. Protokoll des Verfassungsrates, S. 3359.

Gesamtpakets grössere Chancen haben, von den Stimmberechtigten angenommen zu werden.

II. Die staatskirchenrechtlichen Bestimmungen im Einzelnen

Die neue Kantonsverfassung beinhaltet drei Bestimmungen, die unmittelbar das Verhältnis zwischen Kirchen und Staat regeln: Art. 130 KV betreffend die kirchlichen Körperschaften, Art. 131 KV betreffend die weiteren Religionsgemeinschaften und Art. 145 KV betreffend den Übergang vom bisherigen zum neuen Recht. Daneben finden sich in der Verfassung zahlreiche weitere Bestimmungen, die sich auf das Verhältnis des Staates zur Religion beziehen oder auch für die nach öffentlichem Recht verfassten kirchlichen Körperschaften massgebend sind[8].

1. Kirchliche Körperschaften (Art. 130 KV)

a) Staatliche Anerkennung

Die neue Kantonsverfassung hält an der staatlichen Anerkennung der evangelisch-reformierten Landeskirche und ihrer Kirchgemeinde, der römisch-katholischen Körperschaft und ihrer Kirchgemeinden sowie der christkatholischen Kirchgemeinde als Körperschaften des öffentlichen Rechts fest[9]. Hingegen wird auf die Anerkennung der evangelisch-reformierten, römisch-katholischen und der christkatholischen *Kirchen* verzichtet, wie sie die am 30. November 2003 verworfene Verfassungsvorlage noch vorgesehen hatte[10]. Diese Änderung berücksichtigt, dass die evangelisch-reformierte Landeskirche im Unterschied zur katholischen Kirche kein dualistisches System kennt mit einer nach kirchlichem Recht verfassten (römisch-katholischen) Kirche *und* einer vom Kanton anerkannten (römisch-katholischen) Körperschaft[11]. Mit der neuen Kantons-

8 Vgl. die Zusammenstellung in der Textdokumentation S. 273 ff.

9 Art. 130 Abs. 1 KV; vgl. Art. 64 Abs. 2 der Verfassung des eidgenössischen Standes Zürich vom 18. April 1869 (KV 1869).

10 Vgl. Art. 64 Abs. 4 KV 2003.

11 Dazu *Dieter Kraus*, Schweizerisches Staatskirchenrecht, Tübingen 1993, S. 390 ff., 436 ff.; *Christoph Winzeler*, Schweizerisches Religionsverfassungsrecht, Zürich 2005, S. 51 ff.

verfassung entfällt zudem die Anerkennung der französischen Kirchgemeinschaften[12]. Diese gehen damit als eigenständige, nach staatlichem Recht verfasste Körperschaften unter. Ihr Fortbestehen wird vom Rechtsstatus abhängen, den die Landeskirche nach ihrem eigenen Recht diesen zuerkennen wird.

b) Erweiterte Autonomie

Art. 130 Abs. 2 KV umschreibt den Autonomiebereich der evangelisch-reformierten Landeskirche, der römisch-katholischen Körperschaft und der christkatholischen Kirchgemeinde. Dabei hält die Verfassung am heute geltenden Grundsatz fest, dass die Autonomie der kirchlichen Körperschaften lediglich im Rahmen des kantonalen Rechts besteht[13]. Die Kirchgemeinden leiten ihre Autonomie dagegen nicht aus der Kantonsverfassung, sondern aus dem Kirchengesetz und vor allem aus den kirchlichen Organisationsordnungen ab[14].

In zwei Bereichen sind die kantonalen kirchlichen Körperschaften neu unmittelbar aufgrund der Verfassung autonom: Einerseits bei der Regelung des Stimm- und Wahlrechts in innerkirchlichen Angelegenheiten, anderseits bei der Festlegung der Zuständigkeit für die Neubildung, den Zusammenschluss und Auflösung von Kirchgemeinden[15]. Während Letzteres mit Blick auf die Entflechtung von Kirchen und Staat folgerichtig und unbestritten ist[16], erstaunt die weit reichende Stimm- und Wahlrechtsautonomie der kantonalen kirchlichen Körperschaften. Denn im Vorfeld der Abstimmung vom 30. November 2003 wurden die drei Kirchenvorlagen unter anderem mit dem Argument bekämpft, die Stimm- und Wahlrechtsautonomie im kirchlichen Bereich öffne dem allgemeinen Ausländerstimmrecht und -wahlrecht Tür und Tor[17]. Nun sind die kantonalen kirchlichen Körperschaften ab dem Inkrafttreten der Kantonsverfassung am 1. Januar 2006 befugt, das Stimm- und Wahlrecht in inner-

12 So noch Art. 64 Abs. 2 KV 1869.

13 Vgl. Art. 64 Abs. 3 KV 1869.

14 So schon heute § 3 Abs. 2 des Gesetzes über die evangelisch-reformierte Landeskirche vom 7. Juli 1963 (KG; LS 181.11) und Art. 22 der Kirchenordnung der evangelisch-reformierten Landeskirche des Kantons Zürich vom 2. Juli 1967 (LS 181.12).

15 Art. 130 Abs. 2 lit. a und b KV.

16 Nach geltendem Recht ist hierfür der Kantonsrat zuständig (§ 5 des Gesetzes über das Gemeindewesen vom 6. Juni 1926 [Gemeindegesetz; LS 131.1]).

17 Dazu *M. Röhl*, Neugestaltung (Anm. 3), S. 46 f.

kirchlichen Angelegenheiten selbständig zu regeln. Dabei geht es in erster Linie darum, das Stimm- und Wahlrecht auf Kirchenmitglieder mit ausländischer Staatsangehörigkeit und auf religionsmündige Jugendliche ab dem 16. Alterjahr auszudehnen. Voraussetzung für einen solchen Schritt der kantonalen kirchlichen Körperschaften ist einzig, dass er in Form eines Erlasses erfolgt, der dem obligatorischen Referendum innerhalb der betreffenden kirchlichen Körperschaft unterliegt, und dass die Regelung die rechtsstaatlichen und demokratischen Grundsätze wahrt[18].

Offen ist, wann die kirchlichen Körperschaften von dieser Stimm- und Wahlrechtsautonomie Gebrauch machen werden. Voraussichtlich wird ein solcher Schritt erst in Kenntnis der vollständigen Neuregelung des Verhältnisses von Kirchen und Staat erfolgen, d.h. nach dem Vorliegen eines neuen Kirchengesetzes. Dahinter steht die Überlegung, dass ein Vorpreschen der kirchlichen Körperschaften in dieser Frage bestimmte politische Kreise verärgern und dazu veranlassen könnte, im Rahmen der Beratungen des neuen Kirchengesetzes im Kantonsrat Entscheide zum Nachteil der kirchlichen Körperschaften herbeizuführen.

c) Gesetzliche Regelung

Art. 130 Abs. 3 KV zählt abschliessend jene Bereich auf, die vom staatlichen Gesetzgeber zu regeln sind[19]. Erst wenn diese gesetzliche Regelung vorliegt, lässt sich das Verhältnis zwischen Kirchen und Staat im Einzelnen beurteilen. Es handelt sich um die Grundzüge der Organisation der kirchlichen Körperschaften (lit. a), das Steuerprivileg (lit. b), die staatlichen Leistungen an die kirchlichen Körperschaften (lit. c) sowie die Wahl und Amtsdauer der Pfarrerinnen und Pfarrer (lit. d). Während es hinsichtlich der gesetzlichen Vorgaben für die Organisation der kirchlichen Körperschaften und der Pfarrwahlen in erster Linie darum geht, für alle kirchlichen Körperschaften eine einheitliche rechtliche Ausgangslage zu schaffen, haben die Einräumung des Steuerprivilegs und die staatlichen Leistungen für die kirchlichen Körperschaften erhebliche praktische Bedeutung. Allein durch die Kantonsverfassung ist nämlich nicht gewährleistet, dass die kirchlichen Körperschaften das Recht erhalten, Steuern zu erheben, obschon dies mit Bezug auf die jeweils eigenen Mitglieder

18 Art. 130 Abs. 2 lit. a KV.
19 Beleuchtender Bericht (Anm. 6), S. 65.

unbestritten sein dürfte. Zudem ist in der Verfassung nicht festgelegt, wofür staatliche Leistungen ausgerichtet werden können.

d) Negative Zweckbindung

In Ergänzung zu Art. 130 Abs. 3 lit. b KV sieht Art. 130 Abs. 4 KV vor, dass ein Teil der Steuererträge einer negativen Zweckbindung unterstellt werden kann. Diese Bestimmung bezieht sich nicht auf die Erträge aus der Besteuerung der natürlichen Personen, sondern auf jene der juristischen Personen. Damit soll verhindert werden, dass solche Steuereinnahmen für kultische Zwecke verwendet werden[20].

e) Staatliche Oberaufsicht

An der bestehenden Oberaufsicht des Staates über die kirchlichen Körperschaften wird festgehalten[21]. Diese bleiben dem Kanton gegenüber rechenschaftspflichtig, insbesondere auch hinsichtlich der Verwendung der Steuererträge und der staatlichen Beiträge gemäss Art. 130 Abs. 3 lit. c KV. Aufgrund der erweiterten Autonomie der kirchlichen Körperschaften ist davon auszugehen, dass der Kanton diese Aufsicht mit Zurückhaltung und nicht bezüglich der inhaltlichen Tätigkeit der kirchlichen Körperschaften ausüben wird. Im Vordergrund steht vielmehr die Überwachung der Einhaltung der rechtsstaatlichen und demokratischen Regeln sowie der finanzrechtlichen Vorschriften durch die kirchlichen Körperschaften.

2. Weitere Religionsgemeinschaften (Art. 131 KV)

Der Widerstand gegen das Anerkennungsgesetz, das eine einheitliche Anerkennungsreglung für alle Religionsgemeinschaften im Kanton vorgesehen hätte, trug massgebend zum Scheitern der drei Kirchenvorlagen in der Volksabstimmung vom 30. November 2003 bei. Art. 131 KV berücksichtigt dieses Abstimmungsergebnis, indem er sich auf die Anerkennung von zwei (kleinen) jüdischen Gemeinden beschränkt[22]. Es sind dies die Israelitische Kultusgemeinde und die Jüdische Liberale Gemeinde. Die Anerkennung weiterer jüdischer Gemeinden unterblieb, da sich die jüdischen Gemeinden im Kanton Zürich einerseits nicht auf eine ge-

20 Protokoll des Verfassungsrates, S. 3179.
21 Art. 64 Abs. 3 Satz 1 KV 1869.
22 Beleuchtender Bericht (Anm. 6), S. 65.

meinsame, anerkennungsfähige Dachorganisation einigen konnten und weil anderseits einige jüdische Gemeinden von sich aus auf eine Anerkennung verzichteten.

Die Anerkennung gemäss Art. 131 Abs. 1 KV hat nicht dieselben Rechtswirkungen wie eine Anerkennung nach Art. 130 Abs. 1 KV. Die beiden jüdischen Gemeinden werden durch diesen Schritt namentlich nicht zu Körperschaften des öffentlichen Rechts, sondern behalten ihre bisherige Organisationsform als privatrechtliche Vereine[23]. Sie sind aber verpflichtet, die Mitwirkung der Mitglieder nach rechtsstaatlichen und demokratischen Grundsätzen sicherzustellen. Dies verlangt insbesondere die Gleichberechtigung von Mann und Frau sowie die öffentliche Rechenschaftsablage über die Finanzen der Gemeinde. Die Wirkungen der Anerkennung im Einzelnen und die Aufsicht hat der kantonale Gesetzgeber durch das Gesetz zu regeln. Ein solcher Erlass befindet sich zurzeit in Ausarbeitung und wird voraussichtlich zusammen mit einem neuen Kirchengesetz in Kraft treten.

3. *Übergangsbestimmungen (Art. 145 KV)*

Unter dem Titel „Kirchen“ kommt Art. 145 KV die Aufgabe zu, Regelungslücken zu vermeiden, die sich aus dem Übergang von der geltenden zur neuen Kantonsverfassung ergeben können. Einerseits handelt es sich um den erweiterten Autonomiebereich gemäss Art. 130 Abs. 2 lit. a und b KV, anderseits um die Leistungen des Staats an die kirchlichen Körperschaften gemäss Art. 130 Abs. 3 lit. c KV.

Ab dem Inkrafttreten der Kantonsverfassung am 1. Januar 2006 sind die kirchlichen Körperschaften befugt, das Stimm- und Wahlrecht in ihren eigenen Angelegenheiten sowie die Zuständigkeiten für die Neubildung, den Zusammenschluss und die Auflösung von Kirchgemeinden abweichend vom kantonalen Recht zu regeln. Bis sie hiervon Gebrauch machen, bleibt im Interesse der Rechtssicherheit das massgebende kantonale Recht anwendbar[24].

Gegenwärtig richtet der Kanton seine Leistungen an die kirchlichen Körperschaften, die zu 90 % der evangelisch-reformierten Landeskirche

23 Beleuchtender Bericht (Anm. 6), S. 65.
24 Art. 145 Abs. 2 und 3 KV.

zugute kommen[25], auf der Grundlage der historischen Rechtstitel aus, die nach Art. 64 Abs. 3 KV 1869 vorbehalten bleiben. Diese Bestimmung wird mit dem Inkrafttreten der neuen Kantonsverfassung am 1. Januar 2006 jedoch aufgehoben, ohne dass zu diesem Zeitpunkt ein Gesetz bestehen wird, das in Ausführung von Art. 130 Abs. 3 lit. c KV die staatlichen Leistungen an die kirchlichen Körperschaften regelt. Deshalb ist eine besondere gesetzliche Grundlage erforderlich, damit der Kanton den kirchlichen Körperschaften in dieser Übergangszeit weiterhin finanzielle Leitungen ausrichten kann. Art. 145 Abs. 1 KV garantiert bis zur gesetzlichen Neuregelung die auf den historischen Rechtstitel beruhenden Leistungen des Staates an die kirchlichen Körperschaften. Ab dem Zeitpunkt des Inkrafttretens der Neuregelung wird der Kanton seine Leistungen gestützt auf die neue gesetzliche Grundlage erbringen, wobei sich diese am bisherigen Leistungsumfang orientieren müssen[26]. Daher bleibt offen, ob die historischen Rechtstitel mit der Schaffung einer Leistungsgrundlage im neuen Kirchengesetz untergehen oder ob sie zwar fortbestehen, jedoch nicht mehr unmittelbar Basis der staatlichen Leistungen bilden[27]. In diesem Zusammenhang fällt in Betracht, dass die staatlichen Leistungen auch bisher nicht unmittelbar gestützt auf den Vorbehalt der historischen Rechtstitel in Art. 64 Abs. 3 KV 1869 erbracht wurden, sondern dass diese zusätzlich durch das Gesetz begründet und konkretisiert wurden[28]. Zudem äussert sich Art. 145 KV lediglich zur Leistungsgrundlage, nicht aber zum Bestand der historischen Rechtstitel. Dies legt den Schluss nahe, dass die neue Kantonsverfassung den Bestand der historischen Rechtstitel, die im Übrigen erst im Jahre 1963 Eingang in die Kantonsverfassung fanden, nicht antastet[29].

25 Es handelt sich in erster Linie um die Besoldungen der Pfarrerinnen und Pfarrer der evangelisch-reformierten Landeskirche, die zu 63 % vom Kanton getragen werden (§ 1 Abs. 1 der Verordnung über die Besoldung der Pfarrer vom 13. Juli 1964 [LS181.45]). Hinzu kommt eine Pauschale von 7 % der Besoldungssumme gemäss § 5 Abs. 1 Ziffer 2 KG.

26 Art. 145 Satz 2 KV.

27 Zur Frage der historischen Rechtstitel im Kanton Zürich vgl. auch *Ch. Winzeler* (Anm. 11), S. 108 ff.

28 Vgl. § 5 KG.

29 Es würde den Rahmen dieses Berichts sprengen, diese Frage an dieser Stelle vertieft zu klären. Hierfür ist auf den Kommentar zur neuen Zürcher Kantonsverfassung hinzuweisen, der sich in Bearbeitung findet und voraussichtlich Anfang 2008 erscheinen wird.

III. Fazit und Ausblick

Die staatskirchenrechtlichen Bestimmungen der neuen Zürcher Kantonsverfassung gehen aus vom Ergebnis der Volksabstimmung vom 30. November 2003. Im Wesentlichen beinhalten sie eine gezielte Erweiterung der Autonomie der kirchlichen Körperschaften und eine minimale Ausdehnung hinsichtlich der Anerkennung weiterer Religionsgemeinschaften. Es liegt keine Neuregelung, sondern eine Fortentwicklung des heutigen Zustands vor.

Dass grundlegende Änderungen im Verhältnis zwischen Kirchen und Staat gegenwärtig politisch nicht mehrheitsfähig sind, zeigte sich in jüngster Zeit im Zürcher Kantonsrat. Dieser überwies auf Antrag des Regierungsrates eine Motion nicht, die darauf abzielte, die Besteuerung der juristischen Personen durch die kirchlichen Körperschaften abzuschaffen bzw. die Kirchensteuer für die juristischen Personen als freiwillig zu erklären. In der Debatte kam aber zum Ausdruck, dass eine negative Zweckbindung der Erträge aus der Besteuerung der juristischen Personen, wie Art. 130 Abs. 4 KV sie ermöglicht, erwünscht ist[30].

Mit Blick auf die Umsetzung der neuen Kantonsverfassung wurden kurz nach der Verfassungsabstimmung vom 27. Februar 2005 die Arbeiten an einem Kirchengesetz wieder aufgenommen, das für alle anerkannten kirchlichen Körperschaften gleichermassen gelten soll. Zu diesem Gesetzesentwurf, der weitgehend auf dem am 30. November 2003 verworfenen Gesetzesentwurf aufbaut, fand im letzten Quartal 2005 eine öffentliche Vernehmlassung statt. Der Regierungsrat beabsichtigt, die Vorlage im Frühjahr 2006 zuhanden des Kantonsrates zu verabschieden, damit dieser das Gesetz noch in der laufenden Legislaturperiode 2003/2007 beschliessen kann.

Aufgrund des neuen Kirchengesetzes werden die kantonalen kirchlichen Körperschaften gezwungen sein, ihre Organisationsordnungen anzupassen. Für die evangelisch-reformierte Landeskirche bedeutet dies eine Totalrevision der Kirchenordnung aus dem Jahr 1967. Ungeachtet dessen ist zurzeit eine Teilrevision der Kirchenordnung im Gange. Deren Inkrafttreten ist für den Sommer 2006 geplant. Inhalt dieser Teilrevision bilden Nachführungen und Neuregelungen in innerkirchlichen Zustän-

30 NZZ vom 6. September 2005. Die erwähnte Motion wurde von rechtsbürgerlichen Kreisen am 1. Dezember 2003 unmittelbar nach der Volksabstimmung vom 30. November 2003 eingereicht.

digkeitsbereichen[31]. Darüber hinaus soll eine Teilrevision im heutigen Zeitpunkt die bevorstehende Totalrevision der Kirchenordnung entlasten.

Martin Röhl

31 Die Revision erfasst im Wesentlichen folgende Bereiche: Kirchenmitgliedschaft, kirchliches Personalrecht, kirchliche Berufe ausserhalb des Pfarramts, Gemeindeleitung, Religionspädagogik, kirchlicher Bezirk (Bezirkskirchenpflege, Dekanat, Diakonatskapitel), Gesamtkirchliche Pfarrämter und Dienste, Finanzkompetenzen des Kirchenrates.

Verband der Evangelisch-reformierten Kirchgemeinden des Kantons Obwalden

I. Einleitung

Dass zwei selbständige Kirchgemeinden einen Zweckverband gründen, ist an sich kein Ereignis, das aus kirchenrechtlicher Sicht einer Würdigung bedürfte. Der „Verband der evangelisch-reformierten Kirchgemeinden des Kantons Obwalden" (VERKOW), zu dem sich 2002 die Evangelisch-reformierte Kirchgemeinde Obwalden (alter Kantonsteil) und die Evangelisch-reformierte Kirchgemeinde Engelberg zusammengeschlossen haben, nimmt allerdings eine Sonderstellung ein. Er ist nämlich Mitglied des Schweizerischen Evangelischen Kirchenbundes, obwohl dessen Verfassung dies streng genommen gar nicht zulassen würde[1]. Mehr noch: die formaljuristisch ausgeschlossene Mitgliedschaft im Kirchenbund ist sogar der eigentliche Zweck des Verbandes: gemäss Art. 3 seines Organisationsstatuts bezweckt der VERKOW die gemeinsame Vertretung seiner Mitglieder gegen aussen, „namentlich im Schweizerischen Evangelischen Kirchenbund SEK". Zur Erklärung dieses juristischen Paradoxons bedarf es im Folgenden sowohl eines Einblicks in die Besonderheiten des kantonalen Staatskirchenrechts als auch eines Seitenblicks auf gewisse Konfusionen in der schweizerischen Kirchenpolitik.

1 Der SEK umfasst gemäss Art. 1 seiner Verfassung „die schweizerischen evangelisch-reformierten Kantonalkirchen, protestantische Diasporaverbände, die kantonalen Freikirchen sowie andere auf dem Boden der Reformation stehende kirchlich organisierte Glaubensgemeinschaften". Der VERKOW ist weder eine Kantonalkirche noch ein Diasporaverband noch eine kantonale Freikirche. Um als „andere kirchlich organisierte Glaubensgemeinschaft" (was er ebenfalls nicht ist) in den SEK aufgenommen zu werden, wäre nach Art. 4 Abs. 2 der Verfassung eine Mitgliederzahl von 5000 erforderlich. Die beiden Obwaldner Kirchgemeinden zählen zusammen lediglich 2500 Mitglieder.

II. Verfassungsrechtliche Grundlagen

Die Verfassung des Kantons Obwalden sieht – im Unterschied zu den meisten anderen Kantonen – die Errichtung kantonalkirchlicher Körperschaften nicht vor. In der Tradition des katholischen Staatskirchenrechts beschränkt sie sich darauf, die Organisation der Kirchgemeinden zu regeln (vgl. Art. 4 Abs. 2; Art. 90 Ziff. 3 und im Einzelnen Art. 101-105)[2]. Die Formulierung von Art. 4 Abs. 3 („Die evangelisch-reformierte Kirche gibt sich eine Kirchenorganisation [...]“) könnte zwar den Eindruck erwecken, dass die Kantonsverfassung die reformierte Kirche als eine gemeindeübergreifende kantonale Körperschaft betrachtet und ihr demzufolge landeskirchlichen Charakter zuerkennt. Weil es jedoch zur Zeit des Ergehens der Kantonsverfassung (1968) im Kanton Obwalden nur eine einzige reformierte Kirchgemeinde gab, meint „die evangelisch-reformierte Kirche“ hier einfach die seinerzeit bestehende Kirchgemeinde im Sarneraatal[3], die mit Ausnahme der Exklave Engelberg das gesamte Kantonsgebiet umfasst[4]. In diesem Sinne wird in Art. 101 Abs. 2 „die bestehende evangelisch-reformierte Kirchgemeinde [...] öffentlich-rechtlich anerkannt“ und ausserdem festgehalten, dass unter Vorbehalt der Genehmigung durch den Kantonsrat weitere evangelisch-reformierte Kirchgemeinden geschaffen werden können. Dieser Fall trat 1973 ein, als sich die auf privatrechtlicher Basis gegründete Evangelisch-reformierte Kirchgemeinde Engelberg als öffentlich-rechtliche Körperschaft konstituierte. Von diesem Zeitpunkt an hätte den beiden Kirchgemeinden aufgrund von

2 Wie in Obwalden kennt auch das Staatskirchenrecht im Kanton Zug nur Kirchgemeinden und keine Kantonalkirchen. Während die Verfassungen der Kantone Luzern und Nidwalden es seit den Sechzigerjahren des 20. Jahrhunderts den Kirchen überlassen, sich eine kantonale Grundordnung zu geben, schreibt der Kanton Schwyz seit der Verfassungsrevision von 1992 den öffentlich-rechtlich anerkannten Kirchen den Erlass eines kantonalen Organisationsstatuts ausdrücklich vor. Einen eigenen Weg geht Uri, wo die Kantonsverfassung die römisch-katholische und die evangelisch-reformierte Kirche als Landeskirchen anerkennt und deren Gliederung in Kirchgemeinden als fakultativ erklärt.

3 Vgl. *Garfield Alder*, Wagnis und Verpflichtung. Geschichte der Evangelisch-reformierten Kirchgemeinde Obwalden, Sarnen 1971, bes. S. 55-58.

4 Zur unglücklichen Formulierung von Art. 4 Abs. 3 vgl. *Dieter Kraus*, Schweizerisches Staatskirchenrecht, Tübingen 1993, S. 197 mit Anm. 190; ferner den Bericht „Evangelisch-reformierter Kirchenverband der Zentralschweiz: Die Urschweizer Kirchen auf der Suche nach tragfähigen Kooperationsstrukturen“, in: SJKR/ASDE 4 (1999), S. 192 f. mit Anm. 4.

Art. 101 Abs. 3 der Kantonsverfassung die Möglichkeit offengestanden, sich „zur Gesamtvertretung nach aussen, zur Ordnung gemeinsamer Belange und zur Herbeiführung eines angemessenen Finanzausgleichs“ zu einem Kirchgemeindeverband zusammenzuschliessen. Da sich in den vergangenen Jahrzehnten – vor allem wegen der geographischen Distanz – kaum Ansätze zu einer engeren Kooperation ergaben, bestand jedoch kein Anlass, von dieser Rechtsgrundlage Gebrauch zu machen[5].

III. Mitgliedschaft im Kirchenbund

Das Fehlen eines Zusammenschlusses auf kantonaler Ebene bedeutete so lange keinen Nachteil, als die Obwaldner Kirchgemeinden dem Evangelisch-reformierten Kirchenverband der Zentralschweiz (EKZ) angehörten und über diesen dem Schweizerischen Evangelischen Kirchenbund und den übrigen Institutionen des schweizerischen Protestantismus angeschlossen waren. Nicht zuletzt deshalb stiess die 2002 auf Betreiben der übrigen Mitgliedkirchen erfolgte Auflösung des EKZ in Obwalden nicht auf Zustimmung. Im Unterschied etwa zur Nachbargemeinde Nidwalden, welche sich über das gesamte Gebiet des Halbkantons erstreckt und formell als Kantonalkirche konstituiert ist, konnten die Obwaldner Reformierten nicht einmal theoretisch einen Rechtsanspruch auf einen direkten Beitritt zum SEK geltend machen[6]. Wie eingangs bereits erwähnt, liess sich dieser Mangel formaljuristisch auch durch die Gründung eines Kirchgemeindeverbandes nicht beheben. Dennoch mochte die Abgeordnetenversammlung des SEK im Herbst 2002 dem VERKOW die Zustimmung zu seinem Aufnahmegesuch trotz fehlender Rechtsgrundlage so wenig verweigern wie den übrigen ehemaligen Mitgliedkirchen des früheren EKZ. Die weitherzige Auslegung der Mitgliedschaftsartikel liess sich immerhin von dem Grundsatz her legitimieren, dass dem Kirchenbund gemäss Art. 2 lit. b seiner Verfassung „die Zusammenfassung aller

5 Die römisch-katholischen Kirchgemeinden haben sich bereits 1975 zu einem Kirchgemeindeverband zusammengeschlossen. Vgl. dazu *Niklaus von Flüe*, 25 Jahre Verband römisch-katholischer Kirchgemeinden des Kantons Obwalden, Sarnen 2001.

6 Vgl. den Bericht „Neue Kantonalkirchen? Die Urschweizer Kirchen nach der Auflösung des Evangelisch-reformierten Kirchenverbandes der Zentralschweiz“, in SJKR/ASDE 7 (2002), S. 185-195, bes. S. 191 f.

protestantischen Kräfte" obliegt und dass er demzufolge einen flächendeckenden Zusammenschluss aller Schweizer Reformierten anzustreben hat[7].

IV. Das Organisationsstatut[8]

Der VERKOW ist ein Zusammenschluss auf der Basis des kantonalen Gemeinderechts (Art. 84 der Kantonsverfassung). Obwohl die Kantonsverfassung in Art. 106 Abs. 2 die evangelisch-reformierten Kirchgemeinden ermächtigt, „die Zuständigkeit in innern Belangen frei auf Kirchgemeinden und Kirchgemeindeverband auf(zu)teilen", wurde bei der Ausarbeitung des Organisationsstatuts darauf verzichtet, den Verband mit landeskirchlichen Hoheitsbefugnissen auszustatten[9]. Dies hätte angesichts der Kleinheit der Verhältnisse (in den beiden Kirchgemeinden be-

7 Für eine Nachführung der Mitgliedschaftsartikel in der SEK-Verfassung, welche dieser neuen Aufnahmepolitik Rechnung trägt, wurden bis heute allerdings keine Anstalten getroffen.

8 Text: www.ow.ref.ch.

9 Bemerkenswerterweise hatte der bei der Totalrevision der Kantonsverfassung 1967 als Gutachter für den Bereich „Staat und Kirche" beigezogene Prof. *Eugen Isele* – auf den die einschlägigen Formulierungen zurückgehen – diese Option ausdrücklich in Betracht gezogen. Gleichzeitig regte er an, den Kirchgemeinden den Zusammenschluss zu einem Zweckverband zwingend vorzuschreiben, weil sich nur auf diese Weise vom katholischen oder evangelisch-reformierten Konfessionsteil des Kantons Obwalden sprechen liesse (Zur Revision der Verfassung des Kantons Obwalden. Gutachten I: Das kirchenpolitische System. Revisionsvorschläge, Polykop. 1967, S. 38). Insofern ist die Feststellung von *D. Kraus*, Schweizerisches Staatskirchenrecht (Anm. 4), S. 197, zu relativieren, wonach die Organisationsform des Kirchgemeindeverbandes hauptsächlich „den katholischen Vorstellungen vom nichtkirchlichen Charakter solcher Einrichtungen entspricht". – *Iseles* ökumenischem Weitblick verdankt sich übrigens auch die Formulierung des Selbstbestimmungsrechts der Religionsgemeinschaften in Art. 4 Abs. 1 der Kantonsverfassung („Die Religionsgemeinschaften organisieren sich nach ihrem kirchlichen Selbstverständnis"), die nach dem Urteil von *Christoph Winzeler* „den modernsten Anforderungen an eine Konkretisierung der Religionsfreiheit entspricht" (Einführung in das Religionsverfassungsrecht der Schweiz, Zürich 2005, S. 87 [im Original hervorgehoben]).

stehen zusammen eineinhalb Pfarrstellen) als Anmassung erscheinen müssen[10].

Zweck des Verbandes ist die gemeinsame Vertretung der Mitglieder gegen aussen, namentlich im Schweizerischen Evangelischen Kirchenbund und in weiteren Institutionen des schweizerischen Protestantismus (Art. 3). Durch eine schlanke Organisation sucht der Verband unnötigen Verwaltungsaufwand sowie Doppelspurigkeiten zu vermeiden. Als Exekutive wirkt ein paritätisch zusammengesetzter Verbandsrat, in welchem aus beiden Kirchgemeinden je ein Mitglied des Präsidiums, eine Pfarrperson sowie ein weiteres Kirchgemeinderatsmitglied mit Stimmrecht Einsitz nehmen (Art. 5). Die legislative Gewalt verbleibt bei den beiden Kirchgemeindeversammlungen.

Im Verbandsrat werden kantonale und überregionale Aufgaben und Fragen zusammengetragen, diskutiert und weiterverfolgt. Dazu gehören insbesondere Vernehmlassungen sowie das Entsenden von Delegierten in regionale oder schweizerische Konferenzen. Weiter ist der Verbandsrat Ansprechpartner für die Zusammenarbeit mit dem Verband der römisch-katholischen Kirchgemeinden des Kantons Obwalden sowie mit den evangelisch-reformierten Kirchen in der übrigen Zentralschweiz. Die vom Verband zu leistenden Beiträge werden von den beiden Kirchgemeinden im Verhältnis ihrer Mitglieder getragen (Art. 13).

V. Schlussbemerkung

Von Anfang an hat sich der VERKOW als eine durch die Verhältnisse erzwungene, künstlich geschaffene zweite Ebene verstanden, auf welcher dieselben Personen Verantwortung tragen, die bereits in den Kirchgemeinden an vorderster Front stehen. Auch wenn dies auf die Dauer keine befriedigende Lösung sein kann, erfüllt es den Verbandsrat mit Genugtuung, dass seine Stimme auf gesamtschweizerischer Ebene in den vergangenen drei Jahren doch ab und zu gehört und geschätzt worden ist.

Fritz Gloor

10 So verzichtete der VERKOW etwa auf den Beitritt zum „Konkordat betreffend die gemeinsame Ausbildung der evangelisch-reformierten Pfarrerinnen und Pfarrer und ihre gegenseitige Zulassung in den Kirchendienst“ (vgl. dazu den Bericht „Neues Konkordat für die Ausbildung von evangelisch-reformierten Pfarrerinnen und Pfarrern“, in: SJKR/ASDE 8 [2003], S. 271-273).

„Konfessionelle" Friedhöfe an der Kantonsgrenze Thurgau/Schaffhausen

Zur Vereinbarung über die Friedhöfe in der Region Stein am Rhein – Eschenz – Wagenhausen

Die seit dem Frühmittelalter bis heute historisch gewachsenen und bewährten Regelungen für die Aufnahme von Verstorbenen auf die Friedhöfe Burg, Eschenz und Wagenhausen sind infolge der Entwicklung bei der Konfessions- und Religionszugehörigkeit der Bevölkerung an der Schwelle zum 21. Jahrhundert neu in Diskussion gekommen. Eine Vereinbarung[1] zwischen den drei Kirchgemeinden und den drei politischen Gemeinden regelt nun seit dem 27. Mai 2005 das Friedhofwesen der beteiligten Gemeinden.

I. Der Friedhof Burg

Konfessionelle Friedhöfe sind in der Schweiz ein „Auslaufmodell". Aber es gibt Ausnahmen, z.B. israelitische Friedhöfe, muslimische Friedhöfe (bzw. Friedhof-Felder). Auch der Friedhof bei der Johanneskirche auf Burg in Stein am Rhein SH, nahe der schaffhausisch-thurgauischen Kantonsgrenze, bildet eine Ausnahme. Er geht auf frühmittelalterliche Zeit zurück. Im ältesten nachgewiesenen Grab wurde im 7. Jahrhundert ein führendes Glied des regionalen alamannischen Adelsgeschlechtes bei der damaligen frühchristlichen Kirche innerhalb der Mauern des spätrömi-

1 Vereinbarung zwischen den Politischen Gemeinden Eschenz, Wagenhausen, der Stadt Stein am Rhein, vertreten durch die Gemeinderäte bzw. den Stadtrat, und der Evangelisch-reformierten Kirchgemeinde Burg, der Evangelischen Kirchgemeinde Wagenhausen, sowie der Römisch-katholischen Kirchgemeinde Eschenz, vertreten durch den Kirchenstand bzw. die Kirchenvorsteherschaften, betreffend Friedhofbenützung und Kostenaufteilung, unterzeichnet und in Kraft gesetzt am 27. Mai 2005 (abgedruckt im Dokumentationsteil dieses Bandes, hinten S. 277 ff.).

schen Kastells Tasgetium bestattet[2]. Der Kollator, das heisst: der Inhaber aller Rechte und Pflichten sowohl über die Johanneskirche auf Burg als auch über die Kirche Eschenz, war seit 1468 die Fürstabtei Einsiedeln. Diese privatrechtliche Beziehung bestand auch nach der Einführung der Reformation in der Kirche Burg weiter. Die Kollatur Burg wurde erst 1836 von Einsiedeln an Schaffhausen verkauft[3].

Seit vielen hundert Jahren ist der Friedhof im Besitz der „Kirchgenossen"; seit der öffentlich-rechtlichen Anerkennung der evangelisch-reformierten Kirchgemeinde Burg durch die Kantone Schaffhausen und Thurgau im Jahre 1918 also im Besitz der Kirchgemeinde Burg[4]. Der Bestand dieser Kirchgemeinde ist um viele Jahrhunderte älter als die Kantonsgrenze. Zu ihr gehören die evangelisch-reformierten Personen in Stein am Rhein-Süd (Vorderbrugg) im Kanton Schaffhausen, in Eschenz TG und in den Ortsteilen Kaltenbach, Etzwilen und Rheinklingen der Politischen Gemeinde Wagenhausen TG. Diese Gemeindeglieder haben seit alters das Recht, in nächster Umgebung ihrer Kirche Burg die letzte irdische Ruhestätte zu finden. Dieses Recht ist von den kirchlichen und den staatlichen Instanzen stets anerkannt worden.

II. Die Friedhöfe Eschenz und Wagenhausen

Eschenz TG war seit der Gegenreformation ein mehrheitlich katholisches Dorf. Die Toten beider Konfessionen wurden auch nach der Reformation bis ins Jahr 1690 auf dem damals paritätischen Friedhof bei der St. Vitus-Kirche in Untereschenz[5] oberhalb der Insel Werd begraben. Im 17. Jahr-

2 Vgl. *Kurt Bänteli*, Der Friedhof (Burg), und: *Anke Burzler*, Die frühmittelalterlichen Gräber aus der Kirche Burg, beides in: Markus Höneisen (Hg.), Frühgeschichte der Region Stein am Rhein, Basel 1993, S. 190 (191 ff.).

3 Vertrag zwischen der Fürstabtei Einsiedeln und der Regierung des Standes Schaffhausen vom 14. September 1836.

4 Im Staatsvertrag zw. den Kantonen Schaffhausen und Thurgau vom 3. Juli 1918 (Schaffhauser Rechtsbuch SHR 130.110/Thurgauer Rechtsbuch, Nr. 187.53) wird bei der Auflistung der Liegenschaften, die aus der Kollatur an die öffentlich-rechtliche Korporation Kirchgemeinde Burg übergehen, der Friedhof nicht genannt, weil er bereits längst privatrechtlich im Besitz der Kirchgemeinde war.

5 Im Jahre 1738 wurde dieser Friedhof und die St. Vitus-Kirche aufgegeben, die katholische Dorfkirche im oberen Teil von Eschenz errichtet und der katholische

hundert gab es in Eschenz immer wieder üble konfessionelle Streitigkeiten, namentlich auch über das dortige Kirchengut und die Bestattung der „Ketzer" auf dem Friedhof in Untereschenz. Konflikte waren z.B. aufgebrochen infolge der wiederholten Weigerung des Priesters von Eschenz, beim Tod eines noch nicht getauften evangelischen Kindes von Eschenz die Totenglocke läuten zu lassen und einen Grabplatz zur Verfügung zu stellen[6]. Verhandlungen zwischen Einsiedeln und Zürich, dem Schirmort der Evangelischen im Thurgau, führten am 12. Juli 1690 zu einem Vertrag[7]. Darin wurde festgelegt, dass der Friedhof Eschenz in Zukunft allein den Katholiken gehöre. Die Evangelischen von Eschenz erhielten eine „Auskaufsumme" von 140 Gulden aus dem Kirchengut. Mit diesem Betrag erkauften sie beim Kirchengut von Burg das Recht, dass ihre Verstorbenen fortan auf dem Friedhof Burg begraben werden durften. Dies erfolgte nach der Vergrösserung des Kirchenschiffes der Johanneskirche im Jahre 1671 zu Lasten der Gemeinde. Seit 1690 besteht also die Verpflichtung der Kirchgemeinde Burg, auch die verstorbenen evangelischen Gemeindeglieder von Eschenz auf ihren Friedhof aufzunehmen. Mit Einheiraten oder anderweitigem Zuzug katholischer Personen in die reformierten Dörfer Kaltenbach, Etzwilen, Rheinklingen und Wagenhausen ergab sich in den letzten Jahrhunderten die Regelung, dass diese Katholiken nach ihrem Tod auf dem Friedhof „ihrer" Kirche in der Nachbargemeinde Eschenz aufgenommen wurden.

Die Evangelischen der kleinen Ortsgemeinde *Wagenhausen* (heute: des gleichnamigen Ortsteils der Politischen Einheitsgemeinde Wagenhausen) hatten seit der Reformation ebenfalls ihren eigenen konfessionellen Friedhof bei ihrer Kirche, bei der Propstei.

III. Neuere Entwicklungen in der Region

Damit ergibt sich heute die Situation, dass beiderseits der Kantonsgrenze nach wie vor drei „konfessionelle" Friedhöfe bestehen, je beim Gottes-

---

Friedhof dort angelegt. Eigentümerin ist die Römisch-katholische Kirchgemeinde Eschenz. Archäologische Grabungen bei St. Vitus erfolgten 2005.

6 Entsprechende Randnotizen finden sich im Totenregister von Vorderbrugg/Burg (im Stadtarchiv Stein am Rhein).

7 Vertrag vom 12. Juli 1690 zwischen Einsiedeln und Zürich, ein Original liegt im Pfarrarchiv Burg (F.e.3, 6).

haus des betreffenden Konfessionsteils. Die Politischen Gemeinden Eschenz und Wagenhausen besitzen keine eigenen Friedhöfe. Nur die Stadt Stein am Rhein hat rechtsrheinisch einen eigenen, säkularen Friedhof. Dieser dient für Bestattungen aller Einwohner von Hemishofen SH und Stein am Rhein SH mit Ausnahme also der evangelisch-reformierten Einwohner von Vorderbrugg, welche zur Kirche Burg gehören.

Seit den Dreissigerjahren des 20. Jahrhunderts wurden auf allen drei „konfessionellen" Friedhöfen zunehmend auch einzelne Verstorbene aufgenommen, die der betreffenden Kirchgemeinde nicht angehörten, in der Regel gegen Entrichtung einer Grabmiet-Taxe zu Lasten der Angehörigen. Bei verstorbenen andersgläubigen Ehepartnern von Gemeindemitgliedern wurde seit dem ökumenischen Frühling im Nachgang zum zweiten Vaticanum auf die Erhebung solcher Taxen in der Regel verzichtet. Seit einigen Jahrzehnten leisten die betreffenden Politischen Gemeinden Beiträge an den Unterhalt der Friedhöfe, auf denen ihre verstorbenen Einwohner aufgenommen werden.

Während das eigentliche Bestattungswesen seit alters Sache der Politischen Gemeinden ist[8], besteht für die ursprünglich rein konfessionellen Friedhöfe Burg, Eschenz und Wagenhausen nach wie vor der Status eines „Sonderfriedhofes"[9]. Die Eigentümerinnen sind die betreffenden Kirchgemeinden. Sie haben das Recht, eine Friedhofverordnung zu erlassen, parallel und abgestimmt auf die Bestattungsordnungen der Politischen Gemeinden. Die Kirchgemeinde Burg zum Beispiel erliess als öffentlich-rechtlich anerkannte Korporation erstmals am 27. März 1938 eine „Friedhofverordnung", welche seither mehrmals Revisionen unterzogen wurde. Bis Ende 2002 war jeweils die Genehmigung des Stadtrates und des Regierungsrates einzuholen. Die neue Kantonsverfassung vom 17. Juni 2002, in Kraft seit dem 1. Januar 2003, gibt den anerkannten Kirchen mit der öffentlich-rechtlichen Anerkennung mehr Freiheit und Selbstverant-

8 Der früher in Art. 53 aBV statuierte Anspruch auf schickliche Bestattung ergibt sich heute aus Art. 7 BV, wonach die Würde des Menschen zu achten und zu schützen ist.

9 So auch im Rechtsgutachten von lic. iur. *Jürg Uhlmann*, Autonomie des Friedhofwesens für die evangelisch-reformierte Kirchgemeinde Burg bei Stein am Rhein, Schaffhausen, 19. Januar 2004 (im Pfarrarchiv Burg, Kopien auch im Archiv der Kantonalkirche Schaffhausen und im Stadtarchiv Stein am Rhein). – Das Gutachten könnte zum Teil auch für die beiden Friedhöfe in Ramsen SH wegweisend sein. Das sind neben Burg die einzigen noch bestehenden konfessionellen Friedhöfe im Kanton Schaffhausen.

wortung. Sie „organisieren sich" – natürlich im Rahmen des übergeordneten staatlichen Rechts – „nach demokratischen und rechtsstaatlichen Grundsätzen selbständig" (Art. 109 Abs. 1). Damit ist die Kirchgemeinde Burg als öffentlich-rechtlich anerkannte Korporation berechtigt, in abschliessender Kompetenz Verordnungen (z.B. über ihre unbeweglichen Vermögenswerte), also auch ihre Friedhofverordnung zu erlassen bzw. zu ändern, während der Erlass der *Bestattungs*ordnungen nach wie vor Sache der zuständigen Politischen Gemeinden ist[10].

Die wachsende Zahl von Einwohnern, die keiner der Landeskirchen angehören, bedingt, dass auch die Gemeinden Eschenz und Wagenhausen, die keine eigenen Friedhöfe besitzen, mehr als früher in die Lage kommen, für solche Verstorbene kostenlos Grabplätze zur Verfügung stellen zu müssen. Rechtsgültige Vereinbarungen mit den Kirchgemeinden als den Besitzerinnen der konfessionellen Friedhöfe fehlten. Dies führte oft zu Unsicherheit, umso mehr als nach einem Todesfall stets sofortige Entscheide erforderlich sind.

Dabei muss heute für solche Fälle der Grundsatz Priorität haben, dass Verstorbene innerhalb der Grenzen ihrer Wohngemeinde bestattet werden[11]. Ausnahmen bestätigen diese Regel. Alle Politischen Gemeinden haben die gesetzliche Pflicht, jedem Verstorbenen, unabhängig von dessen Konfessions- oder Religionszugehörigkeit, für die Dauer der gesetzlichen Pietätsfrist einen Grabplatz zur Verfügung zu stellen. Für die Politischen Gemeinden Eschenz und Wagenhausen ist die Zusammenarbeit mit den Kirchgemeinden die beste und mindestens mittelfristig auch kostengünstigste Lösung.

Neben der Tatsache, dass das Neben- und Miteinander von Kirche und Friedhof nach wie vor für viele Kirchgemeindemitglieder wichtig ist, spielt in die Überlegungen hinein auch der Gedanke, dass jede Politische Gemeinde auf der Ebene von Raumplanung und Denkmalpflege eine gewisse Mitverantwortung für den Unterhalt der konfessionellen Friedhöfe hat. Im Thurgau ist dies gesetzlich verankert. Diese Friedhöfe gehören zu den Ensembles der denkmalgeschützten Kirchengebäude und zum angestammten Dorf- bzw. Quartier-Bild. Die Organe der drei Kirchgemeinden sorgten denn auch stets dafür, dass die schön gelegenen Friedhöfe einen

10 Vgl. Gutachten *J. Uhlmann* (Anm. 9). – Die Kirchgemeinde Burg hat also seit 2003 Änderungen ihrer Friedhofverordnung den politischen Instanzen nicht mehr zur Genehmigung zu unterbreiten, sondern nur noch zur Kenntnis zu bringen.

11 So auch J. Uhlmann im Gutachten (Anm. 9).

gepflegten, würdigen Charakter behielten. Dafür sind nicht nur die Kirchgemeinden als Eigentümerinnen verantwortlich, sondern auch die Politischen Gemeinden in der Pflicht.

Die im Jahre 2005 abgeschlossene multilaterale Vereinbarung zwischen den sechs beteiligten Gemeinden konnte nun allen diesen Aspekten Rechnung tragen und klare Verhältnisse schaffen.

Die Zusammenarbeit der Gemeinden über die Kantonsgrenze hinweg im Bereich Bestattungswesen ist nicht neu. Seit dem Jahre 1971 bilden die Politischen Gemeinden Eschenz, Wagenhausen, Stein am Rhein und Hemishofen eine „Einfache Gesellschaft“, deren Zweck der „Betrieb“ der „Leichenhalle“ auf Burg und eine engere Zusammenarbeit im Bestattungswesen ist (Leichenwagen, Transporte, Aufbewahrung der Toten bis zum Begräbnis usw.).

IV. Die Vereinbarung von 2005

Nach eingehenden Vorarbeiten konnte am 27. Mai 2005 im Kirchgemeindehaus Burg von den Delegationen aller sechs beteiligten Gemeinden die Vereinbarung über die drei Friedhöfe Burg, Eschenz und Wagenhausen unterzeichnet werden[12]. Es ist eine klare, ökumenisch und ökonomisch ausgewogene Lösung über Gemeinde-, Kantons- und Konfessionsgrenzen hinüber. Zu Grunde lag den Verhandlungen unter anderem das bereits erwähnte Rechtsgutachten, das die Kirchgemeinde Burg gemeinsam mit der schaffhausischen Evangelisch-reformierten Kantonalkirche bei deren Rechtsberater lic. iur. *Jürg Uhlmann*, Schaffhausen, in Auftrag gegeben hatte[13].

In der Vereinbarung ist unter anderem festgehalten, dass jeder der drei (konfessionellen) Friedhöfe im Besitz der betreffenden Kirchgemeinde bleibt und dass auf ihm weiterhin in erster Linie die Mitglieder der Kirchgemeinde bestattet werden, neu auf Wunsch und ohne Kostenfolge auch andersgläubige Ehepartner. Gemäss Tradition und Recht der Kirchgemeinden sind diese auch weiterhin befugt, in begründeten Ausnahmefällen auswärtige bzw. ihnen nicht angehörende Verstorbene auf ihren Friedhof aufzunehmen. Die Grabtaxen, welche von der zuständigen Kirchenbehörde festgesetzt werden und von den Angehörigen der verstorbe-

12 Zur Vereinbarung vgl. Anm. 1.

13 Rechtsgutachten *J. Uhlmann* (Anm. 9).

nen „auswärtigen" Person entrichtet werden müssen, gehen dann je zur Hälfte an die Kirchgemeinde (Miete des Grabplatzes für mindestens 25 Jahre) und an die am Unterhalt des betreffenden Friedhofs beteiligten Politischen Gemeinden (als Beitrag an den allgemeinen Unterhalt der Wege und Anlagen usw., ebenfalls für 25 Jahre).

Die katholische Kirchgemeinde Eschenz erklärte sich nun in aller Form bereit, auf ihren Friedhof auch alle in Eschenz sterbenden Personen aufzunehmen, die keiner der beiden Landeskirchen angehören. Dasselbe Entgegenkommen gewährt die kleine Evangelische Kirchgemeinde Wagenhausen den verstorbenen „Dissidenten" aus dem ganzen Gebiet der Politischen Gemeinde Wagenhausen, einschliesslich der Ortsteile Kaltenbach, Etzwilen und Rheinklingen[14]. Das ist ein Entgegenkommen vor allem gegenüber den beiden thurgauischen Politischen Gemeinden, welche im Gegensatz zur Stadt Stein am Rhein keine eigenen säkularen Friedhöfe besitzen. Im Gegenzug enthält die Vereinbarung die Bestimmung, dass die drei Politischen Gemeinden den gesamten Friedhofunterhalt[15] der drei Friedhöfe nach einer klaren Kostenaufteilung anteilmässig übernehmen.

Auf dem Friedhof Burg finden somit – von den genannten Ausnahmen abgesehen – weiterhin die evangelischen Einwohnerinnen und Einwohner des ganzen Kirchgemeindegebietes Burg Aufnahme. Auf dem Friedhof der Katholischen Kirchgemeinde Eschenz werden alle nicht-reformierten Verstorbenen aus Eschenz sowie die Katholiken der Einheitsgemeinde Wagenhausen aufgenommen. Und auf dem Friedhof Wagenhausen werden neben den verstorbenen Mitgliedern der kleinen Evangelischen Kirchgemeinde Wagenhausen nun auch die verstorbenen „Dissidenten" der ganzen Einheitsgemeinde Wagenhausen begraben. Verlangen die Angehörigen einer verstorbenen Person eine andere Lösung, haben sie im Rahmen der geltenden Bestimmungen selbst dafür zu sorgen und für Mehrkosten aufzukommen.

Für Burg gilt jetzt: Wer z.B. aus der evangelisch-reformierten Kirche austritt, verliert das Recht, nach seinem Tod auf dem Friedhof Burg bestattet zu werden. Dafür steht ein kostenloser Grabplatz auf dem Friedhof im Gebiet der Wohngemeinde zur Verfügung.

14 Ziff. 3 der Vereinbarung.

15 Vgl. Ziff. 2, 4 und 6 der Vereinbarung); in Ziff. 6 werden detailliert erwähnt: „[...] Betrieb, Pflege, Unterhalt, Sanierungen, Erneuerung und Ausbau der Friedhöfe".

Eher theoretisch, aber für alle Fälle juristisch doch erforderlich ist in den Schlussbestimmungen die Kündigungsfrist von fünf Jahren für einen Ausstieg aus der Vereinbarung und die Klausel, welche den Unterhalt der „konfessionellen“ Friedhöfe sichert bis zum Zeitpunkt, wo die 25-jährige Pietätsfrist der jüngsten Gräber ablaufen würde[16].

Mit dieser vertraglichen Regelung wurden nach der Periode einer gewissen Unsicherheit klare Verhältnisse geschaffen. Dies ist umso mehr von Vorteil, als beim Tod einer Einwohnerin, eines Einwohners die Bestattungsmodalitäten stets in sehr kurzer Zeit feststehen müssen. Unklare Absprachen könnten die Verantwortlichen sowohl der Politischen Gemeinden als auch der Kirchgemeinden in unangenehme Situationen bringen.

Erstmals seit dem Vertrag zwischen Einsiedeln und Zürich von 1690 wurden damit im Jahre 2005 schriftliche Regelungen über die Friedhöfe Burg und Eschenz getroffen, diesmal auch gleichzeitig für den Friedhof Wagenhausen. Dass dies in allseits sehr gutem ökumenischem Geist bei den beteiligten Kirchgemeinden und in zeitgemässer Partnerschaft zwischen diesen und den drei Politischen Gemeinden links und rechts des Rheines und beiderseits der Kantonsgrenze erfolgte, ist bemerkenswert.

Christoph Buff

16 Ziff. 8 Abs. 2 der Vereinbarung.

SJKR/ASDE 10 (2005), S. 223-234

Rezensionen und Buchanzeigen

Die evangelischen Kirchenordnungen des XVI. Jahrhunderts, Band 16 (Baden-Württemberg II): Herzogtum Württemberg, bearb. von *Sabine Arend*; Markgrafschaft Baden, Grafschaft Limpurg, Herrschaft Kinzingtal und Herrschaft Neckarbischofsheim, bearb. von *Thomas Bergholz*, Tübingen: Mohr Siebeck 2004. XIV & 708 S.

Manche Leser dieses Jahrbuches haben in ihrer beruflichen oder kirchlichen Tätigkeit mit der Kirchenordnung ihrer Landeskirche zu tun. Der Blick ist dabei i.d.R. nach vorne gerichtet; es wird überlegt, was im Zuge des Wandels für die Kirche nicht mehr passt und bei der nächsten Revision zu ändern sei. Dabei sind die Kirchenordnungen, so wie wir sie in Händen halten, stark geschichtlich geprägt. Sie sind ein Produkt steten Wandels, und dies seit ihren Anfängen im frühen 16. Jh. Was die Erforschung der Anfänge des Kirchenrechts in den reformierten Gebieten der Eidgenossenschaft anbetrifft, muss man nüchtern feststellen, dass sie nicht gerade Konjunktur hat. Die Sozial- und Mentalitätsgeschichte interessiert sich zwar seit einiger Zeit für die reformierte Sittenzucht[1], aber diese entwickelte sich ja erst in dem Moment, als sich die reformierte Kirche institutionell verfestigt hatte und zu einem Machtmittel der um Festigung ihrer Landeshoheit bemühten weltlichen Obrigkeit geworden war. In den ersten Jahrzehnten nach Einführung der Reformation, zunächst in Zürich, dann in den andern Städten, war hingegen alles noch unklar und unentschieden: Wie hatte der neue Gottesdienst auszusehen? Wie war mit den säkularisierten Kloster- und Kirchengütern zu verfahren? Welche Rechte und Pflichten hatten die Pfarrer? Wie war die Ehe zu ordnen, nachdem das kanonische Recht nicht mehr galt? Zwingli und der Rat der Stadt Zürich mussten hier Manches „aus dem Boden stampfen",

1 Siehe etwa *Peter Ziegler*, Zürcher Sittenmandate, Zürich 1978; *Fridolin Limbach*, Berner Mandate, Bern 1985; *Heinrich Richard Schmidt*, Dorf und Religion, Reformierte Sittenzucht in Berner Landgemeinden der Frühen Neuzeit, Stuttgart 1995; *Inge Spillmann-Weber*, Die Zürcher Sittenmandate 1301-1797, Zürich 1997.

was, wie z.B. die Eheordnung von 1525, anschliessend in weitern eidgenössischen Gebieten übernommen wurde[2]. Im Unterschied zu andern reformierten Territorien[3] blieben dabei die Anleihen beim tradierten kanonischen und römischen Recht vergleichsweise klein. Die frühen Kirchenordnungen im Gebiet der Eidgenossenschaft sind uns nur in älteren Editionen und auch nur bruchstückhaft greifbar[4]. Eine moderne Edition tut Not, könnte sie doch die Grundlage sein für weiterführende Forschungen zur Kirchen- und Rechtsgeschichte, aber auch zur politischen Geschichte, zur Kunst-, Sozial-, Wirtschafts- und Alltagsgeschichte etc.

Als musterhaftes Vorbild dienen könnte das Quellenwerk „Die Evangelischen Kirchenordnungen des XVI. Jahrhunderts“, das 1902 vom Erlanger Juristen *Emil Sehling* initiiert wurde (nach ihm auch „Der Sehling“ genannt wird) und dessen Bd. 16 vorliegend anzuzeigen ist. Die ersten, von *Sehling* bis zu seinem Tode 1928 selber edierten Bände umfassten, ausgehend von Sachsen, die evangelischen Gebiete in Nordostdeutschland; die nach dem Zweiten Weltkrieg vom Institut für Kirchenrecht der EKD in Göttingen herausgegebenen Bände enthielten Ordnungen aus dem niedersächsischen Bereich, aus Hessen, Bayern und der Kurpfalz. Ein erster Band zum für die Geschichte der Reformation sehr wichtigen südwestdeutschen Gebiet beschlug die Grafschaft Hohenlohe. Der nun erschienene Band umfasst das Herzogtum Württemberg, die Markgrafschaft Baden und die vergleichsweise kleinen Gebiete der Grafschaft Limpurg, der Herrschaft Kinzigtal und der Herrschaft Neckarbischofs-

2 Zum Einstieg vgl. *Dieter Kraus*, Schweizerisches Staatskirchenrecht, Tübingen 1993, S. 17 ff.; *Rudolf Pfister*, Kirchengeschichte der Schweiz, Bd. 2, Zürich 1974, S. 19 ff.; *Küngolt Kilchenmann*, Die Organisation des zürcherischen Ehegerichts zur Zeit Zwinglis, Zürich 1946; *Walter Köhler*, Zürcher Ehegericht und Genfer Konsistorium, Bde. 1-2, Leipzig 1932/1942.

3 Vgl. zum Beispiel *Anneliese Sprengler-Ruppenthal*, Zur Rezeption des römischen Rechts im Eherecht der Reformatoren, in: *Dies*., Gesammelte Aufsätze, Zu den Kirchenordnungen des 16. Jh., Tübingen 2004, S. 202 ff.; *Dies*., Das kanonische Recht in den Kirchenordnungen des 16. Jh., in: Ebd., S. 298 ff.

4 Vgl. u.a. *Emil Egli* (Hg.), Aktensammlung zur Geschichte der Zürcher Reformation 1519-1533, Zürich 1879 (Nachdruck Aalen 1973); *Rudolf Steck/Gustav Tobler* (Hg.), Aktensammlung zur Geschichte der Berner Reformation 1521-1532, Bern 1923; *Wilhelm Niesel*, Bekenntnisschriften und Kirchenordnungen der nach Gottes Wort reformierten Kirche, Zollikon/Zürich 1948; *Aemilius Ludwig Richter*, Die evangelischen Kirchenordnungen des 16. Jh., 2 Bde. Weimar 1846. Einschlägige Mandate finden sich sodann mancherorts in den verschiedenen Bänden der Sammlung Schweizerischer Rechtsquellen (Aarau 1902 ff.).

heim. Am zahlreichsten sind dabei die aus dem Herzogtum Württemberg edierten Quellen, angefangen vom Mandat zur Anstellung evangelischer Geistlicher von 1534 bis zum Mandat zur Kastenordnung von 1614.

Die Grafen von Württemberg besassen zu Beginn des 15. Jahrhunderts das grösste zusammenhängende Territorium im Südwesten des Heiligen Reiches. Nach einer Schwächeperiode gelang es Graf Eberhard im Bart, die württembergische Herrschaft zu konsolidieren, was sich 1495 in der Erhebung zum Herzogtum manifestierte. Kirchlich gehörte der grösste Teil des Herzogtums zur Diözese Konstanz, wobei die Herzöge mittels zahlreicher Patronatsrechte schon lange vor der Reformation ein landesherrliches Kirchenregiment ausübten. Da die evangelische Bewegung in der Bevölkerung auf breiten Anklang stiess, beauftragte Herzog Ulrich 1534 den Marburger Theologen Erhard Schnepf und den Konstanzer Theologen Ambrosius Blarer mit der Einführung der Reformation. Das Herzogtum Württemberg stellte dabei eine wichtige geographische und konfessionelle Brücke zwischen der zwinglianisch geprägten Eidgenossenschaft und dem lutherischen Hessen dar.

Die ersten vom Landesherrn erlassenen Mandate befassten sich mit der Anstellung evangelischer Geistlicher und mit dem Schicksal der Klöster. 1536 folgte bereits eine rudimentäre Eheordnung. Sie musste die auch in der alten Kirche drängenden Probleme des Eherechts einer Lösung zuführen: die Verlobung Unmündiger, die Klandestinehe, die Verwandtenehe und die Eheauflösung. Zur Durchsetzung der Eheordnung wurde 1541 nach Zürcher Vorbild in Stuttgart ein Ehegericht installiert. Der Neuordnung der Kirchengüter diente die Kastenordnung von 1536, zur liturgischen Ordnung des Gottesdienstes wurde im selben Jahr eine Kirchenordnung erlassen. Das Mittel zur Durchsetzung dieser Bestimmung im Herzogtum war die Visitation, für welche ebenfalls im selben Jahr eine Visitationsordnung erlassen wurde. In raschem Tempo gewannen so die Strukturen der neuen Kirche Gestalt. Massgebliche Ordnung des Gottesdienstes bis ins 17. Jahrhundert hinein wurde die Kirchenordnung von 1553. Prekäre Zeitzeugen sind jene Bestimmungen, mit denen sich die evangelische Kirche abgrenzte, so etwa mit der Ordnung gegen die Täufer und die anderen abweichenden Lehren und die Ordnung der Kirchenzensur, beide von 1559, oder das Verbot der Eheschliessung von Protestanten mit Katholiken von 1609.

Alle wiedergegebenen Quellentexte werden von den beiden Editoren kundig und aufschlussreich eingeleitet, womit sich dem Leser wie von selber ihre Bedeutung erschliesst. Die Edition verfügt über sorgfältig erstellte Register. Das Buch ist auch handwerklich sorgfältig gemacht, was in der heutigen Zeit wissenschaftlicher Schnell- und Massenproduktion nicht selbstverständlich ist. Geplant ist ein weiter Band zu den Kirchenordnungen der südwestdeutschen Reichsstädte, womit dieser Teil Deutschlands abschliessend aufgearbeitet wäre.

René Pahud de Mortanges

Cla Reto Famos/Ingolf U. Dalferth (Hg.), Das Recht der Kirche – Zur Revision der Zürcher Kirchenordnung. Zürich: Theologischer Verlag Zürich 2004. 287 S.

Bei vier der insgesamt dreizehn Aufsätze dieses Sammelbandes handelt es sich um Referate, die im Vorfeld der Zürcher Kirchenabstimmung vom November 2003 an einer Tagung der Theologischen Fakultät Zürich am 19. Juni 2003 vorgetragen wurden[1]. Das Buch ist hernach mit weiteren Aufsätzen, insbesondere theologischer Provenienz, erweitert worden.

Da der Band erst im späteren Verlauf des Jahres 2004 herausgekommen ist, haben einige Beiträge wegen dem Blickwechsel nach dem Scheitern des Reformvorhabens in der Abstimmung gewiss etwas an Aktualität verloren, was indes den Wert eines solchen Buchs grundsätzlich nicht zu schmälern vermag. Nach der Ablehnung des Kirchengesetzes Ende November 2003 ist in der Zürcher Gesetzgebung und Politik bekanntlich viel verändert worden: Eine neue Kantonsverfassung tritt per Anfang 2006 in Kraft. Zudem sind im Oktober 2005 ein erneuter Entwurf des Kirchengesetzes sowie der Entwurf des Gesetzes über die anerkannten jüdischen Gemeinden in die Vernehmlassung geschickt worden. Die hier zu besprechende Publikation ist somit inmitten einer kirchenpolitisch für Zürich bewegten Zeit erschienen. Es handelt sich um eine wertvolle Mo-

1 Vgl. *Cla Reto Famos*, Tagung der Theologischen Fakultät Zürich zum Thema zum Thema „Das Recht der Kirche“, in: SJKR 8 (2003), S. 191-193, mit Kurzwiedergabe und Hinweisen zu den Vorträgen von *Peter Karlen*, Zürcher Reform aus Sicht des Staatskirchenrechts (hier S. 11-26), *Dieter Kraus*, Revisionen reformierter Kirchenverfassungen und Kirchenordnungen in der Schweiz – Themen und Tendenzen (hier S. 27-45), *Cla Reto Famos*, Anforderungen an eine Kirchenordnung aus praktisch-theologischer Perspektive (hier S. 209-228), *Ingolf U. Dalferth*, Ekklesiologische Aspekte einer evangelischen Kirchenordnung (hier S. 263-287).

mentaufnahme, die – aus staatsrechtlicher und kirchlicher Sicht – von der Situation 2003 ausgeht.

Rechtspolitisch liegt dem Sammelband der folgende Gedanke zu Grunde, der im Vorwort zum Ausdruck kommt: „Von zentraler Bedeutung [...] ist die schrittweise Verwirklichung des Selbstbestimmungsrechts der Religionsgemeinschaften im staatlichen Recht.“ Es ist erstaunlich und bedauerlich, dass in der öffentlichen Diskussion gerade dieser Aspekt in letzter Zeit ein wenig verblasst ist (auch um den Religionsartikel in der Bundesverfassung ist es ziemlich still geworden[2]). Auch das Scheitern der Zürcher Kirchenabstimmung mag zu diesem Verblassen etwas beigetragen haben.

Im erstabgedruckten Beitrag beurteilt *Peter Karlen*[3] in einer kritischen Würdigung das Reformpaket 2003 aus religionsrechtlicher Sicht. Die Stärke der Reform liegt seines Erachtens in der Überwindung festgefahrener Positionen und in der Neuausrichtung des staatlichen Religionsrechts. Bei der konkreten Umsetzung zeigt die Vorlage indes einige bedauerliche Schwächen. Das kirchliche Selbstbestimmungsrecht hätte in der Vorlage noch viel stärker zum Ausdruck kommen können – nicht bloss in der Frage des kirchlichen Stimmrechts. „Die angestrebte Entflechtung von Kirche und Staat wird wohl vorangetrieben, der festgestellte Reformbedarf aber keineswegs vollständig abgebaut, und die Notwendigkeit künftiger Anpassungen ist schon heute voraussehbar.“

Einzelne der Aufsätze, die nicht zum eigentlichen „Kernbestand“ (Tagung vom 19. Juni 2003) gehören, haben mit Kirchenrecht nur am Rand etwas zu tun, eher sind es wissenschaftlich-historische oder theologische Abhandlungen, so z.B. *Markus Anker*, Kirche – Volksversammlung – Heiligenverein, Überlegungen zur frühchristlichen Ekklesiologie in 1 Kor 14, 33[4], oder *Peter Opitz*, Das Amt und die Ämter, eine Erinnerung an die Anfänge der reformierten Ämterlehren[5]. Zum Teil fehlt auch der Bezug zur Zürcher Kirchenordnung.

2 Zum geplanten Religionsartikel der Bundesverfassung vgl. Bundesstaat und Religionsgemeinschaften. Überlegungen und Vorschläge für ein zeitgemässes Religionsrecht in der schweizerischen Bundesverfassung, hg. von Ueli Friederich, Roland J. Campiche, René Pahud de Mortanges und Christoph Winzeler, Bern 2003 (= Beiheft 4 des Schweizerischen Jahrbuchs für Kirchenrecht).

3 *P. Karlen*, Zürcher Reform (Anm. 1).

4 S. 59-79, versehen mit griechischen und hebräischen Einschüben, die ohne entsprechende Sprachkenntnisse nicht verstanden werden können.

5 S. 81-108.

Einige Autoren – so weit sie sich mit dem Kirchenrecht bzw. der Gestalt einer Kirchenordnung befassen – legen dar, was nach ihrem Dafürhalten in eine Kirchenordnung oder Kirchenverfassung gehört oder nicht hineingehört. Dabei gehen die Meinungen recht weit auseinander. Kurz einzugehen ist hier auf die Ansicht von *Hans-Ulrich Perels*, eines Zürcher Pfarrers[6]. Es brauche zwar nicht unbedingt ein Kirchenrecht, aber wenn schon eines vorhanden sein muss, dann erwartet er, „dass die Kompetenzen auf allen Ebenen, in Behörden und bei Berufsleuten, bei Ehrenamtlichen und Freiwilligen eindeutig definiert und verteilt werden, und: dass eine Instanz vorhanden ist, die zu Entscheidungen fähig ist und diese auch konsequent durchsetzen kann". Wenn letzteres fehlt, erübrige sich ein (Kirchen-)Recht. Die Auffassung, dass richtiges und wirkliches Recht nur dasjenige Recht ist, das möglichst auch mit Zwang und Macht durchgesetzt werden kann, ist schon lange überholt[7]. Zum Wesen des Rechts gehört nicht unabdingbar, dass es in jedem Fall erzwungen werden kann. Gerade im Kirchenrecht, ähnlich auch im Völkerrecht und oft im öffentlichen Recht ist der Zwang für den Rechtsbegriff nur sekundär. Dies ist bei einer neuen Kirchenordnung gewiss zu bedenken. Diese wird Bedeutungsartikel und Zielformulierungen enthalten, zudem „Sollen"-Bestimmungen und Empfehlungen, und auf diese Weise eine steuernde Funktion ausüben.

Das Buch mutet in einzelnen Teilen etwas klerikal an[8]. In dieser Hinsicht sticht der Aufsatz des Zürcher Professors für Systematische Theologie, Symbolik und Religionsphilosophie *Dalferth* hervor[9]. Für ihn gibt es nur ein einziges wirkliches Amt in der Kirche, und dies ist das Pfarramt.

6 *Hans-Ulrich Perels*, Kirchenrecht und Nonprofit-Management, Was dringend zur Debatte stehen muss, S. 229-250.

7 Unter vielen: *Dieter Kraus*, Grundlagen und Berührungspunkte evangelischen und katholischen Kirchenrechts, in: Ökumene im Kirchenrecht? Grundlagen und Berührungspunkte evangelischen und katholischen Kirchenrechts, S. 3 ff., hg. von René Pahud de Mortanges, Freiburg i.Ue. 1996, mit vielen Hinweisen; *Ralf Dreier*, Der Rechtsbegriff des Kirchenrechts in juristisch-rechtstheoretischer Sicht, in: Das Recht der Kirche Bd. I, hg. von Gerhard Rau u.a., Gütersloh 1997, S. 171 ff.

8 Im eben erwähnten Aufsatz von *Perels* kommt dieser gewisse Klerikalismus etwa in folgendem Satz zum Ausdruck: „Mit zunehmender Entscheidungskompetenz in Behörde und Volk nimmt die Sachkompetenz und umgekehrt, mit zunehmender Sachkompetenz bei den professionellen Mitarbeitenden nimmt die Entscheidungskompetenz ab." Dies ist nicht haltbar.

9 *I. U. Dalferth*, Ekklesiologische Aspekte (Anm. 1).

Diakonie ist für ihn ein Fakultativum („Diakonie etwa kann, aber muss es nicht als ein besonderes kirchliches Amt geben, weil dieser Dienst der ganzen Gemeinde auch von den einzelnen Gliedern der einzelnen Gemeinde ausgeübt werden kann. Auch das Erteilen von Religionsunterricht [...] ist nicht eo ipso öffentliche Lehre [...]"). Die Ordination ist einzig für das Pfarramt vorgesehen. Kaum nachvollziehbar ist seine Behauptung, dass es nur ein (wirkliches) Amt geben kann, und wie er dies gleichsam theologisch deduziert: „Die Kirche hat nur einen Herrn Jesus Christus. Sie hat deshalb auch nur ein Amt: das, das Christus als Gottes Dienst an der Welt ausübt." Der Rezensent kann solche Gedankengänge als Mensch und Christ nicht verstehen. Da es doch noch das (paulinische) Bild des Leibes mit den vielen Gliedern gibt, kann eine solche sophistisch anmutende Deduktion zu Verwirrung führen. In diesem Punkt ist Widerspruch angezeigt, denn die schweizerische Rechtswirklichkeit ist eine völlig andere. Zu erinnern ist an die Übereinkunft der deutschschweizerischen evangelisch-reformierten Landeskirchen betreffend Anerkennung des sozial-diakonischen Dienstes und Schaffung gemeinsamer Voraussetzungen für die gegenseitige Zulassung von Sozialdiakonischen Mitarbeiterinnen und Mitarbeitern in den Dienst der Mitgliedkirchen von 1991/1999[10]. Gemäss Art. 1 dieser Übereinkunft anerkennen die Mitgliedkirchen den Dienst am Wort und den sozialdiakonischen Dienst als gleichwertige kirchliche Dienste. Auch haben viele Landeskirchen die Ordination weiterer Dienste neben dem Pfarramt in ihren Kirchenordnungen eingeführt. Dies kann eine Lektüre einiger schweizerischer Kirchenordnungen, auch der Romandie, schnell bestätigen. An dieser Rechtswirklichkeit gibt es kein Vorbeikommen.

In seinem grundlegenden Aufsatz plädiert *Cla Reto Famos*[11], Oberassistent an der Theologischen Fakultät in Zürich, dafür, „auch im Kanton Zürich dem Pfarramt wieder von Amtes wegen Stimm- und nicht nur Antragsrecht zu geben"[12]. Mit dieser Forderung, die anlässlich der momen-

10 Abgedruckt in: *Christoph Winzeler* (Hg.), Schweizerische Kirchenrechtsquellen, Bd. 3: Konkordate und Verträge, Bern 2004 (= SJKR-Beiheft 5), S. 318 ff. (Nr. 54).

11 *C. R. Famos*, Anforderungen an eine Kirchenordnung (Anm. 1), S. 209-228.

12 § 80 des Gemeindegesetzes des Kantons Zürich vom 6. Juni 1926 (LS 131.1) lautet: „[...] Die Geistlichen der Kirchgemeinde wohnen den Sitzungen mit beratender Stimme bei. Sie können auch zu Mitgliedern, nicht aber zum Präsidenten der Behörde gewählt werden."

tanen Revisionsarbeiten zur Zürcher Kirchenordnung sicher noch zu reden geben wird, trifft der Autor ein Kernthema der Kirchgemeinde.

Gewinnbringend ist im Weiteren die Lektüre des schönen Aufsatzes von *Dieter Kraus* über die Revisionen reformierter Kirchenverfassungen und Kirchenordnungen in der Schweiz[13]. Kraus empfiehlt der Zürcher Kirche, von der Kirchenordnung zur Kirchenverfassung überzugehen. Nicht nur der schweizerische kirchenrechtliche Kontext, sondern auch und gerade die Entwicklung, die das Zürcher Staatskirchenrecht mit den mancherlei Entflechtungsmassnahmen im Verhältnis von Staat und Kirche in den letzten Jahrzehnten vollzogen hat und noch vollzieht, würden deutlich für einen solchen Schritt sprechen.

Grundlegend erscheint auch der Aufsatz von *Rudolf Gebhard*, Kirchenordnung und Bekenntnis. Tiefgründig, sorgfältig und zur Lektüre empfohlen sind weitere Beiträge, so *Hans Heinrich Schmid*, Gründe und Hintergründe der Zürcher Kirchengesetzgebung von 1963/67[14] und – sehr ausführlich, allerdings ohne erkennbaren Bezug zum Buchtitel – *Roland Diethelm*, Heinrich Bullinger und der Zürcher Synodus[15] (er beschreibt u.a. den interessanten Aufbau der Synode zu früherer Zeit: Invocatio, Catalogus, Sacramentum, Externi, Senatus, Censura), sowie der bereits erwähnte Aufsatz von *Peter Opitz* über die Ämterlehren.

Auch wenn der rote Faden in diesem Sammelband etwas zu fehlen scheint, ist er doch sehr gut geeignet, die Diskussion zu kirchenrechtlich relevanten Themen weiterzuführen. Auch die in Gang befindlichen Revisionsarbeiten zur zürcherischen Kirchenordnung werden von diesem Band profitieren.

Jakob Frey

Richli, Paul (Hg.), Wo bleibt die Gerechtigkeit? Antworten aus Theologie, Philosophie und Rechtswissenschaft, Zürich/Basel/Genf 2005

Im Wintersemester 2003/2004 veranstaltete die Universität Luzern eine Vortragsreihe unter den Titel „Wo bleibt die Gerechtigkeit? – Antworten aus Theologie, Philosophie und Rechtswissenschaft". Die hier kurz anzu-

13 *D. Kraus*, Revisionen reformierter Kirchenverfassungen (Anm. 1), S. 27-45.
14 S. 141-162.
15 S. 109-141.

zeigende Publikation enthält die gehaltenen Referate, die allesamt aus dem reichen Fundus der genannten Disziplinen schöpfen, um ihre Antwortentwürfe und Antworten zu erläutern, teils in eher grundsätzlicher Form, teils mehr auf konkrete Fragestellungen gesellschaftlicher Aktualität bezogen.

Ein erster thematischer Schwerpunkt gilt dem Verhältnis „Recht und Gerechtigkeit: Positive und vorpositive Rechtsbegründungen im Widerstreit". Die Autoren argumentieren mit viel Überzeugungskraft: Nach den Darlegungen von *Hansjörg Seiler* (Der Rechtspositivismus als adäquate Theorie des liberalen und demokratischen Staates) ist man geneigt, von den Schwächen überpositiver Rechtsbegründungen genauso beeindruckt zu sein, wie man nach dem Plädoyer von *Adrian Loretan* (Überpositive Gerechtigkeitstheorien sind unentbehrlich! Rechtsphilosophische Überlegungen) an die Erkennbarkeit und Handhabbarkeit nichtpositiver Richtigkeitskriterien glauben möchte.

Die Diskussion dieses Themas ist damit gewiss nicht zu Ende, aber doch um interessante Gesichtspunkte bereichert. Das gilt auch für weitere Schwerpunkte des Bandes, etwa „Grundrechte in den Kirchen". Während *Thilo Marauhn* seinen gleichnamigen Beitrag mit einem Fragezeichen versieht und vorwiegend staatskirchenrechtlich argumentiert, verzichtet *Adrian Loretan* auf das von seinem Vorredner gesetzte Fragezeichen und geht ausführlich auf den, wie er es bezeichnet, Grundrechtsbedarf der Kirchen aus sozialwissenschaftlicher, rechtsphilosophischer und theologischer Sicht ein.

Hingewiesen sei noch auf den Schwerpunkt „Religionsfreiheit und religiöse Toleranz", in dessen Rahmen *Hans J. Münk* (Religionsfreiheit aus theologisch-ethischer Sicht) auch juristische Fragen des Selbstbestimmungsrechts von Religionsgemeinschaften vertieft und *Konrad Sahlfeld* (Religionsfreiheit aus rechtlicher Sicht) mit der Behandlung von Beispielen wie Kruzifix, Kopftuch und Schächtverbot einen starken Praxisbezug erkennen lässt, wobei sein Beitrag auf seiner im vorigen Band dieses Jahrbuchs besprochenen Dissertation aufbauen kann (vgl. SJKR/ASDE 9 [2004], S. 235 ff.).

Insgesamt handelt es sich um eine Publikation, die zu weiterem Nachdenken über diese sich immer wieder neu und doch nie in gleicher Weise stellenden Fragen anregt.

Dieter Kraus

Kress, Hartmut (Hg.), Religionsfreiheit als Leitbild. Staatskirchenrecht in Deutschland und Europa im Prozess der Reform. Münster: LIT Verlag 2004. 350 S. (Ethik interdisziplinär, Bd. 5)

Das vom Bonner evangelischen Sozialethiker *Hartmut Kress* edierte Buch behandelt Fragen der Religionsfreiheit im Kontext der heutigen Einwanderungsgesellschaft und ihrer multikulturellen Auffächerung. Im Zentrum steht das deutsche Staatskirchen- oder, wie man es heute auch nennt, Religionsverfassungsrecht[1]. Das Werk umfasst 18 Aufsätze.

Als Einleitung dient der grundlegende Aufsatz von *Kress* über die „Religionsfreiheit als Leitbild: Kulturelle Grundlagen – sozial- und rechtsethische Problemstellungen“[2]. Er fasst die konfessionellen und philosophischen Wurzeln der Religionsfreiheit zusammen, auch die Lehren aus der politischen Entwicklung seit der Reformation und den Ertrag des zweiten Vatikanums. Dabei ist ihm der Toleranzbegriff historische Vorstufe, kulturelle Grundlage und ethisches Gegenstück der Religionsfreiheit als Individualrecht. Mit Moses Mendelssohn (1728-1786) lässt er eine jüdische Stimme zu Wort kommen. Aufmerksamkeit erheischen seine differenzierenden, praxisnahen Ausführungen zum Kopftuchproblem bei muslimischen Volksschullehrerinnen. Der Aufsatz eignet sich gut als Einführung in Geschichte, Entfaltung und heutige Tragweite der Religionsfreiheit.

Aus dem deutschen Kontext sind v.a. die Beiträge von *Hermann Weber* über „Rechtspolitische Probleme der Kirchensteuer“[3], von *Stefan Muckel* zum Thema „Der Islam im Staatskirchenrecht der Bundesrepublik Deutschland“[4] und von *Ralf B. Abel* über „Sekten, Psychogruppen, neue Heilskonzerne“[5] zu erwähnen.

Die Europadimension ist vertreten durch Beiträge von *Hans Michael Heinig*, „Das Religionsrecht im Konventsentwurf für einen ‚Vertrag über eine Verfassung für Europa‘“[6], *Felix Leinemann*, „Das Religionsrecht in Europa, Der Beitrag und die Stellung der christlichen Kirchen“[7], *Peter*

1 Vgl. *Friedhelm Hufen*, Stichwort „Religionsverfassungsrecht“, in: Lexikon für Kirchenrecht und Staatskirchenrecht, Bd. 3, S. 424-427.
2 S. 21-58.
3 S. 81-103.
4 S. 119-139.
5 S. 141-165.
6 S. 169-183.
7 S. 185-198.

Hintze, Politik und Religion im Europa der Moderne“[8], und *Günter Esser*, „Nationale Kirchen und internationale Kirchenunion am Beispiel der Utrechter Union der alt-katholischen Kirchen“[9].

Der Schweiz gilt ein Aufsatz von *Dieter Kraus* mit dem Titel „Das Verhältnis von Staat und Kirche bzw. Religionsgemeinschaften in der Schweiz“[10]. Er zeigt, wie auch in der Schweiz die Religionsfreiheit nicht nur Individualrecht ist (Art. 15 BV), sondern Leitbildcharakter für das Verhältnis von Staat und Religionsgemeinschaften hat, was umso höher veranschlagt werden muss, als die Ausgestaltung dieses Verhältnisses grundsätzlich den Kantonen zusteht (Art. 72 BV). Mit der überwiegenden, jüngeren Lehre sieht *Kraus* in der Religionsfreiheit auch Elemente eines Selbstbestimmungsrechts der Religionsgemeinschaften verankert. Im Gegensatz zur deutschen Ordnung überlässt Art. 36 BV die Einschränkung der Religionsfreiheit dem Gesetzgeber, soweit öffentliches Interesse, Verhältnismässigkeit und Kerngehalt gewahrt bleiben. *Kraus* beschreibt die öffentlichrechtliche Anerkennung von Religionsgemeinschaften, wie deren Ausstattung mit hoheitlichen Körperschaftsrechten in der Schweiz genannt wird, und den Dualismus für den römisch-katholischen Bereich. Hier gilt in einer Mehrzahl von Kantonen die staatliche Anerkennung nicht unmittelbar der kirchlichen Organisation mit ihren Bistümern und Pfarreien, sondern erfolgt mittelbar über staatsrechtliche Körperschaften („Landeskirchen“, „Kantonalkirchen“) und Kirchgemeinden, die von Staats wegen demokratisch verfasst sein müssen. Ihnen und nicht den Bistümern verleihen die Kantone das Steuerrecht. Dadurch entsteht ein Spannungsverhältnis zwischen Kirche und Parakirche, das *Kraus* wie folgt umschreibt:

> „Die damit erreichte kantonalverfassungsrechtliche Gewährleistung des kirchlichen Selbstbestimmungsrechts muss sich an der grundrechtlichen Religionsfreiheit messen lassen. Denn die staatskirchenrechtliche Gemeinde- und Körperschaftsautonomie darf nicht in einer Weise ausgestaltet werden, dass sie ihrer Funktion, die Freiheit der Religion zu verwirklichen, nicht gerecht zu werden vermag. Freilich lassen sich unter Hinweis auf die Religionsfreiheit, verstanden als korporatives Recht oder als objektivrechtliche Grundlage des Religionsverfassungsrechts, nicht leichthin die Vorgaben und Anforderun-

8 S. 199-214.
9 S. 215-236.
10 S. 257-273.

> gen an den staatskirchenrechtlichen Körperschaftsstatus in seiner jeweiligen kantonalen Ausprägung beiseite schieben bzw. überwinden"[11].

Als schweizerische Besonderheiten erwähnt *Kraus* auch die vom Bundesgericht immer noch sanktionierte Unterstellung juristischer Personen des Handels- und Wirtschaftsrechts unter die Kirchensteuer und die aufgrund historischer Titel erbrachten Staatsleistungen verschiedener Kantone an „ihre" Kirchen (z.B. Gehaltszahlungen an Pfarrerinnen und Pfarrer). Ebenfalls ein Unterschied zu Deutschland liegt in der schwachen Ausprägung des kirchlichen Mitwirkungsrechts bei der Berufung von Professorinnen und Professoren an die evangelisch-reformierten Theologiefakultäten; die Kirchen sind hier auf ein unverbindliches Anhörungsrecht verwiesen. Der Aufsatz bietet eine knappe, aber gute Übersicht in den heutigen Stand des schweizerischen Religionsverfassungsrechts.

Hinzuweisen ist schliesslich auf Beiträge von *Sophie van Bijsterveld* zu den Niederlanden[12], *Oliver O'Donovan* zu England[13], *Józef Krukowski* zu Polen[14], *Martin Illert* zu Bulgarien[15], *Martin Hauser* zu Rumänien[16] und *Werner Theobald* zu Russland[17]. Mit Ausnahme des englischen (mit deutscher Zusammenfassung) sind alle Beiträge in deutscher Sprache verfasst.

Besonders hilfreich ist die einleitende, knappe Zusammenfassung des ganzen Bandes durch *Frank Surall*[18]. Das Werk stellt ein überaus nützliches Kompendium dar, in dem sich mit Aussicht auf Erfolg nachschlagen und mit Gewinn lesen lässt.

Christoph Winzeler

11 S. 267.
12 S. 239-256.
13 S. 275-292.
14 S. 293-304.
15 S. 305-318.
16 S. 319-336.
17 S. 337-347.
18 S. 9-18.

SJKR/ASDE 10 (2005), S. 235-245

Bibliografie 2004 – 2005*

I. Bücher (einschliesslich Festschriften und Sammelbände)

Famos, Cla Reto/Dalferth, Ingolf (Hg.): Das Recht der Kirche, Zur Revision der Zürcher Kirchenordnung. Zürich: Theologischer Verlag Zürich 2004. 287 S.

Horanyi, Sibylle: Das Schächtverbot zwischen Tierschutz und Religionsfreiheit, Eine Güterabwägung und interdisziplinäre Darstellung von Lösungsansätzen. Basel: Helbing & Lichtenhahn 2005. 386 S. (Basler Studien zur Rechtswissenschaft B 70).

Pahud de Mortanges, René: Institut für Religionsrecht, Institut de droit des religions, Institute of religious law. Freiburg i.Ü.: Institut für Religionsrecht 2004. 23 S. (deutsch und französisch).

Pahud de Mortanges, René/Tanner, Erwin (Hg.): Kooperation zwischen Staat und Religionsgemeinschaften nach schweizerischem Recht/Coopération entre Etat et communautés religieuses selon le droit suisse. Zürich: Schulthess 2005. XLI & 934 S. (Freiburger Veröffentlichungen zum Religionsrecht 15).

Richli, Paul (Hg.): Wo bleibt die Gerechtigkeit?, Antworten aus Theologie, Philosophie und Rechtswissenschaft, Zürich: Schulthess 2005. 253 S. (Luzerner Beiträge zur Rechtswissenschaft 5).

Walpen, Robert: Die Päpstliche Schweizergarde, acriter et fideliter, tapfer und treu, Zürich: NZZ Buchverlag 2005. 272 S.

Winzeler, Christoph: Einführung in das Religionsverfassungsrecht der Schweiz, XXVII & 174 S. (Freiburger Veröffentlichungen zum Religionsrecht 16).

* Vgl. zu den Kriterien dieser jährlich erscheinenden Bibliografie die Vorbemerkungen in: SJKR/ASDE 2 (1997), S. 203.

II. Aufsätze (in Zeitschriften, Jahrbüchern, Festschriften und Sammelbänden)

A. Bundes- und Völkerrecht

Barrelet, Denis: La présence des communautés religieuses à la radio et à la télévision sous l'angle juridique, in: Kooperation (vorn I.), S. 679-704.

Bellanger, François: Quelle protection juridique à l'intérieur des communautés religieuses, in: Kooperation (vorn I.), S. 735-757.

Brägger, Benjamin F.: Lücken und Tücken des Anstaltsseelsorgerechts im Freiheitsentzug, in: Kooperation (vorn I.), S. 307-328.

Caroni, Martina: Integration von Migranten: Zusammenarbeit von Staat und Religionsgemeinschaften? Verfassungsrechtliche Möglichkeiten und Grenzen der Zusammenarbeit von Staat und Religionsgemeinschaften im Integrationsprozess, in: Kooperation (vorn I.), S. 459-487.

Cavelti, Urs Josef: Elemente einer Konkordatspolitik, in: SJKR/ASDE 9 (2004), S. 95-140 (Internetpublikation verzeichnet in: SJKR/ASDE 8 [2003], S. 290).

Egger, Charles Albert: Questions juridiques en matière de surveillance des fondations ecclésiastiques, in: Kooperation (vorn I.), S. 627-657.

Fink-Wagner, Urban: Alles ein bisschen komplizierter [zum 10-jährigen Amtsjubiläum von Bischof Koch, zum Bistum Basel und zum Basler Bistumskonkordat], in: SKZ, 173 (2005), S. 600-602.

Fiolka, Gerhard/Niggli, Marcel Alexander: Strafrechtlicher Schutz von Religionsgemeinschaften im reellen und virtuellen Raum, in: Kooperation (vorn I.), S. 705-733.

Friederich, Ueli: Kirchenasyl – Widerstand gegen die Staatsgewalt?, in: Kooperation (vorn I.), S. 429-458.

Gächter, Thomas: Religionsgemeinschaftlicher Dienst aus der Sicht des Sozialversicherungsrechts, in: Kooperation (vorn I.), S. 503-534.

Gardaz, Philippe: Les communautés religieuses entre autofinancement et financement étrangers, in: Kooperation (vorn I.), S. 659-677.

Hafner, Felix/Ebnöther, Kathrin: Staatliche Förderung religiöser Aktivitäten, in: Kooperation (vorn I.), S. 131-161.

Hangartner, Yvo: Rechtlicher Grundrahmen der Kooperation von Staat und Religionsgemeinschaften, in: Kooperation (vorn I.), S. 91-112.

Kley, Andreas/Feller, Reto: Die negative Zweckbindung von Kirchensteuern juristischer Personen, in: SJKR/ASDE 9 (2004), S. 73-82.

Köppel, Urs/Blättler, Willy: Die Anstellung ausländischer Priester im kirchlichen Dienst, in: Kooperation (vorn I.), S. 489-502.

Kraus, Dieter: Religionsrechtlich bedeutsame Entscheide des Bundesgerichts in den Jahren 2003-2004, in: SJKR/ASDE 9 (2004), S. 141-165.

Kraus, Dieter: Gemeinschaftsrechtliche Rahmenbedingungen für kirchliche Tätigkeiten im Bereich der Daseinsvorsorge/Dienste von allgemeinem (wirtschaftlichem) Interesse, in: Kooperation (vorn I.), S. 277-304.

Loretan, Adrian: Gleichstellung der Geschlechter und die Kirchen aus religionsrechtlicher und rechtsphilosophischer Sicht, in: SJKR/ASDE 9 (2004), S. 11-38.

Loretan, Adrian: Religiosfreiheit und Gleichstellung aus religionsrechtlicher und rechtsphilosophischer Sicht, in: Gerechtigkeit (vorn I.), S. 87-112.

Nay, Giusep: Rechtsprechung des Bundesgerichts zwischen positiver und negativer Neutralität des Staates, in: Kooperation (vorn I.), S. 215-245.

Pahud de Mortanges, René: Datentransfer und Datenschutz an der Schnittstelle zwischen Staat und Religionsgemeinschaften, in: Kooperation (vorn I.), S. 595-625.

Ruch, Alexander: Religionsgemeinschaften und Raumplanungsrecht, in: Kooperation (vorn I.), S. 535-567.

Sahlfeld, Konrad: Religionsfreiheit aus rechtlicher Sicht, in: Gerechtigkeit (vorn I.), S. 131-148.

Saladin, Gerhard M.: Armeeseelsorge – im Umbruch?, in: Kooperation (vorn I.), S. 329-356.

Seiler, Hansjörg: Positivrechtliche Regelung – Rechtsgleichheit – Prozedurale Gerechtigkeit, in: Gerechtigkeit (vorn I.), S. 77-85.

Tanner, Erwin: Un-Sicherheitsfaktor Religion? Staats- und verwaltungsrechtliche Überlegungen zur inneren Sicherheit und Religion am Beispiel des Islams, in: Kooperation (vorn I.), S. 163-213.

Walpen, Robert: 500 Jahre für die irdische Sicherheit des Papstes, Die Schweizergarde – Zierde und Bewachungskorps, in: Neue Zürcher Zeitung vom 22. September 2005, S. 15.

Winzeler, Christoph: Religionsgemeinschaften und Denkmalpflege, in: Kooperation (vorn I.), S. 569-594.

Wittibschlager, Martina: Zur „Anwendung" religiöser Normen im IPR und IZPR, in: Kooperation (vorn I.), S. 759-789.

Wyss, Martin Philipp: Übertragung von staatlichen und öffentlichen Aufgaben an Religionsgemeinschaften in: Kooperation (vorn I.), S. 113-129.

Wyttenbach, Judith/Kälin, Walter: Schulischer Bildungsauftrag und Grund- und Menschenrechte von Angehörigen religiös-kultureller Minderheiten, in: AJP/PJA 14 (2005), S. 315-323.

B. Kantonales Recht

Aldeeb Abu-Sahlieh, Sami A.: Les cimetières en Suisse entre laïcité et respect de la foi des communautés religieuses: cas des cimetières musulmans, in: Kooperation (vorn I.), S.389-427.

Cavelti, Urs Josef: Elemente einer Konkordatspolitik, in: SJKR/ASDE 9 (2004), S. 95-140 (Internetpublikation verzeichnet in: SJKR/ASDE 8 [2003], S. 290).

Cuendet, Claude: Les incidences de la nouvelle loi sur le personnel de l'Etat de Vaud sur l'Eglise évangélique réformée du canton de Vaud (EERV), in: SJKR/ASDE 9 (2004), S. 187-196.

Egger, Charles Albert: Questions juridiques en matière de surveillance des fondations ecclésiastiques, in: Kooperation (vorn I.), S. 627-657.

Famos, Cla Reto: Die Zürcher Diskussion als Spiegel des schweizerischen Staatskirchenrechts, ZevKR 50 (2005), S. 238-244.

Frey, Jakob: Neue Kantonsverfassung des Kantons Freiburg mit Weiterführung des bisherigen Verhältnisses von Kirchen und Staat, in: SJKR/ASDE 9 (2004), S. 171-176.

Frey, Jakob: Keine Abgeltung von kirchlichen Leistungen von gesamtgesellschaftlicher Bedeutung im Kanton Schwyz, in: SJKR/ASDE 9 (2004), S. 179-186.

Furler, Frieder: Volksinitiative für die Weiterführung des Fachs „Biblische Geschichte" im Kanton Zürich, in: SJKR/ASDE 9 (2004), S. 211-223.

Gardaz, Philippe: Les communautés religieuses entre autofinancement et financement étrangers, in: Kooperation (vorn I.), S. 659-677.

Grichting, Martin: Mittelalterliche Wurzeln des Schweizer Staatskirchenrechts, in: SKZ 172 (2004), S. 918-923.

Henrici, Peter: Gegenwart und Zukunft des Verhältnisses zwischen Staat und Kirche(n), in: SKZ 172 (2004), S. 963-970.

Karlen, Peter: Zürcher Reform aus Sicht des Staatskirchenrechts, in: Das Recht der Kirche (vorn I.), S. 11-26.

Kley, Andreas/Feller, Reto: Die negative Zweckbindung von Kirchensteuern juristischer Personen, in: SJKR/ASDE 9 (2004), S. 73-82.

Kosch, Daniel: Staatskirchenrechtliche Strukturen im Dienst der Kirche, in: SKZ 172 (2004), S. 858-863 und 880-884.

Kraus, Dieter: Revisionen reformierter Kirchenverfassungen und Kirchenordnung in der Schweiz – Themen und Tendenzen, in: Das Recht der Kirche (vorn I.), S. 27-45.

Loretan, Adrian: Religionsunterrichtskonzepte und ihre rechtlichen Koordinaten, in: Kooperation (vorn I.), S. 357-387.

Loretan, Adrian: Religionsfreiheit und Gleichstellung aus religionsrechtlicher und rechtsphilosophischer Sicht, in: Gerechtigkeit (vorn I.), S. 87-112.

Möri, Peter: Totalrevision des Gemeindegesetzes des Kantons Luzern – Auswirkungen auf die evangelisch-reformierte Landeskirche und deren Kirchgemeinden, in: SJKR/ASDE 9 (2004), S. 177-178.

Nay, Giusep: Kirche und Staat im Lichte der Religionsfreiheit, Der schweizerische Dualismus, in: Adrian Loretan/Franco Luzzatto (Hg.), Gesellschaftliche Ängste als theologische Herausforderung, Kontext Europa, Münster 2004, S. 65-78.

Nay, Giusep: Staatskirchenrecht: Dualismus als Chance, in: SKZ 172 (2004), S. 898-903.

Pahud de Mortanges, René: Vom Institut für Kirchenrecht und Staatskirchenrecht zum Institut für Religionsrecht [der Rechtswissenschaftlichen Fakultät der Universität Freiburg i.Ü.], in: SJKR/ASDE 9 (2004), S. 224-234.

Pahud de Mortanges, René: Datentransfer und Datenschutz an der Schnittstelle zwischen Staat und Religionsgemeinschaften, in: Kooperation (vorn I.), S. 595-625.

Plattner, Peter: Zusammenarbeit von Staat und Kirche im Kanton Thurgau, in: Kooperation (vorn I.), S.247-276.

Röhl, Martin: Die Landeskirche als Initiantin einer kantonalen Volksinitiative: zulässige behördliche Intervention?, in: SJKR/ASDE 9 (2004), S. 197-210.

Röhl, Martin: Neugestaltung des Verhältnisses zwischen Kirchen und Staat im Kanton Zürich – Reformpostulate und Reformbedarf, in: SJKR/ASDE 9 (2004), S. 39-71.

Römisch-katholische Zentralkonferenz der Schweiz (RKZ): Stellungnahme des Präsidiums der RKZ vom 27. November 2004 zu: Franz Xaver von Weber, Das staatskirchliche System als institutionalisierte Krise, in: Schweizerische Kirchenzeitung 172 (48/2004) 903-904, 909-911, in: SKZ 172 (2004), S. 954-955.

Schmid, Hans Heinrich: Gründe und Hintergründe der Zürcher Kirchengesetzgebung von 1963/67, in: Das Recht der Kirche (vorn I.), S. 141-162.

Walser, Markus: Kantonalkirche und Kirchgemeinden im Kanton Luzern, Anmerkungen zum Entscheid vom 18. Dezember 2002 des Schweizerischen Bundesgerichts zum so genannten Kirchenaustritt (AZ 2P.16/2002) und zu Eigenheiten des Schweizer Staatskirchenrechts, in: Wilhelm Rees (Hg.), Recht in Kirche und Staat, Joseph Listl zum 75. Geburtstag (Kanonistische Studien 48), Berlin 2004, S. 833-852.

Walter, Christian: Staatskirchenrecht zwischen Reform und Beharrung, Rechtsvergleichende Bemerkungen zu den gescheiterten Zürcher Kirchenvorlagen, ZevKR 50 (2005), S. 207-230.

von Weber, Franz Xaver: Das staatskirchliche System als institutionalisierte Krise, in: SKZ 172 (2004), S. 903-911.

Winzeler, Christoph: Religionsgemeinschaften und Denkmalpflege, in: Kooperation (vorn I.), S. 569-594.

C. *Kirchenrecht*

Betticher, Nicolas: Eglise – Etat: quel partenariat? Analyse de quelques aspects de collaboration à la lumière des dispositions juridiques et canoniques de l'Eglise catholique romaine, in: Kooperation (vorn I.), S. 851-859.

Cavelti, Urs Josef: Elemente einer Konkordatspolitik, in: SJKR/ASDE 9 (2004), S. 95-140 (Internetpublikation verzeichnet in: SJKR/ASDE 8 [2003], S. 290).

Christ, Bernhard: Ein Kampf ums Bekenntnis, Adolf Christ vor dem Grossen Rat, in: Katrin Kusmierz/Niklaus Peter (Hg.), dreissig-, sechzig-, hundertfältig, Basler Predigten aus sechs Jahrhunderten, Zürich 2004, S. 123-136.

Dalferth, Ingolf U.: Ekklesiologische Aspekte einer evangelischen Kirchenordnung, in: Das Recht der Kirche (vorn I.), S. 263-287.

Diethelm, Roland: Heinrich Bullinger und der Zürcher Synodus, in: Das Recht der Kirche (vorn I.), S. 109-140.

Famos, Cla Reto: Kompetenzabgrenzung, Die Aufteilung in strategische und operative Kompetenzen in der Gemeindeleitung kann Klarheit schaffen [...], in: Annex, Beilage zur Reformierten Presse, Heft 3 (2005), S. 5-6.

Famos, Cla Reto: Anforderungen an eine Kirchenordnung aus praktisch-theologischer Perspektive, in: Das Recht der Kirche (vorn I.), S. 209-228.

Fink-Wagner, Urban: Alles ein bisschen komplizierter [zum 10-jährigen Amtsjubiläum von Bischof Koch, zum Bistum Basel und zum Basler Bistumskonkordat], in: SKZ, 173 (2005), S. 600-602.

Fink-Wagner, Urban: Kirchliches Management, in: SKZ, 173 (2005), S. 626-628.

Frühauf, Alfred: Die Kirchenordnung 2006 – Projekt, Akzente, in: Das Recht der Kirche (vorn I.), S. 163-181.

Gebhard, Rudolf: Kirchenordnung und Bekenntnis, in: Das Recht der Kirche (vorn I.), S. 183-207.

Grichting, Martin: Mittelalterliche Wurzeln des Schweizer Staatskirchenrechts, in: SKZ 172 (2004), S. 918-923.

Henrici, Peter: Gegenwart und Zukunft des Verhältnisses zwischen Staat und Kirche(n), in: SKZ 172 (2004), S. 918-923.

Kosch, Daniel: Staatskirchenrechtliche Strukturen im Dienst der Kirche, in: SKZ 172 (2004), S. 858-863 und 880-884.

Kraus, Dieter: Revisionen reformierter Kirchenverfassungen und Kirchenordnung in der Schweiz – Themen und Tendenzen, in: Das Recht der Kirche (vorn I.), S. 27-45.

Kunz, Ralph: Der missionarische Auftrag der Kirche in der Kirchenordnung, in: Das Recht der Kirche (vorn I.), S. 229-250.

Loretan, Adrian: Gleichstellung der Geschlechter und die Kirchen aus religionsrechtlicher und rechtsphilosophischer Sicht, in: SJKR/ASDE 9 (2004), S. 11-38.

Loretan, Adrian: Grundrechte in den Kirchen, in: Gerechtigkeit (vorn I.), S. 227-251.

Marauhn, Thilo: Grundrechte in den Kirchen?, in: Gerechtigkeit (vorn I.), S. 203-225.

Meierhofer-Lauffer, Theres: Die kirchenrechtliche Stellung der Pfarrerinnen und Pfarrer in den reformierten Kirchgemeinden der Schweiz – Lösungsansätze zur Herabsetzung des Konfliktpotenzials, in: SJKR/ASDE 9 (2004), S. 83-94.

Münk, Hans J.: Religionsfreiheit aus theologisch-ethischer Sicht, in: Gerechtigkeit (vorn I.), S. 115-129.

Opitz, Peter: Das Amt und die Ämter – Eine Erinnerung an die Anfänge der reformierten Ämterlehren, in: Das Recht der Kirche (vorn I.), S. 81-108.

Pahud de Mortanges, René: Vom Institut für Kirchenrecht und Staatskirchenrecht zum Institut für Religionsrecht [der Rechtswissenschaftlichen Fakultät der Universität Freiburg i.Ü.], in: SJKR/ASDE 9 (2004), S. 224-234.

Pavlidis, Makarios: L'importance de l'Etat pour l'Eglise orthodoxe et la contribution de cette Eglise au bien public, in: Kooperation (vorn I.), S. 873-885.

Perels, Hans-Rudolf: Kirchenrecht und Nonprofit-Management, Was dringend zur Debatte stehen muss, in: Das Recht der Kirche (vorn I.), S. 251-261.

Portmann-Schmidli, Olivia: Unternehmerisches Denken in kirchlichen Strukturen, in: SKZ 173 (2005), S. 133-135.

Potz, Richard: Das Verhältnis zum Staat aus der Sicht der grossen Religionen, in: Kooperation (vorn I.), S. 807-825.

Ritzi, Ernst: Aufsicht ausgegliedert, Seit Juni 2004 gibt es in den Thurgauer Kirchgemeinden ein Nebeneinander von Kirchenvorsteherschaft und Aufsichtskommission [...], in: Annex, Beilage zur Reformierten Presse, Heft 3 (2005), S. 12-13

Römisch-katholische Zentralkonferenz der Schweiz (RKZ): Stellungnahme des Präsidiums der RKZ vom 27. November 2004 zu: Franz Xaver von Weber, Das staatskirchliche System als institutionalisierte Krise, in: Schweizerische Kirchenzeitung 172 (48/2004) 903-904, 909-911, in: SKZ 172 (2004), S. 954-955.

Sahli, Markus: Unvermischt und ungetrennt, Zum Verhältnis zwischen Kirchen und Staat nach evangelisch-reformiertem Verständnis, in: Kooperation (vorn I.), S. 827-850.

Schariah, Zechariah: Die Beziehung der Anglikanischen Kirche zur Schweiz, in: Kooperation (vorn I.), S. 887-896.

Schmid, Hans Heinrich: Gründe und Hintergründe der Zürcher Kirchengesetzgebung von 1963/67, in: Das Recht der Kirche (vorn I.), S. 141-162.

Schweizer Bischofskonferenz: Beauftragte Laien im kirchlichen Dienst, in: SKZ 173 (2005), S. 36-55.

Tanner, Erwin: Art. Doppelmitgliedschaft. Juristische Reflexionen, in: Harald Baer/Hans Gasper/Joachim Müller/Johannes Sinabell (Hg.), Lexikon neureligiöser Gruppen, Szenen und Weltanschauungen. Orientierungen im religiösen Pluralismus, Freiburg i.Br. 2005, Sp. 255-259.

Tanner, Erwin: Art. [Religions]Recht – 3. Schweiz, in: Harald Baer/Hans Gasper/Joachim Müller/Johannes Sinabell (Hg.), Lexikon neureligiöser

Gruppen, Szenen und Weltanschauungen. Orientierungen im religiösen Pluralismus, Freiburg i.Br. 2005, Sp. 1052-1059.

Tanner, Erwin: Art. Religionsgemeinschaften, in: Harald Baer/Hans Gasper/Joachim Müller/Johannes Sinabell (Hg.), Lexikon neureligiöser Gruppen, Szenen und Weltanschauungen. Orientierungen im religiösen Pluralismus, Freiburg i.Br. 2005, Sp. 1086-1092.

Walpen, Robert: 500 Jahre für die irdische Sicherheit des Papstes, Die Schweizergarde – Zierde und Bewachungskorps, in: Neue Zürcher Zeitung vom 22. September 2005, S. 15.

Walser, Markus: Kantonalkirche und Kirchgemeinden im Kanton Luzern, Anmerkungen zum Entscheid vom 18. Dezember 2002 des Schweizerischen Bundesgerichts zum so genannten Kirchenaustritt (AZ 2P.16/2002) und zu Eigenheiten des Schweizer Staatskirchenrechts, in: Wilhelm Rees (Hg.), Recht in Kirche und Staat, Joseph Listl zum 75. Geburtstag (Kanonistische Studien 48), Berlin 2004, S. 833-852.

von Weber, Franz Xaver: Das staatskirchliche System als institutionalisierte Krise, in: SKZ 172 (2004), S. 903-911.

Weyermann, Maja: Die Beziehung der christkatholischen Kirche zum Staat und ihre Beitrag für das öffentliche Gemeinwohl, in: Kooperation (vorn I.), S. 861-872.

D. Recht anderer Religionsgemeinschaften

Aldeeb, Sami A.: Le secret entre droit et religion: la dissimulation *(taqiyyah)* chez les chi'ites et les druzes, in: Piermarco Zen-Ruffinen (Hg.), Les secrets et le droit, Zürich 2004, S. 27-60.

Amarânanda, Swami: Les Hindous en Suisse et l'Etat suisse, in: Kooperation (vorn I.), S. 927-934.

Bloch, Rolf: Bedeutung der Schweiz für die jüdische Gemeinschaft, in: Kooperation (vorn I.), S. 897-901.

Hafner, Rolf: Das Verhältnis buddhistischer Gemeinschaften zum demokratischen Rechtsstaat und zu andern Religionen (vorn I.), S. 917-925.

Hatipoglu, Tamer: Die Schweiz und die muslimische Gemeinschaft, in: Kooperation (vorn I.), S. 903-915.

Hottinger, Arnold: Eine Lehre im falschen Licht?, Die wirklichen Wurzeln des islamischen Terrorismus, in: Neue Zürcher Zeitung vom 15. Februar 2005, S. 42.

Hottinger, Arnold: Der Islam in der Schweiz – noch kein Schweizer Islam, in: SKZ 173 (2005), S. 298-301.

Rudolph, Ulrich: Religionsfreiheit – kollektiv und individuell, Debatte um die Integration von Muslimen auf zwei Ebenen, in: Neue Zürcher Zeitung vom 7. Dezember 2004, S. 14.

Schatz, Werner: Karl Barth und der Islam, in: Reformierte Presse, Heft 35 (2005), S. 8-9.

Schelling, Thierry: Moslems in der Schweiz, in: SKZ 173 (2005), S. 296-298.

Steinbach, Udo: Euro-Islam?, Ein Wort, zwei Konzepte, viele Probleme, in: Neue Zürcher Zeitung vom 25. April 2005, S. 21.

Tanner, Erwin: Selbstmordattentate von Muslimen in der Schweiz?, in: SKZ 171 (2003), S. 129-130.

Tanner, Erwin: Kann und darf sich der Islam in der Schweiz etablieren? Eine juristische Grundsatzdebatte …, in: Schweizerische Akademie der Geistes- und Sozialwissenschaften und Schweizerische Gesellschaft Mittlerer Osten und Islamische Kulturen/Académie suisse des sciences humaines et sociales et Société Suisse Moyen-Orient et Civilisation Islamique (Hg.), Les musulmans de Suisse/Muslime in der Schweiz (Colloque du 24/25 mai 2002/Tagung vom 24./25. Mai 2002), Bern 2003, S. 117-138.

Tanner, Erwin: Les musulman(e)s – un problème pour la sécurité intérieure de l'Etat suisse?, in: AJP/PJA 13 (2004), S. 962-968.

Tanner, Erwin: Art. Doppelmitgliedschaft. Juristische Reflexionen, in: Harald Baer/Hans Gasper/Joachim Müller/Johannes Sinabell (Hg.), Lexikon neureligiöser Gruppen, Szenen und Weltanschauungen. Orientierungen im religiösen Pluralismus, Freiburg i.Br. 2005, Sp. 255-259.

Tanner, Erwin: Art. [Religions]Recht – 3. Schweiz, in: Harald Baer/Hans Gasper/Joachim Müller/Johannes Sinabell (Hg.), Lexikon neureligiöser Gruppen, Szenen und Weltanschauungen. Orientierungen im religiösen Pluralismus, Freiburg i.Br. 2005, Sp. 1052-1059.

Tanner, Erwin: Art. Religionsgemeinschaften, in: Harald Baer/Hans Gasper/Joachim Müller/Johannes Sinabell (Hg.), Lexikon neureligiöser Gruppen, Szenen und Weltanschauungen. Orientierungen im religiösen Pluralismus, Freiburg i.Br. 2005, Sp. 1086-1092.

Tanner, Erwin: Un-Sicherheitsfaktor Religion? Staats- und verwaltungsrechtliche Überlegungen zur inneren Sicherheit und Religion am Beispiel des Islams, in: Kooperation (vorn I.), S. 163-213.

E. Verschiedenes

Müller, Alois: Ist der freiheitliche Staat auf vorpolitische Ressourcen des Religiösen angewiesen und welcher Platz soll den Religionsgemeinschaften im öffentlichen Raum zukommen?, in: Kooperation (vorn I.), S. 35-89.

Haug, Werner: Die Religionsgemeinschaften der Schweiz im Spiegel der Volkszählungen, in: Kooperation (vorn I.), S. 3-33.

Loretan-Saladin, Franziska: Handle With Care [zum interreligiösen Verhältnis], in: SKZ 173 (2005), S. 221-622.

Richli, Paul: Die Relevanz der Unterscheidung von Individual- und Sozialethik im Rechtsbereich – Eine Skizze, in: Gerechtigkeit (vorn I.), S. 157-171.

Rudolph, Enno: Kultureller Pluralismus: Hypothek oder Chance?, Philosophische Aspekte, in: Gerechtigkeit (vorn I.), S. 69-76.

Schmid, Gerhard: Religiöse Parteien – eine brisante Angelegenheit? Denkbarkeit und Fragwürdigkeit religiöser Parteien und religionsgemeinschaftlich dominierter Parteien im staatlichen Meinungs- und Willensbildungsprozess der Schweiz, in: Kooperation (vorn I.), S. 791-803.

SJKR/ASDE 10 (2005), S. 247-280

Textdokumentation

Verfassung des Kantons Basel-Stadt vom 30. Oktober 2005 (Auszug)

In Verantwortung gegenüber der Schöpfung und im Wissen um die Grenzen menschlicher Macht, gibt sich das Volk des Kantons Basel-Stadt die folgende Verfassung: [...]

II. Grundrechte und Grundrechtsziele

§ 8. Rechtsgleichheit und Diskriminierungsverbot. [...] (2) Niemand darf diskriminiert werden, namentlich nicht wegen der Rasse, des Geschlechts, des Alters, der Sprache, der genetischen Merkmale, der ethnischen und sozialen Herkunft, der sozialen Stellung, der Lebensform, der sexuellen Orientierung, der religiösen, weltanschaulichen und politischen Überzeugung oder wegen einer Behinderung.

§ 11. Grundrechtsgarantien. (1) Die Grundrechte sind im Rahmen der Bundesverfassung und den für die Schweiz verbindlichen internationalen Abkommen gewährleistet, namentlich: [...] k) die Glaubens-, Gewissens- und Religionsfreiheit, [...].

§ 18. Schulen, Kindergärten, Tagesbetreuungseinrichtungen und Heime. [...] (2) Staatliche Kindergärten, Schulen, Tagesbetreuungseinrichtungen, Sonderschulen und Heime werden konfessionell und politisch neutral geführt.
[...].

IV. Bürgerrecht und Volksrechte

5. Referendum

§ 52. Fakultatives Referendum. [...] (2) Nicht dem Referendum unterliegen folgende Grossratsbeschlüsse: [...] f) Beschlüsse betreffend kantonale Anerkennung von Kirchen und Religionsgemeinschaften, [...].

VI. Kantonale Behörden

2. Grosser Rat

§ 91. Weitere Aufgaben. (1) Der Grosse Rat [...] h) beschliesst über die kantonale Anerkennung und den Entzug der kantonalen Anerkennung von privatrechtlichen Kirchen und Religionsgemeinschaften. (2) [...].

4. Richterliche Behörden

[...] (2) Beim Verfassungsgericht können durch Beschwerde nicht angefochten werden: [...] e) Beschlüsse, mit denen der Grosse Rat die kantonale Anerkennung von privatrechtlich organisierten Kirchen und Religionsgemeinschaften gewährt oder entzieht.

VII. Finanzordnung

§ 123. Grundsätze der Besteuerung. (1) Bei der Ausgestaltung der Steuern sind die Grundsätze der Allgemeinheit, der Gleichheit und der wirtschaftlichen Leistungsfähigkeit zu beachten. (2) [...].

VIII. Kirchen und Religionsgemeinschaften

1. Öffentlichrechtlich anerkannte Kirchen und Religionsgemeinschaften

§ 126. Öffentlichrechtlich anerkannte Kirchen und Religionsgemeinschaften. (1) Die Evangelisch-reformierte Kirche, die Römisch-Katholische Kirche, die Christkatholische Kirche und die Israelitische Gemeinde sind vom Kanton öffentlichrechtlich anerkannt.
(2) Sie sind öffentlichrechtliche Körperschaften mit eigener Rechtspersönlichkeit.

(3) Andere Kirchen und Religionsgemeinschaften können auf dem Weg der Verfassungsänderung öffentlichrechtlich anerkannt werden.

§ 127. Selbständigkeit. (1) Die öffentlichrechtlich anerkannten Kirchen und Religionsgemeinschaften ordnen ihre Verhältnisse selbstständig.
(2) Sie geben sich eine Verfassung; deren Erlass und Änderung bedürfen der Zustimmung einer Mehrheit ihrer stimmenden Mitglieder und der Genehmigung des Regierungsrates.
(3) Der Regierungsrat erteilt die Genehmigung, wenn weder Bundesrecht noch kantonales Recht entgegenstehen.
(4) Innerhalb der vorstehenden Bestimmungen regelt das Gesetz das Verfahren über die Genehmigung der Verfassungen und der Steuerordnungen sowie die Oberaufsicht über die Vermögensverwaltung.

§ 128. Zugehörigkeit, Stimm- und Wahlrecht. (1) Jede Person, die im Kanton wohnt, gehört der öffentlichrechtlich anerkannten Kirche oder Religionsgemeinschaft ihrer Konfession oder Religion an, wenn sie die in deren Verfassung genannten Voraussetzungen erfüllt.
(2) Der Austritt ist jederzeit mit schriftlicher Erklärung möglich.
(3) Die Verfassungen der öffentlich rechtlich anerkannten Kirchen und Religionsgemeinschaften ordnen die Voraussetzungen des Stimm- und Wahlrechtes.

§ 129. Untergeordnete Körperschaften und Anstalten. (1) Die öffentlichrechtlich anerkannten Kirchen und Religionsgemeinschaften können in ihren Verfassungen die Gliederung in Kirchgemeinden, Quartiergemeinden oder andere untergeordnete Körperschaften vorsehen.
(2) Diese sind öffentlich rechtliche Körperschaften mit eigener Rechtspersönlichkeit.
(3) Die Verfassungen der öffentlichrechtlich anerkannten Kirchen und Religionsgemeinschaften bestimmen die Stellung und die Grundzüge der Organisation der untergeordneten Körperschaften.
(4) Die öffentlichrechtlich anerkannten Kirchen und Religionsgemeinschaften können für ihre Bedürfnisse öffentlichrechtliche Anstalten mit eigener Rechtspersönlichkeit errichten.

§ 130. Rechte und Auflagen. (1) Die öffentlichrechtlich anerkannten Kirchen und Religionsgemeinschaften verwalten ihre Vermögen selbstständig unter der Oberaufsicht des Regierungsrates.
(2) Sie können von ihren Mitgliedern Steuern erheben. Die Steuerordnungen bedürfen der Genehmigung des Regierungsrates.

(3) Das Gesetz regelt ihre weiteren Rechte und Auflagen, wie namentlich für den Religionsunterricht in den Schulen, die Spital- und Gefängnisseelsorge sowie für Projekte und Institutionen, die von Staat und Kirchen oder Religionsgemeinschaften gemeinsam getragen werden.

§ 131. Rechtspflege. (1) Die öffentlichrechtlich anerkannten Kirchen und Religionsgemeinschaften ordnen das Verfahren zur Beurteilung strittiger Rechtsverhältnisse.
(2) Erlasse und letztinstanzliche Entscheide der öffentlichrechtlich anerkannten Kirchen und Religionsgemeinschaften können durch ihre Mitglieder und ihre eigenen Körperschaften und Anstalten beim Appellationsgericht angefochten werden.
(3) Das Gericht überprüft die Übereinstimmung des angefochtenen Akts mit Bundesrecht und mit kantonalem Recht. Es überprüft ferner die Übereinstimmung mit dem Recht der öffentlichrechtlich anerkannten Kirchen und Religionsgemeinschaften, sofern es deren eigenes Recht vorsieht.

2. Andere Kirchen und Religionsgemeinschaften

§ 132. Rechtsstellung. Alle nicht öffentlichrechtlich anerkannten Kirchen und Religionsgemeinschaften unterstehen dem Privatrecht.

§ 133. Kantonale Anerkennung anderer Kirchen und Religionsgemeinschaften. (1) Privatrechtlich organisierte Kirchen und Religionsgemeinschaften können mit der Verleihung besonderer Rechte vom Kanton anerkannt werden, sofern sie:
a) gesellschaftliche Bedeutung haben,
b) den Religionsfrieden und die Rechtsordnung respektieren,
c) über eine transparente Finanzverwaltung verfügen und
d) den jederzeitigen Austritt zulassen.
(2) Es besteht kein Rechtsanspruch auf eine kantonale Anerkennung.
(3) Die kantonale Anerkennung erfolgt mit Beschluss des Grossen Rates. Dieser bedarf der Zustimmung von mindestens 51 Mitgliedern des Grossen Rates. Er unterliegt nicht dem Referendum.
(4) Der Anerkennungsbeschluss legt die der Kirche oder Religionsgemeinschaft verliehenen Rechte und die von ihr zu erfüllenden Auflagen fest.

§ 134. Entzug der kantonalen Anerkennung. Sind die Voraussetzungen für die kantonale Anerkennung nicht mehr gegeben oder erfüllt die Kirche oder Religionsgemeinschaft die ihr obliegenden Auflagen nicht, so kann der Grosse Rat die Anerkennung nach dem Verfahren von § 133 Abs. 3 entziehen.

3. Gemeinsame Bestimmungen

§ 135. Kosten des Kultus. Alle Kirchen und Religionsgemeinschaften kommen grundsätzlich selbst für die Kosten des Kultus auf.

§ 136. Staatliche Leistungen an Kirchen und Religionsgemeinschaften.
(1) Der Dienst von Geistlichen in Spitälern, Gefängnissen und anderen öffentlichen Einrichtungen kann vom Staat unterstützt werden.
(2) An die Erhaltung von Bau- und Kunstdenkmälern sowie an die Erfüllung anderer im öffentlichen Interesse liegender Aufgaben der Kirchen und Religionsgemeinschaften kann der Staat Beiträge leisten.

Synodalgesetz/Satzung/Beschluss zum kirchlichen Datenschutz vom 27. Oktober 2004/17. November 2004/2. Mai 2004

Die Synode der römisch-katholischen Landeskirche des Kantons Luzern, gestützt auf § 61 der Kirchenverfassung, den Antrag des Synodalrates und der Geschäftsprüfungskommission,

die Synode der Evangelisch-Reformierten Kirche des Kantons Luzern, gestützt auf § 25 Kirchenverfassung,

die Kirchgemeindeversammlung der Christkatholischen Kirchgemeinde Luzern, gestützt auf § 6 lit. c, der Gemeindeordnung der Christkatholischen Kirchgemeinde Luzern vom 27. April 1986,

beschliessen:

§ 1. Grundsatz. Die römisch-katholische Landeskirche, die evangelisch-reformierte Kirche und die christkatholische Kirchgemeinde als öffentlich-rechtlich anerkannte Kirchen des Kantons Luzern einigen sich, den Datenschutz im Sinne der nachfolgenden Bestimmungen auf eine gemeinsame kirchliche Rechtsgrundlage zu stellen.

§ 2. Zweck und Ausrichtung. (1) Auf der Grundlage der Datenschutzgesetzgebung des Kantons Luzern gewährleisten die Kirchen den Datenschutz. Sie berücksichtigen zudem allfällige kirchliche Vorgaben.
(2) Das Bearbeiten sämtlicher Personendaten ist auf die Erfüllung der kirchlichen Aufgaben auszurichten, wie sie im staatlichen und kirchlichen Recht umschrieben sind.

§ 3. Verantwortlichkeit. (1) Die kirchenleitenden Organe tragen zusammen eine besondere Verantwortung für das Bearbeiten von Daten mit dem Ziel, dass der Auftrag der Kirche an Ort optimal erfüllt werden kann. Dazu sind die gemeinschaftsbildenden Ziele kirchlicher Tätigkeit und die persönlichen Interessen der einzelnen Glieder der Kirche sorgfältig gegeneinander abzuwägen.
(2) Unter dem Vorbehalt individueller Sperrvermerke sind die Verantwortlichen befugt, die dazu notwendigen Daten untereinander auszutauschen. Ausgenommen von dieser Befugnis sind alle Daten aus der Seelsorge, die der höchstpersönlichen Geheimhaltung unterliegen.

§ 4. Zwischenkirchlicher und interkonfessioneller Datenaustausch. Der Datenaustausch gilt für den Verkehr in der zwischenkirchlichen Zusammenarbeit unter Kirchen verschiedener Gebiete und, wo der kirchliche Dienst in ökumenischer Verantwortung und Zusammenarbeit wahrgenommen wird, auch unter verschiedenen christlichen Konfessionen.

§ 5. Verordnungsbefugnis. Die Synodalräte bzw. der Kirchenrat der christkatholischen Kirchgemeinde regeln Einzelheiten über die Durchführung des Datenschutzes in einer gemeinsamen Datenschutzverordnung. In dieser Verordnung sind insbesondere Einzelheiten zu regeln über:

a. die von den Einwohnerkontrollen generell zu beziehenden Daten über die eigenen Konfessionsangehörigen
b. die Möglichkeiten eines Bezugs weiterer Daten bei Einwohnerkontrollen und anderen amtlichen Stellen, nötigenfalls in Absprache mit dem kantonalen Datenschutzbeauftragten
c. aufgabengebundene Verwendung von Daten, die im zwischenkirchlichen Verkehr ausgetauscht werden
d. Datensicherung
e. Datenregister
f. Bezeichnung der verantwortlichen Personen
g. Autonomiebereich der Kirchgemeinden
h. Sicherstellung eines übereinstimmenden Vollzugs

§ 6. Revision. Änderungen dieses Gesetzes bzw. dieser Satzung können von jeder beteiligten Kirche jederzeit beantragt werden. Die Synodalräte bzw. der Kirchenrat der christkatholischen Kirchgemeinde bestellen eine paritätische Kommission zur Ausarbeitung eines Antrags an die Synoden bzw. an die christkatholische Kirchgemeindeversammlung.

§ 7. Inkrafttreten. (1) Dieses Synodalgesetz bzw. diese Satzung tritt am 1. März 2005 in Kraft, sofern alle drei Landeskirchen den Erlass beschliessen.
(2) Das Synodalgesetz, bzw. die Satzung unterliegt für die römisch-katholische Landeskirche und die evangelisch-reformierte Kirche dem fakultativen Referendum und ist im Kantonsblatt zu veröffentlichen.

Kirchliche Datenschutzverordnung Luzern vom 8. Juni 2005/6. Juli 2005/9. Juni 2005

Der Synodalrat der römisch-katholischen Landeskirche des Kantons Luzern,

der Synodalrat der Evangelisch-Reformierten Kirche des Kantons Luzern,

der Kirchenrat der Christkatholischen Kirchgemeinde Luzern,

gestützt auf die in Übereinstimmung erlassene Rechtsgrundlage Synodalgesetz zum kirchlichen Datenschutz vom 27. Oktober 2004/Satzung zum kirchlichen Datenschutz vom 17. November 2004 sowie den Beschluss der Kirchgemeindeversammlung vom 2. Mai 2004

beschliessen:

I. Gemeinsame Bestimmungen für den gesamten kirchlichen Tätigkeitsbereich

§ 1. Geltungsbereich. Diese Verordnung ergänzt die staatliche Datenschutzgesetzgebung für die römisch-katholische Landeskirche, die Evangelisch-Reformierte Kirche und die Christkatholische Kirchgemeinde im Kanton Luzern auf der Grundlage der gemeinsamen Kirchlichen Satzung vom 27. Oktober 2004, 17. November 2004 und 2. Mai 2004. Sie gilt für die kantonalen kirchlichen Organe. Für die römisch-katholischen und die evangelisch-reformierten Kirchgemeinden kommt sie gemäss § 11 zur Anwendung.

§ 2. Datenbeschaffung bei der Einwohnerkontrolle. (1) Die Kirchen beziehen von den Einwohnerkontrollen zur Erfassung ihrer Mitglieder folgende erforderliche Daten über die Angehörigen ihrer Konfession:

> Name, Rufname, weitere Vornamen (inklusive allfällige Personen- oder Familien-Identifikations-Nummern), Adresse, Geschlecht, Geburtsdatum, Zivilstand, Heimatort bzw. bei Personen ohne schweizerische Staatsangehörigkeit Nationalität mit Aufenthalts- bzw. Niederlassungsstatus, Zuzugs- und Wegzugs- bzw. Todesdatum, Zuzugs- und Wegzugs- bzw. Todesort und überdies Anzahl mit Name und Geburtsdatum der Kinder unter sechzehn Jahren, deren Konfession unbekannt ist.

(2) Bei Bedarf und nach Möglichkeit können die Daten nach bestimmten, von den Einwohnerkontrollen geführten Kriterien, in Listenform bezogen werden.

§ 3. Weitere Datenbeschaffung. (1) Die kirchlichen Behörden und die im Pfarrdienst Tätigen können nach Absprache mit den zuständigen Verwaltungsstellen und im Rahmen entsprechender Vorschriften weitere zur Erfüllung ihrer Aufgaben notwendige Personendaten bei der Einwohnerkontrolle, bei Steuerämtern, bei Schulbehörden, bei Spitalverwaltungen oder anderen amtlichen Stellen persönlich oder durch die von ihnen ausdrücklich bezeichneten Personen (z.B. Mitarbeitende im administrativen, diakonischen oder katechetischen Dienst) beziehen. Sie haben die Behandlung dieser Daten unter dem Schutz des Berufs- bzw. Seelsorgegeheimnisses zu gewährleisten.
(2) Im Übrigen sind Daten, wo immer möglich, bei der betroffenen Person direkt zu erheben.

§ 4. Bekanntgabe bzw. Einschränkung der Verwendung von Personendaten. (1) Im Verkehr unter kirchlichen Organen und Institutionen, bei gemeinsamen Aufgaben auch zwischenkirchlich unter Organen verschiedener kirchlicher Körperschaften, dürfen Personendaten weitergegeben werden, soweit die Datenempfänger am kirchlichen Gemeindeleben bzw. an der Erfüllung kirchlicher Aufgaben beteiligt sind und solche Angaben dafür benötigen. Die Daten dürfen nur für den genannten Zweck verwendet und nicht anderweitig bekannt gegeben werden. (Kirchliches Datenschutzgesetz § 4)
(2) Dieser Datenaustausch ist gebührenfrei.

§ 5. Sperrung von Daten. Jede betroffene Person kann ohne Angabe von Gründen ihre Daten sperren lassen. In diesem Fall ist eine Weitergabe nur zulässig, wenn dazu eine gesetzliche Pflicht besteht oder Gesuchstellende eine Behinderung in der Verfolgung gesetzlicher Ansprüche gegenüber der betroffenen Person beweisen.

§ 6. Datensicherheit. (1) Für jede Datensammlung ist festzulegen, wer Daten bearbeiten und wer darüber hinaus Einblick nehmen darf. Für die Koordination ist durch die zuständige kirchliche Behörde eine verantwortliche Person zu bezeichnen.
(2) Alle Datensammlungen (Register, Karteien, elektronische Datensammlungen sowie Kopien und Sicherheitskopien auf Datenträgern usw.) dürfen nur den instruierten Beteiligten zugänglich sein.
(3) Sämtliche Personen, denen der Zugang zu einer Personendatei offen steht, müssen ausser über die allgemeine Schweigepflicht (Amts- bzw. Berufsgeheimnis) über den Datenschutz orientiert sein.
(4) Bei geplanten Anschlüssen ans Internet oder an andere ausserkirchliche Netzwerke ist durch geeignete technische Massnahmen der unkontrollierte Datenbezug durch andere Angeschlossene zu verhindern. Solche Anschlüsse sind den kantonalen Datenschutzverantwortlichen der Kirchen (vgl. § 8) zu

melden. Diese können in Absprache mit dem kantonalen Datenschutzbeauftragten Weisungen erlassen.

§ 7. Register über die Datensammlungen. Die von der kirchlichen Behörde beauftragte Person führt ein Register über die gesammelten Daten nach Massgabe der staatlichen Rechtsgrundlagen. Darin werden auch die Arten beschränkt zugänglicher Daten vermerkt mit einem Hinweis auf die für das Bearbeiten zuständige Person.

II. Aufgaben der kantonalkirchlichen Organisation

§ 8. Verantwortlichkeiten. Die Synodalräte und der Kirchenrat der christkatholischen Kirchgemeinde regeln im Rahmen der Organisation von Verwaltung und gesamtkirchlichen Tätigkeiten Instruktion und Handhabung des Datenschutzes gemäss dieser Verordnung. Sie bezeichnen die für die Bearbeitung von Daten zuständigen Personen und bestimmen die Einzelheiten über den internen Datenaustausch sowie die Zuständigkeit für die Weitergabe von Daten an kirchliche und zwischenkirchliche Organisationen.

§ 9. Sicherstellung eines übereinstimmenden Vollzugs. Die verantwortlichen Personen der Kirchen sprechen sich in Berührungspunkten miteinander ab und treffen in Verbindung mit dem kantonalen Datenschutzbeauftragten die notwendigen Massnahmen. Bei komplexen Problemen oder Konflikten können sie unter Beizug von Vertretungen der beteiligten Kirchenorgane und Amtsstellen eine Arbeitsgruppe einsetzen. Nötigenfalls sorgen sie für einen koordinierten Antrag an die zuständigen Behörden.

III. Anwendbarkeit für die Kirchgemeinden

§ 10. Zuständigkeit. (1) Die örtliche Kirchenbehörde trifft mit der Einwohnerkontrolle, dem Steueramt, der Schulbehörde und anderen Datenlieferanten die notwendigen Absprachen und gibt ihnen eine für Datenschutzfragen zuständige Ansprechperson bekannt.
(2) Die örtliche Kirchenbehörde legt im Rahmen der §§ 3 und 4 des kirchlichen Datenschutzgesetzes die Liste von kirchlichen Mitteilungsblättern, Gruppen und Vereinen fest, denen Adressen im Sinne von § 4 dieser Verordnung zugestellt werden können.
(3) Die örtliche Kirchenbehörde bestimmt, in welcher Art Abdankungen, Taufen, Trauungen, Firmung bzw. Konfirmation, wichtige Geburtstage, Jubiläen usw. öffentlich oder im Rahmen kirchlicher Veranstaltungen bekannt

gemacht werden. Vorbehalten bleiben Mitteilungen gemäss Bestimmungen des allgemein anwendbaren Kirchenrechts, insbesondere im Gottesdienst.
(4) Der Pfarrer, die Pfarrerin oder die Gemeindeleiterin, der Gemeindeleiter trägt die Verantwortung für zusätzliche, auf die seelsorgerliche Tätigkeit bezogene Personendaten. In Zweifelsfällen holen Kirchenbehörde und Pfarramt den Rat des kantonalen Datenschutzbeauftragten ein.

§ 11. Gemeindeeigene Bestimmungen zur Datenschutzverordnung. Die örtlichen Kirchenbehörden können nach ihren Bedürfnissen im Rahmen des Gesetztes/der Satzung zum kirchlichen Datenschutz und dieser Verordnung eine gemeindeeigene Rechtsgrundlage für den Bezug und das Bearbeiten von Daten erlassen oder in einem Anhang zu dieser Verordnung ergänzende Bestimmungen erlassen. Mangels örtlicher Regelung kommt die kantonalkirchliche Verordnung unmittelbar zur Anwendung.

IV. Schlussbestimmung

§ 12. Inkrafttreten und Revisionsverfahren. (1) Diese Verordnung tritt auf den 1. Juli 2005 in Kraft, sofern sie von allen drei Exekutiven beschlossen wird.
(2) Bei späterem Revisionsbedarf ist das Vorgehen unter den zuständigen Behörden abzusprechen.

Verfassung der evangelisch-reformierten Kirche Kanton Solothurn vom 5. Juni 2005

Präambel

Einen anderen Grund kann niemand legen als den, der gelegt ist, welcher Jesus Christus ist.
1. Korinther 3,11

Die Evangelisch-Reformierte Kirche Kanton Solothurn gibt sich – gestützt auf Art. 53-57 der Kantonsverfassung vom 8. Juni 1986 – die nachstehende Verfassung:

I. Grundsätze

Art. 1. Wesen und Grundlage der Kirche. (1) Kirche ist überall, wo Menschen im Namen Jesu Christi zusammenkommen, wo Gottes Wort auf Grund der beiden Testamente verkündet und gehört wird, wo Menschen durch den Heiligen Geist im Glauben gestärkt und zu lebendiger Gemeinschaft des Leibes Christi verbunden sind. Die so verbundenen Menschen anerkennen Jesus Christus als Haupt der Kirche und bezeugen durch ihr Leben die Hoffnung auf das Kommen des Reiches Gottes.
(2) Die Evangelisch-Reformierte Kirche Kanton Solothurn bekennt sich zum Evangelium von Jesus Christus in der Gemeinschaft mit der weltweiten christlichen Kirche. Sie weiss im Besonderen um ihre Prägung durch die Reformation und verpflichtet sich, dieses Erbe lebendig weiterzugeben.

Art. 2. Auftrag der Kirche. (1) Die Evangelisch-Reformierte Kirche Kanton Solothurn kommt ihrem Auftrag nach in der Verkündigung des Evangeliums im Wort, durch die Taufe und das Abendmahl, im kirchlichen Unterricht, in der Kinder- und Jugendarbeit, Erwachsenenbildung, Seelsorge, Diakonie sowie in der Förderung ihrer Hilfswerke und der Mission. Sie kann andere Formen des gemeindlichen Lebens im Rahmen des evangelisch-reformierten Glaubens fördern.
(2) Vom Evangelium her verpflichtet sich die Evangelisch-Reformierte Kirche Kanton Solothurn, die Würde aller Menschen, den Frieden und die Gerechtigkeit sowie die Bewahrung der Schöpfung zu achten und zu fördern.

Art. 3. Beziehungen zu anderen Kirchen und Religionen. (1) Die Evangelisch-Reformierte Kirche Kanton Solothurn ist Mitglied des Schweizerischen Evangelischen Kirchenbundes und durch diesen verbunden mit den refor-

mierten Kirchen in der ganzen Welt und mit allen Kirchen des Ökumenischen Rates.
(2) Sie pflegt die Zusammenarbeit mit den benachbarten Kantonalkirchen und den Schwesterkirchen.
(3) Sie achtet in besonderer Weise das Judentum, in dem auch die Christenheit Wurzeln hat.
(4) Sie ist offen für den Dialog mit anderen Religionen.

Art. 4. Rechtspersönlichkeit. (1) Die Evangelisch-Reformierte Kirche Kanton Solothurn ist gemäss der Verfassung des Kantons Solothurn eine öffentlich-rechtliche Körperschaft.
(2) Sie gibt sich ihre Ordnungen im Rahmen des staatlichen Rechts.

Art. 5. Mitgliedschaft und Kirchengebiet. (1) Zur Evangelisch-Reformierten Kirche Kanton Solothurn gehören alle Evangelisch-Reformierten Kirchgemeinden der Bezirke Thal, Gäu, Olten, Gösgen, Dorneck, Thierstein.
(2) Evangelisch-Reformierte Kirchgemeinden aus andern Bezirken können ihre Mitgliedschaft durch Annahme der Verfassung erklären.

Art. 6. Zugehörigkeit. Die Evangelisch-Reformierte Kirche Kanton Solothurn umfasst alle Personen, die einer ihr angeschlossenen Kirchgemeinde angehören.

Art. 7. Stimm- und Wahlrecht. Das Stimm- und Wahlrecht richtet sich nach der Kantonsverfassung und dem Gesetz über die politischen Rechte.

Art. 8. Amtsperiode. Die Amtsperiode für die kirchlichen Behörden richtet sich nach derjenigen der staatlichen Behörden.

II. Organisation

A. Die Kirchgemeinden

Art. 9. Rechtsform. (1) Die Kirchgemeinden sind selbständige Körperschaften des öffentlichen Rechts.
(2) Sie regeln ihre Angelegenheiten selbständig im Rahmen der staatlichen und der innerkirchlichen Rechtsordnung.
(3) Sie sind vermögensfähig und berechtigt, Steuern auf dem Einkommen und Vermögen der Mitglieder sowie Personalsteuern zu erheben.
(4) Die Bildung, Vereinigung, Auflösung oder Änderung im Bestand und Gebiet der Kirchgemeinden bedürfen der Zustimmung der beteiligten Kirchgemeinden und des Kantonsrates.

(5) Grenzänderungen, die keine wesentliche Änderung im Gebiet der Kirchgemeinde bedeuten, können durch Beschluss der beteiligten Kirchgemeinden oder aus wichtigen Gründen auf Antrag dieser Kirchgemeinden durch den Regierungsrat vorgenommen werden. Sein Entscheid kann von den beteiligten Kirchgemeinden an den Kantonsrat weitergezogen werden.
(6) Der Abschluss von Pastorationsverträgen unterliegt der Genehmigung durch den Synodalrat.

Art. 10. Mitgliedschaft. (1) Die Kirchgemeinde umfasst alle in ihrem Gebiet wohnenden Mitglieder.
(2) Der Austritt kann jederzeit durch schriftliche Mitteilung an den Kirchgemeinderat erklärt werden.

Art. 11. Aufgaben. (1) Die Kirchgemeinde führt insbesondere die in Art. 2 dieser Verfassung genannten Aufgaben aus.
(2) Sie kann an der Lösung regionaler, kantonaler und gesamtkirchlicher Aufgaben mitwirken.

Art. 12. Organe. (1) Organe der Kirchgemeinde sind:
1. die Kirchgemeindeversammlung
2. der Kirchgemeinderat
3. die Rechnungsprüfungskommission

(2) Die Kirchgemeinde erlässt eine eigene Kirchgemeindeordnung und die nötigen Reglemente nach dem kantonalen Gemeindegesetz.
(3) Die Kirchgemeinde kann die ausserordentliche Gemeindeorganisation einführen.

B. Die Kantonalkirche

1. Allgemeine Bestimmungen

Art. 13. Aufgaben. Die Kantonalkirche erfüllt die Aufgaben, welche in der Kirchenverfassung und der Kirchenordnung festgelegt sind. Sie nimmt auch solche wahr, welche die Kirchgemeinden nicht allein besorgen können.

Art. 14. Mittel. Die finanziellen Aufwendungen der Kantonalkirche werden insbesondere gedeckt durch:
1. Beiträge der Kirchgemeinden
2. Anteil aus dem kirchlichen Finanzausgleich
3. Erträge aus Stiftungen und Fonds
4. Andere Zuwendungen und Beiträge

Art. 15. Organe. Organe der Kantonalkirche sind:
1. die Synode

2. der Synodalrat
3. die Geschäftsprüfungskommission
4. die Beschwerdekommission
5. das Dekanat
6. das Pfarrkapitel
7. das Diakoniekapitel.

2. Synode

Art. 16. Stellung. Die Synode ist das oberste Organ der Kantonalkirche.

Art. 17. Zusammensetzung und Wahl. (1) Die Synode besteht aus 40 von den Kirchgemeinden gewählten Abgeordneten.
(2) Jeder Kirchgemeinde steht vorab ein Sitz in der Synode zu. Die übrigen Sitze werden im Verhältnis der evangelisch-reformierten Wohnbevölkerung verteilt.
(3) Die Mitglieder des Synodalrates der Kirche Kanton Solothurn nehmen an der Synode mit beratender Stimme teil.

Art. 18. Aufgaben. (1) Die Synode wählt das Büro der Synode, bestehend aus dem Präsidenten oder der Präsidentin, dem Vizepräsidenten oder der Vizepräsidentin, zwei Stimmenzählern oder Stimmenzählerinnen und dem Sekretär oder der Sekretärin.
(2) Sie wählt die Mitglieder des Synodalrates, den Präsidenten oder die Präsidentin des Synodalrates, die Geschäftsprüfungskommission und nimmt alle ihr durch die Kirchenordnung übertragenen Wahlen vor.
(3) Sie erlässt eine Kirchenordnung.
(4) Sie ordnet die gesamtkirchlichen Dienste.
(5) Sie ist für den Finanzhaushalt der Kantonalkirche verantwortlich, insbesondere genehmigt sie das Budget, den Finanzausgleich sowie die Jahresrechnung und legt die jährlichen Beiträge der Kirchgemeinden fest.
(6) Sie genehmigt den Geschäftsbericht des Synodalrates.

Art. 19. Antrags- und Petitionsrecht. (1) Das Recht, Anträge an die Synode zu stellen, haben:
1. die Synodalen
2. der Synodalrat
3. die von der Synode bestellten Kommissionen
4. das Pfarrkapitel
5. das Diakoniekapitel

(2) Jeder hat das Recht, Gesuche und Eingaben an die Behörden innerhalb der Evangelisch-Reformierten Kirche zu richten. Die zuständige Behörde ist

verpflichtet, innert angemessener Frist, jedoch vor Ablauf eines Jahres, eine begründete Antwort zu geben.

3. Synodalrat

Art. 20. Stellung. Der Synodalrat ist im Rahmen der Kantonsverfassung, der Kirchenverfassung und der Kirchenordnung die Verwaltungs-, Aufsichts- und Vollzugsbehörde der Kantonalkirche.

Art. 21. Zusammensetzung. (1)Der Synodalrat besteht aus 7 Mitgliedern; mindestens 4 davon sind Laien.
(2) Die Mitglieder des Synodalrates dürfen weder der Synode noch dem Dekanat angehören.

Art. 22. Aufgaben. (1) Der Synodalrat vertritt die Kantonalkirche nach aussen.
(2) Er vollzieht die Gesetze und Beschlüsse der Synode.
(3) Er nimmt Wahlen in Ämter, Kommissionen und Abordnungen vor, deren Bestellung nicht ausdrücklich der Synode vorbehalten ist.
(4) Er übt die Aufsicht aus über die innerkirchlichen Angelegenheiten.

4. Geschäftsprüfungskommission

Art. 23. Zusammensetzung. (1) Die Geschäftsprüfungskommission besteht aus dem Präsidenten oder der Präsidentin, dem Vizepräsidenten oder der Vizepräsidentin, dem Sekretär oder der Sekretärin und zwei weiteren Mitgliedern.
(2) Die Mitglieder der Geschäftsprüfungskommission dürfen keinem anderen Organ der Kantonalkirche angehören.

Art. 24. Aufgaben. (1) Die Geschäftsprüfungskommission prüft die Amtsführung des Synodalrates und das Rechnungswesen der Kantonalkirche.
(2) Sie erstattet der Synode schriftlich Bericht und stellt Antrag.

5. Beschwerdekommission

Art. 25. Zusammensetzung. (1) Die Beschwerdekommission setzt sich aus dem Präsidenten oder der Präsidentin und vier Mitgliedern zusammen.
(2) Die Mitglieder dürfen keiner kirchlichen Behörde angehören.
(3) Ein Mitglied kann der Kommission höchstens zwei Amtsperioden angehören.

Art. 26. Aufgaben. (1) Die Kommission entscheidet über Beschwerden gegen Beschlüsse des Synodalrates in innerkirchlichen Angelegenheiten.

(2) Weitere Aufgaben und Kompetenzen werden in der Kirchenordnung geregelt.

6. Dekanat

Art. 27. Aufgaben. (1) Das Dekanat steht den Kirchgemeinden in allen Fragen des kirchlichen Lebens beratend zur Verfügung, vermittelt in Konflikten und steht den Pfarrern und Pfarrerinnen ebenso wie allen kirchlichen Mitarbeitern und Mitarbeiterinnen seelsorgerlich zur Seite.
(2) Organisation, Wahl und Kompetenzen des Dekanats werden in der Kirchenordnung geregelt.

7. Pfarrkapitel und Diakoniekapitel

Art. 28. Aufgaben. (1) Die Pfarrer, die Pfarrerinnen und die Sozial-Diakonischen Mitarbeiter und Mitarbeiterinnen der Evangelisch-Reformierten Kirche Kanton Solothurn bilden je eigene Kapitel.
(2) Sie behandeln theologische, pfarramtliche, sozial-diakonische Anliegen, welche für das kirchliche Leben von Bedeutung sind.
(3) Die Zugehörigkeit zu den Kapiteln, ihre Organisation und ihre Gliederung sowie ihre Kompetenzen werden in der Kirchenordnung geregelt.

III. Ämter und Dienste

Art. 29. Grundsatz. Alle Mitglieder der Kirche sind zum Dienst am Evangelium aufgerufen.

Art. 30. Freiwillige Mitarbeit. Die Evangelisch-Reformierte Kirche Kanton Solothurn anerkennt und fördert die freiwillige Mitarbeit.

Art. 31. Besondere Ämter. Für bestimmte Aufgaben kann die Kantonalkirche besondere Ämter errichten.

Art. 32. Pfarramtlicher Dienst. Die Pfarrer und Pfarrerinnen tragen die theologische Verantwortung in den Kirchgemeinden und versehen ihren Dienst nach den Bestimmungen der Kirchenverfassung, der Kirchenordnung und den Ordnungen der Kirchgemeinden.

Art. 33. Wählbarkeitsvoraussetzung der Pfarrer und Pfarrerinnen. (1) In das Pfarramt ist wählbar, wer in einer Kirche des Konkordates über die gegenseitige Zulassung zum Pfarramt ordiniert oder wer in den Dienst des Evangelisch-Reformierten Synodalverbandes Bern-Jura-Solothurn aufgenommen ist.

(2) Über die Gleichwertigkeit anderer Ausweise entscheidet der Regierungsrat auf Antrag des Synodalrates.
(3) Der Regierungsrat stellt die Wählbarkeitsvoraussetzung fest.

Art. 34. Sozial-Diakonischer Dienst. Die Sozial-Diakonischen Mitarbeiter und Mitarbeiterinnen versehen ihren Dienst nach den Bestimmungen der Kirchenverfassung, der Kirchenordnung und den Ordnungen der Kirchgemeinden.

Art. 35. Wählbarkeitsvoraussetzung der Sozial-Diakonischen Mitarbeiter und Mitarbeiterinnen. (1) Als Sozial-Diakonischer Mitarbeiter oder Sozial-Diakonische Mitarbeiterin ist wählbar, wer die Voraussetzungen der „Übereinkunft der Deutschschweizer Kirchen zum diakonischen Dienst" erfüllt.
(2) Der Synodalrat stellt die Wählbarkeitsvoraussetzung fest.

Art. 36. Weitere Dienste. (1) Die Evangelisch-Reformierte Kirche Kanton Solothurn und die Kirchgemeinden können für die Erfüllung kirchlicher Aufgaben Katecheten oder Katechetinnen, Kirchenmusiker oder Kirchenmusikerinnen, Sigristen oder Sigristinnen sowie weitere Mitarbeiter und Mitarbeiterinnen in Dienst nehmen.
(2) Ihre Aufgaben sind in der Kirchenordnung und den Ordnungen der Kirchgemeinden festgehalten.

Art. 37. Aus- und Weiterbildung. Kirchgemeinden und Kantonalkirche fördern im Rahmen ihrer Möglichkeiten die Aus- und Weiterbildung ihrer Angestellten und freiwilligen Mitarbeitenden.

IV. Revisions- und Übergangsbestimmungen

Art. 38. Verfassungsrevision. (1) Die Verfassung kann jederzeit ganz oder teilweise revidiert werden.
(2) Die Teilrevision muss sich auf ein einheitliches Sachgebiet beziehen.

Art. 39. Totalrevision. (1) 500 Stimmberechtigte mit beglaubigter Unterschrift oder fünf Kirchgemeinden können mit einer einfachen Anregung die vollständige Revision der Verfassung verlangen.
(2) Die Frist zur Unterschriftensammlung für die Totalrevision der Verfassung beträgt sechs Monate, gerechnet von der schriftlichen Anmeldung beim Präsidenten oder bei der Präsidentin des Synodalrates der Kantonalkirche.
(3) Stimmt die Synode an der nächsten Sitzung der Totalrevision zu, so ist ein entsprechender Erlass auszuarbeiten.

(4) Stimmt die Synode dem Begehren nicht zu, so ist innerhalb eines Jahres darüber eine Urnenabstimmung durchzuführen.
(5) Wird dem Begehren zugestimmt, so muss die Synode innerhalb von zwei Jahren eine total revidierte Verfassung ausarbeiten und der Urnenabstimmung unterbreiten.

Art. 40. Teilrevision. (1) 500 Stimmberechtigte mit beglaubigter Unterschrift oder fünf Kirchgemeinden können mit einer einfachen Anregung oder einem ausgearbeiteten Entwurf die Teilrevision der Verfassung verlangen.
(2) Sie Frist zur Unterschriftensammlung für die Teilrevision der Verfassung beträgt sechs Monate, gerechnet von der schriftlichen Anmeldung beim Präsidenten oder der Präsidentin des Synodalrates der Kantonalkirche.
(3) Stimmt die Synode dem ausgearbeiteten Entwurf mit Zweidrittelsmehrheit zu, so tritt er, vorbehältlich des fakultativen Referendums, in Kraft.
(4) Stimmt die Synode dem Begehren in Form einer einfachen Anregung zu, so ist die entsprechende Änderung innerhalb eines Jahres seit der Einreichung auszuarbeiten.
(5) Stimmt die Synode dem Begehren nicht zu, so ist innerhalb von zwei Jahren darüber eine Urnenabstimmung durchzuführen.

Art. 41. Behandlung. (1) Die Synode kann die Ablehnung der Total- oder der Teilrevision beantragen oder einen Gegenvorschlag unterbreiten.
(2) Die Abstimmung über das Revisionsbegehren und den Gegenvorschlag findet gleichzeitig statt.
(3) Bei Mehrfachabstimmungen können die Stimmberechtigten sowohl dem Revisionsvorschlag als auch dem Gegenvorschlag zustimmen oder beide ablehnen.
(4) Stimmen die Stimmberechtigten beiden Vorlagen zu, so ist jene angenommen, für welche in der gleichzeitig stattfindenden Eventualabstimmung mehr Stimmen abgegeben werden.

Art. 42. Fakultatives Referendum. (1) Auf Begehren von 500 Stimmberechtigten mit beglaubigter Unterschrift oder fünf Kirchgemeinden sind zur Abstimmung an der Urne zu unterbreiten:

a) Beschlüsse der Synode über die Teilrevision der Verfassung.
b) Beschlüsse der Synode über die Total- oder Teilrevision der Kirchenordnung.

(2) Die Abstimmung muss durchgeführt werden, wenn das Begehren innert sechs Monaten nach amtlicher Publikation des Entscheides der Synode beim Präsidenten oder bei der Präsidentin des Synodalrates der Kantonalkirche eingereicht wird.

(3) Kommt das Referendum zustande, ist über die von der Synode beschlossene Revision der Verfassung oder der Kirchenordnung innerhalb von zwei Jahren an der Urne abzustimmen.

Art. 43. Inkrafttreten der Kirchenverfassung. Diese Verfassung tritt nach der Zustimmung einer Mehrheit der Stimmenden der Kirche Kanton Solothurn gemäss Art. 5 und nach der Genehmigung durch den Regierungsrat des Kantons Solothurn in Kraft.

Art. 44. Anwendbares Recht. (1) Mit Inkrafttreten dieser Verfassung wird die Kirchenverfassung der Evangelisch-Reformierten Kirche im Kanton Solothurn vom 4. März 1978 aufgehoben.
(2) Bis zur Inkraftsetzung der neuen Kirchenordnung wenden die Organe der Evangelisch-Reformierten Kirche des Kantons Solothurn für alle Fragen, die nicht in der Verfassung geregelt sind, das bisherige Recht an.
(3) Die Reglemente der Kirchgemeinden sind spätestens innert drei Jahren seit Inkrafttreten der Verfassung anzupassen.

Von der Synode der Evangelisch-Reformierten Kirche Kanton Solothurn am 6. November 2004 beschlossen.

An der Urnenabstimmung vom 5. Juni 2005 von der Mehrheit der Stimmenden der Evangelisch-Reformierten Kirche Kanton Solothurn angenommen.

Vom Regierungsrat des Kantons Solothurn mit RRB Nr. 2005/1574 am 12. Juli 2005 genehmigt.

Legge sulla Chiesa cattolica, del 16 dicembre 2002*

IL GRAN CONSIGLIO DELLA REPUBBLICA E CANTONE TICINO

- visto il messaggio 18 settembre 2001 no. 5159 del Consiglio di Stato;
- visto il rapporto 6 novembre 2002 no. 5159 R della Commissione della legislazione,

decreta:

Art. 1. Definizione. (1) La Chiesa cattolica apostolica romana nel Cantone Ticino è una corporazione di diritto pubblico nei limiti stabiliti dalla Costituzione e dalle leggi.
(2) Essa comprende la Diocesi, le Parrocchie e altre istituzioni o Enti ecclesiastici eretti dall'Ordinario, Vescovo di Lugano.

Art. 2. Appartenenza e uscita. Le condizioni di appartenenza alle corporazioni ecclesiastiche, cantonale e locali, sono stabilite dallo statuto ecclesiastico, che fissa parimenti le modalità di uscita nei limiti dell'art. 15 della Costituzione federale.

Art. 3. Diritto di voto e di eleggibilità. (1) Ogni persona appartenente alla Chiesa cattolica apostolica romana residente da almeno 3 mesi in un Comune del Cantone, che abbia i 16 anni compiuti, non abbia dichiarato l'uscita dalla Chiesa cattolica e risulti iscritto nel catalogo parrocchiale, esercita il diritto di voto e di eleggibilità in materia ecclesiastica. Essa esercita tali diritti nella Parrocchia in cui risiede.
(2) Il Comune mette a disposizione gratuitamente della Parrocchia i dati necessari sulle persone allo scopo di allestire il catalogo parrocchiale.

Art. 4. Diocesi. (1) La Diocesi ha personalità giuridica di diritto pubblico ed è retta dall'Ordinario.
(2) L'Ordinario esercita liberamente il suo ministero spirituale nella Diocesi a livello di culto, di magistero e di giurisdizione.

Art. 5. Prerogative dell'Ordinario. (1) L'Ordinario esercita la sorveglianza su tutto ciò che attiene alla vita della Chiesa cattolica nel Cantone Ticino, e in particolare vigila sugli enti e sui beni ecclesiastici.

* Pubblicata nel BU 2004, 429.

(2) Gli è riconosciuta la competenza ad erigere, trasformare, unire e sopprimere le Parrocchie. La decisione è presa sentite le Assemblee parrocchiali interessate.

Art. 6. Finanziamento della Diocesi. (1) La Diocesi provvede al proprio finanziamento mediante:

a) il prelievo di tasse per servizi amministrativi;

b) i frutti derivanti dall'amministrazione dei beni della Diocesi;

c) le elargizioni e donazioni di terzi alla Diocesi;

d) le quote di partecipazione delle Parrocchie;

e) i sussidi ed i contributi di Enti pubblici.

(2) Lo statuto ecclesiastico regola la gestione finanziaria della Diocesi ed in particolare la partecipazione delle Parrocchie all'amministrazione finanziaria della stessa tramite la costituzione di una Commissione finanziaria.

(3) La composizione, le funzioni e le competenze della Commissione finanziaria sono regolate dallo statuto. Almeno metà più uno dei suoi membri viene eletta dai delegati delle Parrocchie, nominati a norma dell'art. 14 lett. a).

(4) La Diocesi è tenuta a rendere pubblici, ogni anno, i suoi conti.

Art. 7. Obbligo di notifica dell'Autorità iudiziaria. L'Autorità giudiziaria notifica all'Ordinario l'apertura di un procedimento penale a carico di un ecclesiastico quando l'ipotesi di reato è tale da pregiudicare l'esercizio della funzione.

Art. 8. Parrocchia. Definizione. (1) La Parrocchia è una corporazione di diritto pubblico dotata di personalità giuridica di diritto pubblico.

(2) La competenza territoriale corrisponde, di regola, al Comune politico, salvo i casi per i quali l'Ordinario, a norma dell'art. 5 cpv. 2, abbia disposto una diversa estensione.

Art. 9. Parroco. Competenze. (1) Il Parroco svolge il proprio ministero nella Parrocchia in cui è nominato, secondo le disposizioni dell'Ordinario.

(2) Nell'esercizio di queste funzioni il Parroco si avvale della collaborazione degli organi parrocchiali.

Art. 10. Nomina del Parroco. La designazione del Parroco spetta all'Ordinario e la sua nomina compete all'Assemblea parrocchiale.

Art. 11. Assenza temporanea del Parroco. All'ufficio parrocchiale vacante provvede interinalmente l'Ordinario con la designazione di un Amministratore parrocchiale.

Art. 12. Retribuzione del Parroco. Per il sostentamento e la retribuzione del Parroco o dell'Amministratore parrocchiale la Parrocchia tiene conto delle disposizioni dell'Ordinario.

Art. 13. Assemblea parrocchiale. L'Assemblea parrocchiale è composta dalle persone appartenenti alla Chiesa cattolica apostolica romana che ossequiano i requisiti giusta l'art. 3 della presente legge.

Art. 14. Competenze. A. Per voto popolare. L'Assemblea parrocchiale, per voto popolare:

a) nomina, ogni quattro anni nel corso del mese d'aprile, in una data fissata dall'Ordinario, il Consiglio parrocchiale ed i delegati della Parrocchia definiti dallo statuto ecclesiastico;
b) nomina il Parroco.

Art. 15. B. In seduta pubblica. L'Assemblea parrocchiale, in seduta pubblica:

a) adotta il regolamento parrocchiale;
b) approva i conti preventivi e consuntivi e, se prevista, stabilisce il fabbisogno per il prelievo dell'imposta di culto;
c) autorizza le spese d'investimento;
d) delibera sulle alienazioni, le permute, i diritti di superficie e le commutazioni d'uso dei beni parrocchiali;
e) decide sulle modifiche o ristrutturazioni dei luoghi destinati al culto e dei relativi arredi;
f) autorizza il Consiglio parrocchiale a stare in giudizio, transigere, compromettere, rinunciare alle liti, riservate le procedure amministrative;
g) autorizza il Consiglio parrocchiale a contrarre mutui o altre obbligazioni a carico dei beni parrocchiali;
h) nomina la Commissione della gestione;
i) esprime il suo parere nel caso dell'art. 5 cpv. 2 della presente legge.

Art. 16. Disposizioni procedurali e di funzionamento. (1) Le decisioni sono prese a maggioranza dei votanti; non sono computati tra i votanti gli astenuti e, per le votazioni segrete, le schede in bianco.
(2) Per la validità delle decisioni di cui alle lettere d), e), f) e g) di cui all'art. 15 è necessaria la maggioranza assoluta dei presenti nonché il consenso dell'Ordinario.
(3) Il regolamento di applicazione disciplina la procedura di convocazione e di tenuta dell'Assemblea parrocchiale.

Art. 17. Il Consiglio parrocchiale. (1) Il Consiglio parrocchiale è l'organo esecutivo ed amministrativo della Parrocchia.

(2) Esso si compone da 3 a 7 membri nominati tra gli iscritti nel catalogo parrocchiale.

(3) Il Parroco o l'Amministratore parrocchiale ne fanno parte di diritto.

(4) Laddove c'è la consuetudine, rispettivamente quando il Comune versa la congrua o un altro contributo alla Parrocchia, il Municipio può designare un suo rappresentante in seno al Consiglio parrocchiale.

Art. 18. Attribuzioni. Il Consiglio parrocchiale, nell'amministrazione della Parrocchia, esercita in particolare le seguenti funzioni:

a) convoca l'Assemblea e ne fissa l'ordine del giorno;
b) propone all'Assemblea gli oggetti di sua competenza per decisione e ne cura l'esecuzione;
c) presenta annualmente i conti all'Assemblea e stabilisce, se prevista, il tasso dell'imposta di culto;
d) allestisce ed aggiorna il catalogo parrocchiale;
e) amministra i beni parrocchiali ed i patrimoni dei legati parrocchiali, ad eccezione di quelli con oneri di messe gestiti dalla Diocesi;
f) provvede all'organizzazione e alla conservazione dell'archivio parrocchiale;
g) provvede al restauro e alla manutenzione dei beni di proprietà della Parrocchia e delibera l'esecuzione dei relativi lavori a terzi;
h) rappresenta e tutela gli interessi della Parrocchia verso terzi, comprese le procedure amministrative;
i) elegge al suo interno il Presidente ed il vice Presidente;
k) nomina, anche al di fuori dei suoi membri, il segretario, il cassiere; sentito il Parroco nomina inoltre il sacrestano e stabilisce il relativo capitolato.

Art. 19. Beni parrocchiali. (1) Sono beni parrocchiali i beni mobili e immobili attualmente intestati al beneficio o alla prebenda parrocchiali o di appartenenza della chiesa parrocchiale, nonché i proventi da donazioni, lasciti e liberalità pubbliche o private a favore della Parrocchia e delle sue attività.

(2) I beni sacri (edifici destinati al culto, oratori, suppellettili sacre, arredi sacri), sono posti sotto la sorveglianza dell'Ordinario. Gli stessi non possono essere soppressi, espropriati, alienati, ipotecati o destinati ad altro uso senza il suo consenso.

Art. 20. Finanziamento della Parrocchia. La Parrocchia provvede al proprio finanziamento mediante:

a) il prelievo di tasse per servizi amministrativi;

b) i sussidi e contributi di Enti pubblici, nonché le partecipazioni del Comune, sotto qualsiasi forma, derivanti da convenzioni, contratti o obblighi consuetudinari;
c) i frutti derivanti dall'amministrazione dei propri beni;
d) elargizioni e donazioni di terzi;
e) l'imposta di culto, se prevista dal regolamento parrocchiale, secondo le modalità del decreto legislativo del 10 novembre 1992.

Art. 21. Altri Enti ecclesiastici. È riconosciuta la personalità giuridica degli Enti ecclesiastici eretti dall'Ordinario con statuti e regolamenti propri.

Art. 22. Rimedi di diritto. (1) È istituita una Commissione di ricorso indipendente, nominata dal Consiglio di Stato su proposta dell'Ordinario.
(2) La Commissione è competente a decidere i ricorsi contro le decisioni degli organi parrocchiali. Contro le decisioni della Commissione è data facoltà di ricorso al Tribunale cantonale amministrativo (TRAM).
(3) È applicabile la procedura prevista per i ricorsi al Tribunale cantonale amministrativo secondo la legge di procedura per le cause amministrative.
(4) L'organizzazione ed il funzionamento della Commissione sono stabiliti dal Consiglio di Stato. Ai membri della Commissione sono riconosciute le indennità di cui all'art. 3 della Legge sugli onorari dei magistrati.

Art. 23. Regolamento e Statuto ecclesiastico. (1) Il Consiglio di Stato emana un regolamento di applicazione alla presente legge.
(2) Esso disciplina in modo particolare la tenuta dei registri parrocchiali e, sentiti gli organi competenti, l'uso degli edifici sacri e delle campane per scopi non liturgici.
(3) La Diocesi emana lo statuto ecclesiastico, nel quale verranno istituiti anche organi democratici di gestione e controllo, che sottopone per ratifica al Consiglio di Stato.

Art. 24. Norme transitorie. (1) Entro cinque anni dall'entrata in vigore della presente Legge, la Diocesi emana lo Statuto ecclesiastico ai sensi degli art. 6 e 23. Le Parrocchie procedono all'allestimento di un regolamento e dove esiste all'adeguamento dello stesso in quelle parti che sono in contrasto con la legge.
(2) Entro lo stesso termine le convenzioni, le consuetudini e ogni altra forma contrattuale esistente fra la Parrocchia e il Comune devono essere adeguate alla presente legge.
(3) L'amministrazione di tutti i benefici parrocchiali indicati all'art. 19 è conglobata nell'amministrazione della Parrocchia entro cinque anni dall'entrata in vigore della presente legge. Restano riservati:

a) i diritti dei Capitoli;
b) i diritti dei beni cappellanici o di juspatronato fino a definizione della loro destinazione da parte dei Patroni e dell'Ordinario.

Art. 25. Norma abrogitativa. La Legge sulla libertà della Chiesa cattolica e sull'amministrazione dei beni ecclesiastici del 28 gennaio 1886 è abrogata.

Art. 26. Entrata in vigore. (1) Trascorsi i termini per l'esercizio del diritto di referendum, la presente legge è pubblicata nel Bollettino ufficiale delle leggi e degli atti esecutivi del Cantone Ticino.
(2) Il Consiglio di Stato ne stabilisce la data d'entrata in vigore.*

* Entrata in vigore: 1° gennaio 2005 – BU 2004, 433.

Verfassung des Kantons Zürich vom 27. Februar 2005 (Auszug)

Präambel

Wir, das Volk des Kantons Zürich,

in Verantwortung gegenüber der Schöpfung
und im Wissen um die Grenzen menschlicher Macht,

im gemeinsamen Willen,
Freiheit, Recht und Menschenwürde zu schützen
und den Kanton Zürich als weltoffenen, wirtschaftlich, kulturell und sozial starken Gliedstaat der Schweizerischen Eidgenossenschaft weiter zu entwickeln,

geben uns die folgende Verfassung: [...]

1. Kapitel: Grundlagen

Art. 7 Dialog. Kanton und Gemeinden schaffen günstige Voraussetzungen für den Dialog zwischen den Kulturen, Weltanschauungen und Religionen.

2. Kapitel: Grundrechte

Art. 11. Rechtsgleichheit. [...] (2) Niemand darf diskriminiert werden, namentlich nicht wegen der Herkunft, der Rasse, des Geschlechts, des Alters, genetischer Merkmale, der Sprache, der sexuellen Orientierung, der sozialen Stellung, der Lebensform, der religiösen, weltanschaulichen oder politischen Überzeugung oder wegen einer körperlichen, geistigen oder psychischen Behinderung.
(3) [...]

Art. 15. Schulfreiheit. Das Recht auf Gründung, Organisation und Besuch privater Bildungsstätten ist gewährleistet.

6. Kapitel: Behörden

Art. 46. Staatshaftung. (1) Der Kanton, die Gemeinden und die Organisationen des öffentlichen Rechts haften kausal für den Schaden, den Behörden

oder Personen in ihrem Dienst durch rechtswidrige amtliche Tätigkeit oder Unterlassung verursacht haben.
(2) […]

8. Kapitel: Öffentliche Aufgaben

Art. 116. Öffentliche Schulen. (1) Kanton und Gemeinden führen qualitativ hoch stehende öffentliche Schulen.
(2) Diese sind den Grundwerten des demokratischen Staatswesens verpflichtet. Sie sind konfessionell und politisch neutral.

Art. 117. Privatschulen. (1) Privatschulen, welche die gleichen Aufgaben wie die öffentliche Volksschule erfüllen, sind bewilligungspflichtig und unterstehen staatlicher Aufsicht.
(2) Der Kanton kann Privatschulen unterstützen, deren Leistungen von öffentlichem Interesse sind.

10. Kapitel: Kirchen und weitere Religionsgemeinschaften

Art. 130. Kirchliche Körperschaften. (1) Der Kanton anerkennt als selbstständige Körperschaften des öffentlichen Rechts: a.) die evangelisch-reformierte Landeskirche und ihre Kirchgemeinden, b.) die römisch-katholische Körperschaft und ihre Kirchgemeinden, c.) die christkatholische Kirchgemeinde.
(2) Die evangelisch-reformierte Landeskirche, die römisch-katholische Körperschaft und die christkatholische Kirchgemeinde sind im Rahmen des kantonalen Rechts autonom. Sie regeln: a.) das Stimm- und Wahlrecht in ihren eigenen Angelegenheiten nach rechtsstaatlichen und demokratischen Grundsätzen in einem Erlass, welcher dem obligatorischen Referendum untersteht, b.) die Zuständigkeit für die Neubildung, den Zusammenschluss und die Auflösung von Kirchgemeinden.
(3) Das Gesetz regelt: a.) die Grundzüge der Organisation der kirchlichen Körperschaften, b.) die Befugnis zur Erhebung von Steuern, c.) die staatlichen Leistungen, d.) die Zuständigkeit und das Verfahren für die Wahl der Pfarrerinnen und Pfarrer sowie deren Amtsdauer.
(4) Es kann vorsehen, dass ein Teil der Steuererträge einer negativen Zweckbindung unterstellt wird.
(5) Der Kanton hat die Oberaufsicht über die kirchlichen Körperschaften.

Art. 131. Weitere Religionsgemeinschaften. (1) Von den weiteren Religionsgemeinschaften sind die Israelitische Cultusgemeinde und die Jüdische Liberale Gemeinde vom Kanton anerkannt.
(2) Diese ordnen die Mitwirkung ihrer Mitglieder nach rechtsstaatlichen und demokratischen Grundsätzen.
(3) Das Gesetz regelt unter Wahrung der verfassungsrechtlichen Autonomie der Religionsgemeinschaften: a.) die Wirkungen der Anerkennung, b.) die Aufsicht.

12. Kapitel: Übergangsbestimmungen

Art. 145. Kirchen. (1) Die auf historischen Rechtstiteln beruhenden Leistungen des Staates an die kirchlichen Körperschaften bleiben bis zur gesetzlichen Neuregelung garantiert. Die Neuregelung dieser Leistungen orientiert sich an deren bisherigem Gesamtumfang.
(2) Bis zur Neuregelung des kirchlichen Stimm- und Wahlrechts gelten die Bestimmungen des kantonalen Rechts.
(3) Bis zur Neuregelung der Zuständigkeiten für die Neubildung, den Zusammenschluss und die Auflösung von Kirchgemeinden gelten die Bestimmungen des Gemeindegesetzes.

Im Weiteren sind Normen der Kantonsverfassung zu beachten, die zwar nicht staatskirchenrechtlicher Natur sind, die letztlich aber auch für die Landeskirchen als öffentlichrechtliche Körperschaft massgebend sind oder sich auf diese auswirken, nämlich:

Art. 2 Rechtsstaatliche Grundsätze
Art. 3 Gewaltenteilung
Art. 5 Subsidiarität, insb. Abs. 2
Art. 9 Schutz der Menschenwürde
Art. 10 Gewährleistung der Grundrechte
Art. 15 Schulfreiheit
Art. 16 Petitionsrecht
Art. 17 Zugang zu amtlichen Dokumenten
Art. 18 Verfahrensgarantien
Art. 43 Ausstand
Art. 45 Nebenamtliche Behördentätigkeit
Art. 47 Arbeitsverhältnis und Verantwortlichkeit, insb. Abs. 2

Art. 48 Amtssprache
Art. 49 Transparenz
Art. 77 Verwaltungsrechtspflege
Art. 78 Öffentlichkeit der Entscheide
Art. 81 Ombudsstelle
Art. 94 Aufsicht
Art. 114 Integration, insb. Abs. 2
Art. 125 Steuern
Art. 126 Weitere Abgaben
Art. 137 Weitergeltung bisheriger Rechtsakte
Art. 144 Zweckverbände

Region Eschenz – Stein am Rhein (Burg) – Wagenhausen

Vereinbarung

zwischen den Politischen Gemeinden Eschenz, Wagenhausen, der Stadt Stein am Rhein (nachfolgend Gemeinden genannt),
vertreten durch die Gemeinderäte bzw. den Stadtrat

und

der Evangelisch-reformierten Kirchgemeinde Burg (Stein am Rhein), der Evangelischen Kirchgemeinde Wagenhausen, sowie der Römisch-katholischen Kirchgemeinde Eschenz (nachfolgend Kirchgemeinden genannt),
vertreten durch den Kirchenstand bzw. die Kirchenvorsteherschaften,

betreffend Friedhofbenützung und Kostenaufteilung

1. Gesetzliche Grundlagen

Gemäss § 36 des Gesundheitsgesetzes des Kantons Thurgau wie auch gemäss Art. 2 lit. f des Gemeindegesetzes des Kantons Schaffhausen gehört das Bestattungswesen sowie grundsätzlich auch das Friedhofwesen in den Aufgabenbereich der Politischen Gemeinden.

Die Kirchgemeinden als öffentlich-rechtlich anerkannte Körperschaften gemäss §§ 91 ff. der Thurgauischen Kantonsverfassung bzw. Art. 108 ff. der Schaffhausischen Kantonsverfassung sind ihrerseits befugt, über ihre Liegenschaften, d.h. auch über ihre Friedhöfe, auf Grund der staatlichen Eigentumsgarantie und im Rahmen der staatlichen Gesetze zu verfügen und Friedhofordnungen zu erlassen.

2. Eigentum und Nutzung

Die Friedhöfe der oben genannten Kirchgemeinden und alle damit verbundenen bestehenden und künftigen Anlagen sind bzw. bleiben Eigentum derselben.

Es handelt sich grundsätzlich um Sonderfriedhöfe in erster Linie für die Mitglieder der betreffenden Kirchgemeinden.

Die oben erwähnten Gemeinden übernehmen die Kosten gemäss Ziffer 4, während die Kirchgemeinden den Gemeinden ohne weitere Kostenfolge ermöglichen, dass jede verstorbene Einwohnerin, jeder verstorbener Einwohner für die Dauer der gesetzlichen Pietätsfrist einen unentgeltlichen Grabplatz für eine Urnenbeisetzung oder eine Erdbestattung auf dem zugeteilten Friedhof erhält.

3. Bestattungen

3.1 Bestattungen erfolgen

- für verstorbene Kirchenmitglieder auf dem Friedhof ihrer Kirchgemeinde, sowie auf Wunsch auch für Ehepartner, welche ihr nicht angehören,
- für die übrigen verstorbenen Einwohnerinnen und Einwohner, welche keiner der beiden Landeskirchen angehören, gilt folgende Regelung:
  - Personen mit Wohnsitz in der Politischen Gemeinde Eschenz auf dem Friedhof Eschenz,
  - Personen mit Wohnsitz in der Politischen Gemeinde Wagenhausen auf dem Friedhof Wagenhausen,
  - Personen mit Wohnsitz in Stein am Rhein-Vorderbrugg auf dem städtischen Friedhof Stein am Rhein.

3.2 Verlangen die Angehörigen einer verstorbenen Person eine andere Lösung, haben sie im Rahmen der geltenden Bestimmungen selbst dafür zu sorgen. Sie haben auch die Mehrkosten zu übernehmen inkl. eine allfällige von der Besitzerin des gewählten Friedhofs erhobene Grabtaxe, welche je zur Hälfte der Kirchgemeinde und den am Unterhalt beteiligten Politischen Gemeinden zukommt.

3.3 Die Kirchgemeinden sind weiterhin berechtigt, soweit es ihre Friedhofverordnungen und die Platzverhältnisse zulassen, in begründeten Ausnahmefällen Auswärtige auf ihren Friedhof aufzunehmen zu den gleichen Bedingungen wie unter 3.2.

3.4 Die Kirchgemeinde, auf deren Friedhof eine Urnenbeisetzung bzw. eine Bestattung vorgenommen wird, ist vorgängig zu informieren.

3.5 Im Weiteren gelten die Bestimmungen allfälliger Bestattungsordnungen der Gemeinden bzw. der Friedhofordnungen der Kirchgemeinden.

4. *Kostenübernahme*

4.1 Die oben erwähnten Gemeinden übernehmen alle Kosten für Anlageunterhalt, Verwaltung, Sanierungen, Erneuerung und Ausbau der Grabanlagen.

4.2 Die gesamten Kosten werden jährlich auf die beteiligten Gemeinden wie folgt aufgeteilt:

- Friedhof Burg Stein am Rhein:
  Kostenaufteilung nach dem Verhältnis der Anzahl reformierte Einwohnerinnen und Einwohner von Eschenz, von Wagenhausen (Ortsteile Kaltenbach, Etzwilen und Rheinklingen) und von Stein am Rhein-Vorderbrugg;
- Friedhof Wagenhausen:
  100 % zu Lasten der Politischen Gemeinde Wagenhausen;
- Friedhof Eschenz:
  Kostenaufteilung nach dem Verhältnis der Anzahl aller nicht-reformierten Einwohnerinnen und Einwohner von Eschenz und der römisch-katholischen Einwohnerinnen und Einwohner der Politischen Gemeinde Wagenhausen.

5. *Zahlungsmodus*

Die Kostenanteile der Gemeinden werden diesen jeweils am Ende des Jahres in Rechnung gestellt.

6. *Unterhalt, Erneuerung, Haftung*

Für Betrieb, Pflege, Unterhalt, Sanierungen, Erneuerung und Ausbau der Friedhöfe ist die betreffende Kirchgemeinde zuständig.

Die Haftung aus Werk- und Eigentümerhaftpflicht für die Friedhofparzellen bleibt Sache der Kirchgemeinden. Diese schliessen eine Haftpflichtversicherung für die Grundeigentümerhaftung ab. Die Politische Gemeinde leistet an die Prämienkosten eine Vergütung im Umfange desjenigen Teils der Prämien, welcher die Friedhöfe betrifft.

7. *Ausserordentliche Aufwendungen*

Sanierungen, Erneuerung und Ausbauten der Friedhofanlagen bedürfen vor Realisierung der Genehmigung durch die Gemeinden. Ein entsprechender

Voranschlag über die ausserordentlichen Aufwendungen ist bis spätestens Ende Juli des Vorjahres den Gemeinden zur Genehmigung einzureichen.

8. Schlussbestimmungen

Diese Vereinbarung wird auf unbestimmte Zeit abgeschlossen und tritt nach Genehmigung durch die Gemeinderäte bzw. den Stadtrat und durch die Kirchenvorsteherschaften sofort in Kraft.

Jede der beteiligten Gemeinden bzw. Kirchgemeinden hat das Recht, die Vereinbarung unter Einhaltung einer Kündigungsfrist von fünf Jahren zu kündigen. Falls eine Kündigung ausgesprochen und kein neuer Vertrag abgeschlossen wird, haben sich die jeweiligen Politischen Gemeinden während der gesetzlichen Pietätsfrist an den Kosten für den Unterhalt im Verhältnis zu den vor Ablauf der Kündigungsfrist entstandenen Gräbern zu beteiligen.

(Unterschriften)

Mitarbeiterinnen und Mitarbeiter dieses Bandes

Buff, Christoph, Pfarrer i.R., Stein am Rhein

Famos, Cla Reto, Dr. iur., Privatdozent an der Theologischen Fakultät der Universität Zürich, Leiter der Schweizerischen Studienstiftung, Zürich

Frey, Jakob, lic. iur., Leiter Rechtsdienst der Reformierten Kirchen Bern-Jura-Solothurn

Glauser Jung, Anna Katharina, lic. iur., Kirchenrätin, Felben-Wellhausen/Frauenfeld

Gloor, Fritz, Pfarrer, Stansstad/Engelberg

Kosch, Daniel, Generalsekretär der Römisch-Katholischen Zentralkonferenz der Schweiz (RKZ), Zürich

Kraus, Dieter, Dr. iur. LL.M. (Edin.), Referent im Kabinett des Präsidenten des Gerichtshofes der Europäischen Gemeinschaften, Luxemburg

Lutz, Samuel, Pfr. Dr. theol., Synodalratspräsident der Reformierten Kirchen Bern-Jura-Solothurn, Faulensee/Bern

Möri, Peter, Rechtsanwalt und Notar, Synodalsekretär der Evangelisch-reformierten Kirche des Kantons Luzern, Luzern

Müller, Patrick, Dr. iur., Muttenz/Basel

Pahud de Mortanges, René, Prof. Dr. iur. utr., Universität Freiburg/Schweiz, Greng

Röhl, Martin, Dr. iur., Rechtsanwalt, juristischer Sekretär des Kirchenrates der Evangelisch-reformierten Landeskirche des Kantons Zürich, Rafz

Sahlfeld, Konrad, Dr. iur. LL.M. (Stockholm), Staatssekretariat für Forschung und Bildung, Bern

Sahlfeld, Wolfgang, Dr. phil. I, Alta scuola pedagogica, Locarno

Tappenbeck, Christian R., lic. utr. iur. Rechtsanwalt, Mitarbeiter des Lehrstuhls für Rechtsgeschichte und Kirchenrecht der Universität Fribourg, Münchenwiler/Villars-les-Moines

Vögtli, Jürg, Fürsprecher und Pfarrer, Erlinsbach/AG

Winzeler, Christoph, PD, Dr. iur. utr., LL.M. (Harvard), Advokat, Fribourg/Basel

Wipf, Thomas, Präsident des Schweizerischen Evangelischen Kirchenbundes, Bern

Anschriften der Herausgeber des Jahrbuchs

Jakob Frey (bearbeitet den Berichtsteil)
privat: Stierenmatte 32, CH-3110 Münsingen
dienstlich: Reformierte Kirchen Bern-Jura-Solothurn, Bürenstrasse 12, Postfach, CH-3000 Bern 23

Dieter Kraus (geschäftsführender Herausgeber und Schriftleiter)
privat: 46-50 Avenue Pasteur, L-2310 Luxemburg
dienstlich: Gerichtshof der Europäischen Gemeinschaften, Kabinett des Präsidenten, Boulevard Konrad Adenauer, L-2925 Luxemburg

Wolfgang Lienemann
privat: Manuelstrasse 116, CH-3006 Bern
dienstlich: Universität Bern, Evangelisch-theologische Fakultät, Länggassstrasse 51, CH-3000 Bern 9

René Pahud de Mortanges
privat: de Castellaweg 29, CH-3280 Greng
dienstlich: Universität Freiburg i.Ü., Rechtswissenschaftliche Fakultät, Lehrstuhl für Rechtsgeschichte und Kirchenrecht, Miséricorde, CH-1700 Freiburg i.Ü.

Christoph Winzeler (bearbeitet den Rezensionsteil)
privat: St. Jakobs-Strasse 96, CH-4052 Basel
geschäftlich: Schweizerische Bankiervereinigung, Postfach 4182, CH-4002 Basel

Schweizerisches Jahrbuch für Kirchenrecht
Annuaire suisse de droit ecclésial

Herausgegeben im Auftrag der Schweizerischen Vereinigung für evangelisches Kirchenrecht von Jakob Frey, Dieter Kraus, Wolfgang Lienemann, René Pahud de Mortanges und Christoph Winzeler

Das Schweizerische Jahrbuch für Kirchenrecht bzw. Annuaire suisse de droit ecclésial befasst sich mit der ganzen Breite des Kirchenrechts, angefangen mit dem Recht der evangelisch-reformierten Kirchen sowie der römisch-katholischen Kirche und ihrer Kantonalkirchen, sodann dem Staatskirchenrecht, d. h. denjenigen staatlichen Rechtssätzen, die Religion und Kirche betreffen, und bezieht auch religionsrechtliche Fragestellungen ein, die sich aus der zunehmenden Bedeutung ausserchristlicher Religionen in der Schweiz ergeben.

In seinem Aufsatzteil enthält das Jahrbuch u. a. die Vorträge, die auf den Jahrestagungen der Schweizerischen Vereinigung für evangelisches Kirchenrecht gehalten werden. Berichte aus Kirchen und Kantonen geben die Entwicklung des Kirchenrechts in den Regionen und Landesteilen wieder und machen auf wichtige Ereignisse aufmerksam. Ferner werden neuergangene und partial- bzw. totalrevidierte Kirchenverfassungen, religionsrechtliche Bestimmungen staatlicher Verfassungen sowie kantonale Kirchengesetze durch Abdruck dokumentiert und kirchenrechtliche Neuerscheinungen rezensiert. Eine Jahresbibliographie zum schweizerischen Kirchen- und Religionsrecht rundet den Literaturteil ab.

Das Jahrbuch möchte dem Kirchenrecht in der Schweiz ein Forum schaffen, das als Vermittler sowohl von den Kantonalkirchen zur wissenschaftlichen Öffentlichkeit als auch in umgekehrter Richtung wirken kann, und auf diese Weise dem Kirchenrecht in der Öffentlichkeit eine besser hörbare Stimme verleihen.

Jakob Frey / Dieter Kraus / Wolfgang Lienemann /
René Pahud de Mortanges / Christoph Winzeler (Hrsg.)

Schweizerisches Jahrbuch für Kirchenrecht. Band 9 (2004)
Annuaire suisse de droit ecclésial. Volume 9 (2004)

Herausgegeben im Auftrag der Schweizerischen Vereinigung für evangelisches Kirchenrecht
Edité sur mandat de l'Association suisse pour le droit ecclésial protestant

Bern, Berlin, Bruxelles, Frankfurt am Main, New York, Oxford, Wien, 2005.
268 S., 1 Tab.
ISBN 3-03910618-X br.
sFr. 67.– / € 46.20 / €** 43.20 / £ 30.20 / US-$ 51.95*

* inkl. MWSt. – nur gültig für Deutschland und Österreich ** exkl. MWSt.

Das Schweizerische Jahrbuch für Kirchenrecht bzw. Annuaire suisse de droit ecclésial befasst sich mit der ganzen Breite des Kirchenrechts, angefangen mit dem Recht der evangelisch-reformierten Kirchen sowie der römisch-katholischen Kirche und ihrer Kantonalkirchen, sodann dem Staatskirchenrecht, d.h. denjenigen staatlichen Rechtssätzen, die Religion und Kirche betreffen, und bezieht auch religionsrechtliche Fragestellungen ein, die sich aus der zunehmenden Bedeutung ausserchristlicher Religionen in der Schweiz ergeben.

In seinem Aufsatzteil enthält das Jahrbuch u.a. die Vorträge, die auf den Jahrestagungen der Schweizerischen Vereinigung für evangelisches Kirchenrecht gehalten werden. Berichte aus Kirchen und Kantonen geben die Entwicklung des Kirchenrechts in den Regionen und Landesteilen wieder und machen auf wichtige Ereignisse aufmerksam. Ferner werden neuergangene und partial- bzw. totalrevidierte Kirchenverfassungen, religionsrechtliche Bestimmungen staatlicher Verfassungen sowie kantonale Kirchengesetze durch Abdruck dokumentiert und wichtige kirchenrechtliche Neuerscheinungen rezensiert. Eine Jahresbibliographie zum schweizerischen Kirchen- und Religionsrecht rundet den Literaturteil ab.

Das Jahrbuch möchte dem Kirchenrecht in der Schweiz ein Forum schaffen, das als Vermittler sowohl von den Kantonalkirchen zur wissenschaftlichen Öffentlichkeit als auch in umgekehrter Richtung wirken kann, und auf diese Weise dem Kirchenrecht in der Öffentlichkeit eine besser hörbare Stimme verleihen.

Aus dem Inhalt: Dieter Kraus: Editorial – Adrian Loretan: Gleichstellung der Geschlechter und die Kirchen aus religionsrechtlicher und rechtsphilosophischer Sicht – Martin Röhl: Neugestaltung des Verhältnisses zwischen Kirchen und Staat im Kanton Zürich - Reformpostulate und Reformbedarf – Andreas Kley/Reto Feller: Die negative Zweckbindung von Kirchensteuern juristischer Personen – Theres Meierhofer-Lauffer: Die kirchenrechtliche Stellung der Pfarrerinnen und Pfarrer in den reformierten Kirchgemeinden der Schweiz - Lösungsansätze zur Herabsetzung des Konfliktpotenzials – Urs Josef Cavelti (†): Elemente einer Konkordatspolitik.